臺灣研究叢刊

台灣產業的社會學研究

轉型中的中小企業

陳介玄 / 著

謹以此書獻給
高承恕老師與師母鄭瑩女士

自　序

　　台灣中小企業隨著整個全球經濟結構的轉型，最近三年以更快的速度外移，或進行產業的調整。許多的現象，是我們前十年開始進行田野調查時，所看不到的。這樣的發展速度，使我們在研究調查的速度上也不得不加緊腳步。三年來，帶著研究生每年以60個個案的速度，進行實地的田野訪談工作。希望對於中小企業的轉型和台灣社會變遷的基本問題，有比較深入的掌握。也希望對於東海大學東亞社會經濟研究中心，前六年的中小企業調查結果，有銜接、修正以及開創的可能性。就深度訪談的結果而言，可謂成果豐富，累積了大量的文字訪談記錄。大大修正了我們早期一些不成熟的看法。更重要的是，使得我能將十年來的調查所得，形成一個初步的理論架構，那就是「社會資源的可移轉性」。這個理論觀點是否具有解釋力，當然有待於進一步的檢證。然而，往回看，也算是對於過去自己的一點超越，值得嘗試為之。

　　近三年系統地針對台灣產業轉型的深入調查，以及大陸和香港社會的變遷研究，提供了我們對於西方社會學、經濟學及管理學知識，更好的學習和反省基礎。在大量接觸這三個學門相關知識的過程，確實深刻感覺到，台灣經驗有許多具備理論發展潛力的地方。本書各篇文章之寫作，可以說是為這個潛力做了一個小註腳。然而，我們也必須承認，西方長期累積的學術知識，以及優秀心靈對於知識發展所投入的熱情與生命，是值得我們感佩和學習的。台灣產業發展到今天，已構築了很好的社會學研究基礎。倘若年輕的社

會學者對這個主題有興趣，應該比十年前、或者更早的前輩們幸運許多。因為社會提供的研究對象，比起以前不但成熟而且豐富。與國際經濟社會學者相比較，台灣社會學者對於經濟現象的研究，已有了社會基礎。本書也算是利用這個基礎的一點心得。

　　從近三年來的產業調查，我們也發現了台灣中小企業主有長足的進步。業者對於專業知識的掌握，社會關懷之投入，以及對於企業本身並無實質好處之學術研究的支持，都使我們覺得耳目一新，倍感興奮。企業主能意識到學術研究的重要性，並予以支持，相信這是開展社會與知識資源可移轉性很重要的一步。美國在這一世紀所展現的優勢，教育與產業之間，或者說學術知識與社會之間，資源的可移轉性，是其優勢得以長存的一個重要原因。我們的調查研究工作，也期盼在這個目標下，對社會有所助益。所以，個人首先要感謝所有接受我們訪問的企業界朋友，沒有他們的支持，本書不可能寫作。本書的完成也要感謝許多單位的支持。經濟部中小企業處、國科會、蔣經國學術交流基金會，以及薇閣基金會分別對於台灣、大陸及香港研究的支持，在此誌謝。許多學術界的好朋友看過，或者評過本書內的某些文章，使本書得以進一步修訂，謹此致上最高謝意。感謝高承恕老師對於東亞社會經濟研究中心，以及我個人研究的支持。沒有他的鼓勵和胸襟，長時期的調查研究很難進行。小玫和惠文對於本書的排版及校對工作，付出極大的心力，在此深致謝意。最後，對於聯經公司的支持，衷心感激。

陳介玄 寫於東海大學
東亞社會經濟研究中心

目　次

第一篇　台灣中小企業之轉型

導論
一個新的經濟社會學觀點之提出

一、前言：尋找新的解釋架構

　　對於台灣戰後社會經濟的發展，我們以中小企業為策略點進行了長達十年的經驗研究。從民國76年到民國86年，這十年可以說是台灣中小企業在國際舞臺大放異彩，台灣整體社會經濟結構最為快速發展的關鍵階段。在這個關鍵的十年，台灣中小企業以其「協力網絡」的生產模式，締造了強而有力的國際競爭優勢，對外打開了台灣的國際知名度，對內塑造了台灣社會發展的基本架構。因此，從過去十年田野研究的經驗加以歸納，我們可以說，中小企業對於戰後台灣社會的發展，具有關鍵性的意義。用科爾曼（J. S. Coleman）的概念，我們可以說台灣眾多中小企業，乃是以法人行動者（Corporate Actors）在參與社會建構，這以純粹的自然人形成社會發展的情況，有顯著的不同。所以，科爾曼要以法人行動者之出現為基礎，重構社會理論確實有他的道理（Coleman, 1990）。從台灣中小企業的深入研究，我們也發現，以法人行動者為單位形成的「協力網絡」，和以自然人為單位形成的社會網絡，有本質的不

同。台灣中小企業所形成的協力網絡,其重要性乃在於超越自然人的社會網絡,而形成法人間的經濟網絡。如此,使得韋伯所講的「經濟行動」而非「經濟取向行動」,有發展的空間(Weber, 1978:63)。這對於台灣經濟實力的累積有實質的重要性。

因此,深入的田野調查使我們必須明確區分,社會網絡與經濟網絡的不同,在我個人看來,這是經濟的社會學研究最容易掉入的陷阱。以廣諾維特(M.Granovetter)為首的經濟社會學者也不能免於這個困境。包括我個人早期的研究,所提出之人情、關係與法律的論述也沒有釐清這個區分的重要性(陳介玄,1990,1993,1994a;陳介玄、高承恕,1991)。「協力網絡」既是法人間的經濟網絡,事實上它與自然人間形成的社會網絡,其發展的邏輯、原則和本質便有所不同。如同科爾曼指出的,當我們不能區辨自然人與法人作為不同行動者之存有狀態,便難以掌握現代社會的基礎性變動。所以,在經濟部中小企業處經費支持下,以個人《協力網絡與生活結構》一書為起點的中小企業轉型研究,便是環繞著「協力網絡」作為法人經濟網絡之一系列的深入研究,探討其構成的本質、發展的邏輯和原則,以及和自然人社會網絡的根本不同所在。台灣從民國76年到86年這個中小企業發展的關鍵十年,可以看成是台灣中小企業「協力網絡」形成、發揮成熟功能、崩解以及重構的過程。

然而,對於中小企業的轉型研究,使我們碰觸到以前所未曾看到的情況,那就是整個產業協力網絡的崩解。譬如台灣的製鞋業、棉紡織業。很顯然的,儘管經濟網絡的存在與發展,也不能全面解釋產業的興衰。正當產業網絡在管理學及社會學高唱入雲霄,一時成為顯學之際(吳思華,1993,1994;孫盈哲,1996;Grabher, ed., 1993; Jarillo, 1993; Ebers, 1997;Orru, Biggart & Hamilton, 1997),

我們卻認為網絡的理論觀點有其限制，不能再人云亦云。從台灣的發展經驗來看，網絡觀點對於分析經濟發展的不足，意味著我們不能只從中小企業的觀點，來看台灣的社會經濟發展，而必須再尋找更寬闊的視野。這個視野是什麼？

正當台灣中小企業面臨轉型壓力時，海峽兩岸三地的華人社會也起了根本性的變化。就大陸的變化而言，是隨著改革開放而來的市場發展，急劇的衝擊著整個社會的變遷。而香港則是因為九七回歸的壓力，使其社會處於結構性的鉅變情境中。1991年隨著台商遷廠到大陸，香港作為兩岸轉口貿易的中介地日益明顯，我們正式對於大陸市場發展，以及香港社會變遷進行田野調查。目的是希望對於進行一段時間的台灣社會研究，提供一個更寬闊的比較架構，而有助於台灣社會未來發展的省思。這個海峽兩岸三地，非系統性的比較研究。無意中卻幫助我個人找到一個比網絡觀點更寬闊的視野，來分析台灣中小企業的轉型和社會變遷。這個視野就是「社會資源可移轉性」的觀點。本書有關台灣中小企業轉型的田野研究，有關香港法治文明及專業連帶的經驗考察，以及大陸市場形成的實地研究，都可總結在這個觀點下進行分析。

二、資源與「社會資源」的區辨

研究以台灣為主的兩岸三地之社會轉型時，我們碰觸到分析工具不足的問題，所以跨學科的整合是本書不得不使用的研究策略。而隨著研究的進展，我們也看到了西方社會科學發展的整合趨勢。如Swedberg對於社會學與經濟學結合可能之探討（Swedberg, 1990）。Guillen透過科學管理、人際關係和結構分析三個組織典範，探討其在美國、西班牙、德國及英國的使用狀況（Guillen,

1994），Smith以社會學角度切入管理學之組織重整過程的研究（Smith, 1990），可說是管理學與社會學整合的好例子。將Coase發展的交易成本經濟學視野，和North所開創的制度分析觀點，置入傳統政治經濟學的分析領域，也有了豐碩的成果（Tool & Samuels eds., 1989a; Miller, 1992; Horn, 1995; Banks & Handshek eds., 1995; Alt & Shepsle eds., 1997）。因此，我們可以說，隨著經濟學帝國主義的發展，以及經濟學理論危機的出現（Drucker, 1989; Dean, 1989; Meltzer, 1989; Dell, 1989; Willes, 1989; Leibenstein, 1989; Kirzner, 1989; Hahn, 1989; Arrow, 1989; Davidson, 1989; Nell, 1989; Kristol, 1989），和現實上全球經濟社會結構的重組，高科技發展所帶動的企業組織之改變（Kanyrt, 1984; Glinow & Mohrman eds., 1990; Fligstein, 1990）。使得經濟學、社會學和管理學的知識交流有了更迫切的需要。

對我們的研究而言，美國芝加哥學派經濟學的研究成果特別有幫助（Samuels, 1993; Stigler, 1988）。從早期奈特對於廠商存在的研究（Knight, 1967, 1985），到寇斯提出交易成本以界定廠商的本質（Coase, 1988），可說為我們研究台灣中小企業及台灣社會轉型的課題，指出了一個有意義的思考方向：廠商是什麼？其存在的社會意義為何？社會中的廠商發展，如何決定其最適規模？廠商規模的發展形態對社會發展有何不同作用？這表面看起來可以視為當然的一些問題，卻在這些理論思維的撞擊下，出現了新的問題意識。在這些理論觀點的啟發下，我們發覺到經濟學及管理學，都共同在面對一個社會發展的根本問題，那就是社會中稀少的資源如何做最有效的配置。可是，這個問題隨著我們對於台灣中小企業及社會轉型調查的深化，以及大陸市場形成和香港制度變遷研究的對照下，卻發覺經濟學及管理學所探討的資源配置問題，不夠深入，值得從

社會學觀點再加以研究。

社會學、經濟學及管理學在面對資源配置問題之不同,首先在於資源這個概念不同界定方式。所有的資源配置理論,不管把組織內的上層管理人員、政府或市場當成資源配置者,都把資源的稀少性當成基本預設,而後討論透過不同制度設計的機制,如何達成對於這些有限資源的最優配置(Carter, 1981)。個人所提之「社會資源可移轉性」,不同於一般傳統「資源配置」理論,乃在於我們不是從資源稀少性這個預設出發。換言之,不在於資源而是「社會資源」。將資源與社會資源作區分,我們才能瞭解「社會資源可移轉性」與一般資源配置理論的根本差別。從社會資源的基礎出發,我們將會看到,資源不受自然資源、環境資源與人力資源有限觀念的限制,因為社會資源的本質是一種建構性的活動。從大陸經改的例子,可以看得很清楚。1979年大陸在這關鍵轉折的一年,政策頒佈的霎那,區分出改革之前與改革之後兩個不同階段。在這過程,相信一夕之間,大陸社會的自然資源、環境資源及人力資源沒有大幅變動。可是整個社會的發展卻從此不同了。上述三種資源在短時間並沒有變動,變動的是人與人、人與自然,以及自然與自然建構關係的方式。大陸改革開放的歷史告訴我們,所有社會中既存的自然資源、環境資源以及人力資源,都只是社會發展的必要條件而不是充分條件。那麼,什麼是社會發展的充分條件?改革前後,這些不多也不少的資源,為何會起了完全不同的社會效用?讓我們再從社會資源與資源的不同談起。

「社會資源」與「資源」差別在那裡?社會資源意味著社會對於資源的界定或者重新界定,會帶來對於資源不同的使用方式。所以,經濟學及管理學從資源稀少性的預設出發,對於資源的有效配置加以討論,事實上,是在一般自然資源、環境資源及人力資源的

概念下，所形成的推論（Dasgupta & Heal, 1979; Fisher, 1981; Hall ed., 1997）。從社會學的觀點來看，資源不一定是稀少的。換言之，既然資源的概念是社會界定的產物，資源便可以有無限的可塑性和豐富性。如此，人的互動便可以看成一種資源的概念，不同的互動模式形成不同的社會資源內涵。社會的互動形構了資源最根本的意義，資源終極而言即是社會資源。所有資源的概念不管是自然資源、環境資源、人力資源及其它林林總總的資源形式，最終而言都只能用社會資源的概念來加以理解。因為，不牽涉到別人的資源使用方式，都不會最終改變了人與人之間的社會關係，進而改變了社會結構。如此，也就不是社會學應該探討的對象。所以，社會資源與資源的根本不同乃在於，前者是建構型的概念，社會透過社會互動形成對於自然資源、人力資源的使用方式。如此，社會發展的的充分條件乃在於社會建構「社會資源」的能力。社會如何建構社會資源？「可移轉性」是一個重要方法。可移轉性這個機制，使得大陸改革開放前後既存的自然資源、環境資源及人力資源有了完全不同的社會意義。

在社會資源重新界定下，我們才能明白可移轉性的重要。從荒島的魯賓遜來看，他在荒島所從事的一切活動，以及這一切活動的成果，只有個人資源的意義，因為沒有其它人可以分享他的勞動成果。只有到了星期五出現，情況才改觀。他過去勞動成果可以移轉給星期五享受。從此之後，原來的個人資源已具備了社會資源的意義。因此，個人資源與社會資源是不相同的，就如同廠商之間的互動與個人之間的互動是不同的，一樣是重要的區辨。社會資源涵蓋著個人資源，卻又不同於個人資源。個人資源與社會資源的不同，也如同馬克思之區分「產品」與「商品」的不同：產品可以是純粹個人的產物，可以不與他人發生任何關係；商品則必須是社會的產

物，一定要與他人發生關係才叫作商品，所以商品是一種社會建構。因而，建構一個商品不可端靠個人資源就可以完成，而必須藉由社會資源的幫助方能竟其全功。一個「社會」的發展，若沒有「社會資源」以及「社會資源可移轉性」的發展，便很難有很好的進展。

所有既存於自然中為眾人所用的事物都是社會資源，所有的公共建設都是一種社會資源，所有個人和團體所留下，而為後代人使用之智慧結晶都是社會資源。所以，社會資源是一種社會關係建構的產物，常鬧水災的河流經過整治之後，擴大了自然資源之社會資源的意義。因此，所謂的社會資源是社會建構的產物，具有累積性。而這種累積性的機制卻又來自於可移轉性。在可移轉性之下，個人資源及自然資源才會變成社會資源，否則自然資源永遠以自然資源的形態存在，譬如廣大的草地我們不能用來畜牧或開闢成公園，作為遊憩之用。而個人資源也一直以個人資源的形態存在，例如個人的音樂天分只能自娛，而不能作成曲子廣為流傳，那就不是社會資源了。馬克思對於「勞動」與「勞動力」的精彩區分，由於不瞭解個人資源與社會資源區分的重要性，以及由個人資源移轉為社會資源對於社會整體發展的重要性，也就誤判了歷史的走向。「作為個人資源的勞動力，如何移轉成作為社會資源的勞動」，中間存在著並不只是剩餘價值的剝削問題，而是這種移轉如何而可能的問題。所以，這個轉折並不是資產階級必須存在的理由，而是新的經濟組織必須存在的理由。唯有廠商這個經濟組織的存在，個人資源的勞動力移轉為社會資源的勞動，才有其歷史的可能性。

然而，馬克思在這一點的貢獻是巨大的。正是因為他能洞察亞理斯多德時代與資本主義社會等價形式的不同，乃在於亞氏時代之社會勞動以奴隸為主體，亞氏再天縱英明也無法超越時代的限制，

體會到資本主義時代的「勞動」觀。資本主義時代的勞動，賦予了所有人等價的勞動計算，無疑的，是使得工業社會具備了更高層次之社會資源可移轉性的社會基礎。所以，從封建莊園釋放出來的勞動力，在社會等價的勞動計算下，有更大的流動性，也就賦予個人資源更大的可移轉性。社會資源累積越多，移轉的「可能性」也就越高。在此我們可以明瞭，物質的底層結構和觀念、價值的底層結構越多元與完備，社會資源可移轉性也就越有可能性。同樣的，韋伯所討論的，基督新教倫理與資本主義精神之間的選擇性親近性，說明的其實是西方文明發展的一個特點，那就是宗教與經濟之間具備了資源的可移轉性。從大陸、香港及台灣的社會變遷研究，使我們深切體會到社會資源可移轉性的重要性。資源的概念，不再侷限於經濟學所談的效用概念，如何配置資源不再是唯一的重要問題。從社會學的觀點來看，資源是一個人與人，人與自然移轉性的概念，社會如何形成資源移轉的可能性？而使個人資源及自然資源變成社會資源，是任何社會發展所要面對的核心問題。

三、從鑲嵌觀點到「社會資源可移轉性」觀點的提出

本書並不是對於「社會資源」這個核心概念，以及「社會資源可移轉性」這個理論架構，進行系統的闡述。毋寧是，透過台灣中小企業轉型、大陸市場形成以及香港社會鉅變的一系列觀察資料，提出這個值得發展的理論課題。這個理論觀點到底有什麼值得發展的潛能？讓我們從美國1980年代復甦的所謂新的經濟社會學談起。美國社會學界從1980年代開始，隨著經濟社會學的復甦（Martinelli & Smelser eds., 1990; Swedberg, 1990; Friedland & Robertson;

Etzioni & Lawrence eds., 1991; Granovetter & Swedberg eds., 1992; Holton, 1992; Swedberg ed., 1993; Coats, 1993; Smelser & Swedberg eds., 1994），社會學不斷涉入原本為經濟學所獨擅的領域，其中特別重要的是對於市場的社會學討論，不管是對於市場本質的社會學分析，或是以社會學觀點探討特定的市場結構（Spence, 1974; Zelizer, 1983, 1992; Bower, 1986; Block, 1990; Brus & Laski, 1991; Burk, 1992; Ensminger, 1992; Cantor, Henry & Rayner, 1992; Colclough & Manor eds., 1993; Stiglitz & Mathewson eds., 1986; Huberman, 1996），對於工業組織及廠商的研究（Farkas & Paula eds., 1988; Black & Ford, 1988; Mills, 1993; Hirschman, 1970），以及對於網絡的探討（Faulkner, 1983; White, 1992; Mizruchi & Schwartz, 1987; Knoke, 1990; 張其仔, 1997）。經濟社會學或者用廣諾維特的觀點來說是，新的經濟社會學在理論觀點的發展上（Granovetter, 1990），有什麼不足？使我們必須從「社會資源可移轉性」的觀點加以補強？

　　讓我們回到理論的脈絡上來釐清這個問題。看看從普蘭尼到廣諾維特，有關經濟與社會關係的論述，到底出了什麼值得思考的問題。主要的問題在於，普蘭尼所提出的市場宰制社會的看法（Polanyi, 1957, 1992; Mendel & Salee eds., 1991; 張馭中, 1997），到了廣諾維特之強調個人關係藉以批判新古典經濟學（Granovetter, 1991, 1992, 1993），皆忽略了在一價值多元分化的社會，經濟關係與社會關係的區分有其重要性。就如同韋伯區分「經濟行動」與「經濟取向行動」的重要性一般（Weber, 1978）。所以，普蘭尼區分「形式經濟」與「實質經濟」非但沒有將韋伯的經濟社會學知識更進一步發展，反而是倒退了。因為，韋伯在區分經濟行動與經濟取向行動的當下，已說明了一個多元社會出現的重

要性。正是因爲多元價值社會的出現，經濟得以作爲一獨立的生活及專業領域，而不臣屬於政治或社會身分地位的支配，使得個人可以就自己的專業知識取得社會的成就。而社會也給予這種經濟行動社會的正當性，以及社會價值的肯定。西方社會在這方面的發展，絕非偶然。所以，瞭解西方經濟的發展爲何會變成一種文明，是瞭解現代西方社會關鍵的問題，也是韋伯社會學知識最重要的貢獻。然而，韋伯以經濟爲核心所開展的社會學研究，到了普蘭尼及1980年代復甦的新經濟社會學，反而不見了這個觀察分殊、多元社會發展的可能，而將社會學的經濟研究，窄化成人際關係、人際網絡和信任問題，這是一種知識上的停滯。

另一個經濟社會學的盲點是，無法體會現代社會的發展，不是像馬克思所講的均質社會。而是一個階層結構的社會。從社會中的經濟活動而言，廣諾維特所談的個人連帶，也並非不重要，然而，其存在的場域及層次是需要加以定位的。家庭工廠及小型工廠之間的互動，人情關係及社會網絡扮演重要的角色，無人能否定。可是在大企業組織之間的互動，法律合約等普遍性制度所扮演的角色，同樣是不可忽略。從經濟的內容而言，不管是個人或者組織間的商業互動，有價值「訊息」的取得，非正式的人際關係是一個重要的途徑，對底層的家庭工廠或者頂端的大企業而言皆是。所以，談社會結構與經濟行動鑲嵌的重要性，是一個靜態的概念架構，無法解釋重要的經濟現象，更無法真正反駁亞當斯密以來古典經濟學及新古典經濟學的立論基礎。

廣諾維特在許多篇文章裡企圖要說明（Granovetter, 1990, 1992, 1993），過度社會化及低度社會所談的個人與社會的關係，皆無法真正描繪出，個人與社會的重要關係，所以鑲嵌概念下的人際關係之形構，便極爲重要。然而，誠如我們上述提到的，鑲嵌這個概念

的盲點是，再度把韋伯所提出的，西方社會因多元價值開展而來的社會分殊領域應有的關係加以模糊化了。經濟活動之鑲嵌在社會脈絡中的觀點，相信可以自明的。學術上的研究重點應在於，怎麼鑲嵌？從此角度來看，韋伯已做出了貢獻。韋伯在《社會與經濟》提出西方社會之政治、經濟、法律、宗教、社會組織的真正分化，再從選擇性親近性的觀點說明不同分殊領域之間的關係，可說是達到了以理論擴展現實認知的研究目的。一方面指出了，正是因為西方有分殊領域之多元價值的開展，所以經濟學、政治學、法律學、社會學等相應於這個多元領域發展的專業知識，才有其開展的社會基礎。另一方面，韋伯也說明了，在價值多元化之後的多元專業領域，不同社會生活場域之間的互動更是必要。因此，選擇性的親近性不是一個純方法論上的概念，而是說明分殊而多元的社會生活和專業知識之間，如何可能真正互動。在對於整體社會作了分化的剖析之後，各領域之間的關係，便有了真正鞭辟入裏的瞭解。然而，韋伯與我們的差異又在哪裡？

四、小結：本書之架構

當然從我們的觀點來看，針對台灣、大陸及香港的研究，韋伯選擇性親近性的觀點仍然是不足的。固然這個觀點比普蘭尼到廣諾維特的鑲嵌觀點，更能說明經濟行動與社會結構之關係，呈顯出西方分殊領域價值多元之後，各生活場域和專業知識範疇之間的關係。然而，這種關係的描述還是靜態的，不是動態的。所以，分殊領域之間的動態關係，整體來看，應該是從我所說的「社會資源可移轉性」這個角度來思考。西方現代理性資本主義之發展，是得力於社會各部門資源可移轉的結果。這個移轉的結果是人為建構的產

物，有其積極的意義，值得我們思考和學習。因此，本書中所收集的各篇文章，以台灣為主體，大陸及香港社會發展為對照，希望在西方經濟社會學的觀點之外，發展出適合我們自己社會變遷的解釋概念和架構。全書分成四篇，第一篇，以台灣中小企業轉型為主，探討中小企業的轉型需以廠商之間、產業之間、社會各部門以及國際間資源可移轉性為基礎。而台灣既存生產協力網絡的蛻變，也是在這個基礎才會有創造性轉化之可能。第二篇，以香港的田野調查資料與台灣、大陸的發展作對照，提出香港制度設計的核心，乃在於「法律能明確界定政府與市場的關係」。並進一步說明這個制度設計，如何促進「專業連帶」社會的發展，給台灣和大陸社會帶來重大啓示。第三篇，以更廣的視野探討大陸市場形成與發展，如何作為思考台灣未來社會發展的背景，並重新思考大陸市場發展，在理論上所可能具有的反省意義。第四篇，總結前面台灣、香港及大陸田野調查及理論對話的結果，將市場、廠商及網絡的關係，透過「社會資源可移轉性」這個理論架構加以定位。提出研究近百年來中西方資本主義發展可能的一個方向。至於「社會資源可移轉性」這個理論架構的系統建構，則有待於對海峽兩岸社會，做更深入的研究之後，再予以補足。

第一篇

台灣中小企業之轉型

第一章

台灣經濟世界之形成──中小企業生產網絡與外貿網絡之整合[*]

　　台灣中小企業的外銷特質，個人曾在《協力網絡與生活結構》一書，提出「吸納式出口外貿網絡」概念予以初步解釋。本文在此基礎上，則想以「交換」控制台灣外貿的歷史為背景[1]，進一步探討吸納式出口外貿網絡轉換的可能性。利用東海大學東亞社會經濟研究中心長期對於企業深度訪談與觀察累積的資料[2]，我們想討論以「產銷合一」及「產銷分立」雙元相輔的台灣外貿網絡，是否可能從「吸納式的出口外貿網絡」走向「拓展式的出口外貿網絡」？所謂拓展式出口外貿網絡，是指外貿網絡建立的生產基礎，不在於消極的接單生產，而是在於積極的創單生產或者兩種方式併用。因

---

[*] 本文初稿原為〈台灣中小企業生產力協力網絡與外貿網絡之分工與整合〉，發表於由經濟部中小企業處主辦之「第二屆中小企業發展學術」研討會。感謝評論人所給予的寶貴意見。

[1] 「交換」這個概念參考法國年鑑史家布勞岱（F. Braudel）在《文明與資本主義》一書的使用。

[2] 本文使用的訪問記錄範圍，請參考附錄。

而，國際市場貿易點與貿易網的締建不再依賴國外買主，而是由產銷合一之中型廠或產銷分立之貿易商爲主體進行。無論是吸納式或拓展式出口外貿，表面上看，都需要與台灣原有之生產協力網絡整合始能達成，實質上，兩種外貿網絡與生產協力網絡的整合方式有根本的不同。底下我們從台灣外貿之長時段歷史背景出發，討論「產銷合一」及「產銷分立」雙元外貿網絡的開擴，如何達成吸納式外貿網絡到拓展式外貿網絡的轉換。透過這個轉換，我們可以瞭解到兩者根本不同所在，以及台灣未來外貿網絡發展的可能方向。

一、台灣長時間之外貿歷史結構

　　台灣從荷屬時期、鄭氏統治、清朝支配，尤其是清末的洋行壟斷外貿階段、日據時代，光復後至今的發展，在我個人看來，台灣可以說是一直處在以「交換模式」帶動「生產模式」的社會發展形態[3]。因而，從台灣近四百年的外貿歷史觀照台灣現在的經濟與社會發展（林東辰，1957；宋光宇編，1993），是必要的宏觀視野。在這個長時段的歷史視野下，我們會發現，1966年對台灣社會經濟發展有特殊的歷史意義。台灣光復後的外銷經濟，在1966年之後，很快的從農產品及農產加工品走上工業品OEM的「接單生產」（劉進慶，1992；谷蒲孝雄，1992；Winckler & Greenjalgh eds, 1994；段承璞，1992）。這就說明了台灣邁入交換所掌控的另一個生產模式階段，意即馬克思所謂的工業「生產模式」社會。因此，1966年告示著我們，台灣社會的發展，從此有了新的社會變遷動力。台灣在

---

3 有關「交換模式」控制「生產模式」的理論意涵，參考陳介玄《貿易網絡與生活結構：中小企業與台灣經濟世界之形成》一書的討論。

1966年形成了一個具有歷史認識意義的年份，乃在於之前的荷蘭商人（周憲文，1980）、大陸商人、英美德商人（林滿紅，1977，1993），以及日本大商社（涂照彥，1992；根岸勉治，1979），不斷以有利於國際貿易的農產品（米、糖、煙草、茶葉、樟腦），迫使台灣內部的農業生產以及社會結構進行改變。此即是我所說的透過「交換模式」肇致農業生產模式改變的概念。1966年之後，工業產品躍升為出口重心[4]，說明著以工業生產為核心的產業部門，順著紡織業，石化業和龐大二次加工、三次加工下游產業，以及機械、電子、資訊的歷史發展時序，藉由產業部門之間的可移轉性，不斷推動著整個「社會部門間的可移轉性」，進而帶動了台灣社會的發展[5]。戰後的台灣，既以工業「生產模式」帶動著社會的發展，「工業生產模式」如何受著近四百年台灣國際外貿網絡的制約，怎樣發展出其獨特的性格，便是我們應該深思的重點。

　　從世界經濟的角度講，1966年之後，台灣的工業生產仍然是受制於國外買主，所以交換還是控制著生產。因此我們不禁要問，台灣的國際貿易，如果直到光復後仍然掌控在外商手中，則我們談1966年的歷史意義又在那裡？有些人認為，直到今日台灣半導體等資訊產業的蓬勃發展，其實只不過是另一種高級的代工（張維安、

---

4 台灣的工業化，在1930年之後，配合日本的南進策略，在全面發展軍需工業之下，有了很大的進展。到了1939年，工業產量第一次超過農業產量（隅谷三喜男 等著，1993:22）。但其意義無法與光復後，1966年工業品出口超過農產加工品的意義相比擬。這主要在於台灣1966的轉折是在台灣社會本身掌控外貿主體性的情況下獲致的發展。但不可否認的，這個階段的工業發展，已為光復後的生產製造打下了初步的基礎。有關這方面的研究可參考張宗漢《光復前台灣之工業化》一書的討論。

5 「社會部門間的可移轉性」此一概念的意涵，參考本書第12章的討論。

蘇淑芬，1995），與台灣戰後早期的勞力密集代工沒有兩樣，都是
依附發展（陳玉璽，1992）。這種看法表顯了對台灣社會的瞭解少
了歷史的真實感。儘管歷史告訴我們，交換牢牢控制著1966年之前
的農業生產與1966年之後的工業生產，這並不代表兩個階段的交
換，控制的是一樣的形態，更遑論農業生產與工業生產對社會結構
之再製所起的完全不同作用。1966年之前，外商透過國際貿易網絡
及國際資本的實力，可以直接穿透或者藉由當地社會的買辦，相當
程度的支配著農業的生產，以及農業生產的再生產基礎。日據時代
日商對於米糖的生產支配；為了將台灣資本主義化以利於日商投
資，總督府對於台灣交通、水利、度量衡、貨幣的整治是最好的說
明（井上清 著、宿久高 譯，1986；東嘉生，1985；矢內原忠雄，
1985；張漢裕，1957；高隸民，1994）。1966年之後，外商不管是
直接進到加工出口區設廠，或者在國外遙控台灣基地的生產，無法
對於社會的再生產結構進行控制，而只能掌握國際貿易網絡及市
場，關鍵性原材料和零組件。從前者外商之控制國際貿易網絡、市
場以及商品的再生產結構，到後者掌握貿易網絡、市場及關鍵零組
件，這其中的重要差別在於交換是否能貫穿到社會的再生產結構。

　　1966年從農產品及農產加工品為主的出口轉到工業產品，這就
意味著台灣的社會再生產結構，從農業生產模式轉到工業生產模
式，國際貿易網絡對於商品的控制開始與社會的控制脫節。農業與
工業不同商品的發展，會帶動不同社會的發展，這主要在於兩者所
需要的固定資本形式有了本質上的不同。工業的生產模式需要不斷
的再生產所需要的固定資本，也就是馬克思所謂的第二部類生產資
料的生產（馬克思，1975）。由於有了固定資本形式上的轉化，工
業生產的擴大再生產才得以突破自然力的限制。這是和農業土地、
灌溉設施等固定資本根本不同所在。工業的固定資本在其形式轉化

下，既可進行生產資料的再生產，又能達到消費資料的擴大再生產，其對產業各部門以及社會各部門的轉化也就與農業判然有別了。所以，在交換控制下的農業生產與工業生產，表面看起來都在接受國際資本與國際貿易網絡的制約和支配，其實兩者對於社會發展有著極細微而關鍵的差別。此即兩種生產方式，在以產業部門之可移轉性為中介，過渡到社會各部門之可移轉性的發展，有截然不同的歷史意義。而在工業生產開始茁壯之後，不同商品所帶動之產業部門的可移轉性與社會部門之可移轉性也不同。這就是我們為什麼要細緻討論紡織工業、石化加工業及機械、電子資訊對台灣社會發展不同意義之所在。表面來講儘管三者都有很高OEM代工生產的成分，但其代工的「社會意義」卻是極為不同[6]。

　　從1966的年份切入台灣經濟發展的歷史，是希望找到一個長時段觀察台灣社會的支點，以便瞭解貿易與生產之間的關聯所形塑的社會意義。把荷據以來，外商之國際貿易網絡控制台灣出口的三百年歷史當一個重要的背景，1966年之後台灣工業品的出口，為什麼是以OEM的「接單生產」為主，便有一個歷史縱深的瞭解。現在我們要再問的是，OEM的接單生產形態如何影響了台灣貿易與生產之間的聯繫？這就必須從「彈性化協力組合結構」說起（陳介玄，1994）。1966年之後台灣的接單生產，對台灣經濟最重要的貢獻便是形成了生產協力網絡。中小企業之所以能在這個階段開始形成出口的主力，即得力於這個生產協力網絡發展之助。如此，生產的協力網絡既作為整個出口接單的主要形式，即決定了台灣產銷之間的結構關係。從歷史來看，這個結構關係的改變，無法在高利潤的分

---

6 有關紡織、石化、機械及電子資訊等幾個行業之生產，牽涉到不同之社會意義的討論，參考陳介玄《貿易網絡與生活結構》（1996）一書。

配階段，有自發變動的可能。當製鞋業還處於做一雙鞋子賺一雙鞋子的高利潤階段，無論是生產事業的直接出口，或是透過中小型貿易商的出口，在外銷結構上，不會面臨如何擴展利潤或維持利潤的問題；在企業主的主觀認知下，也不願意去思考更長久的利基轉換問題。所以，產銷關係的結構改變，市場意識的真正成熟，要在生產協力網絡的生產效益無法與勞動力的低廉成本相抗衡的時候，才會變成是企業具體而全面性的問題。中小企業當然也可以利用產業外移來解決這個問題。但是，真正具有歷史深度的看問題角度，應是把這個問題再度擺回交換模式控制生產模式這個外貿主軸來思考。

東南亞及大陸的興起，預示著外商的國際資本及國際網絡，在比較利益下，勢必要轉移其生產基地。如此，也就慢慢減輕其對台灣生產基地的重視。這裡我們要注意的一個區分是，外商減輕對台灣生產基地的重視，並不代表他們就一定要放棄原來與台灣製造業者建立的外貿連帶，同一產品在降低單價下，外商仍然希望台灣的製造業者可以到東南亞或大陸繼續為其代工生產。如此，外商生產成本下降，銷售利潤增加，坐收轉移生產基地的實質收益。而台商也得到了好處，延長了企業生命，並獲取了一定的利潤。至於轉移生產基地的政治、社會、經濟風險與成本則不在外商考慮之內，那是生產者本身需要理性計算的部分。如此，在外商交換控制生產情形下，台灣勞力密集之二次加工及三次加工產業的協力網絡逐漸解體，轉移到大陸進行內向整合或再造一個協力網絡繼續代工生產[7]。這說明了台灣在1996年之後，又要面對一個重要的歷史轉折，這個

---

7 是否在大陸再造一個協力網絡進行生產，端視不同行業之技術、勞力與資本的組合而定。我們對於大陸台商的調查發現，製鞋業到了大陸比較容易走內部整合的方式生產，相對的，自行車業者則以整個協力網絡外移為主。

歷史轉折的重要性不下於1966年。這個轉折在於台灣必須利用以前歷史所立下的基礎，開始形成自己的經濟世界，也就是開始掌控國際外貿網絡，整個社會經濟的發展重心，必須從生產過渡到交換。

　　從1996年往回頭看，1966年到1996年，30年的時間，台灣把握了世界經濟轉型的機會，建構出一個相當具有國際競爭力的「生產協力網絡」，也利用了生產協力網絡累積了大量的資本。換言之，1966年到1996年30年時間，歷史給台灣的發展重心在生產。以台灣三百年對外貿易的長時段結構來說，這段時間也只有在生產領域台灣才有發展機會。事實上民間的企業發展性格如此，從政府的產業政策以及教育系統，乃至士農工商排列的社會價值系統和文化心態，都可以看出這個取向。這個取向，從長時段社會發展結構來看，或許即是台灣長期歷史的合理性[8]。台灣光復後之發展依賴外貿卻又無法真正控制外貿，表面上看起來，這是台灣歷史發展的弔詭，或有人會謂之台灣的悲情。從長期的歷史來看，這已是台灣歷史可能性的充分發揮。若說1966年到1996年台灣的歷史空間在於生產。銜接著上面的問題，我們進一步要面對的是，1996年之後，台灣是否可能從生產走到交換[9]，國際外貿的掌控權能真正落實在台灣企業本身嗎？這必須從世界經濟的歷史、台灣本身的社會結構及政府與企業兩個重要的行動者加以探討。本文限於篇幅僅就外銷廠商這個企業行動者進行討論。

8　「長期歷史合理性」的概念意涵參考黃仁宇《中國大歷史》一書的討論。

9　從生產走到交換的理論意涵，乃在於提出一個社會學的老問題，社會的變遷是由生產決定的，還是交換決定的？本文企圖說明馬克思的「生產模式」與布勞岱的「交換模式」，對於台灣經濟與社會發展的詮釋，必須整合在一起思考，才能掌握台灣歷史的結構特質。

　　台灣在發展獨特的經濟性、社會性及文化性之生產協力網絡時，多少也決定了其所能採取的外貿行動方式和組織類型（陳介玄，1994）。換言之，台灣對外貿易的屬性與生產協力網絡的屬性必須整合在一起觀照，才能發現其整體性的結構。台灣以中小企業作為出口主力形成經濟發展的特色，這就牽涉到台灣比較特殊的外貿結構。拿日本來講，是以綜合大商社作為出口主力，統整起不同生產事業，結構上是產銷分離。而韓國的大財團雖是產銷合一，卻是以大企業做為出口主力。台灣的外貿網絡既以直接出口的中小企業為主力，其中的骨幹便是「產銷合一」的中型廠或協力網中的母廠。而由貿易商所擔負的出口工作之「產銷分立」卻只是輔調而不是主調[10]。台灣外貿的基本結構是以「產銷合一」為主，以「產銷

---

[10]「產銷合一」為主，「產銷分立」為輔的結構，參考下面圖表即可略知一二。從71年到83年以製造業出口的比例一直維持在65%，以貿易業出口則保留在35%的比例（如果僅考慮中小企業則製造業比例更高達68%）。所以，我們認為台灣出口的外貿結構是以「產銷合一」為主，以「產銷分立」為輔：

表：全部企業和中小企業製造業及貿易業出口值之比例

年別	合計	製造業(億美元)	製造業(%)	貿易業(億美元)	貿易業(%)
71年					
全部企業	222.04	144.33	65	77.71	35
中小企業	154.71	106.13	68.6	48.58	31.4
72年					
全部企業	251.22	163.29	65	87.93	35
中小企業	159.27	109.26	68.6	50.01	31.4
73年					
全部企業	304.56	197.96	65	106.60	35
中小企業	180.45	1123.79	68.6	56.66	31.4
74年					
全部企業	307.17	199.66	65	107.51	35
中小企業	188.00	128.97	68.6	59.03	31.4
75年					
全部企業	397.89	258.63	65	139.26	35

分立」為輔的網絡系統。之所以會形成這樣的外銷結構，乃在於接單生產使得台灣貿易與生產之間的利益關係，不是「開擴型的互惠」而是「內縮型的分配」。廠商的出口利潤是在外商既定單子的製造利得加以分配，而不是能取代外商，把生產利潤擴大到行銷利潤，就擴大的剩餘價值進行再分配。在這個認知下，生產協力網絡與外貿網絡的分工與整合，便有兩個層次值得注意。一個是負責出

中小企業	264.09	181.17	68.6	82.92	31.4
76年					
全部企業	535.34	347.97	65	187.37	35
中小企業	358.99	246.27	68.6	112.72	31.4
77年					
全部企業	605.85	393.80	65	212.05	35
中小企業	363.53	249.39	68.6	114.14	31.4
78年					
全部企業	662.01	430.31	65	231.70	35
中小企業	407.67	278.98	68.4	127.69	31.3
79年					
全部企業	672.14	436.89	65	235.25	35
中小企業	385.22	264.26	68.6	120.96	31.4
80年					
全部企業	761.76	495.16	65	266.62	35
中小企業	433.33	297.27	68.6	136.06	31.4
81年					
全部企業	814.70	529.56	65	285.14	35
中小企業	455.56	312.52	68.6	143.04	31.4
82年					
全部企業	849.17	551.96	65	297.21	35
中小企業	465.10	319.07	68.6	146.03	31.4
83年					
全部企業	930.49	604.82	65	325.67	35
中小企業	489.08	335.52	68.6	153.56	31.4

資料來源：
1.財政部統計處，《中華民國台灣地區進出口貿易統計月報》。
2.經濟部國貿局，《出進口績優廠商名錄》。
3.台灣經濟研究院，《民國84年中小企業的白皮書》。

口外銷之中型廠與底下協力廠的分工整合;其次是貿易商與其配合協力廠之間的分工與整合。

無論是一個貿易商掌握一個生產協力網,或幾個協力協力網(產銷分立),還是中型廠直接掌握對外出口工作(產銷合一)[11]。兩種形式的外貿網絡都跟台灣「彈性化生產協力組合結構」有關(陳介玄,1994)。就上述交換支配生產模式的歷史結構及產業結構而言,產銷合一為主與產銷分立為輔,是台灣出口的基本形態,也就說明了這個形態本身已是結構化的事實。因此,可能努力的方向便是藉由這個結構的便利處,提升產銷分立和產銷合一的層次,達到能控制國際貿易網絡的目的。而這個轉換的可能性已不是制度的問題,而是人的問題。是企業主的理念問題,而非國際貿易網絡的歷史空間問題。在我們看來,1966年到1996年,歷史已給了這個躍升的歷史空間和時間。因此,底下我們討論產銷合一和產銷分立的生產與外貿整合,便不再把視野放在結構的層面,而是著重創造結構的行動者面向。

二、「產銷合一」的外貿開擴

不同行業與商品的生產與外銷有不同的產銷策略(王又鵬,1993;吳思華,1995;吳毓蘭,1994;宋欽增,1985;沈西達,1983;林建山,1992;林劭杰,1994;柯勝揮,1990;黃昭虎,1992;馬凱、陳志生,1992;陳淑津,1990;趙義隆,1993;郭崑

---

[11]從我們田野調查所累積的資料分析,台灣貿易商的大小,可以底下所統整的生產協力網絡的類型及數量為判準區分。譬如,一個小型貿易商大概只有一張生產的協力網,中大型貿易商便需統整兩張以上不同業別之協力網。

謨，1987；賴士葆、張德輝，1992；魏啓林，1992；謝耀柱，1977）。出口消費商品與出口生產商品，可以看成是兩個比較大的不同範疇。從我們8年多來對於企業的田野調查，只要是協力網絡的母廠，即負責接單與出口，從紡織、石化加工、電子、機械到資訊無一例外。底下對於「產銷合一」外貿開擴的討論，即以橫跨消費商品與生產商品的外銷廠商M5爲案例說明。

　　M5原本是一家傳統的玩具出口廠商，專作遙控汽車與飛機。如何從原來的OEM「接單生產」，發展到以自有品牌行銷，自己掌握國際外貿網絡，一直是M5廠老板長期思考與經營的重點。從M5公司所體現出來的生產到交換的過渡，我們會發現這不只是企業經營策略的轉換，而是世界觀與價值觀的改變。所以，「產銷合一」的外貿開擴，靈魂人物乃在於協力網絡中的母廠。M5有一百家到二百家不等的協力廠，這些協力廠的經營層次與經營理念，多少要跟隨母廠而轉移，否則即無法生存。是以在「產銷合一」的外貿開擴，我們要注意的是作爲協力網絡接單主力的中型廠，如何看待生產與行銷的關係，並在自己的企業行動上，將這二者結合起來。生產協力網裡的中型廠之所以會隨著企業成長不斷重新定位產銷的關係，便說明了企業面對外部的挑戰，不只是採取將生產基地轉移到大陸或東南亞的策略，而是對於企業生存與發展的基盤，有了長時段的計劃方式。

　　就整體社會結構來看，「產銷合一」的外貿開擴方式，會在未來仍然主導著台灣的對外貿易，乃在於產業部門與社會部門的可移轉性已發展到一定地步，足以支援出口製造業在技術上的附加價值升級（陳介玄，1996），並逐漸締建技術產品的國際市場品牌效能。就個別企業來看，能夠在1996年之後，以技術產品的行銷，建構出國際性的貿易點和貿易網絡，賺取真正的行銷利潤，乃取決於

該企業在1996年之前對於企業經營所下的功夫。這就牽涉到個別企業如何善用前面所提到的，歷史給予台灣生產上的發展機會。沒有經過工業生產模式上的轉換，台灣要從農業生產模式，直接掌控以工業產品爲主締建起來的國際貿易網絡，是不可能的事情。1966到1996的30年時間，之所以是台灣「產銷合一」外貿開擴方式能夠升級的關鍵階段，乃在於產銷合一的中型廠必須有一段足夠的時間，建立由生產導向轉向行銷導向的生產系統。而這個系統的轉換首先就從OEM與自創品牌之間的糾葛開始。

（一）OEM與自創品牌

台灣的外銷廠商從前面分析可知，很難不接受委託代工的生產模式。問題的重點是在於，企業主如何看待OEM的生產（王泰允，1986）？把OEM看成工廠生產的全部還是部分？把接單生產視爲企業短期的依靠或是長期的命脈？企業主眼光的深淺，在台灣企業出口高峰的時候比較看不出來，可是到了1996年前後的產業結構轉型期，高下立見。往回看，M5廠正是在早期就確立了一個長期的企業發展計畫：

> 我想台灣的玩具業還有生存的空間。如果是做兩塊半的東西當然是做不下去，但是當你在賺兩塊半的時候就爲做十塊錢的努力，在你心有餘力的時候就要向未來的條件去挑戰。像我們公司投注到R&D跟其它的計劃上，最短的都有三年的規劃。很多中小企業沒有辦法做到這樣的工作，原因在於他們是爲人家做OEM產品，他沒有這個能力來做。他們忽略掉一點，當他有能力而不去做，把那個能力轉移到別的方面，或許多角化是很好，可是太多角化了，卻會造成自己本身的傷害（訪問記錄M5c）。

本公司成長到今天，從開始時就要求自創品牌，賣了36個
國家，連衣索匹亞都買我們的模型。自有品牌較難做，
OEM比較容易商業化。所以一定要用OEM之外的能力來
發展品牌。雖然作OEM比較容易，但不要忘了將剩餘力量
發展自己的品牌。開始時規模雖小，但仍堅持要有自我品
牌（訪問記錄M5）。

自創品牌很痛苦，當你一個工廠開始成長的時候，很多人
都是從OEM開始，很多人不會利用OEM開始成功的時候
去培養另一個品牌，而有的想自創品牌又走得快了一點。
譬如SS公司，他想把美國AT&T的OEM去掉，這東西可能
有一個問題。當這行業大到你不可能跟他抗衡的時候，應
當是相輔相成，要利用一個比較低的姿勢進入。他卻站了
一個很高的姿勢，心想現在股票三百多，可以把它的
AT&T吃掉了，但他沒有想到股票會下降，AT&T看他的
情況不對不給他做，他就垮台了。就我們看法來講，他應
當不要馬上進入同樣的行業，利用AT&T的優勢來發展他
的立基點，不要去做AT&T的電話嘛！電子產品那麼多，
你跟一個好朋友搶，把人家飯碗搶掉，那算什麼。我認為
那策略是錯誤的，你應當去做一個自有品牌，不同行業的
東西，稍微相結合，發揮自己的優勢很重要。這種觀念很
難講，Marketing有時候沒辦法從書本上學來的，牽涉到人
的問題（訪問記錄M5b）。

對M5廠老板而言，OEM是必要的生存與發展策略，但不是公
司外貿的全部，是短期的過渡，而非長期的命脈。所以，OEM與自
創品牌，並不是階段性的銜接與取代的關係，而是兩者在主客觀條
件的衡量下，成某種比例的並行發展。關鍵在於，對M5廠企業主而

言，自創品牌並不是企業後段發展的重點，而是企業一開始創立就
必須有的目標。如此，他們在接受OEM的生產訂單時，所抱持的企
業經營心態即已超越了OEM生產的價值觀。這從M5廠企業主對於
匯率變動的看法可見一般。當眾多企業主無不苦於台幣升值對於企
業出口帶來的壓力時，他卻認為：

> 我的想法是，我們不應該每天計較今天的匯率是多少？明
> 天的匯率是多少？而是應當針對你目前的情況，去開發能
> 夠達到你那一天匯率的產品。比方來講，日本今天在賣的
> 產品，以台灣整個水準來說，他可能是1比15。我們今天
> 還有1比25的空間，而以他的單位水平來講，在我們台灣
> 15塊台幣比1塊美金的情況之下，他都能夠做。他強在哪
> 裏？日本的玩具業在8年前是世界第一，掉到5年前是世界
> 第5，今天又是世界第一位。他又回去了，而且回去的數
> 量、他賺的金額是你們這些第二的二倍、三倍以上，為什
> 麼？任天堂一家就打垮你們每一個人，這個利潤從哪裏
> 來？從R&D來（訪問記錄M5b）。

在這種認知之下，超越於當下OEM生產的價值觀，在資本累積
已有餘力的前提下，原本做為理念存在的價值觀馬上可以體現為行
動：

> 所以這種情況下，我的策略是，一定要跟著社會變化的腳
> 步來做，那樣最快的手段跟方法就是提高你的R&D。事實
> 上要談到R&D的話，你就必須長期抗戰，這絕對不是一個
> 短期的，今天投一百萬，明天就能夠怎麼樣。而R&D決不
> 能用買的，你買了一個人家的R&D，你只不過是知道皮
> 毛，人家弄錯我們也跟著錯。我們有很多工廠，比方我們
> 開發很多產品賣到美國，我們是賣模型飛機的，但有幾個

項目是做到人造衛星傳播系統的馬達。結果因為當初開始的需求沒有防水的問題，後來客戶講，這個不行，要有防水。因為要防水，我們改了幾個模子。因為有它先天上的限制，我們把模子改，這是不得已的改，結果後來Copy的人就照樣做。現在韓國也這樣做、香港也這樣做、台灣也這樣做，我做錯的東西他們通通照做，不曉得為什麼要這樣做。這樣的問題我們會發現別人這樣，所以當別人的R&D比我們更高時，可能我們也會犯同樣的毛病。因此可以想見，你根本沒有基礎，你根本不曉得為什麼。所以這樣的情況我很痛心，我們現在開發的確是從頭開始，從零開始，通通沒有東西，從一筆一針這樣畫出來，了解這個跟這個的相關位置、原因，我們再也不去走那種模仿的路線（訪問記錄M5b）。

在做OEM的時候，即不斷體會、修正對於R&D的瞭解，對於技術的投入方式。這就跨出了從OEM能走向自我品牌的門檻。然而，真正從OEM到自創品牌的成功，技術的紮根只是企業發展重要的一個面向。向下紮根之附加價值真正能實現出來，還是在於行銷的面向：

整個社會的動脈了解以後你要走出自己的路。那我們走出來的路，是走高級的玩具。我們走高級玩具需要的技術很高，所以我們慢慢從這裏紮根做很多精密的東西。我們這種精密的觀念和品質的觀念可以延伸到工業產品，如此我未來規劃的航太項目不一定先做，我可以做工業產品。像我們現在CNC的機器裏面有一個刀塔，我想在一年後我們會做這種刀塔。政府有29項主導性新產品，有一種叫內藏式主軸，它可以轉到36000轉、50000轉的刀際主軸，這在

我們這樣小的規模企業來做正恰到好處。那個東西的附加
價值是不得了，不要講2000塊，3000塊你都可以做。所以
你要用很少的人去創造很多的金額，這是我們未來的策
略。你在台灣找不到人，你怎麼去做紡織廠、鞋廠？不可
能。我的策略在中部來講，這個技術還算是蠻成熟的，就
看你怎麼去整合，有沒有觸角。以我做精密加工的立場來
看，我們台灣精密加工的老闆以前都是一些黑手出身的，
可能也沒辦法得到很多國外的訊息。你看我們台中有一個
PP公司做得很成功，事實上是因為他的整合，而他本身做
貿易出身。我們公司比較幸運的是，因為我是從業務開
始，所以對市場的動脈掌握比較快。有一些工廠創業的老
板都是黑手出身，他沒有辦法跨越進去，走出他的第一
步。你像PP公司能那麼成功，是把很多黑手集合起來，創
造PP公司的機器，他根本沒有做，只是買來裝裝就是一部
機器。我想PP公司會成功，他們是用貿易來整合，先有單
子再工作很容易。但這些黑手出身的老闆是先把東西做好
了才出來賣；而我是先接單再來做東西，不同的（訪問記
錄M5b）。

從自己親身的歷練與體會，以及觀察其它企業的發展經驗，M5
廠老板得出台灣企業未來發展的總體策略乃在於「自我品牌行
銷」：

我們台灣的工業應當從OEM、ODM走上OBM。現在有兩
派人，有一派人講OBM是Own Brand Manufactory（自有
品牌製造）。我的想法是自有品牌行銷。包括美國人，外
國人他們都搞不懂，經過協調溝通以後，他們認為OBM應
當走上自有品牌"行銷"，要加個行銷。如果只有自有品

牌的話，沒有行銷，等於是什麼都沒有。所以我認為OBM
是 Own Brand Marketing（自有品牌行銷），不是"製
造"。你想想看，只有Manufactory（製造）的話，事實上
是還沒有跨出去Marketing（行銷）。如果你把OBM當做
「自有品牌製造」的話，那你還是在那個老格局的範圍裏
面。如果是「自有品牌行銷」的時候，你不一定是製造。
比方IBM來講，它有自己的品牌，但它又沒有生產製造，
它不需要，它可以交給宏碁做，它可以交給神通做，我用
IBM的品牌來賣。所以這種情況我認為是我們現在應當走
的策略（訪問記錄M5b）。

（二）自我品牌行銷

　　國際行銷好講不好做。意識到行銷的重要性，或許並不困難，
太多的紙上文獻已幫企業主指出了這個方向。然而，前述外商控制
台灣國際貿易網絡的歷史事實，卻以泰山壓頂之勢不斷摧毀出口業
者，將行銷意識轉成行銷實踐的可能性[12]。1990年與1991年的訪
問，M5公司負責人雖已提出了自我品牌行銷的策略。公司本身的發
展是否能落實這樣的理念呢？這是我們好奇，並以茲作為個案追蹤
的原因。四年後再度的考察，理念不但已化為行動，而且有了具體
的成果。我們且聽企業負責人仔細道來：

　　玩具工業一定不會被掏空，因為玩具產品的單價可以從50
　　塊、100塊到300塊。任何一個產業都有高、中、低的產
　　品，在生產低級產品時，企業要想辦法爬升到中級產品，

12在我們訪問的製造業者中，許多已做到直接出口的中型廠階段，談
　起是否可能從生產導向的出口轉向行銷導向的出口。業者都很清楚
　這中間獲利的差別，卻始終不敢輕易嘗試。

達到中級產品之後要想辦法提升到高級產品,企業主本身
如果沒有這種規劃的話,就沒有辦法面對任何環境的衝
擊。這是我在經營企業時跟其它公司不一樣的地方。這也
是真正的經驗。政府的工業和經濟部門希望所有的企業在
公元2000年時,能夠提撥3%的營業額來做R&D,我們公
司在五年前就已經佔7%到8%。以我們公司為例,公司的
夥伴最高的時候是二百多個人,當時的人員中高中畢業就
相當難得了。現今有二位博士是公司正式的顧問,有3位
Master(碩士)在公司上班,大學畢業的有10位,國外具
有30年以上經驗的專業顧問最起碼有3位以上。本身能力
的提升是很重要的,絕對不能只怪罪整個環境。目前在台
灣的工廠有130個人,R&D的部門有15個人,這在玩具界
是從來沒有的經驗,因為這樣就比較能夠承受壓力衝擊,
這是比較特殊的。企業文化、企業主本身的人身價值觀和
對於企業的價值觀,造成企業經營的不同結果。各位想想
看,雖然這個投影機是我做的,但是上面打的是IBM的
Mark,這跟我有什麼關係?只要在產品完成之後可以拿到
錢就好了。如果這個東西是掛我們自己的名字、掛我們自
己的品牌到國際市場去,你就要每天8個小時,甚至24小
時都要為了這個事情負責,那麼企業主本身的觀念才會改
變。這點相當重要,也就是自有品牌的創造才能激發企業
的潛力。但是這是相當困難的事。我們因為是自創品牌所
以在這方面花了很大的氣力、花了很多的錢,也才能有這
樣的基礎。目前我們的訂單實在接不完。

我們的人員從180個人Down到120個人,我們的出貨金額
卻比已往還高,為什麼Addvalue(附加價值)會增加?附

> 加價值是從整個R&D和Marketing來增加的，這個才是中
> 小企業轉型很重要的議題（訪問記錄M5c）。

自我品牌其實是一種企業自我認同的標幟。象徵著企業追求完美的決心和毅力。就製造業來講，自我品牌得以建立的基礎乃在於R&D的能力。這裡的R&D，並不是只侷限於生產技術的研發，也包括了對於行銷的研發。正是生產技術的研發與行銷技術的研發兩者之整合，M5公司才能體現並擁有了國際外貿上的高附加價值。因而，自我品牌的國際化若要成功，對國際化三個字便須有深刻的認知：

> 中小企業的國際化必須要具備國際化的處理能力，例如國際化的財務管理，不能只是把口袋裡的錢拿出去投資以後，就不加以管理，讓它自生自滅。我們可以看到很多中小企業到大陸投資失敗，就是從這裡發生的，沒有先把管理能力提升，就去進行國際化。國際化管理力的提升，所面臨的問題是，很多現象絕對不是自己的文化所能理解的，到國外去有很多情形是沒有辦法去理解的。例如，我們在兩年前開始到美國設立子公司，這個子公司一設之後，她處理動作的成本是相當昂貴的，因為要設立一個公司必須要由本土化的人員來作。要能夠請得起二十萬月薪的職員，這個壓力是滿大的。在1993年時，我們就請了兩個美國人，他們的月薪都超過台幣20萬。要有本土化的人才，一個是做長期的，另一個是一年一聘Incase的Consultant，幫助我們到美國設立公司。在這種情況之下，你才能夠去得到你想要的。但是，有多少企業能夠這樣做？所以我在這裡講，當你把這些資源丟出去，才是所謂的國際化。現在的中小企業已經不是以前的中小企業，

而是國際化的中小企業。以前談到國際化這三個字的時候是一個很大的阻力，但是今天在台灣的中小企業幾乎都要走國際化。我們目前在大陸有工廠，在美國有行銷據點，在台灣有總公司，這種情況下已經是國際化。這是中小企業轉型最重要的工作。這些設備和工作，難道只是投入金錢就可以達到嗎？投入很多自動化設備就能達到嗎？這是我們企業主的企業文化本身要去延伸的工作。要如何延伸呢？因為我們也洞悉到這個動態，四年前我們公司就開始接觸很多的顧問公司和生產力中心很多的輔導工作，從公司的日常工作開始做起，把PDCA循環的工作真正落實到任何一個工作的環節裡，從中建立起一個真正的管理架構。一旦建立之後，你才能夠真正洞悉到你的問題出在那裡。因為有了完善的管理結構，所以目前我在經營上要比三、五年前更為輕鬆、更有目標，而且更有成就感（訪問記錄M5c）。

自有品牌的國際化，就企業經營而言，那不只是資本問題，更是企業組織與企業文化的問題。企業組織沒有調整與再造，企業文化沒有開擴與外延的屬性，企業的國際化便可能只是生產基地的轉移。那就不是所謂的自我品牌行銷問題，而是在外商控制下被迫遷移OEM生產據點的代名詞。自我品牌的行銷，首先便必須面對來自國際貿易網絡的競爭與封殺。但也唯有經過這個歷練，國際外貿網絡才能真正建立，並從中創造高額利潤：

中小企業的自有品牌談何容易？我們算是一個異數，這個行業非常冷門。在美國兩百公尺以下的領空歸我們管。這個廣告詞是我個人想出來的，美國人也問我Mr. Lai你怎麼會這麼用？事實上，我們算一算有幾家在做，又有幾家在

賣，就可以知道市場的情況。創立自有品牌要很長的時間，同時還會面臨到強勁對手的排擠。兩年前我們到美國設立子公司的時候，美國最大的競爭對手，也是我們現在最大的競爭對手就宣佈全面封殺我們的東西，從他們的目錄中剔除。本來我們是透過代理商賣給他們。我們開始做Marketing之後，對他們難免會有一點Impact，但是他們就全面的Close。到了今年的4月份，他們寫了一封信給我，信中提到：因為你們廣告策略和行銷策略的成功，我們所有的Top Managers決定重新把你們的東西放入Catalogue。這是相當不容易的事，如何達到這樣？就是剛剛所講的，要如何達到品質良好、價錢合理的條件。剛剛講過，台灣是一個很好的生產基地，當你的生產基地面臨問題的時候，就涉及到要如何Transition到另一個基地的問題了。這裡可以看到有很大的差別，我們公司到今年的7月份才把第二個工廠關掉轉到大陸去，我們在10月1日開始生產，將在下個月開始出貨。這在玩具業所謂的台商的操作中，算是打破記錄了，他們到大陸去都要6個月後才能出貨，我們只要兩個月。這就聯結到我們公司本來在Timing上做的很好，我們並不是單打獨鬥，而是有很好的Working Team在做很多的細節工作。再回來談談另一個Marketing的問題，目前在台灣模型飛機所報的單價是六十塊美金，如果今天的我們只是做OEM，在必須到大陸去生產的情況下，Buyer一定會問你要Down多少？因為你做的是他的品牌。你離開台灣到大陸去，或許他可以找到其它的台商或是大陸當地的工廠去拼價錢，因為他必須取得他的利基。但是我們的情況不一樣，我們到大陸去生產的東西還是維

持一定的價錢。各位想想看，在台灣做的工資是52％，60塊美金的東西就要花費30塊的工資，現在是3塊錢的加工工資，3塊錢對30塊，還有27塊的操作費用，所以我們未來還有很大的Potential（訪問記錄M5c）。

從這一點可以再延伸一個問題。我剛剛講過我們從180個人Down到120人，但是今天的出貨金額比以前更高。台灣本身因為在過去四五年所投注的R&D，慢慢地很積極地產生效率了，所以我們的員工，就是所謂的用人費，在兩年前是一個人28000多塊，今年的檢討會報所計算的，上個月的用人費是36000多塊。在生產力沒辦法提升，而人事費用不斷上升的情況之下，台灣已經不適合勞力密集產業的生存。我們的產品是勞力密集和技術密集兩者的結合。我們的Model Engine這個單項產品非常有名，原先它的單價差不多是50塊（美金），到今年為止可能會提升到85塊，到明年甚至會提升到120塊。這個Addvalue的成長，Material 的Cost佔得很少，加進去的附加價值是R&D的費用。我們做二衝程的引擎，從這個月開始我們開始生產四衝程引擎。昨天晚上工研院航太所剛剛來做完結案報告，我們跟工研院合作發展噴射引擎。這個噴射引擎令航太所的人感到非常驚訝的，因為我們的要求和配合是非常的嚴格。一個同樣尺寸的小引擎，世界上其它地區的人做到Maximun的推力是8磅到10磅，我們卻做到12磅，同樣尺寸的產品。我預估這個產品未來的附加價值是目前的6倍，到了明年就可以達到，一萬塊的產品我們可以賣到6萬（訪問記錄M5c）。

M5廠自我品牌行銷，與一般出口業者在外商的支配下外移到大

陸、東南亞生產，在此豁顯了一個重要的區別。前者不但可以在獲得行銷利潤的同時，也獲致了轉移生產基地的高額生產利潤。而後者則只能繼續維持一定的OEM生產利潤，因生產基地轉移可能獲致的生產利潤和行銷利潤，仍然握在外商手中。但是，自我品牌行銷的成功絕非偶然，自我品牌的成功可以說是企業整體文化的成功，而整體文化的成功才能把自我品牌行銷最重要也是最關鍵的一個步驟實踐出來，此即國際貿易網絡與國際服務網絡的結合：

> 自有品牌的創立、企業發展的未來趨勢跟企業主和企業文化的改變是息息相關的。如果一個企業主沒有這種理念、沒有企業文化，就沒有辦法去談到要如何提升個人的人生價值。你今天要我做IDF、做一些我沒辦法做的，那我就不做了，就沒有任何責任了。今天我們公司有一百萬個小引擎在天上飛、在地上跑，我八點鐘上班就先看看今天有沒有Complaint進來。整個情況完全不一樣。我們幹部、品保部的主管，他們的壓力很大，每個月的經營會議要報告當月我們的Engine有幾個Pieces的Complaint，是如何處理的，這些都要在會議中提出報告。在這樣的情況下，所有的員工都會慢慢提升他們的人生價值，不再只是把工作辭掉就沒事了的心態。這種就是所謂的M5人的榮譽。如果任何企業沒有把這種靈魂灌輸進去，什麼都做不好。我剛創業時也是一塌糊塗，廠房很髒。我們要推動S活動要求乾淨，今天到公司來看，我們可以看到每天都是這麼乾淨，對他們來講，骯髒變成是很痛苦的，他會趕快掃乾淨。這個是一種全面性的文化（訪問記錄M5c）。
>
> 台灣的自創品牌公司，需要從R&D一直做到Marketing。這經營重點就很多。如在ISO9001認證系統，當中有一個

售後服務的系統，這很重要。一般企業在申請ISO時通常
會面臨到一個問題，同意在六個月以內設立售後服務部
門，達到認證的Pass。我們在1994年的五月份開始，每個
月在美國各地的專業雜誌上登一小段售後服務、ONP和
Repair的廣告，大概是5-Inches＊6-Inches的篇幅。這已經
比要申請ISO還要早一年，所以他們講這是很難得的事
情，在台灣的中小企業中。我再講另外一件事，我們這個
Model Engine在全世界中，我是五年前就提出二年的售後
保證，我們的對手是日本，日本從來沒有這方面的服務，
但是他們也不得不跟著我們做二年的品質保證。二年前我
在美國設立自己的公司，使得Service可以掌握在自己的手
上，我就把售後服務改成三年，日本人就不跟了。所以我
們是全球賣模型引擎中唯一一家提供三年品質保證的公
司。我告訴我們的員工不用怕，這個東西是我們做的，如
果賣出去是壞的，那是我們的責任；如果客戶買去不會
用、不能用，這也是我們的責任；就算他買去摔壞了，也
還是我們的責任。通通是我們的責任，所以根本不用怕
（訪問記錄M5c）。

　　從OEM、自我品牌到自我品牌行銷，M5廠的發展經驗，提供
我們觀察台灣生產協力網絡裡的中型廠，如何起帶頭作用，不斷提
升「產銷合一」的層次與境界。1970年，M5廠老闆以二萬元開個模
型店起家，直到今天能做到自我品牌行銷，可說是充分利用了前面
所說的1966年至1996年的歷史機會。「產銷合一」的外貿網絡，恰
從OEM、自我品牌到自我品牌行銷畫分出三個不同的網絡意義。30
年的時間，說長不長說短不短，其中有多少企業的起承轉合、興衰
成敗，牽引了無數理論的解釋與辯駁？並沒有普遍的理論可以為個

別企業的發展與寂滅作註腳，唯有企業本身的發展實相，是最佳的言詮。產銷合一的外貿形態，不是理論上好或不好的問題，而是在歷史的可能性與企業的可能性之間，企業主是否能審度時勢，充分掌握時代所提供的有利條件，轉換成企業升級的關鍵素材？就M5廠的案例而言，無疑的，已是徹底發揮了歷史可能性與企業可能性的最好說明。

三、「產銷分立」的外貿開擴

上述M5廠是典型不透過貿易商，而締建了自己品牌行銷的例子。台灣有三分之二的出口，多少是採用了「產銷合一」的策略，所以我們說它是出口外貿的主旋律。另外三分之一的出口是透過貿易商的管道外銷，所以我們說這是出口外貿的輔旋律。我們現在要問的是，以貿易商為出口的「產銷分立」，如何說明了台灣由生產走向交換的意義？換言之，同樣以貿易商為主的出口方式，在過去與現在轉型過程中，是否可以重新改寫「產銷分立」的定義？就像我們上一節觀察M5廠，透過他們的努力，產銷合一既已走到自我品牌的行銷，事實上已經改寫了過去我們對於「產銷合一」的外貿定義。底下透過實際考察國內一個由貿易商整合製造商成功的產銷分立個案，或許可略為說明這個轉換的可能性。

（一）外貿結構的變遷

當台灣以協力網絡的生產方式，仍然不足以抵消東南亞乃至於大陸的勞動力成本時，產銷之間的合作形式，便有結構轉換的必要。換言之，當OEM接單生產的存在形式已遭受威脅，企業營利空間越來越小的時候，過去產銷分立的合作模式，便有重新調整的空

間。我們調查的這個案例,是由一家目前已上市的貿易公司,整合底下的手工具業者、吊扇製造廠,及製鎖業者等幾個生產協力網絡所形成的產銷分立外貿網絡。這個製造及行銷網絡在舊有的「產銷分立」合作之基礎上,要再重新整合,主要拜外銷結構轉換之賜。貿易公司提出的看法是:

> 以前台灣製造業都是人家來領導我們,人家拿什麼東西來,我們就做什麼東西,賺什麼東西。但是現在因為工資高漲,各種成本提高,使得很多Buyers不會拿到台灣來做了,而是直接拿到便宜的地方去做了。我們在這方面的努力是,以前我們跟美國的公司合作,台灣部份我們負責,那麼當時產業有95%在台灣,所以我們不用動腦筋,也就不懂怎麼去開發。現在的情況是,他們已經把新的產品送往別國。後來我們就把美國公司買下來,並在香港、泰國、韓國成立自己的Resources Office,在歐洲的法國、德國、英國、比利時也同時成立。我們的改進方式是,趕快請人家設計好,售價定好,然後讓國內工廠去做,當整個過程沒有問題時,就把東西推出來。在客戶來看,你有新產品,在售價、銷售策略、甚至貨物架上如何展示等所有可能問題都幫你想好了,就願意接受。我們以這種方式來重新取代一些不賺錢的Item,以新的Design、新的Item、新的Program 來取代舊的(訪問記錄L22)。

> 我們這一群都是從很小,幾十個人的工廠開始的,也都是一起成長的。我們彼此配合得很好,所以在考慮問題時不會只想到我自己,而會考慮到工廠生產部份。所以像我們美國分公司每年的設計費就花了50萬美元,這是吊扇部份。新的設計是美國人設計的,因為我們已經買下他的公

司，所以設計是在美國，生產部份就可以擺回台灣，可以
完全控制。因為現在人家都不把東西交給我們做，因此要
我們自己做開發、設計、行銷新的Programs，否則你更難
生存了。這個做法已經有二年了，但是頭一年浪費了很多
錢，因為以往是人家來引領我們，現在我們要去引導別
人，這是件不容易的事情。一般台灣企業碰到的問題是政
府沒有提供什麼Information，要靠私人企業去投資開發，
碰到問題也沒人可問，完全要靠自己摸索。現在我們已經
摸出方向了，在國外也開始可以吸收各方面的人才、特別
是設計方面的，因為人家已經慢慢知道你的路線。基本
上，新開發的產品不可能量產，因為它還是在推廣期，量
是還可以，但是趕不上消退的速度。所以我們一直在推新
的東西。當然會比較好，因為這些東西都是我們與工廠共
同開發的，也一起負擔模具費用，所以比較有銷售的統一
性，不會有惡性競爭（訪問記錄L22）。

　　從別人領導我們，到我們要去領導別人，說明行銷工作在消極
的接單生產階段，完全是紙上的概念，而不是生產業者和貿易商實
際能操作的技藝。這個外貿結構的轉換，逼得製造業者也不得不重
新跟著貿易商一起思考，如何將紙上的行銷概念，轉換成現實營利
的工具。吊扇業者提出的看法是：

　　　台灣非經濟大國，外匯是以前的血汗錢。我們吊扇業沒有
　　　去大陸，是因為吊扇的下游零件廠很多，要帶一批人到大
　　　陸去，這個責任太重了。一個吊扇的完成要相當多零件，
　　　我的工廠自己做的比較多，大概60％自己工廠生產，一年
　　　營業額11億，但是價錢競爭還是個大問題。我認為應該像
　　　日本一樣由貿易商來負責整合、輔導下面的供應廠商，不

要自己單打獨鬥,讓貿易商專門做行銷,工廠專心的從事
生產。建議貿易商的角色走行銷,讓製造業向其靠攏,產
業才能生存。價格其實是自己打爛的,不是人家打壓的。
開發新產品,以前是客戶提供的,因此價格、市場沒問
題。所以如有人做研發的工作,特別是像AA從國外市場
做考察後拿回來的東西,去進一步設計開發,則利潤空間
還是有(訪問記錄L22)。

　　同樣是搭配廠商之一的製鎖業者,從自己四十年的公司經營歷
程,在因應外貿結構的改變下,對於製造業者與貿易商關係的重新
定位,有其深入的看法:

本公司40年,我是第二代,從腳踏車到機車、家具,最後
發展到鎖,這麼簡單的報告是要讓大家知道,我們一直隨
整個環境的動脈在調整自己的腳步。最近我們花幾百萬教
育我們的員工,為何?因為不如此做,我知道我無法與人
競爭,而且這不只是國內的競爭,更是要面對國際的競
爭。在產銷體系來講,政府的心態比較重視產業,不重視
貿易商存在,沒有用心去建立一個產銷體系,我們看到的
報導都只是如何去輔導產業。在台灣,貿易商曾經有它的
功勞,那麼在工廠也一起成長以後,彼此之間的依賴程度
應該更重,但是實際上是更淡。為什麼?因為產生不信
任、不信賴與利益的衝突,再加上政府沒有把貿易商當做
是在工業升級中一個很重要的一環,有幾個重要問題:第
一,我們的企業規模不大,不可能有單一工廠到全世界為
自己的產品去設立分公司,即使去設立也不經濟。貿易商
扮演有幾個功能,一、負責產品行銷,因為每個地區有它
的行銷方式,例如日本,它在行銷與生產之間聯繫非常緊

密，他們不敢隨便轉換，因為如此一來工廠不出貨給你。
歐洲、美國也有他們自己的方式。一個成功的貿易公司有
這個方便性，他可以建立起不同地區的行銷網。以五金來
說，一個國外買主所需要的是成千的產品，這個功能正是
要貿易商來做。第二、貿易商可以提供相當多的商業情
報，這才能知己知彼。第三、是在金融方面，企業要在台
灣貸款是不太容易，因為銀行是看你有多少實力給你貸多
少錢，他並不了解你有多少潛力；但是貿易商可以知道那
一家工廠好，所以當工廠需要支持時，他可以做好借貸、
融資、輔導的功能。第四、輔導，這是台灣還沒有一家貿
易公司做到的，可以藉由成立管理顧問公司來做。因為一
個貿易公司最大的優勢，是它接觸認識各國的機會最多，
也知道每家工廠的缺點，所以它可以做管理性的服務、輔
導（訪問記錄L22）。

　　參與受訪的手工具業者，認為在結構的變遷下，製造業者與貿
易商彼此合作，統整起雙方的長處，是未來應該走的路：

我們合作的最大優點，是統合國內製造業的長處與國外市
場的需求。何董夫婦目前所扮演的角色是，他們利用自己
國外的網絡，再加上國外的特約Design，把適合當地特性
的產品做初步設計，然後拿回國內與這些配合的工廠，做
相互調整的Design，然後根據市場調查的結果，決定產品
的標準售價——其實這在產品設計之初就已經決定，而不
是賣給客戶的價錢，就是決定客戶的Retail價錢。然後由
此倒回頭算，這個產品的製造價位應該在那裡才能賣出
去，等於跟以往的方式整個倒過來。這對我們今後應該怎
麼走下一步很重要（訪問記錄L22）。

從貿易商到吊扇業者、製鎖業者及手工具業者一致認清外貿結構的轉換，攸關出口企業未來的生存與發展，是使得彼此對生產與行銷的價值觀趨於一致的關鍵。如此，也就能夠以新的角度重新定位生產與行銷在國際外貿上的角色。無論是製造業者或貿易商，既然都強烈感受到過去與現在的不同，必須重新定位生產與行銷的關係。然而，什麼才是具體的合作策略與行動重點呢？在他們看來即是從單一產品到整體銷售的轉換。

（二）單一產品到整體銷售

上面業者的意見我們已經看到，傳統的外銷，從國外買主手中接下單子之後，產品的賣價已在接單的時候決定。基本上是生產得出來就賣得出去的情況。製造業者和貿易商都不用費心於產品的整體銷售問題，也就沒有真正懂得產品怎麼開發、設計與服務。更遑論對於國外當地市場設計人才的使用與栽培。國際外貿結構的轉變，使業者深切體認到，今天世界上銷售與生產的競爭已經不再是單一產品，而是整體的銷售計劃。受訪的手工具業者提出進一步的看法：

> 基本上，我們從三個角度來看。過去台灣是生產導向，大
> 概是在1970年代到1980年代初期，只要做得出來就賣得出
> 去，每個人都賺錢。但在整個大環境的變遷下，使我們低
> 成本的優勢不再了，這包括工資低、環保成本低、其他第
> 三世界國家競爭少。但是這些今天已經不存在了。如果今
> 天還是走生產導向，你永遠要跟人家比價錢，而且只比單
> 一價位，亦即你的製造成本。在此一壓力下，每個公司有
> 不同的做法。以我公司來說，我在1984年就看到這個問
> 題，所以一開始我根本就不在低品質部份競爭，因此第一

步是先把品質拉到國際水準。但這仍舊不能生存，因為任一產品如果不能配合當地的習慣做調整，你賣不出去！那麼今後台灣在高生產成本之下，如果還要再走生產導向，就沒有世界的競爭力，因為優惠條件已經無法跟第三世界國家相比。怎麼走呢？剛才提到美國市場我們佔8%，它自己國內供應84%，那麼為什麼不去拿這一大塊？有二個因素，第一、過去我們做的是單一產品，那麼別人是否承認你的產品好、你的產品是否真正好、你是否真正把產品的好品質表現出來、以及你在產品價位上的訂定是否合理？這些都是關鍵。所以我們是從產品導向走向製造生產導向，下一步我們要走市場導向，如此就可以真正進入合理價位與高價位的市場。今天世界上銷售與生產的競爭已經不再是單一產品，你必須要有整體的銷售計劃。第一要有產品，第二要有好的產品，第三要有好的Presentation（包裝與展示），第四要有整體設計，第五要有合理的價位定位與銷售計劃，第六要選擇你的銷售對象。過去台灣很糟糕的一點是，只要是訂單統統都好，沒有選擇。我們現在的情況是，你來我接待你，但是要跟我殺價錢不可能，而且假如賣給你會影響我的整體銷售計劃我也不賣。所以盲目性的接單與銷售我們已經不做了。第二、產品區隔。今天，單一產品賣給全世界的時代已經過去了，因為全世界在Merge（合併）之下其零售的Channel（管道）已經愈來愈少，幾乎屈指可數了。因此賣給張三就不能賣給李四，否則是自己產品的競爭。所以必須針對不同人設計不同產品，而且還要讓雙方都覺得滿意。這就牽涉到對當地消費市場的了解，並且要了解它們的高階層經營政策，這是今

後的發展方向（訪問記錄L22）。

就行銷上的調查成本而言，單項產品與整體產品的調查差異不大，那麼為何不大家一起來做？所以，我認為所謂Trading Firm（貿易商），是進行市場調查以後，分析那些產品是適合台灣生產的，並對這個產品的價位、外型、設計都加以處理之後才交給製造工廠去生產，如此才叫貿易商，這是日本商社成功的地方。因此最後的關鍵在於，產、銷一定不能分，我們講附加價值，不只是產品生產的部份，還包括對產品做適當Marketing後的附加價值。目前我只在意其它國家的競爭者，五年以前我的競爭在國內，我已經突破了這個關口。現在要突破的不只是在產品本身的價值問題，還包括整體的價值以及售後服務的價值在內。如果能夠把這些力量連結在一起，用獎勵的方式而不是用強制的方式，那麼如何根留台灣，產業壽命如何延續？都不再是問題。我不承認有夕陽工業，那只是你不在適當地方、位置上製造生產而已，只要生活有需要的產業就不是夕陽工業。我們做的套銅，賣價是台灣同業的三倍半，當時跟世界上11家最主要的廠商競爭，並不是贏在價位，我們是贏在產品的設計之上，這裡就看出有整體設計的產品與單項產品的差別。數量雖然在高價位的東西少，但我們做低價位的來維持成本，高價位的來賺錢。手工具在台灣仍否生存？今天德國、法國、美國的手工具機業者都還是生存得很好，這三個地區的匯率升值、勞工成本、環保成本都比台灣高，我們為什麼不能生存！但是這必須要有整體的配合（訪問記錄L22）。

從單一產品走到整體銷售的觀念，從提高生產品質邁向市場的

行銷與服務，從商品的內在品質擴展到商品的外在品質。這就使得企業主要重新面對企業經營的世界觀與價值觀。真正的困難在於，製造業者與出口貿易商彼此之間的利潤競爭，使得營利的世界觀與價值觀無法提升。當然也就無法意識到，產銷之所以分立乃是為了更好的合作。產銷之分主要是為了產銷之合，是「產銷分立」根本上不同於「產銷合一」所在。當製造業者與貿易商把各自的職能畫分清楚之後，互為專業化變成雙方合作的基礎，開擴式互惠的營利世界觀與價值觀才得以形成。

（三）從內縮型分配到開擴式互惠

前面我們說過，台灣之所以會形成「產銷合一」與「產銷分立」的外銷結構，乃在於接單生產使得台灣貿易與生產之間的利益關係，不是開擴式的互惠而是內縮型的分配。這就形成了製造業者與貿易商，只能擠壓在有限的生產利潤進行剩餘價值的再分配。在有限的利潤下，製造業者儘可能向貿易商討價還價以保有自己的利益；同樣的，貿易商也將接單單價的底牌牢牢握在自己手中，不輕易對配合的製造業者曝光。這就造成了製造業者在自己業務部門壯大的過程中，隨時可以拋棄掉貿易商，省掉了中間利潤的損失；而貿易商在製造業者的比價過程，也可以就差額利潤的優先考慮，汰換配合的製造商。1966年到1996年之間，台灣製造業者與貿易商之間，真是剪不斷、理還亂，可說有道不盡的緊張與衝突[13]。這個利潤分配認知點的突破，可說是產銷分立是否能另起爐灶，走出一番新氣象的關鍵。受訪的貿易業者提出他的看法：

---

13 製造業者與貿易商之間的衝突與緊張，在我們長時期對於貿易商及製造廠的訪問過程，可以經常從受訪者的談話中領略到。特別是在彼此之間對於台灣經濟貢獻的不同詮釋，更可以清楚反應出來。

這裡有一個很重要的點，就是停留在生產導向的時候，利潤已不夠大家分，我們不願再是低價位，整體價值提高。是把各種的整體加以連結起來，情況就不一樣了。所以仔細看，我們之間的關係非常的微妙，原本我們應該是一種競爭的關係，但是因為我們看到整體的價位拉高，而非在單一的產品價格上競爭才是未來的出路。製造重要，但行銷更重要。很少大家把底牌亮出來的，但這也是唯一可以成為Partnership（生意夥伴）的主要因素。所有賣價我們共同協定，好價錢時大家多分一點，壞價錢大家多支持一點。我們不看這個單元產品價格，而是整體的價值。過去的製造商永遠只想把成本壓低，很少想把整體價位拉高。其實只要做到如此，每個人自己的Secter（公司分部）利潤自然就出來。過去10年已經深深體會到，生產重要，行銷更重要。公開出來，大家才能做生意夥伴，策略才會一致（訪問記錄L22）。

產銷分立的外貿合作模式，能夠提升「合作」的意義和體現合作的價值，乃在於根本撤除了OEM接單生產上的利益分配盲點，將內縮型的利益分配轉向開擴式的利益互惠。沒有這個合作的認知、踐履的意志和行動效力，終究無法突破傳統以來製造業與貿易商之間互動的哀怨格局，始終在含怨的和諧裡打轉。更重要的是，唯有在利益擴大再分配的基礎上，才能確立產銷之間長治久安的信任。

（四）人際信任的實質基礎：利益的擴大再分配

上述「產銷分立」在整合上的最大障礙，在於彼此對於剩餘價值分配的不信任感。在接單生產的有限生產利潤之下，製造業者與貿易商存在著永遠的難題，誰應該多分點？誰又應該少拿些？在此

前提下，要體認到彼此世界觀與價值觀的重要性，並加以理性估算各自在整體外貿上的分量，並不容易。這中間又牽涉到生產與行銷的專業分化，是否已到了權威的地步？譬如，貿易商的行銷工作基本上已不是製造業者的一個業務部門所能掌控；而製造業者在生產技術上的R&D也到了貿易商無法置喙的餘地。在過去，生產與行銷的專業分化尚未到這個地步時，未諳姑食性，先遣小姑嚐，便是製造業者在面對外貿上的困境，也是後來製造業者很容易繞過貿易商的地方。若從開擴式互惠的利益觀著手，則不但貿易商的職能要提升，製造業者本身的研發層次也必須升級。因為要擴大利益的分配結構，就必須面對國際行銷公司，或者國外市場當地貿易公司的競爭，這絕非一件輕易的事情。受訪的貿易業者指出：

> 我們走的路是跟產業結合來開發市場，以前我買多少，我賺多少，越多越好，工廠和貿易公司有很大的Gap（落差），工廠的賣價壓低，貿易公司賣價要高，產生的不信任感是產銷合作最大的障礙。如何和合作的夥伴，走向國際市場，和競爭者競爭？像美國幾個大的鎖廠，把帽子一扣，所有廠都不買你的，除非你買保險壓在那裡他才繼續買，保費佔60%，也就是售價要加60%，工廠怎麼能夠做，誰能幫你？當然我們要合作。在短短的時間裡，美國就可以把台灣的廠打垮，公會或政府怎麼可能幫你，只有自己合作，共同面對問題。不但繼續產銷合作保護客戶，趕快一起去馬來西亞投資，改善產銷弱點，萬一談判失敗，還能有生存的餘地。以手工具機業來講，美國有一個國際性的公司叫史丹利，營業額20億美金，我們直接的競爭對象就是她，我們前年就跟此廠競爭。我們請國外設計師設計很好的包裝，提升品質，1990年初的接觸我們小

敗。我們馬上做一個調整，中國人的好處就是彈性大，即
使半夜也趕，1990後半年打了一個勝仗。後來史丹利買了
台灣的廠在台中，是做套統扳手。我們是整體性的
Program，史丹利到台灣生產後就跌35%的價錢，比我們
還低，結果為了競爭，我們也降成同樣的價錢，她沒有把
我們的腳挖掉。此一仗對整個Program的產品都有很大的
影響，這一仗是我們大家攤開牌來，才能打贏這一仗（訪
問記錄L22）。

「攤開牌來，才能打贏這一仗」，要真正的合作，就必須有胸
襟，必須提升營利的世界觀與價值觀。至此，我們可以認知到商場
如戰場，中小企業面對國際市場的開擴，宛如面對於另一場不同的
戰爭。戰爭的形式不同，對手也不一樣。如何能夠制敵機先，穩操
勝算？手工具業者從自己參與的角度提出看法：

不能妄自菲薄，只要大家合作還是有實力，所以我們整合
起來，以後打仗一起打，因為以後面對的不是local（國
內）的競爭，是我們走的方向，也是我們的目標。國外買
主來之前，給一個採購目標，我們把各種產品的設計先做
好，價位也訂好，在國內開好模具來爭取，但她只選兩、
三樣，每一個客戶來挑選自己喜歡的產品，而且每一廠商
設計都不一樣，不使其相互競爭。我們不僅將產品設計出
來，還服務到幫他設計該如何在店裡面展示，這整體性的
計劃，若不這麼做我們就會輸給美國當地的進口商。這幾
年所建立的信譽，也與國外買主合作的很好。都是國外的
設計師，這一套設計費就是10000塊美金。這就是台灣未
來要發展的，工廠做好品質，我們去做設計，這是我們的
目標。我們做Full-service，也因大家的合作使得我們合作

非常愉快（訪問記錄L22）。

　　共同打贏這場國際行銷戰，既成了大家共同的目標，便有了擴大利潤分配的可能性。製造業者與貿易商之間的信任，因而具備了新的實質基礎。製造業者與貿易商便可以重新定位自己的利潤來源和內容。透過利益分配的重新定位，再度強化了彼此的信任。受訪的製鎖業者清楚的指出兩者合作這個關鍵點：

　　　　貿易商與工廠之間，最嚴重的就是我所說的信賴問題。其
　　　　實我們與貿易公司之間有很多的爭論，但是這種爭論是在
　　　　別的貿易公司找不到的：就是可能在座同業我們都會問，
　　　　我們賣給貿易公司的價格，貿易商賣了多少錢？匯率我全
　　　　部吸收，你到底有沒有反映上去？大家不講不代表沒事，
　　　　其實都悶在心裡。政府沒有對貿易公司給予正面的肯定，
　　　　對它要上市給予很多的限制。我跟何董夫婦的配合，可以
　　　　到我對價錢質疑時，馬上要求他從電腦裡跑出來給我看，
　　　　這有幾家貿易商可以做得到？不要說這在其他貿易公司不
　　　　可能，連他拿你的產品賣給那一家，工廠報價要給那一家
　　　　都不知道，這個都不知道，他那裡會跟你說他賣多少錢。
　　　　貿易公司今天的結果，最重要的還是在一個信任的問題，
　　　　信任讓大家相輔相成，越靠越近。這講很容易，但做起來
　　　　卻很難。貿易商賺的不是高利潤，而是要多的Turnover
　　　　（週轉），貿易商要的是量，而不是百分比。貿易商應先
　　　　追求一定比例的獲利，再求更大的量和行銷網，貿易公司
　　　　可起帶頭作用，傳佈此一觀念（訪問記錄L22）。

　　產銷分立外貿網絡的整合，可就諸多不同的方式來進行。不同歷史階段之不同生產協力網絡與貿易商的配合，便可以許多種細緻分類的可能（陳介玄，1996）。我們用L22產銷分立整合成功的案

例作分析，並不代表台灣所有產銷分立的模式都可以走同樣的路子。重點在於，從這個案例我們可以學到什麼？企業主建構世界觀的方式，多少決定了其建構企業生命的方式。當一群人在他們看來是以新的理念和新的行動方式，在建立企業版圖時，便值得我們重視。因為他們可能已率先提出了社會變遷的方向和內容。換言之，他們用行動擴大了台灣外貿發展的歷史可能性，提升了產銷分立存在的層次。如此，也就重新界定了產銷分立的意義。

四、小結

貿易網絡形成的根源在於社會，日本的大商社與韓國的大貿易商，深入來看不只是經濟體制問題，也是社會體制問題（Morishima, 1986），所以很難在台灣複製。問台灣為什麼沒有大貿易商？而汲汲於從各種制度找理由、排解障礙，務必在學理上證立其存在與發展的價值，可能即沒有把貿易結構與社會結構互動的關聯釐清楚。從我個人的觀點來看，台灣無法走日韓大貿易商的路子，也不一定非要走這條路不可。重點在於，社會與文化支持下的生產協力網絡，一旦繼續主導著台灣產業發展，台灣的外貿網絡便要順著這個結構前進。因而，仍然會是「產銷合一」為主調，「產銷分立」為輔調的形態，形成外貿的節奏。

由商品建構起來的外貿網絡殊異，外貿網絡所立基的生活結構[14]也不同，因此M5及L22兩個個案的例子，討論的重點不在取其普

---

[14]有關「生活結構」此一概念內涵，參考陳介玄《協力網絡與生活結構：台灣中小企業的社會經濟分析》（1994）及《貨幣網絡與生活結構：地方金融、中小企業與台灣世俗社會之轉化》（1995）兩本書的討論。

遍的代表性，而在於作為企業行動的典型，說明歷史及企業的可能性，在發展上可以到達怎樣的層次。兩個例子都說明了，台灣1996年之後賴以建立外貿網絡的產銷合一和產銷分立模式，都已經被重新定義，賦予新的歷史意義。就在企業個體行動所創造的典範上，我們看到台灣1966年之後，經濟結構變動的軌跡，多少也說明了歷史發展有一個常人看不到的趨勢存在。就這個趨勢而言，產銷合一和產銷分立未來的發展，並不能互相取代。而是必須依憑各自外銷的商品結構，找出外貿網絡轉化的方向。從一個更宏觀的視野來看，藉此多元外貿網絡的開展，才能建立以中小企業為主體性的台灣經濟世界（陳介玄，1996）。以M5及L22兩個案例作為示範，就結構面我們可以瞭解到，產銷合一及產銷分立的外貿形式，都可以有立足於台灣而重新編織國際貿易網絡的可能性。換言之，台灣三十年的生產基礎已打下了從生產意識走向交換意識的實踐空間。就企業個體行動的面向來看，企業家具備一定的社會變遷觀念與國際視野，是提升其生產意識到交換意識的前提，但是，怎樣落實這兩個意識的轉換，端視企業主如何以其價值理念不斷導引行動，發揮企業組織效能。

　　從交換支配生產的長時段歷史來看，台灣1966年之後，中小企業的產銷合一和產銷分立，共同創造了亮麗的出口實績。OEM的接單生產，充分利用了日據以來的農業基礎與工業基礎，不但生產了外銷商品，也生產了工業「再生產的基礎」，那就是產業部門間的可移轉性與社會部門間的可移轉性。如此，儘管1966年之後，台灣並沒有擺脫三百年來外商對於台灣生產的控制，台灣卻已從這個階段發展工業的歷史空間，確立了社會結構的轉化，並取得了從生產轉移到交換的歷史可能性。這就意味著外商對於台灣長期以交換控制生產的歷史發展，有了新的變化。台灣對於國際外貿網絡建構主

體性的出現,使得台灣開始有可能建立自己的經濟世界。如此,「吸納式出口外貿網絡」到「拓展式出口外貿網絡」的轉折,才算真正達成。企業主以生產創造價值的形態,可以由交換創造價值的形態,加以擴大並賦予社會意涵。換言之,當台灣企業創造價值形式,能以交換模式整合生產模式時,實已透顯出台灣社會的國際化已走到了另一個新的階段,社會形態將隨台灣經濟世界之形成而愈趨於開放。

第二章

廠商之間的資源可移轉性——
中小企業協力網絡之轉型

　　台灣產業結構最重要的一個特質，乃在於生產協力網絡（葉匡時，1994）。在《協力網絡與生活結構》（陳介玄，1994）一書，我們已經具體描繪了協力網絡形成的經濟基礎和社會基礎。以機械業之工作母機、產業機械及電子資訊中之半導體爲主，深入考察台灣企業的轉型，使我們有機會再深入觀察，台灣生產協力網絡在現在與未來的變化，對台灣產業發展的影響。就企業轉型的研究而言，當然有各種不同的切入點和面向可以探討。然而，對我們而言，最重要的莫過於結構重心的變化。每個社會產業的發展，都有它的結構，也都有它的結構重心。台灣產業的結構主幹在於中小企業（陳明璋，1994），中小企業運作中的協力網絡，即是台灣產業的結構重心。所以，要探討台灣產業的轉型，若不能先就此結構重心加以研究，便無法掌握產業轉型的可能與限制。因而，本文透過實際的田野訪談資料，討論中小企業協力網絡的轉型問題，並提出廠商間資源可移轉性的觀點加以詮釋。我們認爲唯有透過廠商這個法人行動者（Coleman, 1990），對於自己的行動做了有意義的詮

釋，研究者才有足夠的材料進行社會學的解釋。如此，一些超越個體行動之上的宏觀現象，才會變成韋伯所說的「可詮釋性」（Weber, 1975, 1978）。本文最後對於廠商間資源移轉，與協力網絡轉型之宏觀取向的理論定位，即是在這個方法論基礎上進行的一個初步工作。

一、傳統協力網絡之結構化與再生產

台灣生產協力網絡既成結構化的發展，便是企業發展的依託。中小企業的生存和發展與這個結構脫離不了關係。協力網絡一旦成結構化的發展，即說明了產業結構已有其自主性。這個自主性使得協力網絡得以隨著產業生命週期的更迭，以及產品的興替而不斷消逝或者再生產。台灣產業的結構轉型，首先反應在生產協力網絡的消逝、崩解、重組及再生產的變動脈絡。協力網絡還能作為台灣國際競爭力的堡壘，乃在於協力網絡的結構效率仍能不斷提升。這是台灣生產協力網絡在結構化的過程中，還能不斷再生產的奧秘。本小節以1995到1997年的機械產業田野訪問資料為主，探討傳統生產協力網絡之轉型問題。

（一）協力網絡作為已結構化的生產基礎

台灣中小企業既存的協力網絡使得很多沒有大資本的企業主也可以創業和發展。所以協力網絡不只是靜態的既存之已結構化的企業環境，它也是動態的為企業不斷創造的一個結構中的經營策略，這個經營策略不是從企業為單位來考量企業的利基點，而是從協力網絡為單位來開創企業的利基點。受訪的工作母機廠董事長以自己公司成長為例指出：

開始沒有錢該怎麼做？我的想法是，因為我們懂英文又懂技術、懂機械，所以我們可以掌握最後的市場，客戶跟我們關係都很好。我們幾個同學大家一起做的時候，跟國外客戶關係相當好，像當時沒有傳真機，是用Telex（電傳），或是用寫信。我們根本不用，我們拿起電話就直接跟客戶溝通，有問題直接用電話打比傳真還好。比起同業，像國外一張傳真Telex（電傳）進來，祕書小姐還要把它翻譯成中文，老闆看完之後，叫她來寫成中文，中文再翻成英文，英文看完，沒問題再發出去，大概要三天。這樣聯絡很不方便，我們電話拿來就直接打，這是我們可以掌握市場的原因。再來就是我們可以掌握設計。機械設計，我們把它設計好，拆成零件組，發包給其它工廠做。這幾年來我們差不多培養200家衛星工廠，可以說臺灣中衛體系我們把它培養起來。我們不用投資很多機器設備，衛星廠他們有設備，把零組件做好之後，我們再做工廠組裝。我想臺灣的環境沒有錢也可以做事業。我們接到國外的訂單，他開信用狀來，我們開始下單給這些工廠，他們把零件弄到公司來，然後再組裝出去。時間快的話，一出貨，一押匯就有現金收入，最慢7天就可以押匯。開給工廠的票可以開3個月到6個月，所以可以累積很多現金在手上，就不需要很多現金做生意（訪問記錄M089P21）。

從這個例子我們可以清楚看到，一個中型廠商不但可以利用既存的協力網絡，更可以透過自己在商品市場上的定位和經營策略，重組新的協力網絡。

台灣這種協力生產網絡做為一種已結構化的生產基礎，在業者轉移生產基地時，便能強烈意識到其存在的價值和特殊性。我們問

到一位機械業者有關該公司對外投資的問題時，他指出：

> 我們一直遲遲不敢動，就是碰到這個難題。像在美國來
> 講，我們要拿組件，他就說在West Virginia（西維吉尼
> 亞）；要鈑金的話，他就說到墨西哥拿，工人就找葡萄牙
> 的人或是中國難民，比較便宜，所以組裝很困難，不像臺
> 灣非常方便。太平洋腳踏車公司的老闆李先生是我的朋
> 友，他說有一個美國客人到臺灣，他去機場接他。美國客
> 人說：這是最新的腳踏車的Design（設計），你幫我估價
> 看看，做一個樣品要多久時間？李先生說：好啊！美國客
> 人就把它放在台北凱悅飯店，第二天下午他就搭機到大陸
> 去了，再第二天下午五點到臺北去的時候，李先生就把樣
> 品拿給他看。他嚇一跳說：怎麼會這種情形，他說在中國
> 大陸，一個新的打樣要2年，臺灣只需24小時。李先生跟
> 他講：我們50公里以內什麼都有，包括：車床、箱翻砂或
> 是熱處理、電鍍、包裝，你要什麼就有什麼。在美國，50
> 公里等於30Miles（哩），根本看不到一個人。有一次，我
> 從印地安那開車到別的州去，開8小時，兩邊都還是玉米
> 田，從伊利諾州開到Indiana（印地安那），這條路上根本
> 看不到人，那地方在美國算是比較繁榮的地區，不像Idaho
> （愛達荷州）是農業區。工業區裡也看不到人，所以臺灣是最
> 方便的，50公里以內，什麼都有，讓外國人嚇死了，所以我們
> 中衛體系來講是我們的自然競爭力（訪問記錄M089P21）。

台灣與美國生產網絡的比較是一個有趣的課題，Saxenian已做
了矽谷與台灣新竹科學園區生產網絡連帶的研究[1]，相信這是一個值

---

1 Saxenian的文章，將發表於1998年5月22、23日，由東海大學東亞社

得深究的課題。從業者的觀點我們要注意的是，如同Krugman所強調的產業地理學對於瞭解工業聚落發展的重要性（Krugman, 1991），台灣產業地理的特殊性，使得生產協力網絡的結構化得以可能。當然，對不同產業而言，生產協力網絡之結構化發展有不同的意義。有些產業的協力網絡，如製鞋業，隨著企業往大陸及東南亞外移，幾乎已崩解掉。是以，某個產業在某個國家或區域得以生存與發展，牽涉到許多的層面，不是網絡觀點可以單獨解釋。這也是個人主張，在我們認知到經濟網絡對於產業發展的重要性之同時，也不宜過度誇大網絡觀點對於產業，乃至經濟發展的解釋力（Granovetter, 1992, 1993）。

（二）協力網絡生產與內部整合生產的搭配

已結構化的協力網絡，使得後來進入者有一個既存的生產結構作為胎盤，得以不斷學習、茁壯、發展。然而，企業一旦壯大之後，與原來搭配的協力廠商之間，又是怎樣一種關係呢？換言之，隨著企業朝「企業經營資本」（陳介玄，1995）各個層次發展，勢必使得企業必須調整與週邊協力廠商的關係，進而形成不同階段對於協力廠的不同使用方式。這尤其在於從默默無聞的小型廠，發展成中型廠或大型廠時，更是如此。受訪的一家蛻變為中型廠的機械廠董事長指出：

> 這個要看你的階段，像我們前十年，幾乎靠外包，為什麼呢？因為我們沒有錢，也沒有設備，好好叫外包工廠把品

會經濟研究中心與社會學系，共同舉辦的「東亞企業轉型與社會變遷國際研討會」。

質弄好可以說的通，但是如果產量每個月超過100台以上，那時叫衛星工廠跟你配合也是很難。因為那時衛星工廠要找到人也是很難，而且他們都是兄弟父子，其實只有幾個人而已。臺灣這些機械衛星工廠大概都10個人以下，若叫他們擴充，他們沒有土地，也沒有資金。所以我們第二階段自己大量投資設備，但又不能放棄這些協力廠，所以兩階段同時並行。因為如此我們裡面也有激勵作用，最近裡面員工在講：裡面自己做比較不考慮成本，非常危險；都給外面做，外面會說：很好賺，我把你價錢弄高一點。弄高一點，對不起，我拿回來自己做，所以有制衡作用（訪問記錄M089P21）。

企業動態發展節奏，是考察中小企業協力網絡存在意義與價值的一個重要架構，它說明了台灣協力網絡的運作，有相當彈性與複雜的情境利益及經濟權力關係，來維持它的結構效率。生產協力網絡一旦喪失了其結構效率，其存在即成疑問了。從此角度而言，大、中、小企業在台灣社會發展上的定位，便必須從大企業與中小企業在協力網絡裡，如何繼續維持此一結構效率的角度著手。受訪的一位機械業者指出：

事實上你看電子業就好了，宏碁一家，它今年做800多億，它本來今年預定做六百多億，它現在已做到800多億，爬上去了。以電子行業來講，它一家公司做800多億，比我們整個工具機的產值，整個行業總產值還多，一家公司而已。就政策面，整個國家而言，這樣一個工廠比整個產業還要來得大，那要不要正視它，因為這個問題蠻大的。事實上，它大，在國外才有競爭，但是中小企業它的靈活度比較高，不會說一下子轉不過來，它的彈性很

大，而且它養很多人，它養的人絕對比大企業還要多。所
以這是中小企業存在的最大的功能，就是創造就業機會，
這其實也是很重要。至於說，整個產業的貢獻度來講，這
些小的公司大部份都是依賴在中型廠，如果沒有這些，沒
有辦法。小工廠效率一定好，大工廠一個東西要加工3天
出來，你一個人的公司，進去25分鐘出來，它賺的錢就是
靠這個，25分鐘，一個賺50元。那現在，算一算，怎樣去
改善讓它10分鐘做一個，那25分鐘可以賺250元，因為錢
賺到我口袋，我會去想辦法。在工廠裡面沒有人管你這
個，兩天半就兩天半，照規定來都不能快，是不是？所以
這種分工化的結果，每個老闆都是台灣活下去的一個很大
的特色，這不是事業單位可以取代掉的。它整個分工不
同，你為了賺錢，你必須去改善效率，否則你划不來。大
公司的部門，它不講這些，所以以貢獻度來講，我認為這
很難講所謂的大或小（訪問記錄M068P21）。

一個國家之廠商規模應趨向於大型化或小型化，是一個複雜的
問題（Demsetz, 1997）。台灣產業發展到今天，中小企業的出口值
下降到52%，很明顯的，大、中、小企業的結構位置亦有所改變。
這個問題我們會在本文最後部分予以處理。從中小企業本身的角度
來看，小型企業有大型企業無法創造的效率。這些單個小型企業各
自擁有的效率，透過協力網絡整合起來，廠商之間也就創造了互惠
的外部經濟（Pigou著、陸民仁譯，1952；Marshell著、王作榮譯，
1981)。換言之，也就是創造出廠商之間資源移轉的效應。所以，中
小企業不能利用協力網絡生產的好處，無疑的，也就等於自動放棄
了台灣整體產業結構對個別企業的支援效果。受訪的M089這家由小
變大的工具機廠，在公司的後段發展，也並不是全然放棄協力廠的

搭配,而是利用加強廠內規模量產的能力,並提高零組件加工效能,以制衡協力廠的加價,或彌補其不足。

　　不管企業停留在協力網絡中的那一個層級,都必須完全熟悉自發的網絡串連流程。以機械業來講,這種事頭工作的連繫是不需要任何交易成本的再付出。做為單品的製造或是組裝的製造,單品有單品的精度,整合組裝有整合組裝的精度,協力網絡的各個企業單位,要做好的是各自控制好自己所需的精度,受訪的一位機械業者指出:

> 協力廠商他們都有認識嘛!縱的聯繫,他們會告訴我們,我翻砂好了,我送到下一站在哪裏加工,加工完以後哪裏可以熱處理,或是研磨,他們都知道。發出去製造到成品回來,他們自己知道流程。他們車子叫好送到那邊去,送到下一站,…。回來以後,我們看就可以了。期間我們也會過去檢查,到最後面再錯已經來不及了。可以的話我們就回來磨毛邊、噴漆、裝備、送出去。他們自己有搭配線。公司做的部份是整台機械組裝、精度各方面都要自己控制。單品有單品的精度,整台組裝好的有整台組裝的精度,那就是要自己弄了。品質控制好,整台的電腦控制,軟體PLC、設計等等。售後服務人家會找你,不是找你協力廠商(訪問記錄M085P21)。

　　以機械業為例,協力網絡的生產,並不一定比內部整合的生產,更難以控制精度,關鍵在於整個產業的客觀標準有沒有發展出來,國際公差是否變成業界普遍共識。所以,當我們詢問到,以台灣這種協力廠體系,是否控制精度上會比較困難?業者的回答是:

> 不會。我覺得這樣反而好控制。到外面叫人家做的,我們的要求是這樣子,做到標準我們就付錢嘛!如果說整體自

己做，像楊鐵、台中精機，也許我自己加工壞了，我把眼睛閉了，也許自己在用了，都是花自己的錢。那種心態有點不一樣。他們那種精度，看各廠的作法。至於精度，他們要求的精度跟我們應該都一樣。有國際公差，精度上要求大家都一樣。有客觀標準JIS，還是DINT，歐美一些機械要求的精度（訪問記錄M085P21）。

　　從上述討論來看，台灣中小企業在轉型策略中，對於協力網絡及內部整合生產的彈性調配，使得Williamson在《等級制與市場》一書的討論，相形失色（Williamson, 1975）。採用協力生產或是內部整合，絕不只是廠商主觀可以完全決定的，客觀的條件是一個重要的因素。在主觀與客觀條件的搭配下，廠商往往會將兩者加以組合，而非執其一端。當然，Williamson討論的重心在於廠商與市場之間的替代關係，而非廠商與網絡之間的替代關係。在此也就看出，Williamsonr拘泥於Coase交易成本經濟學的盲點所在。廠商存在的本質，若不在於降低市場中的交易成本，則市場與等級制的比較便沒有太大的意義。從我個人的觀點看，廠商存在的本質不在於降低交易成本，而是在於創造「社會資源」[2]。因此，更有意義的問題是，廠商要決定發展其內部整合的組織能力，或發展其協力網絡？從台灣中小企業的現況分析，協力網絡一旦已結構化，則順著網絡發展有其便利。更何況，這個網絡能統整起各個單一廠商的效率。所以，小型企業往上爬升的過程，在發展其內部「組織能力」的同時，一般而言，不會忽略了協力網絡的使用。然而，正是因為發展茁壯的中型廠，已有了內部的組織能力，相對的，它對於配合

---

[2] 「社會資源」這個核心概念的意義，請參考本書（導論）及（市場、廠商及網絡：社會資源可移轉性）一文的討論。

之協力廠商的要求也就提高了。既有協力網絡的往上升級,使其具備了一定的國際競爭力。

(三)協力網絡的國際競爭力

中小企業本身的競爭是造成整個協力網絡競爭的基礎。企業在考慮擴大產能、增加設備的投資時,除非有穩定而大量的單子,協力生產才會被排除,否則還是要以協力生產方式保障其彈性。受訪的一位物理電鍍業者,指出投資上的這個事實:

> 他的量有大到那個程度,他才可以買那種設備,成本才會降低,如果沒辦法突破這個問題,他就不必自己做。因此還是用協力的方式,他的競爭力才會活潑,而臺灣的競爭力也在於此。像麗偉他自己也不必做呀!只要放給臺中週邊的協力廠做,只要在交期、配合及品質上控制好,他可以運作得很快,在國際上速度很快,很有競爭力,而且成本也很低的。因為現在的人不是很好聘雇,管理上也不是很容易。而且土地也不好取得,所以現在很多企業滿有競爭力的,他們並不是什麼都自己做(訪問記錄M055P21)。

台灣的協力生產網絡作為台灣整體產業之競爭力所在,已為敏銳的企業主所意識到,甚至都可以變成面對國際市場競爭的宣傳籌碼。受訪的一位企業主指出,中小型廠發展的空間,乃在於充分利用台灣既有的協力生產網絡,因為這不只是「企業生存」問題,還有「經營效率」問題。所以,面對國外客戶時,他將協力網生產,當作其競爭的優勢來宣傳:

> 外製差不多90%,因為我們以前有很多機械,加工部在操作機械的是吃(閩南語)國民黨的,效率很差,就乾脆把

機器都賣掉，外包會較划算。只要客人來，我都會告訴
他，我就是利用臺灣協力網這種優勢，所以目前台灣的競
爭力很好（訪問記錄M086P21）。

沒有臺灣的協力廠商，我們不可能在國際上做出這麼便宜的東
西。這充分說明了台灣協力網絡的核心角色：

其實臺灣像這種協力廠商是很多的，而且他們真的也是很
努力。像是有一些東西如果我們自己去做的話，可能成本
是比他們做的還要高。另外他們也是很專業，有時候我買
一部機器每天只做8個小時，但他們做的話是做20到24小
時。而且他們做時，同一個8小時他們創造出的生產力又
比我們更高，管銷費用卻又比我們低。所以如果沒有臺灣
的協力廠商，我們不可能在國際上做出這麼便宜的東西。
因此它們的存在是必須受到我們的肯定。像是麗偉它們也
是靠協力廠商配合，才能達到生產的速度快，而成本也不
會很高（訪問記錄M080P21）。

從業者的意見來看，生產協力網絡的優越之處，在與國外的生
產模式比較時，很明顯的突顯出來。一位受訪的線切割機業者以自
己的經驗指出，相較於西班牙，台灣的優勢在於協力生產體系：

臺灣在新科技上所做的產品，往往是比歐洲、日本做的便
宜很多，因為我們台灣人一是由於競爭，二是勤勞，第三
的話，我們在計算成本時往往會想辦法盡量降低。在歐洲
方面，只有瑞士在生產這樣的產品。最近，西班牙也有做
出來。不過因為西班牙只有兩、三家EDM工廠，因此它們
可能也成不了什麼氣候。因為這東西，量不但要大，而且
協力廠商要多，才能夠降低成本。所以我想目前雖然西班
牙有做，但是由於臺灣有競爭優勢，最後它還是趕不上臺

灣。因此臺灣還是較有可能成為世界上，第三個量產線切
割機的國家（訪問記錄M080P21）。

這樣的協力生產模式，甚至連韓國都覺得訝異，而跑到台灣來
考察：

> 我在72、73年，韓國大企業「大宇」，還有一家不曉得叫
> 什麼我忘記了，他們來台灣，叫我帶他們去看台灣協力廠
> 的情況。韓國還是跟日本一樣，大企業的作法，翻砂、加
> 工什麼都自己搞。他們說台灣的東西為什麼做那麼好，這
> 麼便宜，要來學我們這套系統。協力廠的制度，在世界上
> 很少見，尤其是工具機方面配合的這麼好。銑床更好，銑
> 床是最好的（訪問記錄M085P21）。

協力網絡的生產模式在我們來看是視為當然，並無特殊之處。
然而，若將觀察的距離拉開，我們便能看到這樣的一個模式，有許
多值得我們思考的重點。其中一個值得注意的便是銑床在台灣發展
的例子。由於國外市場大量的需求，造成了台灣銑床協力分工體系
空前的發達。受訪的業者指出：

> 像台中精機、楊鐵，他們是典型的日本型工具機作法，整
> 套從翻砂、鑄造到加工，他們都有。我們這邊，像70年代
> 以後的，大部份都是裝配為主，都是發給外面的協力廠商
> 去做。以前做銑床大家還有自己的圖，製圖、設計，到了
> 70年以後他們自己有做公模，圖畫也不用了，用錢買來就
> 好了，我就給你零件加工，自己去裝配。以前機械廠你一
> 定要有設計人員，自己先畫圖，自己做模、翻砂、加工，
> 再回來裝配。到了70年代，尤其是銑床，他們都有供應，
> 協力廠他們可以自己供應，大量生產，都不用圖面了。他
> 們自己都有圖面了，只要跟他訂就好了，也不需要找設計

人員。這也是協力廠對組裝廠來講很方便的一件事，因為
他不用設這個部門。而且你只要認識3、5個人，10個人以
內就可以搞一個銑床。銑床是最普遍，車床還沒辦法這
樣，銑床所有的零件都可以公用，幾乎每一家都公用。
這樣銑床變得很競爭。而車床、磨床這方面，台灣因為木
模還沒辦法這樣公用，所以成本還是很高，售價還是很
高。而銑床這個東西，因為太普遍的關係，造成我們協力
廠供應能力很強。台灣組裝業很多，大量生產的結果讓成
本降低。唯一的奇蹟就是說，大陸在銑床上還是沒有辦法
跟我們競爭。同樣一台銑床，台灣品質好，很多人在做。
大陸還是閉關自守那種老大作風，雖然他們員工便宜，但
是品質沒有我們好。所以說美國市場，大家還是喜歡買台
灣的，雖然比大陸還要貴，但大家還是買它。這些協力廠
配合的很好，讓Cost Down下來，成本下來，所以售價跟
大陸沒有差很多，但品質好。
傳統銑床是一個很奇特的（行業）。協力廠之所以可以做
出公模，是因為需求大，美國需求很大。86年美國開始
VRA設限7年，其中一個原因就是我們台灣銑床過去太多
了。傳統銑床很可怕，一個月聽說有上千台（訪問記錄
M085P21）。

　　除了國際市場的需求壓力，使得台灣生產協力網絡在專業化分
工上走得更加徹底之外，台灣協力網絡競爭力有其內部自為的性
格，那就是台灣的技術特質。「手的問題」而非「理論的問題」，
使得台灣協力網絡的生產不斷在經驗知識上累積。也肇致了經驗知
識的精緻化和專業分工，有更密切配合的可能。誠如受訪的業者指
出：

那時候我們從學校畢業，公司政策也一樣把大學生丟到現場慢慢的培養，做機械的人就這樣，以後才可以做主管、業務。你通通要有這個基本訓練，老師傅的脾氣，你要是不會、你做錯了，他就從後面打下去。你們現在很難想像，那時候我們在現場，老師傅都不教你，你在課本學的那些東西，根本都用不上，那是手的問題，不是你能不能的問題。我知道怎麼裝，可是就是裝不進去嘛！是技巧的問題。拚命裝也沒辦法，這東西裡面有一個技巧，書上沒有辦法告訴你。

台灣的工作環境做機械很適合，因為老師傅的技巧和頭腦轉換的快，做出來的很好，人力素質普遍也比較高，這是比較有利的地方。比較不利的在於後繼無人。你看工廠裡幾個比較重要的東西，就是老師傅霸佔在那裡，在那裡把關，這種人一走就完了。在日本人來說，60歲退休的那種人就算是國寶級。在電子業就越來越不值錢，但是在機械業來講就越來越值錢，他有很多東西沒有辦法透過科學的東西來傳達，很多是經驗。像說這台機器震得很厲害，那師傅看一看，就拿一根桿子，從一個地方插下去，焊起來就不會震了！你問他為什麼，他也說不知道！可是他就是有辦法，像裕隆做汽車引擎他就找一個老師傅在那裡聽：呀！這個不行；這個可以，靠老師傅在聽。有很多做不來的東西，老師傅就有辦法處理。國外就用非常精密的儀器，這個是台灣黑手比較有特色的地方（訪問記錄M068P21）。

傳統產業中的協力網絡，若沒有因產業外移而崩解[3]。則協力

---

3 協力網絡如何會崩解？這不是純粹網絡觀點可以解釋。台灣中部製

網絡形成的結構效率（Burt, 1982, 1992），在國際上可以更清楚看出來。機械業的情況是很典型的例子。而我們所指稱的協力網絡之結構化，其意義乃在於，協力廠商之間已形成資源可移轉的互動關係。脫離了這個關係，廠商很難有國際競爭力。所以，現在許多的中心廠，爲了維繫其產品的國際競爭力，不斷定出協力廠的管理辦法[4]。這其實說明了，台灣中小外銷廠商，很難單獨創造出自己的國際競爭力。因此，只要能在台灣繼續生存及發展的傳統產業，協力網絡本身的再生產便會持續進行。

（四）協力網絡的再生產

協力網絡的生產優勢在於：保持最適當的彈性，以配合最浮動的單子需求。也由於具備這個優勢，在網絡的競爭力不斷再造的過程中，協力廠商也就不斷有再生產的可能。這不只是生產協力網絡而是協力網絡的生產。所以，台灣協力廠從「自發型網絡」走向「建構型網絡」[5]，是企業界充分感受到，協力網絡生產模式作爲台灣產業競爭力所在，必須對此網絡進行再生產的一個集體行動。台灣的協力網絡，一旦作爲台灣產業及社會再生產的基本結構，它便能在不同企業運作裡進行協力網絡的再生產。受訪的一家機械廠經

鞋集結地的潰散，與和美棉紡織工業的沒落，提供了很好的分析材料。請參看陳介英的研究（陳介英，1996）。

[4] 在1996及1997年，我們針對汽車零件工業協力體系的調查，都普遍看到了這個轉變。中心廠對協力廠的管理從無到有，建立一套有效的管理制度，在每個中心廠與協力廠的互動歷程都可以看得到。這個我稱之爲從「自發型網絡」到「建構型的網絡」的演變，請參看〈自發型網絡與建構型網絡〉（陳介玄，1997）一文的分析。

[5] 同註4。

理指出：

> 我們的特色之一是，培育員工創業。我們中國人有「寧為
> 雞首不為牛後」的觀念，只要員工願意創業，我們可提供
> 我們的設備，用分期付款或用以後的貨款扣抵，把機械搬
> 到你家去，作為我們的協力廠商，我們再購製新一點的設
> 備。這樣的方式，從過去到現在有十來位這樣的老闆。目
> 前在我們協力廠商裡面，用這樣的架構，把我們的組織架
> 構延伸到整個社會層面，每個角落都有「金豐人」的存
> 在。這個是我們培育創業的特色。總合來講，我們之所以
> 可在企業界有一個小小的成就，我個人常常把它當成是因
> 為我們有一個很好的企業文化，才能誘發我們員工對公司
> 的向心力，而一個公司裡大家能同心協力，這是無堅不摧
> 的（訪問記錄M062P21）。

培訓員工創業，不只在形成新的廠商，更重要的是再製協力網
絡。我們需要進一步瞭解的是：為什麼中心廠或母廠需要再製協力
網絡？一位做半導體機械設備的受訪業者指出：

> 那些協力廠是我以前在模具廠帶出來的。那時候潭子做加
> 工的廠商老闆都是我帶出來的。潭子附近做PARTS加工的
> 廠商老闆差不多都是我那時帶出來的學徒。我那時一方面
> 從職訓中心找人，然後再訓練；另一方面，就是高工機工
> 科畢業的學生。他們原先待在我的模具廠，然後我鼓勵他
> 們出去自己做。現在有比較密切的大概有7、8家，都不是
> 很大的規模，但可以配合得很好。他們的設備就是我們一
> 般的加工母機、銑床、車床，但是做的東西不一樣。他們
> 主要負擔所有零件的加工。我們這邊只有做設計、開發、
> 阻力試車而已，所有的零件全部外面做。一般工作自己帶

出來的協力廠都能做，除了一些特殊的加工機，譬如說製具模床要好幾百萬，他們買不起，這個就有特別的協力廠。或是一些投影模床、高精度的東西，他們沒有辦法買，就要送給其他的協力廠去做。會採取這種方式，慢慢這就變成一種專業的分工：不一樣的東西不一樣的人去負責，專業分工。所以，一開始設立時我就全部不自己做。配合的協力廠水準也不錯，能配合。品質都是要求出來的。例如我們以前的PARTS，這東西的精密度很高，以前做到0.01感覺就很困難。後來要求做到0.005，後來要求0.002，精密度愈來愈高，但還是做出來了（訪問記錄M084P21）。

在國際經濟結構重組的壓力下，工業生產模式不斷改變（Piore & Sabel, 1984），企業競爭力的提升是刻不容緩的事。對產品的品質、交期和價格不斷變動的組合過程，尋找協力廠、再製協力廠及教育既有的協力廠商，便是中心廠長期持續的工作。其目的是要創造出符合其競爭力需求的協力網絡。所以，透過廠商的遴選、再製及教育，以提升協力網絡的結構效率。也就是等於提升各個廠商的組織效率。中小協力網絡的再生產有其重要性，是因為中小企業無法像大企業不斷提升其「組織能力」（Chandler, 1977, 1990, 1995）。以台灣中小企業而言，其組織能力發展幅度有限。然而中小企業的網絡能力，卻是可以有極大的發展空間。透過協力網絡的再生產，中小企業的網絡能力得以不斷提升。是以，網絡的再生產與廠商的再生產不能混為一談。對中小企業，特別是傳統產業的轉型而言，協力網絡的再生產是關鍵的一步。

二、高科技產業所帶動的協力網絡之轉型

　　傳統產業的協力網絡是否能夠轉型為高科技產業的協力網絡？台灣工業從紡織、石化、機械到電子資訊每一個主導型的產業，在發展過程，即建立了許多具有國際競爭力的生產協力網絡。現在的半導體產業是否能像早期的紡織業、石化業具有火車頭的味道，能帶領臺灣產業再提升？是否IC產業本身能再造台灣新的協力網絡？或者改造傳統的生產協力網絡？受訪的一家半導體業者指出：

> 我想應該是可以，可是我們所需要的協力廠都是水準較高的。臺灣有很多協力廠，以前針對紡織或製鞋業，都是以家庭工廠作其協力廠。但我想我們可能不能靠家庭工廠來做協力廠，因為品質會不一樣。因此事實上臺灣這些傳統的協力廠商必須要轉型，使自己成為有體制，且有一定水準，才可跟這邊的產業搭配。我們是看到已經有這樣的轉向，譬如說我們用的一些零件，一些消耗性材料，台灣現在就有人開發這種產品，專門賣這些零件。甚至將來支援這些產業的設備，部份製造在臺灣做。我們也看到有些像國際知名的廠商來臺灣，在臺灣建立設備工業。我看到的是有在轉型。可是我唯一的疑問是：這些傳統的協力廠有沒有辦法轉型成現在我們所需要的？這個我不敢說，這還是他們的心態問題。如果他們還是用家族企業的方式來經營的話，我怕的是這些傳統的家庭協力廠沒有辦法滿足我們的需要！現在比較難做的是產業結構的重新分配，就像土地重分配須要土地政策一樣，那現在產業的重新分配很重要。過去的企業者可能不見得能適應現在的企業者。除非他能純粹當個投資者，然後把經營權交給專業的經理人，那這些東西可能是心態上適應的問題吧（訪問記錄M041P21）。

　　台灣生產協力網絡的轉型從外部來看，牽涉的是整個產業結構重分配問題。從內部來看，協力網絡的再造，可以從上述兩個方向進行：一是因應半導體等高科技產業的需要，在國內培養出新的協力網絡；另一方面是既有傳統產業協力網絡裡的各層級企業，轉型成新產業的協力廠。這兩個方向的發展，端視高科技新產業的協力產品需求而定。如一位受訪的半導體公司副總經理指出：

　　化學品是很重要的原料。例如：矽晶圓、所有設備維護的零件，以及氣體。氣體包括一般性氣體與氮氣、氧氣等不同的特殊氣體。主要的採購國家是日本，日本佔了相當大的比率，因為距離近嘛！日本對我們而言，相當重要，其支配性大。可是在IC產業方面，他無法壟斷。因為IC產業在美國那邊還是有很多，我們也會策略性的向美國買。在氣體方面，臺灣近幾年來開始建立較大的氣體廠，像聯華實業的品質就蠻好的。他們能夠起來，我們就盡量用他們的。其實下一波如果大陸可以起來，臺灣應該可以發展一些基本的工業來支援這個產業。但這些傳統的大企業又沒轉型去做這個東西，因為臺灣的企業本身還不夠大到那種程度，加上中國大陸還不能馬上起來，所以我想臺灣會比中國大陸更有條件可以建立這些產業，然後從臺灣支援大陸！這些技術包括氣體與化學品的製造，像化學品的製造，臺灣現在是處於分裝階段，把大原料過濾與分裝之後，然後再供應出去！台灣無法製作，第一是製造能力的問題，第二個是因為臺灣市場小。因為目前技術還不行，所以化學品方面臺灣還是位於分裝階段。

　　我們所需的材料大部份還是進口的。但我們目前已經看到國外的這些公司開始願意在臺灣成立分裝廠，更進一步成

立製造廠。因為這個產業已經大到一個規模,是可以做的。就像中鋼設立晶圓廠,化學方面關東進來了,三菱也進來了。但回到剛才您所提到的問題,在協力廠中臺灣本土的好像沾不到邊,都是國際性的大企業進來。我唯一看到與本土企業比較容易結合的是消耗性材料製造方面。但這個東西國外在民國77年進來的時候,已經把臺灣打敗了,因為他們的水準夠。IC工業事實上是強調高品質的,所以比較沒有辦法去用家庭式的協力廠商。

與國內相關的協力廠,我們基本上是互動的,但為了保持良好的供料,我們會主動去尋找好的協力廠商,跟他們建立關係。同時他們也會來推銷產品,因此這是雙向的互動,他們會來推銷,我們也會去挖掘。我們需要去培養,長期搭配很重要的一些協力廠。像我們今年的供應協力廠是三到五家,每一家所佔的百分比都要能預先測定。當然其中有策略在裡頭,如果是被動的被供應廠商牽制的話,哪一天如果他說:「我們不賣你了!」那麻煩就大了。所以不管是在材料方面,或是一些零星配件裝置,我們都有一些策略控制在裡頭,我們不希望這些材料將來有匱乏之虞。因為採購在高科技產業方面,尤其在我們這行業裡面,採購扮演非常重要的角色。他並不是一個財團的帳房,絕對不是,包括很多的策略規劃在其中。所以是專業化的工作,要有很好的頭腦來規劃。大部份的人員都是理、工出身。其實就採購而言,要能跳脫原來老式傳統巢白,你才有辦法,我們都是由專業人員來辦理(訪問記錄E041P21)。

上述業者的說明已指出了,隨著科技產業的發展會形成新的協

力網絡。從整個台灣電子資訊和半導體產業的發展結構來看，這個協力網絡輪廓已經很清楚（陳東升、周素卿，1996；蘇淑芬，1997）。台灣高科技產業所形成的協力網絡，與傳統產業的協力網絡比較起來，有更多「建構型網絡」的屬性。換言之，廠商之間資源移轉的觀念不但深入，而且是經營的重要策略。現在我們要關心的是，高科技產業所帶動的網絡建構，既存之傳統廠商是否有機會參與？受訪的一位機械業者指出：

> 這個晶片甚至於也可以在小工廠來做。因為一個晶片廠的量，一般的至少是10000片以上。有很多東西，事實上沒那麼大的量。一個晶片裡面如果有500個的話，10000片就有500萬個。有的東西，根本沒那個量。我是覺得絕對有可能家庭工廠可以做。

> 愛佛這邊有另一個項目就是做D-RAM，意思就是說現在有，16MB有好幾個組合，譬如說1×16或是2×8、4×4，但是零件用不到這麼大的容量，譬如說一個計算機才用到幾個Bite才用到幾K而已，它不可能用到這麼大的容量。譬如IC壞掉一個的話，它還有4×3，還有12MB，或是壞掉三個還有4MB，一般還可用。但是對正統晶片廠來講，那些東西變成不良品。目前要找比黃金貴的東西，可能剩下這東西，一塊40元美金，一千多塊台幣。一些次級品可以再利用，很多東西它根本用不到這麼大的容量，或是一個Memory Card來說是16MB，你4個4MB加在一起，2個8MB、1個16MB或16個1MB，只要到時候Memory Card測出來是16MB就好，所以這些東西還有再利用價值。

> 只不過如果這是不良品的話，你要怎麼證明這個晶片剩下2MB，還有2MB好的在裡面，這需要一些功力。這個東西

家庭工業可以做。以前沒辦法做是因為IC晶片上的線路是
0.25C，它很細，若有微塵落在上面，晶片就會短路，所
以環境必須非常乾淨。但是現在晶片做好之後有Coating一
層絕緣東西在上面，落塵已經沒有關係，有可能因為這樣
子就可以這樣做，現已不需要無塵式。以前很少人能夠算這個
東西，因為不良就報廢掉，其實這個東西還有很大的用途。

　　一個新的產業形成，從社會的角度來看，我們不只關懷這個產
業本身的發展性。更需要追問，這個產業的發展對整體產業而言，
是否具備了資源可移轉性？這個問題或許我們可以從「產業間的資
源可移轉性」角度加以探討。我們留待本書第三篇文章處理。從產業轉
型的脈絡來看，正是在於從傳統產業的協力網絡，走向高科技產業的協
力網絡中，我們看到了台灣新的產業發展空間。即把原來國內的協力網
絡擴展到國外，建立經濟世界屬性的協力網絡，以充分利用其它國家的
勞動力、原材料及市場來帶動台灣產業的升級。從這個角度而言，大陸
的興起反而對我們有利。誠如半導體業者指出的：

其實大陸起來了，臺灣可以不用怕，就好像日本與臺灣的
關係。而且我們與大陸同文同種，應該可以更容易合作，
只要技術提升，到時候反而可以主控大陸。而且他們會想
辦法來建立關係，如果臺灣不主控他，韓國、日本也會主
控他（訪問記錄E041P21）。

　　從上述業者的意見，我們可以看到，台灣生產協力網絡發展的
重要脈絡，乃是從國內的協力網絡走向國際的協力網絡。這不但意
味著產業結構的根本變化，也說明著台灣中小企業轉型的方向，以
及經營層次的提升。

三、國際協力網絡的形成

　　台灣生產協力網絡的發展，從歷史的脈絡來看其轉型的意義，是從「國內的協力網絡」走向「國際的協力網絡」。所謂國內的協力網絡是指協力廠都在台灣本島之內，具有地緣上移轉的便利性；至於國際的協力網絡則指協力網絡以台灣的經濟世界為邊界，搭配廠商座落於有經濟網絡關係的國家之企業，具有技術、資金及市場可移轉性的優越性。台灣高科技產業，尤其是半導體產業，其所締建的協力網絡與傳統產業最大的不同，乃在於國際協力網絡的建構。充分體現經濟世界之內的技術、資金及市場上的可移轉性。受訪的一家半導體公司指出這個現象：

> 我相信本公司未來在臺灣應該成為蠻有競爭力的廠商，因為我們強調技術、產品與策略聯盟，剛才提到的NKK是我們的第一個策略聯盟。另外像日本的三陽電子，我們和它在產品開發與發展上有合作關係。日本還有一家系統公司，我們和他也有產品開發與合作關係。另外像任天堂是我們的大客戶，這個客戶是我們花了很多心血才建立關係的。任天堂是一個關西的客戶，日本人其實很保守，尤其是關西的人更保守，我們以我們的技術面與誠意贏得他們的信賴（訪問記錄E041P21）。

　　業者的經驗，說明了協力網絡的國際化發展，必須有一定的條件才可能。換言之，必須在國際及國內產業結構的雙重改變中，找到台灣與經濟世界可以整合的紐帶。找不到這個紐帶，台灣便無法藉力使力，登上另一個高峰。隨著全球商品鏈的發展（Gereffi & Korzeniewicz, 1994），國際間的分工與整合有了新的結構。這個結構給台灣中小企業帶來了新的發展空間，但是，也給中小企業帶來新的挑戰。

（一）國際協力網絡的建構

　　對企業而言，國際化是人人熟知的概念。然而，如何落實企業

的國際化發展？並搭建起國際協力網絡？就不是一件人人皆可做到
的事情。從田野調查的例子來看，國際協力網絡的搭建，需要有相
當時間的網絡累積。換言之，國際協力網絡的建構絕非是一蹴可及
的企業工程。需要企業主或者企業中的重要人員，長期進行國際人
脈，以及企業間制度化管道的經營。所以，當我們問到國際性的協
力網絡到底是如何建構的？受訪者以日本爲例，說明其建立關係的
背景：

> 我們總經理與另一個研發部門資深副總，他們過去在美國
> 的時候都有一段時間是自己創業，在創業階段與日本的公
> 司都建立很好的人脈關係。我自己也在日本待過好一陣
> 子，我除了在華智時，在日本待了半年時間，另外我在系
> 統科技（自己和同學所成立的公司），我們主要的設計廠
> 在日本，所以我也一天到晚跑日本，因此也了解一些與日
> 本人合作的基本方式。基本上在我們小的時後很恨日本
> 人，因爲日本人侵略我們，所以我們很討厭日本人，覺得
> 韓國人是我們的好伙伴，是兄弟之邦。但是在我與日本人
> 及韓國人都接觸過後，我的觀念就改變了，我覺得高麗棒
> 子是很難對付的。因爲他們沒什麼誠信可言，韓國人常常
> 翻臉不認人。日本人基本上是一個有一定水準與文化的國
> 家，我想從明治維新之後，他們從教育面及整個法治面著
> 手。這個國家有一定的水準，不能因爲他們曾經欺負我
> 們，我們就不喜歡他。因爲日本有他們自己存在的價值與
> 一定水準，日本人是非常尊敬強者的，你有本事他們會非
> 常尊敬你。第二，日本人是非常封閉的，因此你必須慢慢
> 的跟他交朋友，從建立個人關係開始著手。第三，他們講
> 究長期關係，一旦與日本人建立關係，則他們會尊重你，

不會很快把你踢掉，不像美國人，美國人的公司是非常短
視的，因為他們每個人在職位上的時間都很短，也待不
久，所以他們一定要馬上看到利益。

因此我們覺得首先要先結交這種長期的朋友，願意長期幫
助你，日本是一個很好的Partner，所以我們就充份利用當
初所建立起來的人脈關係，很誠意的用日本人的方法來和
他們做朋友。用我們自己的技術當後盾，很快就贏得這些
日本人的信任，同時與他們建立關係。但這並不代表我們
不和美國公司合作，美國公司有很多的創意都是非常好
的。但我們得等我們自己很強壯時，才去找美國公司合
作，這樣才能談出好的結果，要不然美國公司會說：「你
給我們一筆錢，我們給你技術。」但那並不是我們想要的
方式！所以與日本策略聯盟是比較實際的做法，但是有一
個重點是自己要有技術，讓人家可以依賴你，如果自己什
麼都沒有，是會吃虧的。而且，日本人一旦和你建立起關
係，他們會很尊重這個關係。要與日本人建立關係，在一
開始的合約要非常小心，如果是自己沒本事，或者是什麼
都沒有，日本人當然要吃定你，這是做生意的一定法則。
今天我們臺灣人出去做生意也是一樣，像我們現在到東南
亞去，或是到大陸去，也都扮演著當初日本人的角色。但
是我們覺得中國人的水準不如日本人，尤其是經營事業的
理念與人的素質，這方面還是差很多。很多人還是有暴發
戶的心態或是講求暴利的心態，與日本人比起來，中國人
號稱禮儀之邦，在我的感覺裡，除了比韓國人好一點外，
實在與日本人沒得比（訪問記錄E041P21）。

受訪業者與日本企業建立關係的形式，多少說明了國際連帶隨

著不同國家、不同社會的特質,有其不同的連帶方式[6]。對企業而言,可以在不同的國際連帶中,找出各種資源的分佈,並據此以進行國際間的合作:

> 我們與三陽及任天堂公司的策略聯盟,有好幾個層次,同時包括技術面與銷售面。銷售面的合作像任天堂,技術面的合作像三陽公司。另外還有資金面的合作,例如與NKK的合作,我們賣技術給他們,他們付錢給我們。如與三陽的合作方式,誰也沒付錢給誰,但有技術面的合作。產品與技術面上,我們現在也在發展新的伙伴。在我認為,所謂的策略聯盟是多元性的,從資金面可做策略聯盟,市場面可作策略聯盟,產品發展面,技術開發面都可做策略聯盟。那我們基本的想法是,在半導體的舞臺上一定要找合作的伙伴,不要太自信的認為自己可以獨當一面,那是不太可能的。今天連INTEL與NEC這種大公司都在尋找策略聯盟,何況現在臺灣的這些小公司。我想我們是比他們小太多了,但策略聯盟一個很重要的立足點是互惠基礎,如果一開始就抱定想利用別人的信念,那這種關係是很短暫的(訪問記錄E041P21)。

在國際連帶的建構過程,對業者而言,也是一種管理哲學及經營哲學的蘊釀。這個經營哲學的重點在於,透過「他利才能自利」

---

6 對於廠商之間的國際連帶隨著不同國家、不同社會而有不同的網絡建構方式,Hollingsworth及Boyer兩人於1997年所編的《當代資本主義:制度之鑲嵌》一書有系統的論述。請參考Hollingsworth & Boyer(1997), Boyer(1997), Hage & Alter(1997), Coleman(1997), Sabel(1997), Streeck(1997), Hirst & Zeitlin(1997), Coriat(1997), Hollingsworth(1997), Grant(1997), Hirst & Tompson(1997), Eden & Hampson(1997), Schmitter(1997), Boyer & Hollingsworth(1997)。

7，也才能真正找到適用於國際合作的紐帶和利基點，並將雙方的合作維繫下去：

> 所以每次跟這些人談，都會開一個玩笑：東方人講求結婚
> 的要件是結婚前要很長的認識，眼睛睜大點，結完婚就要
> 睜一隻眼閉一隻眼，甚至兩隻眼睛都要閉起來！經營婚
> 姻，東、西方人的態度差很大，像西方人他們可以看對眼
> 明天就結婚，但不高興，後天就離婚。我認為公司與公司
> 之間的合作和經營婚姻是差不多的，是屬於東方人的合作
> 模式。合作前先仔細看，仔細考慮清楚決定後。然後後面
> 靠默契，除了默契之外，你也要努力去經營，其實我認為
> 婚姻是所有人際關係之中最微妙的，也是所有人際關係之
> 中最基礎的。我常常說：「如果還沒結婚等於還沒長
> 大！」結了婚與老婆磨了十幾年，等於你所有的管理技巧
> 都磨會了，同時溝通技巧也都具備了。所以以前古時候的
> 人所言，治國、平天下之前要先修身、齊家是有道理的，
> 如果能修身、齊家，那治國、平天下就不是太難的事了。
> 其中基本的道理、原則是一模一樣的！所以我在內部管理
> 的時候，一直告訴他們：「沒有結婚的趕快結婚吧！結過
> 婚的，我看看你們能不能把道理運用在管理上，事實上是
> 很管用的！」（訪問記錄E041P21）。

在國際協力網絡的形成，除了與日商、美商等外商進行合作之

---

7 「他利才能自利」的觀點，是從台灣長期調查所觀察到的一點心得。
單一廠商如果沒有整個行業的興盛，自己也好不到那裡去。協力網
絡如果不存在，就很難有企業組織的發展空間。亞當史密斯所提出
的，透過自利才能達成他利的看法，值得從社會學的角度再思考。
請參考《美國資本主義的反省》（Albert，1993）。

外。很重要的網絡連結對象，乃在於海外的華人。中國近代文明的發展，與海外華人有不可切分的關係。直到今日，海外華人對於台灣、香港及大陸，還是發展上不可多得的資源。所以，海外華人網絡也是台灣協力網絡，能走向國際性協力網絡建構的一個重要因素。這一點也是台灣相對於韓國的競爭優勢所在。受訪的業者指出：

> 我覺得臺灣是有機會的，相對於其它新興國家來講，臺灣是比較有機會的，因為海外華人的人才庫很大，因此我想主要的問題是如何與海外華人人才結合。以韓國為對照，韓國其實說根本一點，就是所有的IC工廠都在做DRAM，三星目前想轉型，但是沒有具體明確的效果出來。韓國慣用的做法是投入一大筆資金，做類似或同樣的東西。臺灣還是比較多樣化的，臺灣在產品開發的能力上，我相信是比韓國來的好。其中最主要的原因，我想是因為臺灣與美國比較Close的關係，同時台灣有一大堆華人人才在美國，如美國矽谷那邊的人才庫。多樣化的一個很重要的條件就是對自己的產品有足夠的認知，不然飄來飄去的結果到最後還是一事無成。我們是從成立的第一天起到現在，我們從沒有改變既定的方向與我們的執著，這樣才可以累積所有的技術，領先別人不一樣的地方（訪問記錄E041P21）。

從上述業者的意見，可以看到臺灣的優勢，即在於，以海外華人為橋樑，建立起台灣與美國的密切聯繫，也算是直接和間接使用美國的人才。所謂直接是指台灣可以和海外華人直接連線。間接則指的是透過海外華人在美國所受的訓練，建立起來的人脈網絡，有助於台灣企業資訊、技術及市場的取得。具體而言，台灣廠商可與

矽谷那邊的華人與華人廠商,建立緊密的網絡。而對於台灣企業更有幫助的是,直接邀請海外華人回台灣就業。這個網絡連帶就紮的更深,受訪的業者指出:

> 我想第一個我們會邀請他回來,直接把人才挖回來,我想這對我們整個公司的技術提升有很大的幫助。第二,如果有些人實在有困難不能回來,那我們也會靈活運用這些資源。比如說如果他們在美國有創業的話,我們願意投資,與他們建立技術合作關係,也就是協力關係!這種關係現在慢慢的開始建立了。換句話說,這也是我們的策略,我們階段性的策略可分為兩種。第一階段是我們直接跟他們談,如果願意那就回臺灣,因為如果一開始就兩個策略一起用,那人家會說:可不可以不要回來?我待在美國與你們技術合作就行了,影響了回國的意願。所以我們以五年為一策略階段,第一個5年,我們根本不跟人家談條件,要嘛你就回臺灣,你如果堅持留在美國則免談。那過了5年,公司這邊的人力資源建立的差不多了,我們現在才開始採行第二階段策略。如果有人真的有困難,不能回來,那我們就去那邊建立協力關係。因此這是屬於階段性策略,此為第二階段(訪問記錄E041P21)。

然而,這樣的連帶形式並不是沒有困難。具體上如何處理海外人員與台灣公司之間的關係,這就牽涉到台灣公司和海外人員的理念認知問題。以及台灣整個生活結構和海外生活結構之間的落差問題:

> 我覺得從海外回來的人,在管理上比較會有問題。那我告訴他們,你們是回來當教練的,不是要你們打前鋒,也不是要你們打後衛,你們是來把一批人帶起來。很多在做技

術轉移的人，很怕把技術轉移出去，他們認為如果把技術全部教出去，那自己又沒有吸收成長，將來自己是不是就被淘汰了？很多海外回來的人會問這樣的一個問題。我告訴他們：「不是的，我是要你們回來當教練，你們要把自己轉型成管理者，如果你不能把自己轉型，那我也沒辦法！」那資深的人也不能一輩子只靠專業技術吃飯。在美國為什麼會有"二等公民"的問題，因為在美國的中國人不容易進入管理核心。我告訴他們：你們回臺灣是因為我們提供了這樣的一條路給你，希望你能轉變自己，所以回臺灣是要提升自我的成就感。因為在美國沒有什麼成就感，所以回來，我們會從這一條路來輔導他們，使他們成為成功的管理者。也就是一方面請他們來做技術轉移，另一方面改造他們，使之成為成功的管理者。因為從美國回來的學人，如果你要用他，就要有用他的技術，不同方式、不同地點，有不同的合作方法，看你怎麼去選擇應用。其實在美國，我認為我所碰到絕大多數的中國人，都想回臺灣或朝東南亞以及亞洲移動，這是一種趨勢。那最大的羈絆是家庭，太太們認為說成就感是你家的事，跟我沒有太大的關係。我只要孩子們的教育環境好，生活環境好，那就夠了，其他東西跟我沒有關係。所以我每次去談都告訴他們：「如果你的意願很高，我希望請你們一家人吃頓飯，跟你們家人溝通。」不然我跟你說服半天都沒有用，你太太得到的都是"Second Hand"的消息，我不要你太太拿的是這二手資料，我直接和你太太談，能溝通就一起回來。所以我常和他們的家人溝通，甚至有些時候帶太太一起去，讓太太和太太們談，我和先生們談（訪問記

錄E041P21）。

國際協力網絡的建構並不是簡單的經濟事件，一個企業隨時可以完成的企劃案。這個網絡能夠形成，如同在國內生產協力網絡的發展所看到的，同樣是一種經濟網絡建構及社會網絡建構的產物。所以，我們不能只從產業學的角度看這個問題，我們還需要從社會學角度看這個問題。

（二）國際產業學與國際社會學

從上述國際協力網絡建構過程，我們可以看到，對企業的國際化工作而言，不只是國際產業學的開拓，也是國際社會學的開拓。正是對於國際產業以及國際社會的深透瞭解，才有搭建國際網絡的可能性。而在一定國際網絡的連結下，國際間的各種資源才能應用自如。所以，對於中小企業的轉型而言，這是一個新的挑戰。如何建構國際協力網絡？或者參與國際協力網絡？這個問題對企業經營而言，雖非經濟性的要素，其重要性卻不下於經濟性事務。這也就是本研究所強調的，在面對產業的國際化當中，國際產業學及國際社會學的研習，同等重要。企業固然要追上全球化發展的步驟，更需要知道全球化過程中的「在地化」如何進行。因為不知道在地化進行的程序，也就沒有辦法鑲嵌入當地社會，無法善用當地的資源，不管是材料、市場或者是人才的資源。

對企業未來的發展而言，要求企業主去面對國際協力網絡搭建的艱鉅工程。便先要瞭解這樣的國際化，對他的意義在那裡？價值在那裡？從國際協力網絡的形成而言，直接能看到的就是善用這個網絡的人力資源，並不僅侷限於廉價勞動力的使用。更重要的是，我們能善用國際上一流的設計人才。受訪的一位電子貿易業者指出：

雖然是ODM，但是我們並不是找Nobody（沒沒無聞）的公司，因為找的都是大的公司，通常他都有自己的Engineer Team（工程師群）。所以ODM還算是一種同步的，我們的R&D部門跟他們的R&D部門溝通，互相切磋。在這裏面我還有一些小的技巧，我本身一些Design的東西。我是Outsourcing，我找老美，這也是中小企業的彈性。基本上我們和OEM工作的關係，有一些公司他們的Design都是找外面專業公司。所以我們透過產品溝通的機會，就會認識這些人，認識這些人之後，就發展出中國人的取巧方式。比如說我現在要接一個日本的案子，我幫你設計好，我回過頭來找世界級的Flow Design。我們的強處是裏面的Mechanical東西，外面Master的Cosmetic的東西，中國人搞不來。這牽涉到Culture Issue，可是這個東西對他們來講，一個小時他可以給你五個Shape，他可以隨手畫出來。所以我們在這中間學到一個取巧的方法。對我們來講，裏面你不用擔心，裏面我們的老中有辦法，外面你給我一個造型。以我現在來講，一個造型給1000塊美金，兩萬塊台幣。但是我如果在台灣要請一個工業設計師，我一個月最少要花5、6萬。而且出來的東西，不是我們自己看不起自己，這是Culture Issue，你Catch（抓）不到那種Taste（味道），而且我有Case的時候才要做，Case By Case，很快，我今天跟你講什麼構想，我下班以後回家，第二天（成品）就給我了。

這麼快是因為他只畫一個造型。雖不是自己的設計師，還是能配合速度。因為他們都是世界級公司的工業設計造型師，對他來說，這些線條，隨時都有（靈感）的，但只要

把構想給他。比如說，我跟他說，長寬高要多少，內部的
空間是這樣子，外部我希望怎麼樣。他有些專業術語，比
如說很前衛性、很Classic（古典），你跟他講我要很前衛
的東西，出來的造型就很前衛，日本人設計造型就有日本
風在裏面—保守、中規中矩，美國的就有一種野性。這種
東西叫老中設計可能搞不出來。所以ODM現在都已經外
包了（訪問記錄E040P21）。

　　這樣的例子告訴我們，某些資源的使用，譬如針對美國市場銷
售所需要的商品設計人才，已超越於國內所能提供的範圍。這就需
要在國際上找到這樣的資源，才能提升或確保企業的發展。國際協
力網絡搭建的意義及價值由此可見。但是，國際協力網絡的形成，
需要業者有相當程度的「國際社會學」的修為，才能開門見山，入
其堂奧。這也是我們談國際協力網絡搭建的重點。要善用國際間資
源之可移轉性，沒有這個修為，困難可見。外貿上對於想要開拓市
場的社會及文化屬性不瞭解，便會有差以毫釐、失之千里的困窘。
受訪的業者與其長期和日本合作廠商的經驗，指出其中的竅門：

國際上的外包，講穿了就不值錢了，完全在於你有沒有
Catch到那個Key。像日本那邊，我從以前就跟他講How的
問題，我們大家都知道要開發日本市場，問題是How，怎
麼開發，發現台灣80%的中小企業都不得其門而入，都用
錯了方法，為什麼？這又是另外一個Key，也是我做了以
後掌握到的一點小竅門。在美國來講，很普通的，要賣東
西，不外乎找兩個人，一個是Purchase Manager（採購經
理），一個是Sale Manager（業務經理）。在日本，你找
這兩個人根本就沒有用，在日本要找誰呢？要找R&D
Manager，這也是講穿了不值錢，因為日本公司的決策系

統和美國不一樣。日本的決策系統，你可以看台灣的家電業，就是Follow日本的，台灣家電業裏面都有一個叫做企劃課，然後有一個銷售課，日本人做Decision-maker（決策者），對於Supplier（供給者）的Decision-maker，不是在採購經理，不是在業務經理，而是在R&D工程這邊。日本的銷售課，就是負責去賣，上面說你的Quota是一萬台冷氣，我就天天去殺街，天天去電器行鋪路，企劃課只是搜集資料定出我們要賣多少錢，然後公司要有多少營運，要有多少獲利率，所以企劃課是做分析綜合的動作，然後交給R&D。所以R&D的Manager上面交辦給我的任務，不管我怎麼去做，只要達到目標就可以。台灣中小企業不知道這個竅門的話，天天去開發沒有用，因為你找不到Decision-maker。而且80%的Decision-maker不會講英文，或是講很破的日本英文，因為他們整個做技術的一開會，一定是一排R&D Manager、企劃、銷售，後面都坐一排小跟班，從頭到尾不說話的來見習。這個R&D Manager三年前、五年前也是這樣慢慢做上來的。他們因為是Culture Issue，未來兩年、三年講英文的人會很多。但現在80%R&D的人都不會講英文，因為他不需要，因為以前他所有的供應商都在國內，這又和它原來的結構有關係。那他不會英文的人，你英文的公司簡介給他，即使沒有丟垃圾筒也先擺一邊。所以這就是日本人的特性，又不像美國，日本人是要先和你做朋友，因為生意本身是一個Trust（信任），如果沒和你Build Up一個Friendship（友誼），我怎麼Trust。所以你一定要透過先做朋友，才做生意，要怎麼做朋友呢？上班不可能，所以拜訪客戶永遠是在五點

到六點，拜訪完了去居酒屋喝小酒，如果你寫開發信給日本，像美、歐一樣，一定石沈大海。必須Follow他的遊戲規則，所以在日本，以我們的努力，和依照他的遊戲規則以後，加上自己要爭氣、品管要做得好，這中間的機會點很大（訪問記錄E040P21）。

建構國際之間的經濟關係，對廠商而言，有許多需要親自去摸索的竅門。國際協力網絡所需要的知識有一大部分是在於如何：找對鑰匙、開對門。這也就透顯出Akerlof（1984），Stigler（1983）及Arrow（1984）三人，所強調訊息經濟學（The Economics of Information）之重要。有了這個網絡做為發展的基礎，底下所談的國際分工新形勢，對台灣的中小企業者而言，才是一個真實的利基點。

（三）新的國際分工局勢

前面我們談到電子資訊產業中，隨著半導體興起，看到了新的國際分工模態（Gilder, 1989）。其實這並不是單獨的現象。在傳統機械業，我們也看到了協力網絡的國際化。這樣的事實說明了新的國際分工局勢的到來，這點特別值得台灣中小企業重視。受訪的一家機械業者指出：

像中部的一家大廠，我們也跟他都有往來，我們也是做OEM給他。掛VICTOR的品牌。掛他的品牌，實際上是我們做。人家訂，他就OEM給我們生產，掛他的牌子，這樣比較快。人家認牌子就比較快，他有一定的知名度了，大家互補。你去看那家大廠，我上禮拜才去，他們也有幫日本工具機廠做鑄件。日本現在工資很貴，日幣又貴划不來。幫他們做很多鑄件，一年2億。裏面的鑄件不是他們

的機械，那些都是幫日本做OEM。他們自己有翻砂廠，在
后里這邊，神岡水壩過去，翻砂廠幫人家做鑄件，加工
好，送去日本。他有做OEM，我們也做（訪問記錄
M085P21）。

從客觀的國際市場空間加以考察，也可以看到營利的空間是不
斷隨時間調整。企業要善於把握市場機會，也要累積自己把握機會
的能力。受訪的一位電訊業者以其經驗指出：

從我這個產業看到的機會點很大，因為通訊跟資訊電腦是
一個永遠不會衰退的產業，誇張一點的講，人類只要往前
走，Computer（電腦）和Communication（資訊）是無法
缺少的。等於說，即使東海社會系出來同學，能力很好，
很不幸的他投入的那產業並沒有展望性，或是充滿許多限
制，即使再怎麼發揮也很難，因為大環境沒有給你那樣的
條件。我們感到很幸運的是走入這個裏面，可以Follow
The Wave（順著潮流），浪上來我們就跟著帶上去了。當
然也會有退的時候，但相較而言，比起成衣、紡織、鞋
子、玩具，我們Entry Level的Barrier比人家高，所以相對
的Competition（競爭）會少一點。長期而言，因為我們不
斷做這些累積的動作，所以大環境的時機來講，我們覺得
展望很好。以日本來講，我一直在強化這邊開發的動作，
日本也剛好在這幾年泡沫經濟下來，他們開始去改變他們
的習慣，以前再怎麼樣他不會Outsourcing，他終生僱用，
但這些Principle（原則）都在瓦解。以日本最大的
FUJITSU來講，他現在的電腦，百分之九十他的Component
（零件）是Outsourcing（國外做的），以前是日本國內的
廠商做的，但他現在這關已經守不住了，因為他們那邊太

貴了，所以這機會點對我們的步入很好（訪問記錄
E040P21）。

國際市場的結構變化形成另外一個新的空間（Chisholm, 1989;
Campbell, Hollingsworth & Lindberg, 1991）。歐美、日本這些所謂
的工業技術先進的國家，率先引領風騷，將商品生產到行銷以「全
球化及在地化」的策略，予以重新分工。這就使得台灣國際協力網
絡的發展，有了客觀結構的支持。換言之，台灣所立足的經濟世界
也正需要進行國際上的新分工。在這樣的前提下，台灣中小企業需
要面對的是，到底有沒有這個水準，可以去抓住這個機會。受訪的
業者指出：

> 美國大的（公司），已經形成這個文化，因為電腦Cycle
> （週期）愈來愈短，現在差不多每六個月就要有新東西出
> 來。所以在這個情況下，誰的規模愈大，誰就愈吃虧。所
> 以他們現在整個公司的組織，非常扁平。
> 美國已經是這樣子了，往上R&D這方面美國還是很強，
> Soft Ware（軟體）的方面，這沒有話講。但是他中間的那
> 一段統統壓縮掉了不要製造。那製造就外包全世界，看那
> 個點適合就走那個點。然後它再控制最後的那個Channel
> （通路）。我們（台灣）也有空間，這空間就看你怎麼去
> 做排列了，這好像有點像一個Matric，以我來講，我會去
> 找比較Niche（利基）一點的東西。再一方面，我要搭著
> 這些大廠，所以現在有一個特殊的現象，中間的不是很好
> 生存，要嘛就小一點，我們現在走的路線是我往中間路線
> 發展，但我的體質上儘量輕薄短小，維持這個成績（訪問
> 記錄E040P21）。

就拿電子、資訊、電訊產品為例，中小企業若能很有效的、很

快的對市場做反應,還是有相當大的空間,實際上是可以抓到這個
Niche的。所以,台灣中小企業在國際的空間在於找到一個能夠生存
的空隙。這個空隙要國際上的大廠商不想進來,而同級的競爭者又
無法進來。受訪的一位業者指出:

> 我認為,對中小企業而言,它的一個發展方向,不是要成
> 為大,因為現在來講,你要成為大的過程太辛苦了。所以
> 我個人覺得說,以台灣這種特殊的環境,觀察世界的情
> 況,對中小企業而言,中小企業的方向應該是去鑽,鑽出
> 一個讓你的Competitor(競爭者)不容易進來,有一定程
> 度的Entry Barrier(進入障礙)。但是大的這些Giant又不
> 想進來,因為不值得進來。那這個中間就是原來的中層空
> 間,但是由中小企業去Share這個,在這個過程裏面,這些
> 都是機會(訪問記錄E040P21)。

國際協力網絡的形成,意味著從此台灣的中小企業主,要以新
的眼光來看這個世界。這個要求不存在高科技與傳統產業的區別,
而是對於所有想繼續生存及發展的企業,一體適用。因為,企業發
展的基礎,以及可動用的資源,或者相對而言,廉價的資源,已不
能再從國家的單位來思考,而必須從世界的角度來思考。世界各個
國家的發展,必然使彼此間可移轉性的各種條件重新調整,彼此間
的經濟優勢有所易位。同時也使得各國經濟發展上限制,此消彼
長。所以,企業的發展若不能立足於國際的基礎,勢必很快的會碰
到以國家為單位在發展資源上的限制。台灣中小企業國際協力網絡
的形成,毋寧是在這樣新的認知下,進行轉型的產物。從我們的觀
點來看,這樣的轉型相當具有理論思考的意涵。

四、廠商之間資源移轉的理論意涵

　　Scranton對於美國費城紡織工業的歷史研究（Scranton, 1983, 1989），深入討論了在長時段的歷史過程中，中小企業發展的優勢與限制問題。Friedman對於日本工作母機產業的研究，超越了國家論及市場論觀點，指出小企業對於日本產業發展的重要性。強調產業發展的形態應該是分化而非聚合（Friedman, 1988）。Whittaker對於日本機械業的研究，也指出了小型企業的重要性，呼應了Friedman的研究（Whittaker, 1997）。Oakey對於英美兩國的比較研究，說明了小企業在高科技產業發展的重要性（Oakey, 1984）。Herrigel對於德國的研究指出，德國組織化資本主義的發展，不應該完全歸功於大企業，中小企業扮演了重要的角色（Herrigel, 1996）。Schumacher在《小就是美》一書的研究，更指出了民主、自由、人性尊嚴、高生活水平及自我實現，在小企業這種小團體的發展上才能實現（Schumacher, 1990）。上述的研究皆呼應了本文關懷的問題：中小企業，在產業及社會發展中有何重要性？相對於阡德勒（Chandler）等人所提出的，大企業與國家財富創造息息相關的論調[8]，中小企業與一國財富之創造有何關係？隨著以阡德勒為

---

8 有關大企業與國家財富之關係的研究，理論觀點部分，請參考Chandler, Amatori & Hikino(1997); Chandler & Hikino(1997); Dosi (1997); Hikino (1997); Lazonick & Sullivan(1997); McMraw (1997); Fear(1997)等人的文章。有關各個國家大企業的研究，美國部分請參看Chandler(1997)、英國請看Jones(1997)、德國請看Wengenroth (1997)、歐洲小國請看Schroter(1997)、法國請看Fridenson(1997)、義大利請看Amatori(1997)、西班牙請看Carreras & Tafunell (1997)、日本請看Morikawa (1997)、南韓請看 Amsden(1997)、阿根廷請看Barbero(1997)、前蘇聯請看

核心之國際學術界，對大企業的重新研究。也使得我們意識到重新
定位中小企業的重要。

　　從寇斯以來的廠商理論，事實上尚未適當解釋廠商規模大小的
存有問題。從我個人的觀點來看，要適當解決這個問題，必須重構
出一套，不同於馬克思的社會學商品理論。本文在此無法深入這個
課題，而只能先當背景提出，而留待以後補充。1997下半年東南亞
的金融危機，從南韓與台灣的對照，多少可以看得出來，台灣以中
小企業為經濟主體有其深意。社會透過廠商的形成，不只進行財富
的創造，更重要的是進行財富的分配。所以，廠商不能少，只能
多。分配才會均勻，而不會集中於少數人身上。因此，社會必須形
成創造及再生產廠商的機制以走向Ozaki所稱的人性資本主義
（Ozaki, 1992）。在此，市場扮演了極為重大的職能，我們對於大
陸市場發展的比較研究，將會深入說明市場發展的重要性。作為財
富分配機能的形成廠商，與作為創造財富機能的形成廠商，社會提
供的機制，除了市場之外，最重要的就是網絡了。所以，網絡對於
社會發展，有其宏觀上的位置。Ebers於1997年所編的組織間網絡形
成的文集，主張將網絡分析回歸到微觀的層次（Ebers ed., 1997），
固然有其意義，但也可能因此見樹不見林。台灣中小企業協力網絡
的分析，目的就是要同時把握宏觀與微觀看問題的角度。

　　如果說形成廠商，是社會分散產權一種有效的方式。透過市場
競爭而形成的大企業，便不可能為數眾多。從阿德勒的研究可知，
大企業之所以能大，乃在於規模經濟及範疇經濟的相互為用
（Chandler, 1990）。而太多的商品及有效需求的滿足（Malthus

Yudanov(1997)、捷克斯拉夫請看Teichova(1997)等人的文章。

著、魯傳鼎譯,1988),是不需要動用規模經濟的生產或行銷來提供。更重要的是,中小企業形成的網絡,比大企業形成的組織,更容易再生產出新的廠商。社會的「組織性」,必須發展到恰到好處。不能「過度組織化」,如改革開放前的中國大陸社會;也不能「低度組織化」,如現階段的改革開放後中國大陸社會。大企業與中小企業的組合問題,是社會的組織化如何達到適中的重要問題。在此,網絡非韋伯所稱的大科層組織。網絡在經濟生活及社會生活的串聯,使得社會不致於過度組織化和低度組織化。所以,台灣中小企業協力網絡的發展,對國際社會而言,是很有價值的參考個案。

　　台灣中小企業的協力網絡,使得產業和社會,不致於過度組織化和低度組織化的好處是,它能達成廠商之間資源的移轉,卻又不需要動用太多的社會監管及調節成本。從傳統產業協力網絡的轉型,到高科技產業協力網絡的形成;從國內協力網絡,到國際協力網絡的轉變。我們必須注意到,這林林總總的變化,其中一個關鍵是在於,要維繫住廠商之間資源移轉的精神。若是協力網絡存在於廠商之間,卻不能達成資源的移轉,網絡則無存在的價值,廠商更不可能生存。某些製鞋業及橡膠、塑膠二次加工協力網絡的崩解,其道理在此。廠商能存在於某個協力網中,必然說明著,它能移轉一些資源給網絡中的其它廠商。甚至這個資源的移轉,連廠商自己也不自覺,或無意識。可是,在理論上我們可以分析這個道理。

　　當廠商無資源移轉時,同時亦代表著它無法吸收其他廠商移轉給它的資源,如此的廠商,也就沒有存在的社會價值。所以台灣協力網絡的轉型,事實上無時無刻不在進行著。廠商的出生與死亡,都標示著其所立基的協力網絡,也進行著局部重組的過程。因此,台灣中小企業協力網絡的重要性,乃在於建構廠商之間資源的「可

移轉性」。沒有網絡，廠商之間的資源，就不具備可移轉性。所以
中小企業協力網絡的轉型，也意味著中小企業，不斷在尋求資源可
移轉的搭配廠商。不管是從傳統產業跨到高科技產業，或者是從國
內跨足到海外，其精神都是相通的。當然，廠商之間資源可移轉的
條件，並不一定掌控在廠商手中，而可能在產業結構、社會制度及
國際環境上。這是我們往下幾篇文章要討論的重點。

第三章
產業部門間資源的可移轉性

　　隨著Best所宣稱之新的競爭時代的來臨，各個國家的工業制度都面臨了重新再結構化的艱鉅工程（Best, 1990）。在這個新的競爭時代，廠商生存與發展法則，已迥然不同於以往的社會。所以需要改造企業，以合作取代分工（Hammer & Champy著、楊幼蘭譯，1993）。如此，廠商的觀念便需重新調整（Posner & Scott, 1980; Grabher, 1993; Whitley, 1993; Holmstrom & Tirole, 1989），企業組織的概念也跟著改變（Alter & Hage, 1993; Bartlett & Ghoshal, 1989; Woodward, 1980; Lawrence & Lorsch, 1986）。而企業間的策略聯盟及策略網絡之形成，變成普遍的現象（Contractor & Lorange eds., 1988; Jarillo, 1993; Hart & Garone eds., 1994）。這樣的發展背景，提供了社會學對於廠商之間組織網絡的研究，極為豐富的素材。使我們能從不同角度，透視廠商之間的互動。如對於廠商之間，資源流動的聯結（Dubois & Hakansson, 1997; Easton & Araujo, 1997; Lomi & Grandi, 1997），信任如何在組織之間發展（Ring, 1997; Laat, 1997; Casson & Cox, 1997），以及資訊在企業間流動的重要性（Lipparini & Sobrero, 1997; Lutz, 1997; Holland & Lockett, 1997），都已有了豐富的研究成果。這些研究成果，是否有助於台灣中小企業轉型及社會

發展的思考？

從以上的討論，我們大概可以看出一個共同的思考方向，那就是廠商與產業之間合作時代的來臨，已是大勢所趨（Yoshino & Lifson, 1988; Schmalensee, 1989）。這些趨勢，從日本1970年代後期開始推動的，中小企業跨業交流新網路活動，可以得到更具體的說明。日本在1981年的「技術交流廣場開辦事業」、1983年的「中小企業跨業交流組織化推進事業」及1985年的「經營者跨業交流培訓」等三項，由政府出資之獎勵制度，帶動了整個跨業交流活動（日本商工經濟研究所編、曾慧玲譯，1995）。日本這個跨業交流的制度，台灣學習得很快，現在變成是經濟部中小企業處推動的主要業務。日本及台灣跨業交流制度的實施，使本文的研究有了現實的意義。從更寬廣的角度我們要問的是：產業部門間如何達成資源的可移轉性，以帶動社會的發展？在此，我們所指的產業部門間的關係，不是同業廠商的連帶，而是異業之間所可能產生的互動關係。

產業部門間的分工與整合，是協力網絡之內資源可移轉性的進一步發展。台灣產業的發展若只達到單一細類產品協力網絡之內的可移轉性，而無法在產業部門間（譬如工作母機、產業機械等狹義機械業和汽車工業）之間也達成可移轉性，則台灣產業經驗與知識累積的系統化便有其限制。所以，我們考察台灣中小企業的轉型，除了從協力廠之間的分工與整合著手討論之外，必須再升高一個層次，從產業間的分工與整合進行討論。

產業之間的分工與整合若不能有效達成，社會的發展很難形成一個有效的系統，各部門互相支援。台灣產業之間的可移轉性是否已達成熟階段？這是考察企業未來發展與轉型的另一個結構重點。我們可以用一個反面的例子，說明這個問題的重要性。就大陸而

言，其經濟的發展，從產業部門間不具有可移轉性，換言之，產業
部門之間不能有效的分工與整合，可見出其落後。受訪的一位機械
業者以其親身體驗指出：

> 目前他們落後我們一大段，他們極力的想競爭，而且用國
> 家的力量在競爭，也是很驚人。像瀋陽一機廠，他們最近
> 投資了20億人民幣建新廠房，設備是全世界最好的，也很
> 可觀。北京也很多廠房更新，廠房設備全是一流。但我自
> 己覺得大陸的體制若不改的話，競爭力還是不夠。我可以
> 舉幾個小故事給各位參考。比方說，我們在臺灣今天有幾
> 部機器要運到歐洲、美國或德國，我們今晚就打電話給包
> 裝公司，他們晚上卡車就開來，工人來了就可釘箱，明天
> 早上就可出貨。但在中國大陸，機械好了，從他釘箱到出
> 口要三個月，為什麼呢？他們要自己買木頭，木頭切成木
> 片，木片切的整整齊齊，照工程圖設計的木箱釘成。從買
> 木頭到鋸木到釘箱要3個月，這時間非常可觀。因為他們
> 沒有包裝公司，因為他們在這種大體制下成立私人公司不
> 是這麼快。我們工廠600個人，以他們看起來是非常小的
> 工廠，像大陸機械工廠都9000到10000人或12000多人。在
> 15000人這個大範圍，他們的營業額不到我們的十分之
> 一，談起來非常好玩。但是他們自己裡面也辦幼稚園、小
> 學、中學、大學，自己有發電廠，自己有醫院，甚至有舞
> 廳，養蝦廠，一個機械工廠就像一個小社會一樣，這樣根
> 本很難轉得動。有一次，我在北京一機工廠看到他們有一
> 部機器退回來，一個機器零件在判定有什麼問題。一個人
> 蹲在那邊看，26個人圍在那邊看。然後，他帶我去看全世
> 界最好的檢驗設備，每一個檢驗設備都用塑膠袋蓋著，價

> 錢都還沒拿掉,是義大利政府送給他們的。還有四個人在
> 打麻將,帶領參觀的人說:臺灣的同胞來你要振作一點。
> 他看一下又繼續打。共產社會下大概就沒什麼競爭力。但
> 是他們現在一直在改革,他們知道這個問題,不努力改革
> 不行(訪問記錄M089P21)。

從大陸發展的對照,很明顯的可以看得出來,這是一個前一章
所言「低度組織化」的社會,反應在廠商內部活動的好例子。一個
好的商品,必須有好的產業部門間的整合系統才出得來。大陸現階
段商品的粗陋,除了說明廠商本身經營能力不足之外,也反應了其
產業部門間的整合力極低。這也是一個社會發展經濟較困難的一個
步驟。要求單一廠商或單個產業,有好的表現比較簡單。期望整個
產業之間有良好的整合系統發展,較為困難。這或許是大陸短時
間,在民生工業很難追上台灣的理由。台灣在產業間的整合,雖然
發展的比大陸快。展望未來,首先看到的卻是進一步發展的限制。
台灣的企業轉型越往國際化發展,這個限制便越發看得清楚。我們
就從限制談起。

一、產業間可移轉性的外部限制:國際市場利益競爭的權力空間

台灣產業之間的分工與整合,從大的環境來看,不能脫離經濟
世界的發展架構。重要的產業部門是否在國內得以發展,牽涉到國
際上既得利益廠商,對於這些關鍵技術和產品的封鎖。產業之間的
可移轉性若為可能,便首先要突破這個封鎖。從傳統的機械業到高
科技半導體產業的發展,皆有這樣的外部限制。以沖床業與汽車業
的分工與整合來說,這種產業部門間的可移轉性是透過技術上突破

國際的封鎖而達成的：

> 我們公司有一整條生產線，那是裕隆汽車MARCH的生產線。機器與人的比率，一大一小，機器還有一半在地面下，這個機器從根部算起至頂頭有五層樓高。所以裡面的廠房有30米高還不夠，往地下又挖了一個大的游泳池一樣，6米深，這麼大的坑洞。主要就是要承受這麼大的設備，所以我們公司對國內汽車工業有很大的影響。因為這些類型的機器，我們國內的汽車廠，過去是從國外取得二手的。這種機器在國外造價非常的高，豐田汽車跟我們買一套生產線2億，裕隆這套買了3億。這樣龐大金額的設備，在過去是仰人鼻息，都從日本來取得。今天我們有這樣的承製能力，相對地日本在單價方面也降低了。所以我們對國內汽車工業整體的製造成本，有降低成本的效應（訪問記錄M062P21）。

產業部門間資源可移轉之前提，乃在於互相關聯的產業部門間的關鍵零組件、原材料以及重要的各種設計人才、操作人才是否有發展的機會。這就牽涉到國際間產業的利益結構問題，也即是國際間產業競爭上的權力結構問題。除了上述機械業反應出這樣的問題，從台灣半導體的發展，也可以看到這個國際產業的權力結構。從底下受訪者的精彩描述，我們可以略知其中的奧蘊：

> 我想我從一個一般人比較沒有講過的觀點來談。其實電子，尤其是IC，也沒什麼特別，為什麼結果看起來很不一樣？因為它有獨特的背景跟環境。其實你說別的行業沒有人才嗎？不是，那為什麼他們沒有我們如今這麼風光呢？好像我們比別人風光一點。OK，這個東西，有一個很妙的事情。台灣電子產業，大家都知道電子很重要，二十幾

年前沒有人、也不會說它不重要。但是其它工業有人說重要，像機械工業很重要、汽車工業也很重要、什麼航空工業也很重要，就是沒有人說它不重要的。但是，為什麼電子業有這樣的一個情形？其實你可以不用懂電子，你可以觀察，電子業出來的華邦、台積電、世界先進，這些基本上都是國人自己的。除少數是外人投資，幾乎都是國資的。為什麼沒有外資也可以發展的這麼好？我覺得這才是一個有趣的問題。自己也問過這個問題。

我是認為，第一個政府看上。這個方向很重要，所以大量投入研發，這是一個重點。但是光是這樣，並不會創造一個環境，因為今天電子所這些經費，比起他在Communication的研究，或是機械所自動化計劃投入的經費並不遜色，一樣投入這麼多。我是覺得，當我們投入一個產業的時候，或者說這個產業基本上跟經濟有關，要變成可以賣東西的，會賺錢的才能成為一個產業。你技術再高也不能成為一個產業。歐洲人的科學也很好，但是這電子就不行，為什麼？他沒有做出東西來。現在有很多學者，像瑞士理工學院也有很多世界級的知名學者。但是他們的電子業很爛，為什麼？因為我們賺錢，他們不賺錢。那麼賺錢的產業你可以看，家電業應該在我們的電子業之前，做電冰箱、做電視機、做音響、做洗衣機，為什麼發展到現在，好像越發展越慘？為什麼呢？當初我們這些產業好像也是先起來？像東元、歌林啦這些都是很早的，這些產業好像都不是很好，這也沒什麼道理啊。因為世界上這種公司也沒有說不振啊。對不對？SHARP還是很大啊！這個NATIONAL、PANASONIC還是很大，SONY越長越

肥啊對不對？越長越壯。

我覺得是這樣子的，當初為什麼會投資，覺得有利。OK，一有利可圖的時候，這個日本廠商要進來台灣，他一進來的時候，一定要找Joint Venture，對不對？就找一個台灣的財主，技術移轉，所謂技術移轉就是叫他做。找批工專的學生大家做這個東西，所以台灣家電業就是這樣子。但是這個東西不好搞，再也搞不下去，為什麼呢？你今天國人要搞一個東西，電子所要搞一個電冰箱跟他競爭，你做得半死你說他不行，你說三洋電冰箱不行，你還做不過他哩！日本給你第二代技術，或是較爛的技術，所謂較爛的技術也比你還厲害。然後它又在本土的大街小巷、鄉村、城市都建立了行銷網路，你根本打不過，起來都沒有機會。但是因為有利可圖，所以日本人願意把這個東西拿來台灣，他不拿到台灣來，不能內銷。這一進來啊，汽車業也一樣，為什麼？因為知道台灣一定會消費汽車嘛、機車，一定要來這邊做，所以立刻結合，一結合就是台灣的資本結合了日本的技術，結合成一個公司，像我們的歌林就是MITSUBISHI，對不對？誰都知道大同就是TOSHIBA，對不對？有的乾脆這名字都不必了，乾脆叫做日立牌算了。日立牌冷氣機其實老闆是一個台灣人，30%的日資，70%的土資，就是這樣。所以乾脆連牌子都不要了，就叫做日立牌，這樣子更好賣。

IC跟PC今天有宏碁，為什麼？因為世界的列強或者賣者，根本看不上台灣這個市場。講老實話在20年前，根本看不上。第二個，IC來台灣，台灣也有裝配業，也正要用IC，沒有關稅的障礙，提一個皮箱就進來了，又不要用車子、

船這樣運進來，浩浩蕩蕩看起來好像要進口。沒有，我們IC啊，用一個皮箱一拎，幾億台幣就進來了。對不對？而且沒有關稅，IC是沒有關稅，他說這個在日本做跟在台灣做，有沒有什麼Different？沒有不同，所以沒有人願意在台灣移轉技術。台灣人也害怕，怕不賺錢，在這個競爭激烈的市場。所以他怎麼做呢？就給工研院電子所做，不做也就沒有了，那就是硬做。硬做沒有人在旁邊干擾你。聯華剛出來的時候，那簡直是艱苦得不得了，公司數度都要倒掉了，就這樣熬過來了，對不對？後來就是這樣水到渠成，就成長，所以就有國人的公司，PC也是一樣。PC一下來，IBM、APPLE第一天就踩進台灣，說台灣市場很大，就來台灣設廠，那施振榮還有今天嗎？對不對？起都起不來。所以我說是福是禍？很難講。我跟你說今天政府引進技術，就要很注意什麼叫引進技術？如果你用台灣家電業的那種引進技術啊，是Kill掉自己的工業。你如果說無所謂就無所謂了，講老實話，這個是看國家政府的想法，像新加坡，它根本就是無所謂，它根本就是找跨國企業來，只要有人在這邊營業就好了，叫什麼都無所謂。這也是一種做法。

韓國呢？是絕對不准你來。三星、現代、金星，我跟你買技術是買，但是我股權不給你，品牌是我的，剛剛開始跟你買，求得HITACHI賣技術給我，可是呢，我不要你坐在我BOARD上。今天你裕隆BOARD上還坐著日本人，坐在BOARD上。我現在是副總，我的Meeting最重要，所有公司的策略都要在Board Meeting上通過。你今天要動一動說自己要自立自強，你說要投資一個研發，你能不跟董事會

報告嗎?對不對?你一報告馬上副作用就出來了。以前就
是飛羚,你要做飛羚你做嘛,那我給你的Engine就少一點
嘛,看你怎麼樣,馬上飛羚就不太敢做。而且說飛羚的
Engine不必做嘛,我們的Engine好的很,馬上就提供給
你,那你飛羚的Engine永遠做不起來。我們工研院做了太
多的計劃,都是犧牲打,當我們做完了以後,日商的箝制
就打開了。常常我們做一些計劃,廠商說唉呀現在受日商
箝制,什麼東西拿不到,很需要,工研院做了以後要移
轉,他說不必移轉了。為什麼?他說日本廠商沒有限制
了,日本供貨很好。那為什麼要電子所的東西呢?我還要
試試看到底靈還是不靈,移轉還有困難。不必了,白搞
了,但是我們不搞這一場,他們那邊不會放。但是呢,論
成績的時候就說我們做失敗,對不對?

以前我們有一個最嘔氣的案子,就是我們在電子所做的所
謂雙極性電晶體,為電視機所用。電視機裡有幾個IC Chip
是非常重要的Chip,但是並不是很貴,一個Chip大概是
七、八塊錢。但是Control很重要的心臟,日本人也給,你
今天大同好像也給TOSHIBA設計藍圖,但是你要這個大
訂單的時候,他說供應不及,就有這種問題。他就是非常
有秩序的控制全世界,到底你大同能出多少台,那麼他
TOSHIBA能出多少台,他都控制的好好的,你想去搶他
的訂單想都別想。他知道你搶到,他不給你,你訂單到最
後不都是流到他那裡去,對不對?他要流到TOSHIBA的
印尼廠那邊,他也不會叫你死,基本上他養你做它的搖錢
樹,怎麼會不讓你活下去,當然要給你對不對?我們廠商
心中也知道,就每次開會都說要做。電子所當然義不容辭

就說要支持了，那支持的經費呢？經費政府就說工業局有什麼新產品的案子，對不對？叫我們到那邊去申請，申請那個東西啊，是一半給你錢補助，一半是如果你做成功的話移轉就不必，如果你沒有成功的話還要還這個錢。我們當然也就做了，做成功了，開始試產，試產的時候就賣了，我們賣7塊錢，日本人就賣6塊，我們賣6塊他們就賣5塊。

第一個又沒有比人家便宜，我們的量又沒有比他們大，當然以經濟理論沒有到 Eeconomic Scale，或者是你的 Economics 比他小，你當然就比它貴嘛，除非你的東西比他好很多，要不然怎麼會比他便宜呢？其實我們這個在後面追的人能追到一樣的地步，已經很難了，對不對？今天你要比他好又要比他價錢低，量卻又沒有他大，這整個經濟的 Boundary Condition 都不對嘛，除非是流血自殺，對不對？我們也不行啊，一個研究機構在試產的時候怎麼能夠流血？流血二天就死了。所以一定比他貴，那問企業說你怎麼不買呢？他說因為那邊很順暢嘛。而且日本人說：今天藍圖 TOSHIBA 是這樣子設計的，你買電子所 ERSO 系統不 Work 是你的事喔，不保證喔！如果你要用我 TOSHIBA 的 IC 才保證，要是人家看第四台的時候會閃，我不管。他一聽這樣，他怎麼敢？他不敢啊！你是不是完全的 Compatibal 那也講不清，所以我們計劃就糟了，糟了以後工業局就說移轉不出去，要我們還錢啦，還一半的經費。我們最後跟它講這怎麼還？研究機構本來就沒有本，就像你們學校做研究還要還，我們最後說你一定要還的話，把機器抬到你工業局去，我就說拆掉抬到工業局，我

就還你機器嘛，你拿去賣好了。就是這樣，所以啊這個產業剛剛我講的這些故事，就是說其實我覺得做得成功不成功，政府也知道重要，要投入。但是其它的環境，甚至Uncontrolable的環境，都會對你有很大的影響。今天IC啊，講老實話我們是因禍得福，這個幸運是當初人家都不要這一塊地，認為第一個，內銷沒有什麼市場，第二個因為沒有關稅，要來就進來了，所以那個時候他們來台灣只利用台灣的女工，廉價勞工。電子業的楠梓加工出口區、高雄加工出口區，就是在那邊封裝打線，最後包裝，打完就出去（訪問記錄E031P21）。

　　上述業者娓娓道來彷彿是個長長的故事，告訴我們台灣半導體發展的秘密。但卻是深入的從國際市場的結構角度，說明了台灣家電及汽車工業何以無法自立，而個人電腦及半導體又如何獲得了發展空間。產業間的可移轉性，若在國際上即已為市場上的壟斷廠商，扼殺了技術生根的發展空間。則產業的研發能力、製程技術、關鍵的原材料及零組件、以及人才的培訓，便無法長期累積。也就無法將這些累積的成果支援其它產業的發展。譬如汽車工業的發展與機械工業發展之間的可移轉性。因汽車工業無法紮根，對於機械工業起的移轉性效果即有限。

　　然而，這並不意味著我們就認命而絕望，不再努力。上面業者的陳述我們也看到了，正是我們在地企業及政府不懈的研究與發展下，國際大廠對於台灣關鍵材料及零組件的價格壟斷和控制，會開始鬆動。再從台灣機械業PC-Base的發展來看，也可以說明資訊與機械業的結合，有了突破日本對於機械業控制器這個關鍵零組件，技術及市場封鎖的可能。受訪的一位機械業者指出：

　　　如果不發展PC-Base，臺灣機械業的價格被控制了三分之

一。以後臺灣一定會慢慢發展PC-Base，因為跟售後服務很有關係。PC-Base發展成，整個成本營運一定降低的。那麼在售後服務上，因為機器這東西算是世界上通用，不會說被控制在某幾個大廠。

客戶早期他都要指定，比如說這個數控器用FANUC或西門子的，現在可以接受我們用PC-Base，有這個趨勢。大規格的工作母機目前還沒有人用到PC-Base。產業機械有啦，小台的因為他功能比較少。目前台灣PC-Base能夠做到一部份的需要而已。我們也在期望工研院做PC-Base的專案，因為他是先從Edm小東西累積一個經驗，我也在期望，將來可以轉而使用它。因為PC-Base應該對代理商或者使用者不會有什麼抗拒性，你看世界各國的PC都非常普遍，而且針對他們小學生中學生，他們都會玩這個。

我們以前關鍵零組件被控制的情況有一部份會抒解，因為再來就是一個軟體問題啦！你PC-Base也是一個硬體而已。再來就是軟體，FANUC和西門子，其實他們也在賺軟體的錢。你買我的控制器，但是我的軟體，我有很強的軟體背景在後面（這一點反而是可能比較困難的）。這就是可能也要一步一步克服這後面的軟體。但是根據大家的經驗來說，簡單的軟體大家都會，每家公司都能夠做，會被克服啦！但是說比較複雜那種，可能就要另外一家軟體公司來做。因為軟體是天才和白痴差一線而已，軟體需要一些天才的人來處理（訪問記錄M087P21）。

從台灣產業的發展史來看，國際大廠上對於台灣某些廠商的支配力始終存在。無視於這個事實的存在，我們便看不到台灣產業發展的空間。因為，資本主義的壟斷性格是一個歷史性的現象

（Braudel, 1984），我們的發展對於既得利益者便是一種威脅。對它一種反壟斷的威脅、降低超額利潤的威脅。同樣的，一但我們超越了國際大廠對於關鍵原料及零組件的控制，我們便在一個結構的層面上，促進了台灣產業間的可移轉性，以及由此而達到的國際競爭力的提升。所以，發展的可能性，便首先來自於對於國際大廠宰制基礎的充分瞭解，以及自己受支配的實際狀況之深層體會。從受訪的企業來看，業者對自己企業發展的前途，不乏深入認知者，這也可以說是整個台灣企業升級的基礎，加速拓展產業間可移轉性的契機。

二、產業間可移轉性的內部限制

　　從國際的架構來看，台灣內部產業間的可移轉性，深受這個架構的影響。這是我們考察台灣中小企業未來發展與轉型，一直存在的參考架構。我們的看法是，中小企業既作為台灣出口的主力，其發展的重要步驟和階段，是無法和它活動的國際舞台分割的。因此，探討它的未來，便要從根源著手。國際市場的實況是討論中小企業發展的根源場域，我們不能把國際環境只當成企業發展的外部環境。對台灣中小企業而言，國際場域才是它真正生存的舞台。深入分析這個舞臺我們會另文處理[1]。現在我們要說明的是，惟其活動的場域是在國際舞臺，所以其生存與發展的條件也就相對的高，不斷要符合國際市場的水平。這就要從外而內，檢視國內發展的條件，如何提升或者阻礙企業的經營。具體而微的策略是，探討國內

---

1 有關國際間的移轉性問題，請參考本書第5章〈國際間的資源可移轉性〉。

環境對於產業間可移轉性的障礙，是從限制看發展不錯的切入點。

　　從限制面來看，台灣產業之間各部門的可移轉性，除了上述國際的外部環境之外，還牽涉到內部的一些限制。這主要在於社會各部門搭配上的障礙、生產協力網絡之間的阻隔、不容易跨越，以及企業心態與原材料上的不足。

（一）社會各部門搭配問題

　　產業部門間的分工與整合所可能開展出來的可移轉性，其內部限制首先來自於，社會各部門的搭配問題。以工作母機控制器的發展為例，其發展就牽涉到政府獎勵、研發機構、機械業與馬達業者之間的關係。受訪的機械業者指出：

> 目前以控制器來講，因為最近在整個世界景氣都不好，所以不只是臺灣、其它美國也好、歐洲也好、日本也好，日本景氣也不見得好，大家現在採購設備、買產品，都不是買功能很多的，而是買功能適合我們需求的就好。就等於我們看電視啊！現在我們平常在用，就只在用這個開關、大小聲音、或Channel等這三個，很多功能，像設定睡眠，實際上都沒有用。所以現在，慢慢都是簡單化，機械部份也是功能結構簡單，控制方面也是簡單化，如PC-BASE的出現。像美國，在PC-BASE這個控制器下的工作母機，市場相當大。臺灣現在使用這個還是很少。但是世界來講，現在已經是一個潮流了。在這一方面，我們跟工研院，也不只是開會，實際行動也很多。但是在馬達這一方面，在驅動器方面，可能就要牽涉到電器方面廠商，譬如說，士林電機、大同、東元馬達他們的發展意願，但他們一直在評估。

平常在我們Machine Tool來講，馬力很小，一馬力以下，目前臺灣，有些公司可以做一做。像我們這個工具機的馬力要很大，現在不行。所以現在機械所還是找國外的技術引進。很重要的一點就是，畢竟機械所他還是研發單位，不能夠商品化，它不能說你就量產啊！研發出來還是要市場化、商品化，要有這個市場去生產。那你不能說我們做機械，我再做一個電機的、馬達的工廠，那是不行啊！所以我們跟大同、士林電機、東元一直在談，我們也希望政府能夠有比較策略性的資金，還是甚麼優惠的，來輔導他們做這個東西出來，然後供給我們工具機廠用。工具機廠也可以投入一個新的公司，配合部份的股份，這個都可以談。但基本上，他們的意願不大。很重要的一點，政府一些激勵措施要配合，不然一些電機廠實際上沒有那個意願，它絕對不會說我要犧牲，犧牲小我完成大我。對不對？他也是要賺錢的公司啊（訪問記錄M081P21）。

社會各部門間的可移轉性若不能順暢進行，勢必會影響產業間的可移轉性。以機械業的控制器發展為例，若社會中的政府部門、研究機構以及產業界之間沒有良好的搭配，則想突破發那科及西門子對於控制器的市場封鎖，是不太可能的事。同樣的，在這個社會部門可移轉性的大前提沒有解決之下，機械業者和馬達業者要構成產業間的可移轉性，即有困難。

（二）網絡跨越問題

產業部門間可移轉性第二個會碰觸到的內部問題，在於生產協力網絡之間的轉換。從一個生產協力網絡要轉到另一個網絡，絕非簡單的一件事。以傳統機械業者要進入IC的整個機械設備及其週邊

產業，主要的困難在於進入的門檻。產業的網絡很難在短時間跨越，乃至於重建。受訪一位IC導線架機械設備生產業者指出：

> IC提昇，對周邊要整個都提昇。因為第一個是量，第二個是質。品質經過要求之後，程度會愈來愈高，很多東西不要求做不出來。譬如說東西從0.1要求到0.05，本來認為不可能，一要求下去，後來還是做出來了；從0.05再進步到0.02，這些都是要求出來的。這產業晶片產量這麼多，以後設備光維護量就很大，一個沖頭如果壽命是10萬次來講，做100萬個一定要用10隻，做1000萬個一定要用100隻，比例成長上去，一個質變好，一個量變大。所以對機械有整個正面提昇作用。IC這東西，入門比較難，一入門之後，很多東西就會慢慢累積。很多人剛踏入這行業，做這設備入門很難，不知用什麼東西，就像現在我們談晶片廠的設備一樣，只說一台300萬美金、一台1億，不知什麼設備，可是入門後很可能就海闊天空了。很多做傳統工業母機，如台中精機……等，他們也想跳入這行業，但沒辦法入門，一般工廠是不讓人參觀，沒進去看很難入門（訪問記錄M084P21）。

俗話所說的隔行如隔山，從產業部門移轉性的角度來看，主要是在於要跨越不同產業網絡之間的困難。因此，也使得一般業者很難從其它相關產業的角度，來思考自己產業發展的立基點。換言之，產業部門移轉性的一個內部困難，乃在於行業的慣性所產生的專業限制、網絡限制。從客觀面來看，前述這個主觀面的限制，形成了產業部門間的漠視和隔閡。無法產生產業間的互為動力的推展效果，延宕了關鍵產業部門及人才的發展。這是我們在底下一點所看到的現象。

（三）人及材料上的問題

　　產業部門間可移轉性的第三個困難，在於人與物質的條件上。產業部門之間的互通及互利，必須兩造之間的業者有共通的認知和理念，否則很難將不同的生產網絡串起來。以半導體與機械業的關聯為例，受訪業者認為兩者之間的互通互利有其困難，這主要在於各個產業長期所形成的性格和心態，不容易一夕之間改變：

　　　　半導體產業和未來台灣的機械有沒有辦法互通，目前不知
　　　　道，觀念隨時在變，目前過渡到半導體可能有困難，因為
　　　　每一行業的頭腦，想法不一樣，觀念不一樣。所以做機械
　　　　的大部份都比較憨厚的，你跟非機械業接觸，他們說話整
　　　　個會把你統一圈，機械業一就一，二就二，近朱者赤一
　　　　樣，每天和機械工作。所以奉勸你們結婚不要找機械的，
　　　　除非你們認為木訥的孩子比較好，這樣比較不會不合，要
　　　　是說婚後還想這樣卿卿我我，可能比較沒有這個情調。
　　　　（訪問記錄M087P21）。

　　除了人的因素之外，影響產業部門間可移轉性的一個重要基礎不足，是台灣關鍵原材料的缺乏。所以，台灣產業升級及在國際上之競爭力的問題，還牽涉到原料工業的發展。受訪的業者指出：

　　　　不只是這樣，還有現材，材料上的競爭力，以及中鋼配不
　　　　配合啦！要是材料上的競爭力比較差的話，就會有影響，
　　　　這是多方面的。總的來說，高科技的人員扮演著很重要的
　　　　角色。所以我覺得工研院這邊有很大的價值。臺灣機械加
　　　　工業目前就得紮實地下去做。不然像機械所就不像電子所
　　　　那麼傑出。因為像機械業得要有歷史背景的，所以既然現
　　　　在我沒辦法，那薄膜科技就得紮根地下去做。如果你還是

　　靠別人移轉技術給你的話，以後還是一樣要依賴別人。以目前臺灣機械業較高科技的那層，還是材料的問題。因為材料這種配方不是你可以用量具分析出來的。所以臺灣機械加工業的困境還是在材料上。臺灣的材料仍有待加強，而材料科技跟機械工業蠻有關係的。

　　而以材料而言，它跟機械業是一樣的問題，它的歷史也是很長，就像鋼鐵業它的歷史都幾百年了。臺灣雖然也有幾十年了，但跟德國，日本等一比，資金、歷史都差很多。就算是有心要做，也不容易。可是這還是起步，以長遠來說的話，像中鋼它就不錯，它的成立也關係到臺灣成為螺絲、螺帽王國很重要的原因。如果沒有中鋼的話，臺灣也沒法成為螺帽王國。所以這就是為什麼螺絲、螺帽都在南部，因為全靠中鋼供應的線。而只有一些不鏽鋼，就必須仰賴國外了。像國內本土就有華興卡本特，到臺南設廠。而燁隆自己最近也研發出抽不鏽鋼線，所以國內最近才有人有心做這事，而這關係到國內未來螺絲、螺帽的發展。因為中鋼目前還是碳鋼類，那你要升級，就一定要走不鏽鋼了，而不鏽鋼如果供應不了，就必須仰賴進口，那你在國際上就沒有競爭力了，所以現在企業還必須提昇（訪問記錄M055P21）。

　　產業部門間可移轉性的內部限制，我們以上的討論是有限的討論。之所以說是有限的討論，是現階段的研究，無法將紡織業及石化加工業擺進來一起討論。否則我們對於主導台灣經濟發展，幾個主要產業部門之間可移轉性問題，將能更周延的討論[2]。然而，僅就

―――――――――――――

2 東海大學東亞社會經濟研究中心，針對台灣中小企業轉型研究的第

機械及電子資訊兩個行業的調查，我們已能看出，對於台灣中小企業未來的發展和轉型而言，產業部門間的可移轉性是一個重要的課題。上述的內部限制問題，剛好給我們機會思考，確立產業部門可移轉性的基礎問題。

三、產業部門間可移轉性的基礎：企業理念與網絡的重組

產業部門間的可移轉性，若從產業的結構層面，觀察其所啓動的資源流動性，對某一個特定產業，或者整體產業發展上的收益，將有助於我們瞭解這個工作的重要性。受訪的電子業者指出：

> 加工出口區的工業對電子產業也有幫助。因為現在我們這種最缺人，要找一大堆人你要勸他，對不對？而且要有人會勸他，知道這怎麼回事。譬如我們今天講，一個品管的觀念、品管的制度，如果你從課本上教的話，他這不知道要教多久？對不對？那麼我們在高雄加工出口區，這些廠商設廠，他雖然不教你一些高級技術，但是他會弄這個品管圈，這條生產線做到什麼時候要Check，這種Check的表長的什麼樣子，他也知道。這種事情也不是副總、也不是處長、也不是經理去設計的，都是很基層的人設計的。根本無從留學學起，要學的話，派一萬個人到美國做工，然後

三年及第四年計劃，我們會對於紡織業及石化加工業繼續深入調查，屆時或許可以作更深入的比較。

學人家的表格啊？不行，唯有他們來這邊設廠的時候，等於幫我們留學，等於把我們幾萬勞工送到日本去留學，當我們自己有國人企業的時候，這一挖角就過來了。對不對？一挖角就過來了，過來的時候呢，至少過來是工頭，當經理講我們要做這個品管圈、我們要做Quality的活動，那他大概知道是什麼意思，他就可以推了。要不然你怎麼辦？副總下去還設計表格啊？下面這些人聽不懂，你要變成怎樣，要一步步手牽著他的手來做。現在不必，加工出口區抓來的人，他們知道我們那邊有一套，你可以跟他們說你那一套不是很適用，但是可以改一下，但是他基本的都有，這對我們的工業化太有幫助了。

所以我們憑良心講沒有人家的什麼高級技術啦，什麼東西的移轉，那只是一部分，Just One of the Corner We See，OK，那Other- Thing不能配合的時候，根本就做不起來。我們可以到國外請專家，國外專家當然都是高層的了，專家對不對？但是你下面亂成一團，你怎麼辦？所以現在像印尼啦、像大陸啦、泰國啦如果要很快速的工業化很難，為什麼很難？因為他怎麼講都講不通，除非你把這個表格自己設計好，就這個樣子，填充題就這樣填，這個就要訓練好久，這個就要搞好久你知道嗎？尤其在基層，你就要搞好久，如果有這種加工區很快就辦起來。他現在幫你訓練，訓了好多年基層的知識，這個也是我們電子業的一個機會。因為RCA在附近，所以我們找來的這個工頭就不錯，都認為這種很容易。菲利普來的一講知道嗎？知道，這種高科技產業的會計要怎麼算？COST的成本是什麼？我們一挖都是挖外商的，他外商的技術不傳授，他算帳一

定要教，對不對？他那成本會計到底怎麼弄？我們電子所
出來的剛好不會算帳，不知道該怎麼做，這一方面不知道帳應
該怎麼排、科目不知道怎麼弄，所以挖二個人來，這就是各隻
腳都有了，所以我們這產業就起來了（訪問記錄E031P21）。

上述出口加工區所訓練的底層幹部及操作員，對於後來電子工
業及半導體行業所發生的移轉效能，相信不只當時的業者，甚至今
日大眾，也很難意識到其重要性。然而，沒有這個可移轉性的人力
資源存在，台灣今天電子行業及半導體的發展，可能就要大打折
扣。這裡也提醒我們，不能純粹從依賴理論的角度看這個問題
(Evans, 1979)，否則會遺漏許多重要的觀察重點。有了這個啓發
點，底下我們再談半導體產業與傳統機械業之間的可移轉性問題，
就較易理解。

半導體業與傳統機械業者之間的可移轉性，是探討產業之間可
移轉性一個很值得參考的例子。從我們對於半導體業者及機械業者
田野調查發現，兩者在未來有一定的交集。這主要在於傳統機械業
者對於未來機械業經營的根本理念，已有了重要改變。他們開始能
夠以半導體生產的基本性格思考機械業未來的發展。換言之，台灣
的機械業者已開始重新定義機械業，機械業不能再是黑手的行業，
而應該是白手的行業。受訪的一家歷史悠久的機械廠董事長指出：

現在積體電路一年進口設備幾千億，都給外國人賺了，最
近一年來，我一直在查這個問題。積體電子業的工廠是封
閉的、無塵的，不准人家參觀，那我們搞機械業的就不曉
得他們到底用什麼設備。廠房是封閉的，不准進去，在外
面根本看不到，我這個廠房在外面是可以看得到，他們現
在用的設備比我們賣的機器貴了60倍，附加價值不是單
價。那個機器也沒有比我們現在做的機器精密，我們NC

的車床一公尺容許誤差是1/100mm,他的(300公尺)是
5/100mm,那比我們精密嗎?那種機器我們怎麼不會做,
他的設備要在無塵室裡用,當然我們在做這種設備也要在
無塵室裡做,就可以了。當然現在的廠房不可以做,所以
我要開發IC擴充設備,我就要改造廠房,現在正在改造。
做工作母機也好,做其他的精密機械也好,第一個,工作
環境不乾淨,你就沒有辦法,裝配廠不乾淨,機器說怎麼
好那都是假的,不耐用,這個都是假的。所以要教育,我
教育我們裝配廠的員工,中午休息不需要洗手,你才是做
到你該做的事。假如中午休息你還要洗手,那樣就不對
了,手那麼髒,那你裝的東西就不可以了(訪問記錄
M082P21)。

所以,產業之間可移轉性的前提是,對於彼此之間能產生實質
關聯的技術與品質層次,要有充分的瞭解,並將此瞭解化為實做能
力,才可能真正搭起可移轉性的橋樑。受訪的半導體機械業者對於
兩者之間合作的看法是:

這是信心問題,若你東西完成要賣給他們,要拜託他們試
用,因為這牽涉到產品的穩定和信賴性,他們不敢貿然使
用,除非評估到一個程度才敢用。這也是設備研發出來
後,要推銷的困難處,要如何去推銷自己,讓人相信這部
設備,絕對可以用。IC設備是不求快,但求穩,做出來的
東西要100%都是好的,不可以有1000分之1的不良率。一
般產業若有千分之一的不良率,也算是很好的機器。IC是
要求百分之100,如果那個東西會造成不良率,他情願那
個東西停下來,或者將機器一部份換掉,也絕對不能將那
產品弄壞。像美國的東西拿到菱生的一個8MB IC上,那個

IC是前年五月份賣到日本去的，賣給 HONDA 和 TOYOTA，做ABS跟Air Bag的Driver。但是那東西經過一年多失靈了，失靈之因用我們術語來講叫砲彈坑。在於打線時調得太低，因為晶片厚薄有時沒有磨得一樣時，焊嘴打到晶片，一般是沒有打到。晶線融化之後變成一個晶球，那個球打到晶片上面，那個陶瓷的嘴沒有直接打在晶片上面，打到時在測試的時候沒有辦法測試出來。因為它打到的時候，產生一個砲彈坑，那個砲彈坑測試的時候是良體，經過了一年多之後，車子撞上去之後Air Bag打不開，踩煞車ABS不靈，最後才發現是IC的問題。像這種問題是在還沒發生人命以前就發現了，否則撞死人就要賠錢。所以有問題發生時，這設備誰敢買。所以這種跟穩定和信賴性有非常密切的關係。本來是好的，經過一年多變成壞的。創造利潤、價值，由大家分享可能比較公平合理。但何謂合理，可能大家觀點不同，必須建立共識。我想未來，這種情形可能不會那麼嚴重。像我們做CNC的，就不可能是這樣子，因為投入的資金、人才種種比以前龐大很多（訪問記錄M084P21）。

上述的例子說明了不同產業之間的互動，企業主必須不斷更新其經營理念，並賴以重組其協力生產網絡。再以薄膜科技與傳統產業之間的搭配爲例子，說明產業間可移轉性對於台灣企業國際競爭力的重要。受訪的業者指出：

希望將高科技的東西附加到臺灣傳統型的一些工業上面，以提高國際競爭力。因為到目前為止，臺灣做的低價的東西已經敵不過大陸、東南亞了嘛！以螺絲、螺帽來說明，鍍鈦這樣的技術如何促進產業升級？我們臺灣是螺絲、螺

帽王國。以前沒有這種鍍鈦技術的話，他們那種沖具就是用冷鍛將一個鐵沖成一個圓孔，像螺帽這樣的一個形狀。而沒有這種加工的時候，沖出來的表面是很粗糙的，很粗糙的話在國際競爭力上就很差，經過我們鍍上一層後，它們每次沖出來的表面就非常光滑，沖出來後還要把螺芽給絞出來，同樣地這螺紋、螺芽也就非常好、漂亮。而且也可以減少加工這種螺紋、螺芽工具的損耗，因為表面粗糙的東西，有時候工具一加工上去，它干擾的因素很多，會使工具斷掉。現在表面很光滑的話，它要再加工螺芽就很容易。所以這是因為這樣技術的提昇，讓臺灣的螺絲、螺帽在國際的競爭力，及良率都提高很多，因此這也是直接在產業升級上的貢獻啦！我們公司成立的宗旨就有這樣比較大的目標。

因為有這樣的突破，這些過去傳統的產業反而可以留下來。現在比較具代表性的就是眼鏡架。現在眼鏡架中低級的，如鈦眼鏡架已經快是夕陽工業了，但是高級的在國際已經沒什麼競爭力了。因為最重要的是Coating的技術，都掌握在日本人手中，所以臺灣現在有些廠商做很高級的鏡架，它在不得已的情況下就問我們開發出來了沒有？我們也是盡力在開發的。因為我們如不能開發Coating出來，它們還是得要送到日本去。他們是很痛苦的，因為這裡面的利潤，送過去那裡就是被他們賺了。這個被他們賺了，你的單價自然貴，在國際上就沒有競爭力。因此在國內的話，不只我們啦！就是在這個地方大家都很下功夫，希望可以不要借助日本的技術。像我們公司就沒有跟日本買技術，都是自己獨立開發的，因為希望能做出比他們更好的

東西來,讓臺灣把這種薄膜科技、材料的技術自己紮根地
做起來,而不是只是一種外移的技術。因為只是承接日本
的技術,臺灣就沒有未來性,我們只會買而已,不會開發
啦!就像機械工業為什麼一直沒法做到一些高精密的機械
工業,因為機械工業的歷史要滿久的,30、40年,40、50
年都有,像德國一樣一直往下紮根。那我們臺灣的機械工
業沒有那麼紮實的根基的話,以後要發展到比較精密的機
械加工業就比較困難。電子業因為是剛好臺灣接著世界的
電子業,大家一起成長,我們在電子業也就很紮實的走上
來了。也就是說我們在薄膜科技這方面,是以我們自己的
實力紮實地從底層走上來,而不是僅是買技術,仰賴外國
的心態,那樣也不可能創出比他們好的東西。所以在這個
地方,除了刀具是自己開發出來的,現在在眼鏡架方面,
我們也是希望不跟日本技術合作,自己開發出來(訪問記
錄M055P21)。

產業之間的可移轉性所產生的附加價值,不管在量上或質上都
可以增加。提高產業附加價值的方式,可以是對傳統產業進行價值
再造;也可以刺激新產品的研發。受訪的業者以其經驗指出:

我可以再舉一個實例,臺灣是螺絲、螺帽王國!以單一螺
帽的沖具而言,剛開始進入這種產業時,它們做沖具的工
廠都怕,因為量少啦!可是事實上,這幾年的量並沒有減
少,因為成本降低後,加工的品質提高了,在國際更具競
爭力,拿的量就更多了。所以量反而更多了,沖具擴充的
量反而比減少的量更大,因此它的量是一直在增加,因為
臺灣的接單能力更強了。

這樣的加工過程後,可以告訴客戶實際提昇的附加價值。

我們有一個實際的例子。臺中有一個很大的產業叫立山，立山集團有一組進口的，用來滾齒輪的刀具，它原本完全沒有Coating，一支要好幾萬。而在經過我們Coating處理後，它將節省的花費成本列出一張圖表來，像刀具的成本就節省了80幾萬，而節省的其他能源，生產的效率等都還沒有計算進去。

以這種高科技的技術，與國內的機械加工業在配合上當然有差距，而其實這還牽涉到臺灣機械加工業能提昇到什麼境界。從傳統的機械來說，一些刀具的銑、鑽等，都是靠人工的，速度不快，量產能力很差的如家庭工業，這種型態的工業要用到像這種科技，它的效果不是很好，看不太出來。之所以有這樣的市場出來，本身是臺灣的機械工業有提昇，如各種快速切削的NC、CNC等高速加工、量多的機械。因此，在要求時間、降低成本的需要狀況下，這種東西才有應用的附加價值存在。不然，比如說它今天加工兩件而已，然後那東西就放著不用，這個東西就沒有真的價值存在。但是如果是NC、CNC這樣的加工業，它數量多得要趕工的話，那這種薄膜才應用的上。所以如果是像泰國、馬來西亞等這種以手工做件的話，這種技術根本沒有效果。像以日本來說，它的機器鍍鈦的就已達到九成以上，所以你看日本的機械業水準已經達到這種地步。臺灣，以切削來說，大概不到三成，而以螺絲、螺帽來說，現在已經百分之百了，而且它們操作沖具的工人，一看到沒有鍍鈦的，會認為這是一個未完成的產品，不是可以用的工具。這是因為臺灣的螺絲、螺帽已經是執世界之牛耳。所以它就是需要這種東西，因為它是以產量，每秒產

多少來降低成本，時間就是金錢。但是一般的切削，它還
沒有具備這種條件（訪問記錄M055P21）。

如同我們在第二小節指出的，產業間的可移轉性是否能順利進
行，牽涉到企業發展的主客觀因素。主觀面向是在於企業的經營理
念；客觀面向乃在於產業網絡的重組問題。當產業在面對轉型的挑
戰時，其實不只在於個別企業如何調整經營策略的個體面問題，重
要還在於，企業的轉型也意味著要求企業以整體的「關係」，看待
企業轉型的問題。並在產業與產業部門間的關係中，找到企業發展
的新空間。許多價值的創造空間，某種附加價值獲得提升的生產方
式，可能即存在於產業部門間的關係。這個關係不能被意識到、不
能被整合出來，企業新的利基點也就看不到。如同上述薄膜業者所
指出的事實。所以，當台灣中小企業，其零細而分散的眾多企業透
過協力網絡，加以分工整合，締造了集體網絡的生產效益之後，協
力網絡與網絡之間的「部門關係」，能否重新予以挖掘，再度賦予
網絡生產更高的附加價值，便是產業部門間可移轉性的重要課題。

四、小結

因應新競爭時代的來臨，所產生的產業合作體系，也大幅度改
變了資本主義的面貌。Gerlach透過對於日本企業網絡組織的研究，
所提出的聯盟資本主義(Alliance Capitalism)（Gerlach, 1991），就
是一個好例子。企業之間的聯盟與合作，在國際上既成主流，我們
便要思考，在我們特定的文化及社會脈絡下，如何走我們的產業整
合的模式。透過我們前面的討論可以知道，台灣已有產業整合的基
礎。如何突破限制，利用既有基礎進一步發展，是一個重要問題。
產業部門間的可移轉性，對產業的發展與轉型可說是一個基礎的工

程。唯有在這個層面能夠圓熟，生產協力網絡的進一步分工與整合，才有更大的發展空間。台灣從傳統機械走到電子資訊高科技產業的發展過程中，產業間可移轉性的效果，事實上已經透顯出來。資訊業與機械業之間的可移轉性，在PC-Base的開發上看得很清楚。受訪的一位放電加工機的業者，自豪的說明其發展PC-Base的成效：

> 或許這也算是我們臺灣機械業尤其是EDM在這方面的一種榮耀。過去這種控制器，以前大多不是由自己來做，大都是被外國控制的。並且它的價格又貴，維修成本很高，像我們在開發完全之前，曾特別拜託日本SODICK，它的一顆控制器約一百萬，不過這包括了技術的轉移。而像歐洲的PC-Base，它的風評不是很好，而且價格很貴，開價一顆約3、40萬。目前我們做出來的，市場定價是十萬塊左右，成本約是3、5萬就夠了。因為這種PC在臺灣是量產的，其價格就便宜了。不過研發的Cost倒是很高。所以我們在市場上的售價就定在10萬塊。不過這10萬塊的定價跟外面最便宜的也有一段差距了。因此我們現在研究這種產品出來的話，第一就是國外這種控制器就會降價；第二我們產品更適合我們的客戶來使用，因為我們是對自己產品的使用者有所了解，但是國外做控制的只是了解控制器的硬體，軟體的功能是否好用他們並不了解。所以我們可以設計更方便、更容易讓使用者操作的產品（訪問記錄M080P21）。

是以，就業者的看法，PC-Base控制器的發展，是臺灣資訊工業長期發展的結果，而在目前恰好與機械業可以緊密結合在一起：

> 由於我們臺灣是全世界製造PC量最多的國家。而在這過程

中，臺灣的基本教育又很高，很多國中生、高中生都可以玩PC，甚至可以設計軟體。這條件，第一就是臺灣製造大量的PC，很多工廠都有很多的工作機會讓這種人才去磨練、學習，所以在開發上他們就有比較好的人才。所以我們發覺在臺灣的PC工業，對做PC-Base控制器的條件來說，是個很重要的原因。另外，就像剛剛所說的，東南亞市場是很廣大的，而歐洲的產品要是賣過來的話，它的成本太貴了。就算是日本、美國等，也都是不划算，所以我們臺灣真的是最有潛力的（訪問記錄M080P21）。

產業部門可移轉性觀點的提出，要求對於企業發展的思考，能夠從一個可行動的整體觀，來思考其發展的可能性。產業部門間的可移轉性做為一個關照企業發展的藍圖，既有瞭解意義，也有規範性的企圖心。就瞭解而言，它說明了企業發展的架構，是環環相扣的產物。因此，觀察其發展的重點，尚不只在於環扣本身，而是在於一環與一環的聯結點上。是以，重點不在於要發展高科技產業，或者民生產業；要發展醫藥工業，或者是通訊電子工業。重點在於，這些不同產業部門相互依存和支援的環結點，到底在那裡？產業部門與部門間的可移轉性，能不能出現？是否有一個關鍵的產業部門，可以帶來更多的移轉性價值？以此來帶動中小企業另一波的發展？這是在理解的層面我們可以深入的地方。在規範層面，我們可以從這個觀察指出，無論是政府，任何產業政策的擬定與推動。或者企業本身經營策略的定奪，都必須從產業部門可移轉性的角度，找到兩者的交集點。這樣產業政策以及企業經營，才有共通的立基點可以發揮。

第四章

社會部門間資源可移轉性——

台灣中小企業轉型之社會基礎[*]

　　談台灣中小企業的轉型問題，國內已有不少的研究[1]。然而，卻較少從社會與企業互動的結構變遷角度，深入探討。因而，本文想從「生活結構」的角度（陳介玄，1994，1995），略爲說明台灣中小企業在未來發展上可能會面對的困境。當然，細緻而言，在不同的產業，或同一產業不同的發展階段，碰到的問題與挑戰可能即有所不同。誠如接受我們訪問的一家建築公司董事長指出的：

> 我感覺公司可能有各種不同的轉型與升級的問題，公司不大的時候，其實外部的影響並不會是一個關鍵因素，而大到一個程度之後，可能外部的影響會變成關鍵因素。在早期、初期時，可能內部的管理會是一個最重要的因素（訪

---

[*] 本文初稿發表於中山大學主辦之「第四屆產業管理研討會」，作者感謝評論人所給予的寶貴修改意見。

[1] 有關企業轉型的文獻，可參考何肇青（1992）、吳惠林（1994）、王家英（1991）、許士軍（1995）、賴士葆（1997）、卓越編輯小組（1993）的整理。

問記錄GN19）。

因此，本文並不企圖處理有關中小企業轉型的所有問題，而是以中部一家製鞋集團的個案研究，佐以個人國科會研究計畫「台灣企業主社會生活研究」之企業深度訪談資料，討論中小企業未來發展的一個重要課題，即國內企業發展與國際經濟世界[2]之間的社會結構連帶問題。

台灣中小企業的發展，從社會學的角度觀察，乃在於其不能脫離各種不同的社會發展結構。這些發展結構，除了個人所指出的協力網絡、貨幣網絡及貿易網絡之外，還有一個重要的面向尚未觸及，此即是國內企業與國際經濟世界之間的「發展上之可移轉性」問題。台灣中小企業作為外銷的主力，無論就生產的技術、原材料的取得、或是最終產品的輸出，都是鑲嵌在一個廣闊的經濟世界運作。因此，我們討論台灣中小企業未來的發展問題，便不能離開這個國際經濟世界的參考架構。從台灣中小企業與國際經濟世界的關係來看，一個值得重視的問題，便是「發展上的可移轉性」問題。這個問題內含著三個層次的重點。首先是，以國際經濟世界為範圍之技術可移轉性問題；其二是，以國家為邊界，社會各部門之間可移轉性問題；最後是，生活心態的可移轉性問題。

企業發展所牽涉到的各種專業技術、工藝水平、組織特性、人員素質、教育模態、企業文化乃至生活心態，在國內企業與國際企業之間是否可移轉性的問題，其實也是一個社會性的問題，而不只是一個企業管理或經濟運作的問題（Sayer, 1992）。因為，追根究底，企業與企業之間可移轉性的問題，牽涉到的不是孤立的個人或

---

2 有關經濟世界（world economy）這個概念的用法，參考布勞岱《文明與資本主義》第三卷的討論，（Braudel, 1984）。

企業問題，而是孤立的個人或企業得以發展的整體生活結構問題。沒有這個可移轉性的生活結構，任何企業要發展都相當的困難。今天，台商到大陸開拓內銷市場，碰到的一個很重要的難點，是在於收帳的問題。因為大陸現階段的生活結構，尚無法形成台灣今日經濟生活中普遍為人所接受的信用制度及信用觀念。所以，深入來看，任何企業發展所面對的可移轉性結構問題，卻又是一個長時段的文明問題。台灣沒有經過光復之後40幾年的時間發展，不可能達到了今天與國際經濟世界現階段可移轉性的層次。相對於大陸及東協諸國，台灣與國際經濟世界這個可移轉性的結構優勢，能夠保持多久，而且是否能夠更上層樓，便是本文關懷所在。

一、經濟世界內技術的可移轉性

就台灣內部的產業結構而言，產業各部門之間的可移轉性，固然是產業得以具備國際競爭力的基礎所在。然而，當我們從產業在國際市場所能佔有的位置作一觀察，便會發覺，企業在國際市場競爭時，本身的實力便立判高下。企業要在競爭的國際市場佔有一席之地，除了必須整個國內產業結構具備有部門間的可移轉性之外，企業本身的技術水平、組織架構、人力資源的配置模式、長期培植的企業文化，都必須與國際企業具有「技術上的可移轉性」，才可以保有一定的生存空間。討論技術的文獻相當的多（王健全，1991；林貴貞，1992；侯山林，1990；許佑淵，1989；陳逸文，1986；黃華南，1982；蕭峰雄，1980；簡錦川，1981），本文看技術是從社會面的角度來觀照，強調技術是一種社會建構的過程（陳介英，1993；Rosenberg, 1994）。因而，所謂國際經濟世界之技術的可移轉性，乃在於說明企業具備吸收先進國家各產業尖端技術的

能力，並且能利用這些技術的吸納，推展出為國際市場接受的產品
（Rogers, 1995）。因此，技術在國際空間上的可移轉性意義，牽涉
到技術的吸收，與技術吸收的成果表[3]顯兩個問題。光有技術的吸納
而沒有吸納的成果表顯，技術的可移轉性將沒有意義。所以，就外
銷產業而言，技術吸納成果具體而微地表現在產品品質為國際市場
所接納的事實上。受訪的一家上市染料廠董事長指出：

> 任何一個產品要能夠打開國際市場，有兩個很基本的因
> 素：一個是品質，一定要好。跟現有的產品比，至少要跟
> 它們一樣，或者要比它們特別、更好一點點，可以在那一
> 點突顯你的產品。第二個是品質穩定也很重要，要建立信
> 譽。像我們以前賣到菲律賓去就很辛苦，他們台灣來的絕
> 對不用。他們說台灣來的第一批好，第二批好，以後就不
> 好了。當初很辛苦，不過二十幾年信譽建立下來，他們就
> 覺得很好。像我們賣到荷蘭、歐洲去的產品，我們有統計
> 不良率。歐洲他們很重視品牌，他們的代理商會做不良率
> 的統計，幾年下來我們居然沒有不良率，所以信譽就建立
> 了。賣當然有它的技巧，但是如果沒有這兩個的話，就沒
> 有基礎（訪問記錄GN14）。

然而，就經濟世界之技術可移轉性本身來談，確立這個可能性
的基礎，乃在於全球經濟的形成，尤其是所謂全球資本主義的形成
（ Gereffi & Hamiltom, 1992; Gereffi & Korzeniewicz, 1994;
Henderson, 1989）。因為全球資本主義的發展，在確立商品鏈的發

---

3 有關「協力網絡」、「貨幣網絡」的概念，可參考陳介玄著作（陳
　介玄，1994，1995）。與本文相關，以網絡的觀點探討台灣企業發
　展的問題，請參考王如鈺（1992）、王俊森（1992）、林志康
　（1992）、曾淑婉（1992）著作。

展過程，事實上也確立了技術可移轉性所必須的資訊鏈。由於有全球化的商品資訊鏈之發展，國際間技術可移轉性的意義即大不同於以前。誠如受訪的製鞋業主所說的：

> 我們製造的技術能力能相當程度地追上他們的產品，我想這應是拜"資訊公開化"的好處啦！今天哪一個地方有鞋機展、材料展、皮革展、鞋材展，即使是義大利、德國這些先進國家，還是把他的最先進產品展出來，因為他要促銷呀；而在促銷的同時，等於是把資訊公開，你也可以取得。你在這種場合中取得資訊，"畫虎不成反類犬"是另一種方法；但是你摸索、摸索，也會接近他的意思呀。所以這種資訊的取得、技術的進步都是因為這些商業的活動所帶動的，像杜塞道夫EXPOSHOW、巴黎的皮革展、香港的皮革展、波士頓的鞋機展、德國的鞋機展啦，這些展覽都會有很多訊息，我們就趁這個機會去把它吸收，因為它會公開嘛。現在還有很多專業的機構，像我們的鞋技中心，他們都會把這些資訊公開發行，你也就可以取得，然後再接上去。所以我認為企業能夠接上去，絕對不是企業本身所致，一定是全世界各個角落來的資訊所影響。
>
> 所以，這已經沒有什麼秘密了，可以講真的，所有的高科技已經沒有什麼秘密了。因為高科技研發完畢之後，一定要商業化；要商業化的話，一定要公開，這樣你有錢就可以買到，你有錢、有人把這個技術吸收進來，然後就可以上來，台灣PP製鞋公司就是這樣子的。PP現在有錢，它敢派人出去、敢買Know-How，一次兩百萬美金就這樣子買下來，我們就只好默默的研發、研發、研發。PP有它的優、缺點，它的缺點就是，它是一個上市公司，它講求利

> 潤中心、講求功利主義,所以它請了一個人之後是希望他
> 能發揮到極致,所以它裡面人的權限很大,但壓力也很
> 大。它會把國外的資訊很快收集回來,但不一定能融合在
> 一起;它的公司沒有整個文化或 Team 來工作,等於是說
> 它沒有一個吸收的海綿體(訪問記錄S008P17)。

　　然而,我們要注意的是,資訊鏈的國際化,只是提供了技術可移轉性的客觀基礎,技術可移轉性真正能轉化並產生效能的關鍵,還在於企業本身的條件。不管是什麼途徑和方式的技術移轉,終究要牽涉到企業本身的條件問題。反過來說,企業本身的條件,也多少決定了能以什麼途徑和方式進行技術的轉移。所以,企業要吸收國際市場的技術,必須有一定的產業結構基礎。這包括自己企業的技術水平、組織運作的模式、人員的素質和企業文化。以個案研究的S008製鞋集團而言,它們就不是採取用錢購買技術的方式:

> 我們大概是錢花不下去。因為你買了之後,會發現你何時
> 才能將它轉化成自己的東西的問題,你會去思考這個問
> 題。買了之後,我們公司沒人能用啊,沒有人去將它加以
> 轉換啊;也不是說沒有這種人才,而是說如何派人去將它
> 吸收後再加以轉換。有的企業是先買下來,再試試看,但
> 可能就失敗。有的人是勇於投資,但不能經常收穫,投資
> 失敗的例子很多。而有的人是像蝸牛一樣,一步、一步慢
> 慢走(個案調查記錄S008P17)。

　　以S008集團的技術移轉模式而言,是利用產品類別生產的升級,帶動了技術的升級。在這種生產過程,該公司得以不斷進行長期性的技術轉移,不斷進行長期性的技術累積,以確立下一階段技術可移轉性的基礎,而再度又有新的技術累積。受訪的總經理指出其中的關鍵在於:

在我們有個好現象，就是你跳到另一個產品領域之後，客戶會慢慢被吸引進來，像我所講的CLARKS公司，它有180年的歷史，在技術方面也有3、40年的經驗，它為了開發一個產品，怕你不會做，就派技術員、品管員過來，一直跟你一起Work、Work，你在無形中就一直吸收、一直吸收，而這種吸收你不會覺得吸收不了，因為它是一點、一點教給你。例如它開發一個新產品，它會教你到你懂了為止，讓你知道為什麼做這東西的時候要這樣做，而且叫你一定要照這樣做。剛開始的時候，你也許會不懂，但是被它強迫去接受之後，慢慢地、慢慢地就融合成你的東西。所以你跟這種國外較知名的廠牌在生產、在製造的時候，他無形中是在教育你；不像你跟貿易商在合作，它就把東西丟給你，叫你去把它做出來。我們跟TIMBERLAMD合作，像今天廠裡那個外國人就是他們派來的，他已經有2、30年的經驗，他一來就會指出產品那裡不對，然後跟我們的師父一起Work、一起工作，我們的師父就提供自己的經驗，他提供他的經驗，大家的經驗融合在一起就又變成我們的了，很多的研發過程都是這樣出來的。

像TIMBERLAND就是這樣，尤其是CLARKS更是一塊挖不盡的寶藏，挖不盡的，它一下子派這個技師過來，一下子派那個技師過來，而且都是它自己花錢，花的錢比我們還多，它要的只是要把這些鞋子在工資比較低的地方完成。但也只有在遠東地區中使用筷子的民族能夠把它完成，因為手、腳靈活，巧手嘛！才能把它完成。很多他們是靠機器，我們是靠手工，但是用手工的部分又牽涉到高科技的東西，這很好玩，又要傳統，又要高科技。他們有

這個高科技又為什麼不在他的國家內生產？手工他就受不了。但是我們在完成手工的同時，他又把高科技帶給你，所以你就一直融合、融合，而把公司的人員一直訓練上來。這種吸收他的經驗、技術，算是互補的。他為了取得可競爭性的產品，不得不往國外來；而他往國外移時，我們剛好經過20幾年的磨練，已經達到一個程度，就好像是高中要進到大學，大學要進到研究所那個階段。他來教我們，而我們就這樣上來。他如果去教國民小學程度的人就教不上去，所以這種品牌不會去教國小程度的人，就像是在專門做拖鞋、涼鞋、運動鞋的工廠，這些工廠做不來嘛，因為它裡面根本沒有嘛。而我們剛好爬到一個階段，有這個外力的衝擊後就又跟著上去。所以講起來是我們的福氣啦！但這又要回到我們的文化，我們的人員流動率很低，而流動率很低的結果是經驗的累積，所以能從國民小學一直爬到高中、爬到大學，一直累積上來，不會說這個人離開了，你公司又要從國小爬上來。所以累積的經驗、技術就會一直上去，我們的師父就是這樣子啊，都沒有移動過。這是我對自己的企業與外面的公司在文化、技術的引進上的種種關係做分析，我們公司好像是這種味道（訪問記錄S008P17）。

技術移轉的主體在於企業，企業如果要接收別人的Know-How，本身也要有一定的技術基礎才行，如果沒有這個基礎，Know-How就會像營養素一樣，身體無法吸收也就起不了作用。由於企業體本身條件的不同，同一技術甲公司能吸收，乙公司則不一定能接受，而這多少決定了他們所能擁有的訂單類型和國際市場。S008公司總經理提到：

有時候我公司的副總會給我"漏氣"（註：台語），我常說：別的公司如果要搶我的訂單的話，可以啊，我把訂單讓給你，但是要看你有沒有能力做嘛。公司的幹部有時會說我太自大，但我常常有這種感覺：這鞋子讓給你們做，可以啊，你來搶單子的話我就讓給你，但是你就是做不出來嘛，我公司現在就有很多這類產品，even我已經淘汰的產品，別人都還在摸索、做不出來呢！（訪問記錄S008P17）。

S008製鞋集團，典型的是一個以核心的高階幹部，作為班底在主導著公司的發展，而非靠總經理的強勢領導。所以，經過長期的經營，形成了自己公司技術吸納與學習的文化。其產品從早期5、6美元一雙的保齡球鞋到80美元一雙的馬靴，可說是在功能鞋領域確立了其製造能力的品牌。透過技術上可移轉性文化的確立，使其能夠一直保持技術上的領先，可說是該公司還具有國際競爭力的主要因素。而這種技術上可移轉性文化的養成，卻有賴於企業長時段歷史的養成。透過業者對於品牌的解釋我們可以看到這樣的事實：

有一種品牌的創造是大量投入廣告費用，讓所有的人都知道，就像"三支雨傘標"（註：一種感冒藥水）一樣，每天就是疲勞轟炸讓你產生一種印象，就是你一感冒就得喝它不可；像美國也一樣呀，我不再講NIKE了，因為它又有一、二十年的歷史了，像最近有一些品牌如SCHEDULE、L.A. GEER，都是利用大量的廣告，讓你有印象而形成一種品牌，而品牌就這樣在消費者的心中被建立了。如果要比較CLARKS與這些強迫建立品牌的產品的不同，CLARKS是從一個傳統的工廠慢慢在歐洲讓人得到一個感覺：它是一個專業的製鞋廠，做的鞋子很舒服，很

會做鞋子；是好幾代的人都在穿它做的鞋子，它的品牌也是長期建立的，跟我剛才講的L.A. GEER等產品的品牌建立方式不同，所以它的品牌要消失不容易，已經受到公認了，就好像"黑人牙膏"在台灣一樣，你想要買牙膏一定會想到它，也不會認為它是壞的東西，你已經習慣它的味道，所以它的品牌不會消失。例如NIKE你說它三天要下來，不可能，三年都不會下來，它的品牌已經形成了，但是它不是靠強力廣告，而是靠它的品質、Performance，它的鞋子真的有特色，已經上來了；這種是經由消費者認定的，而不是用廣告來產生的消費者忠誠度。

我想創造品牌是長期的，不要像經濟部所想的，獎勵廠商要自創品牌，那都沒有用啦！為什麼人家要把鞋子交給我們來生產？要不是我們有20幾年的歷史，加上在業界所建立的口碑，不然會有誰敢丟這麼困難的鞋子給我們做？一定是有一段歷史所建立的口碑嘛。你說你的工廠是新設立，設備是最好的，So What？誰敢拿東西給你做？PP廠這麼大，GORE-TEX要給它生產鞋子，它敢做嗎？口碑很重要，經驗很重要，長時間所累積的資產更重要。所以自創品牌與走向行銷的問題，都是一條很漫長的路啦！像迪化街裡的百年老店，你要買個南北雜貨一定跑到迪化街，那邊一定可以買到很多東西，你為什麼不跑到別的地方去買？一定是有它的歷史淵源嘛！因為我們一直在做一些品牌的產品，所以這種名聲會播出去。所以有適當的品牌、適當的鞋種，它可能找不到適當的工廠，就會來我們這裡試試看，就這樣把它接上去，然後做出來的產品又可以，就整個把它拉上去了。我做的很多品牌都是這樣進來的，

> 像TECNICA、TIMBERLAND都是這樣進來的，到後來難
> 度越高的產品越要進來，像CLARKS都越買越高興，跟你
> 買是越買越高興，越賺啊，它就認定你啦！它認為你就可
> 以供應了。我剛剛進來之前，還在跟美國的廠商通電話，
> 他就說丟給我們做，他就可以睡覺了，他說我們是Reliable
> Supplier，Reliable，可以信任的。這也是我們的傳統，做
> 生意要老實、不騙人，認真去做，沒有在花天酒地，這些
> 傳統也是前人建立的，我們只要把它維繫好就可以了（訪
> 問記錄S008P17）。

對某些技術而言，企業發展的歷史，構成了可移轉性的基礎。
企業發展的歷史變成技術移轉與累積的歷史，也就慢慢使我們體會
到，技術要具備世界性的可移轉性，需要有許多條件的配合。公司
原有的技術累積歷史固是重要的因素，其它能幫助進行國際性交換
的工具也是不可或缺，譬如語言、工作價值觀念及學習態度。受訪
的一家網版印刷公司，在技術轉移上就碰到了這樣的瓶頸：

> 這個月底，我們會派兩個前往美國學習。這次我又買了兩
> 台，總共四台，大概是亞洲區裡，一家公司擁有最多的。
> 像是香港、菲律賓或是馬來西亞都是只有一台。日本總共
> 有九台，但都是分散在好幾家公司。之前所買的兩台，總
> 感覺在品質上沒有國外噴得那麼好；而在國內跟另外一家
> 比，我覺得對方不是我們的對手。但跟國外比卻比不上人
> 家。關鍵在於：一方面是我們這邊的學習態度。第二個是
> 語言學習不通。我們總要透過第三者才能傳達到原廠，技
> 術上就沒有辦法與老外直接溝通，這語言實在是太重要
> 了。
> 日本也是用美國的機器，但他們做出來的比我們好。所以

> 我覺得員工的學習素質很重要。有時候我跟員工要求，要
> 求到我們真的想翻臉了。以目前表現最好的加拿大公司來
> 講，同樣使用機器，他們噴起來的品質好。第三個原因是
> 他們照顧機器照顧得很輕鬆。三架機器，他們用了二個人
> 看管；而我們卻是兩個人管一架機器。因此，這次出國一
> 個人一天的花費所需是1000塊美金，我也是這樣花下去，
> 讓他們去看去學，不然講了幾百回，他們就是腦筋轉不過
> 來。這次是狠下心來了，把他們送到加拿大去學，跟這家
> 原廠表現最好的公司學；看看人家怎麼做。這家公司也是
> 收費的，跟日本不一樣。日本的公司不是你願意花錢就讓
> 你學的。加拿大的老闆很好溝通，他也不怕你學。我們需
> 要的人才，我打個譬喻，最好是他本身有美學，且又有英
> 語基礎的。但現實就是，會畫圖的不會講英語；偏偏會講
> 英語的又不會畫圖。老外說：東南亞來講，就是你們最
> 差。我聽了真的很不服氣！包括馬來西亞、泰國或菲律
> 賓，竟然說我們噴出來的品質最差。而其實是他們都會講
> 英語呀（訪問記錄GN21）。

受訪企業主提到的是個很關鍵的問題，我們講技術上的可移轉
性，其可能的基礎除了在於公司本身的技術歷史之外，不能忘了技
術的可移轉性既然是鑲嵌在經濟世界裡頭進行，便不能忽略國際性
交換工具的重要性[4]。我們有好的機器、好的設備，但沒有具備擁有
英文溝通能力的技術人才，整套技術知識的吸收便大打折扣。語言
的重要性，是因為它也是基本的工具，沒有就不通。在這裡我們就

---

4 有關國際性交換工具的討論參考布勞岱《文明與資本主義》第二卷
的討論，（Braudel, 1982）。

可以反省到，技術轉移背後所隱含的價值認知問題。

看得到的才有價值，看不到的就沒有價值，這個觀念是我們一貫的以西方是物質文明，中國是精神文明錯誤觀念的延續。我們要瞭解到，任何物質文明背後總有一套精神與價值的體系在支撐著其發展。一個網版印刷要品質好，不講究前段的設計功夫是無法達成的。這就說明了物質背後精神力量的重要。台灣產業發展至今，真正重要的挑戰乃在於，在產品、在機器、在原物料背後，為人眼睛所看不到的對於生活品質高度講究的認知心態與價值理念，如何能真正落實為對於企業經營、商品生產品質的講究。換言之，企業需要重新從商品的生產出發，確立一套新的生活品質價值體系，以引導總體企業的晉級，達成在生活結構中之產業各部門品質上的可移轉性。這無疑的是我們討論技術之可移轉性背後所關懷的核心問題。我們以受訪的網版印刷業者所碰到的狀況，說明某些業者對於技術的價值認知方式：

> 全世界來講，臺灣的噴畫最便宜，但是品質可能是最差。然就需求度來講也不一樣，國外沒有像我們臺灣這種的選舉方式。再就工商需求來看，我們會認為電腦的前段工作不重要，所以老外看了，會覺得我們把工作重點顛倒次序了。前段做不好，後段怎麼努力都是無效的；應該把前段管理好再來管理後段才對，否則就等於在做收尾的工作而已。後段是屬於大型電腦的Print部份；前段就是我收到原稿後，我要Scan分色、編排設計等等都是前段工作。我們臺灣的習慣就是這樣，只要看到你後段的成果；而且認為這不過就是印刷，好像設計這前段都不用錢的。以為讓我們做已經是讓我們賺印刷的錢了，設計就不用了。其實前段是最重要的，設計的好就會有它的風格和效果。我覺得

這部份已經有漸漸在改變。設計表面看起來很簡單，但是怎麼拿捏，或是字體大小怎麼擺都很重要。這是人家感受不出來的。雖然已有改變，成長還是緩慢的。像我們這行業來講，前段真的更加重要。前段的Scan沒有做好、修色沒有做好、料沒有編排好，結果是你後面可能要花加倍的的時間去調適，這會更困難。而我們的廣告業都很趕時間，今天才交稿子，明天就要交產品了。業主本身如何拖延似乎變得不要緊，當他說要時就要了。這樣怎麼生產好東西呢？我在德國時，看見人家在秋天時，印的東西是隔年春天的東西。別人總是能這樣安排工作，反倒是我們臺灣老是這種毛病，真令人想不通（訪問記錄GN21）。

我們從國際經濟世界的角度談技術的可移轉性，其用意在於將技術提升到一個社會的宏觀視野，來談中小企業的轉型，就在這個最基礎性的技術層次上，將會遭遇怎樣的社會性問題。企業接受技術的技術歷史、技術移轉過程的語言工具、學習技術的態度以及對於技術的價值認知方式，都會深深影響了企業在企求轉型過程，吸收各式各樣技術的成效。若從國際的視野來看，技術可移轉性的問題，更牽涉到國家與國家之間的技術競爭，以及產業結構升級的競爭問題。這就使得問題更具有理論思考的深度。

世界先進公司副總經理盧志遠提到，電子所每一次研發成功，表面上的價值是為國家創造了很大的工業產值，或是創造了一個技術先進的公司，但若將歷史的縱深拉長來看，研發成功真正代表的意義，是打破國際的技術封鎖。過去日本廠商將四吋晶圓視為生存的技術法寶，台灣廠商出再高的價錢想買都買不到，但電子所的技術一完成，日本人搶著喊合作，使台灣廠商能夠大規模的投入，而六寸晶圓到八吋晶圓都有相同的效果。工業局一組副組長游啟聰也

提到，八吋晶圓自民國83年宣佈研發成功後就立即打破了國際的技術封鎖，包括德碁、聯電、嘉畜、南亞、華邦、力捷、大同、太欣都紛紛宣佈與國外公司完成技術移轉合約，將進行建廠，目前的總投資額初估已達2000億左右（中時，84.3.17／財經焦點版；訪問記錄E031P21）。受我們訪問的做單人直昇機的一位台中業者也提到，台灣沒有經國號戰機的研製成功，美國不可能賣給我們F16戰機。而當美國可以賣我們F16戰機時，法國也就願意賣我們幻象戰機了（訪問記錄M29）。由此，我們可以看到，要在國際經濟世界取得技術上的可移轉性，必須有可移轉性的基礎。這個基礎事實上牽涉到我們前面提過的，企業總體性的結構，包括企業本身的技術累積與研發、企業組織作為技術吸收器的調適與應變能力、人員素質與公司文化。

從中小企業發展的整體角度來講，在國際經濟世界進行技術轉移是我們求生存與未來發展的重要策略。西方長期工業化所累積的技術資本，使我們後進工業國家的技術發展得以不必從零開始，而能夠以他們的累積為基礎再進一步發展。因而，中小企業未來的轉型勢必要落實於各種各類技術的移轉、學習與研發。然而，我們不能忘了，使技術移轉性得以可能的基礎，正是在於企業本身的技術水平和吸收能力。中小企業是否為自己進一步發展所需要的技術之可移轉性，做好了準備，多少可以評估中小企業轉型成功的機率。台灣40年的發展，整個進出口皆以美國、日本、歐洲，這三個地區為接觸的核心，剛好提供了我們在國際經濟世界，能夠進行技術可移轉性的現實基礎。沒有和核心接觸，我們便感受不到社會發展之間的壓力，也就沒有因社會發展不一致之壓差而產生出發展上的動力。社會與社會的接觸就像文明與文明的接觸，彼此之間的水平不能差距太遠，否則無法進行相互的交流與學習。台灣與美國、歐洲

與日本的技術轉移，應該從這個角度重新思考。誠如受訪的S008公司總經理指出的：

> CLARKS把產品放給你做，不是只丟給你而已，還會把你的人員與技術水準一起帶上來，他不是單純的把圖片給你就叫你去設計，還是有把所有的製鞋技術全部灌進去，所有的Details全部灌進去，包括楦頭、合腳不合腳啦！1mm或2mm的差距，他都會修改；他懂的怎麼修改，那是他的技術，不是我們的，是他在教我。我是賺了一點微薄的利潤，我很沾沾自喜，也很高興，我吸收了他的技術、經驗，同時我也有賺到錢，也拉高了自己的身價，互利啊！所以他的心態也是不怕你學，他非放出來不可，因為他不把技術放出來，他也會死，他留著幹嘛？因為他的事業也要Run啊！也要賺錢啊！這種鞋子他也可以拿到印度去做，而他為什麼不拿去？因為印度的工藝水準就是差我一點點，就是像我剛好大學畢業，可以進研究所了，而他才小學畢業，他就做不了。各國的工業環境跟各國的基礎建設都有關係（訪問記錄S008P17）。

經濟世界技術可移轉性最後牽涉到的是各國的工業環境與各國的基礎建設，在這一點上，台灣的機會是否還存在？隨著台灣勞動力成本的提高，如果從新的國際分工角度來看（Henderson, 1989），世界知名大廠，在成本的考量下，有沒有可能捨台灣而去培養其它國家？從受訪的S008製鞋集團提供的答案是：

> 一定會的，不過要看那個國家技術生根的程度。就像我所說的，你要有大學畢業，才能接受這些新知識。像印尼、大陸，不是說他們不可教，而是他們整個接受技術的氣候還沒有形成。早期台灣的製鞋工業，很多都是工業局在推動、教育，一下子是沙鹿高工，一下子又是聯合工專；尤其是工業

局的劉瑞圖先生，經常辦活動，像講習、經營、開版、技術
啦！他一直在投入，塑造了台灣的製鞋環境。當然業者本身
是高獲利，所以會有興趣繼續投入，這是一個最大的誘因。
業者認為他繼續投入就有錢可賺，當然會把他的幹部排出去
受訓，受訓之後的教育累積就造成質、量的提升，而質的提
升就是準備接收下一波的技術，管理的技術也是如此。台灣
很多的生產技術、管理技術都是接收自日本的，早期台灣的
鞋廠哪一家不是受到日本的影響？像三菱等公司或大商社的
影響都很大。所以在生產或管理的技術都相對的受到不同國
家的影響（訪問記錄S008P17）。

技術可移轉性背後，既然牽涉到的是一國的工業環境與基礎建
設，我們就不能再侷限於純粹技術的範疇，而必須觀照到企業的技
術發展，以及企業的總體發展，更深廣的背景，此即是社會各部門
之間的可移轉性。

二、社會各部門之間的可移轉性

我們在上面所談的技術可移轉性，基本上的分析單位是在於企
業，是從企業的整體角度來看中小企業在未來的發展，可能會碰到
的問題。國際經濟世界的行動主角既在於企業，上述技術可移轉性
的問題，事實上是先避開了世界與企業中間的社會環節，來凸顯台
灣中小企業的國際化性格。誠如一位企業主所言，台灣中小企業早
就國際化了[5]。從國際經濟世界的角度，來看台灣中小企業未來的發

---

5 雷虎企業董事長在東海大學東亞社會經濟研究中心，與推廣教育中
心合辦之「台灣中小企業趨勢與轉型討論會」的發言，民國84年10
月21日。

展與轉型,是本文強調的重點,因為從國際空間的參考架構,我們才能明瞭,國內社會各部門之間可移轉性的重要。台灣是以外貿起家,台灣社會經濟的發展要靠整個外部世界的資源和市場。而真正能移轉這個外部資源的結構,要靠社會各部門之間的可移轉性來提供總體性的能量,以支持企業的帶動作用。用一個比喻來說,企業及技術是風車的受力點,能帶動整個風車的轉動,但是,整部風車是否能動得起來,還得看總體風車的結構是否均衡適當,這即是社會各部門可移轉性問題。

略為回顧過去的發展,台灣產品在國際市場的競爭,有一定的「社會部門間之可移轉性」的優勢,而「社會各部門間之可移轉性」的優勢又是以「產業部門間之可移轉性」為基礎。所謂產業部門間之可移轉性,是指產業各部門的技術發展層次,多少是在同一水平之間,因而原材料以及上下游的零組件、工藝水平可以相容,而不會產生太大落差以致於最終產品的組裝生產無法達成。台灣國內產業部門之間的可移轉性,在協力網絡的生產模式之下,得到了更成熟的發展。協力網絡使得每一個產業之內的技術可移轉性達到最高度的發展,從而也就使得不同產業之間的可移轉性具備了相當的水平。譬如,台灣工作母機及產業機械的發展,使得台灣各產業所需要的機器設備,得以逐漸使用國內品牌而降低經營成本。這也使得許多中小企業因為能夠降低固定資本的投資,而大大增加了其創業的可能性。往回頭看,台灣傳統勞力密集的產業,直到今天仍然具備有國際市場的競爭優勢,不能不說得自於國內產業部門之間的可移轉性的成熟發展。而所謂社會部門之間的可移轉性,是指社會中的企業組織與管理模式、人力素質和教育訓練、行政效率與政治制度、社會的階層化與團體化、以及文化認知與生活心態,各部門之間具有互相支援、融通的效果。以個案研究的**S008**製鞋集團為

例，受訪的總經理指出他們的國際競手優勢，即在於具備了社會部
門之間的可移轉性：

> 我們的策略是在代替國外的生產廠，這些國外的生產廠是
> 有很長的歷史，有的是180年，有的是100年。但是這種傳
> 統的民生工業，例如在英國、義大利等國，他們也有他們
> 的瓶頸。他們的工業進展到一個程度之後，這種勞力密集
> 的民生工業，還是競爭不過落後國家、開發中的國家。所
> 以既然現在已是地球村了，他們也只好依賴成本較低的國
> 家來幫他們完成，以我們公司為例，就是代替他們正在淘
> 汰的產品。這也不是說他們把這些產品淘汰掉，而是他們
> 做起來會相對不敷成本，是相對性的。做這雙鞋子就是要
> 投入這麼多的工資、人工，那麼他的成本相對的較高，在
> 我們這邊做的成本相對較低。那他又為什麼不拿到大陸、
> 印度、印尼等國家去生產？畢竟台灣跟這些國家的勞力密
> 集的工業，還有技術層級的分別，台灣還是有領先的地
> 方，至少原料取得容易、技術支援容易、勞工熟練且勤
> 奮、管理的模式還能掌控，所以還能取代這些國家。那為
> 什麼不把這些東西移到大陸去？畢竟大陸還有支援線
> （Supply Lines）的問題，管理、資源很遠；而且基礎工
> 業、環境，例如通信、動力、機器的資源較低。所以大品
> 牌找我們並不是我們能完全取代他們。當然我們也有競爭
> 者，我們是英國、義大利的鞋廠競爭者，但是我們後面也
> 是有追兵，有一些鞋廠也在跟我們競爭。這一層關係我們
> 要再突破，就是說要取代他們，但也有限制存在。第一
> 個，他們畢竟是工業化的國家，原料就會比我們好，機器
> 比我們先進，他們的經驗有百年歷史，所以他們的從業員

可能有20年、30年的經驗，比我們還久。我們是20年，但是我們的20年是從很粗略、簡易的工藝產品開始上來的，但是他們的30年是從很基礎的上來的，所以畢竟我們跟他們還是有差距。

我今天能跟他們產生抗衡，完全是相對地在成本上他們比我們高。我做的產品是不是跟他們一樣，說老實話是還沒有，畢竟他們的工藝水準比我們高。所以說台灣在這時候有什麼策略去應付這種變化，講真的我很徬徨、很徬徨，並沒有辦法完全地說他們淘汰的東西，我們就馬上接上去生產，還是有模糊的地方。我們不見得能馬上接上英國、義大利、德國淘汰的東西，但是我們能模仿到一部分；而模仿到這一部分為什麼我們能生存、能把他們的東西取代？雖然我們做的沒有像他們那麼好，但為什麼我們能加以取代？因為價格差的很大，例如他一雙賣200塊美金，我們一雙賣100塊美金，材料相差不多，"工"（註：台語）比他們差一點；但是市場上一定有最高級、中級之分，像金字塔一樣嘛！他一定有他的消費層，我們也有自己的消費層。例如德國、英國把鞋子賣到美國，一雙賣個兩百五十塊美金，但他的市場有限嘛；而有的人看了很喜歡，那有沒有辦法可以買到一雙看起來很像、還不錯的、同一品牌、但比較便宜的鞋子，這就是台灣的產品能夠打進市場的原因。所以不是說他們的產品不好，我們取代了他們；而是消費層需要低一點、中價位的產品，所以我們還有空間去投入市場（訪問記錄S008P17）。

　　從國際經濟世界的舞臺作一個觀照，我們便比較清楚自己的長處和不足所在。傳統產業的商品範疇，並非全部都是夕陽產品。以

S008廠為例，它一直不走一般運動鞋的生產路線，而是走特殊功能鞋的發展形態。所以，在特殊功能鞋的商品範疇，儘管是在製鞋這種勞力密集的傳統行業裡頭，卻能在傳統產業中，轉成高科技的商品形態，而保有其國際市場的生存空間。不可否認的是，這個國際競爭的優勢，仍然是立足於社會各部門之間的可移轉性這個基礎上。因而，各國在其社會可移轉性所提供的優勢不同，企業發展的型態也就不可能照單全抄，或刻意模仿而能有所得。以義大利為例，受訪的製鞋業主提到，義大利製鞋業的分工，可說是社會部門可移轉性的一種獨特類型(Hildebrand，1995)：

> 義大利製鞋業也是以中小為主，他們是自然形成的。真的很奇怪，我們這邊要買鞋材，大概只能在工廠中或大的供應商才買得到，但是他們在店裡就可以買到。他們在店裡可以買到製鞋用的鞋帶，所以你就自己去買，它的鞋廠就是一個爸爸、一個媽媽、兩個兒子所組成，所以他今天需要鞋帶兩打，就去店裡買兩打回來做一做，然後就可以拿去賣了。所以它很多東西都已經分工完畢了，全面分工，全義大利分工，你絕對想不到。例如做機器的，他們不像我們這裡的機器廠規模很大，什麼機器都做，他們只做一種。做毛刷的，他只做一種毛刷，然後拿到鞋材店去賣。我1986年去義大利，就開始搬啊，我說這些東西台灣通通沒有，什麼都搬回家，酒精燈也搬回家，刷子也搬回家，刀子也搬回家，尺也搬回家，通通去搬，那些東西在台灣要去哪裡找？你根本就沒有專賣店。所以它等於有很多的專賣店。你要什麼東西，它就有什麼東西供應。鞋爐就有專門的製造廠，而且都很小，他們號稱有幾千家的鞋廠，其實都是3個、5個、8個人的工廠，而我們台灣的鞋廠則

是300、500、800人的規模，不一樣啊！所以義大利它可以成就，它可以。例如皮革廠，它不像我們這麼大的皮革廠，它是有皮店來賣皮啊。像我們的布店一樣，我們買兩尺布就可以回家做衣服；他們是買5件、8件皮革回去做鞋子，所以它就是這樣出來的，義大利很強啊。你說要設計，它就有設計公司來幫你設計幾個型體，讓你拿回去做。你要這個東西，就有專門的廠商供應。我要鞋機，就去找鞋機來，通通有啊。

義大利本身是每一個製鞋家庭就是一種品牌，每個家庭都是不同的品牌，因為它很著重設計嘛！所以外貿協會也想將這一套設計的方式引用到國內來，成立類似專門設計的公司，或是成立一個單位，專門幫成衣或製鞋做設計，但是它推動的好像也不是很成功。所以義大利就是這樣子在做，每一個人想要做，假設我的技術是從爸爸或祖父那裡傳下來的，本身的技術就很成熟了，所以就可以請設計公司幫我設計，做好之後就掛自己的牌子去賣。所以在義大利鞋子的品牌有好幾千種，可能我們有一種崇洋的心態，所以你現在到精品店去看的話，只要是Made In ITALY就都是品牌，但是這些品牌在全世界不一定很有名，可是義大利的整體製鞋業在全世界算是領先的地位，所以你看到的都是品牌（訪問記錄S008P17）。

義大利製鞋業的發展例子說明了各個國家社會部門之間的可移轉性有不一樣的結構關係和基礎條件。因此，每個國家的企業經營模式是否可以學習、拷貝，並不能只從企業本身來看，還要注意到這個經營模式放到自己國內，是否能得之於社會部門可移轉性的支持。若沒有這個社會條件，某個經營模式或理念是很難在本土環境

落實。因此，談台灣中小企業未來的發展與轉型，我們便需要把這些屬於自己的社會條件弄清楚。而瞭解這些社會條件對於企業發展的意義，即從社會各部門之間的可移轉性這個架構著手。我們在此無法細談社會各部門之間的所有結構關係，只用底下三個面向的例子，來說明社會各部門可移轉性的理論意涵。

（一）企業與人力資源部門之間的可移轉性

從宏觀的角度來看，勞動力成本的提升是台灣企業經營環境最大的改變。台灣中小企業的外移，意味著一個重大的產業結構變遷。之所以說是結構變遷乃在於，台灣某些產業，儘管在協力網絡的生產模式下，亦無法與大陸及東南亞相對廉價的勞動力抗衡，只好整個協力網絡中的企業都外移生產。因此，要根留台灣永續經營的企業，便要重新思考企業經營與現階段台灣人力資源部門之間的關係。最近筆者在進行一項機械業的調查研究，受訪的一位台中大興街的業主說道，台灣九年國教延長所提供的人力資源，可說是斷了機械業的腿。這怎麼說呢？他的解釋是，以往機械業者都是學徒出身，功夫是經年累月練成，所以很紮實。學徒制儘管沒有高學歷，卻提供了機械業發展所需要的有用人力資源。而國教延長，進入到高工或大學機械科系訓練出來的高學歷人才卻都不能用，因為都不願從基礎做起，眼高手低（訪問記錄M34）。這位機械業主的意見，我們且不說對錯，有意思的是，他剛好提供我們一個機會，來思考社會各部門間可移轉性的問題，尤其是在企業與人力資源兩個部門之間的可移轉性問題。

讓我們換另外一個例子來作對照。我們在做中小企業轉型研究與調查時，訪問到北部一家生產傳統染料，目前已踏入製藥領域的業主。當我們問到其企業轉型的機會時，他跟我們說到：

企業發展的機會可以分兩邊啦！以我公司來講，我覺得機會很好。有的人就不一定了，很多產業也是外移了。我會覺得機會很好是因為台灣產業一定要升級。那升級要條件。台灣的條件在那裡呢？因為我們的高等人才很多。我要找現場操作人員找不到，半年都找不到，那大學就有一點，碩士就很多，那博士就更多了。因為是一直往高科技在走，這些產業需要的人才很多。所以這方面我沒有困難，這是一點，是一個機會。第二就是回國人才很多。另外在產業中，土地的資源佔的比例愈來愈少。技術、政府的資源佔的比例愈來愈高。像我們跟中國科學研究院，工研院化工所都有承接案子，那麼就有機會。我在想，有的產業可能就沒有這樣的機會。政府選定要發展十二項產業，你只要跟著產業走，台灣就還蠻有機會的。就競爭來講，我做這染料，如果我沒有這些新的線，我將來就會很困難。因為，印度有1000家在做，大陸有600家在做。所以我除了要跟歐洲的大廠競爭以外，這些低工資、落後、不講求環保的國家也要搶我的市場。那麼還有高科技開發國家跟低工資地區結合成為我們的對手，你說這個危險大不大。那麼價格一直從800多塊降到100多塊，可是工資是一直往上漲。工錢我63年的時候是1500塊台幣，那麼現在一個現場操作員，包括福利在內，要60000塊錢。一年才能夠用2000個小時。一個小時是美金12塊，比美國一個小時10塊還要貴2塊。是有機會也有困難，就是要有勇氣投資（訪問記錄C023P17）。

從上述兩個案例的對照，我們可以看出社會各部門之可移轉性對於企業經營上的重要關聯。從企業與社會形成的整體結構來看，

不同階段的社會發展，提供出來的社會各部門之間的可移轉性，有極為不同的內涵。在台灣早期勞力密集產業階段，廉價的勞動力和低水平的教育人才，適成為一個企業與人力資源兩部門之間的可移轉性。企業充分利用這個社會的可移轉性而得以發展、茁壯。然而，隨著國際環境的更迭，國內社會的變化，社會提供給企業的可移轉性內涵也變動了。當教育提升，勞動力的素質與成本跟著改變，企業要再用到早期低教育水平、低成本的勞動者已不可能，因為當下的社會不再提供20年前可移轉性的優勢。20年後，在企業與人力資源兩個部門之間的可移轉性，將存在於高教育水平、高成本的勞動力人才與能吸收這些人力資源的企業體（Becker, 1993; Schultz, 1982, 1994）。企業主能否觀察到這個社會結構細微的改變，對其企業未來發展的影響，將這個觀察化為企業再造的策略，並體現為企業轉型的行動，事實上，攸關著企業的存亡。

所以，企業在面對轉型的壓力時，首要審度時勢，體察社會脈動的工作，便在於能否掌握在每個歷史階段中，社會各部門可移轉性所提供的產業結構優勢。上述染料公司向製藥業的轉型便是典型的例子。當一般中小企業主尚在埋怨勞動力短缺，學歷不符合企業的用人成本時，他卻能一眼看穿，這正是當下這個時代所提供的社會部門可移轉性的一個優勢，善用之將再造公司新的轉機。社會部門間的可移轉性，在企業平順的運作中並不會感覺到它存在的重要性。然而，企業在面臨轉型時，便被迫要求對於社會部門間的可移轉性作新的思考和認知。從傳統產業過渡到新興產業，社會各部門勢必要重新調整，新的可移轉性機制也就於焉出現。上述C023染料廠，不管其實際掌握機會的實際成效如何，就其用人的理念來看，也就體現了新的社會可移轉性之重要意義。而這種社會部門間的可移轉性，在面對國際訂單的攫取上，就更加重要了。

（二）企業與教育部門之間的可移轉性

　　社會部門間的可移轉性，除了在企業與人力資源部門間的例子，可以清楚顯現其含義之外，很明顯的範例就在於企業與教育部門之間的可移轉性問題[6]。從小到大透過各階段教育養成的做事理念、方法和態度，不知不覺的在支配著我們面對工作、面對挑戰的各種模式。企業發展的初階段（低附加價值商品生產階段）、在勞力密集爲主的產業發展階段，我們可能不會意識到這個問題。然而，到了企業發展的高階段（高附加價值商品生產階段），或是到了資本密集、技術密集的企業發展階段，企業與教育部門是否具備可移轉性的問題便會顯現出來。這種企業與教育部門可移轉性的不足，可能使我們在吸納國際知名企業的技術，或提升商品生產能力時，有所不足。受訪的S008製鞋集團總經理，提到該公司在轉移知名品牌的先進產品能力之不足時，說明道：

　　　　要說能完全接上去也不見得啦，這跟我們中國人的治學方
　　　　式有關。我最近碰到CLARKS這個Case，他們派人過來台
　　　　灣，他們是講求實驗科學的，非常按部就班；就像在實驗
　　　　室裡面，第一分鐘看到的現象就記下來，第二分鐘所看到
　　　　的變化也記下來，那種實驗科學的精神，和我們研究學問
　　　　的態度相比，我們眞的輸了、眞的輸了，輸了很多。他們
　　　　每派一個技師過來，我發現這些技師都有相同的特質，也

---

6 Kenney探討生物工程學的書，指出新的工業發展，與大學之間複雜
　的互動關係。雖然有很多爭議，我們仍然可以看成是企業與教育兩
　個部門之間資源移轉的一個例子，提供我們對這方面的問題作更深
　入的思考（Kenny, 1986）。至於討論企業與教育部門之資源移轉最
　典型的例子莫過於矽谷和史丹佛、柏克萊等大學的關係，精彩的討
　論可參考Saxenian(1994)的著作。

就是說他們國家的教育制度已經把他們的人訓練成很有實驗性的處事、做事方式。例如他分析我的鞋子之後，就把你第一個動作要做什麼、第二個動作要做什麼都寫下來，而且寫的很仔細，告訴你只要照表操課，而我們大部分的產業還是沒有這樣去做，這跟我們的教育制度有關係。我去CLARKS的工廠和Office，他們甚至有很大的實驗室，裡面專業人員的實驗室很多，每一個人都很專業。我舉個例子，我們曾經買過一部外國的的實驗儀器，他們的實驗儀器在實驗時是每隔五分鐘就要去觀察一次、做記錄，但是台灣就沒有辦法五分鐘去觀察一次，我們要把它變成電子感應，讓它一發生什麼狀況就自動停下來。

台灣為什麼和他們會格格不入？我們要用的機器一定要如此使用，因為我們的人無法那樣坐著等，我們的教育方式不習慣讓人做實驗的時候一分一秒盯著機器，但是他們所設計的機器就是要每隔五分鐘觀察一次，甚至是一萬次觀察一次或兩萬次觀察一次，他們就是要這樣觀察；而我們不是如此，我們是說只要出了狀況停下來就好，然後再過去看看。所以整個教育制度都不一樣。他們以實驗科學為主的處事方式，今天帶到我們這裡之後，我發現我們怎麼輸他們這麼多，這是我個人的感觸啦！所以說我們要接上去，可能嗎？我覺得還要一段時間。甚至他們把我們的鞋子研究過之後，把所有的條款、注意事項都寫完，然後說這張給你，叫你照著做，我們是可以做，但是我們就沒有辦法把它系統化的分析出來。這不只是我一個人的觀察，還有許多台灣貿易商跟他們合作，也同樣感覺到這些國家要不強盛也是不可能的。你要幾度啦！要用什麼膠啦！然

後要幾分鐘啦！他們都給你記的清清楚楚的；我們那有這
樣去做，都是把鞋底黏一黏，能讓它乾掉就好了。所以像
我們如果要接上去的話，我們也會有自己的瓶頸啊。我們
的教育制度所教出的人是這樣子，如果我們要接上去，也
會有瓶頸的，這是我很感嘆的地方，我們的教育制度就是
這樣子嘛（訪問記錄S008P17）！

社會部門之間的可移轉性，說明了決定各國之間產業競爭力
的，其實並不是單一企業的經營良窳，而是社會各部門之間可移轉
性所提供的共通性基礎。這個共通的基礎，或許對於整體產業的發
展而言，才是一個真正的基礎，因為它提供給企業的是，長時段的
永續經營根基，而非短時段的發展利基點。教育與企業之間，需要
強調其可移轉性的功效與意義，也是著重於教育對產業發展的長時
段意義。正是在這一點上，受訪的企業主意識到企業發展的瓶頸：

到最後教育訓練是很重要的一環，而教育訓練推回去還是
教育的問題。很多企業會經營不下去的原因，原來是公司
的人員沒訓練好，沒把他們訓練成你要用的角色。所以企
業成長的動力還是教育訓練。很玄吧！像摸不到邊的樣
子。表面上好像只要把機器買回來就可以開工廠，但是最
後還是教育訓練的問題。就像我們最近買的一部機器，我
真的懷疑是我們人員的能力不足，還是他們設計不良，我
還一直很模糊。所以我就要求代理商USM來公司安排教育
訓練的課程，也要求他們老實的跟我講這部機器的盲點在
哪裡，到底你這部新的機器有沒有問題，你要老實的跟我
說明，否則我摸索的很痛苦；我把人員都投進去了還是做
不好，最後我就歸咎是他們的機器有問題。我現在也懷疑
我這樣歸咎他們的機器有問題到底對不對？還是我們自己

的人員的教育訓練做的不夠，就像你剛才說的華航不會開
西方人的飛機一樣，華航不會開波音的飛機、不會開空中
300，是一樣的道理嘛。我現在就有這種的痛苦、這種的
瓶頸（訪問記錄S008P17）。

在面對企業與教育兩部門之間可移轉性問題，也並不是說台灣
過去的發展，兩者完全處於無法移轉的情形。整體而言，台灣過去
的教育部門，還相當能提供傳統勞力密集產業所需的知識人才，
這或許也是我們能開展出經濟奇蹟的原因。受訪的S008製鞋廠業務
副總經理說得好：

> 講教育問題是太嚴肅了，但是不談到它，你是找不出企業
> 瓶頸在哪裡。在執行時，會發現說我幫你設計的系統很
> 好，但是你為什麼不照著去做？前一、兩天他會做的很
> 好，但是到了第三天一定會走樣。有一個問題是在歐洲或
> 英國對科學實證的方法要求很高，但可能它的成本也會很
> 高。所以在產品的競爭上，你可以提升某部分的科學實證
> 方法，像公司的技術、管理等各方面；但是希望是提升一
> 個可競爭的產品，而產品還包括行銷等工作。英國實驗科
> 學的精神這麼好，為什麼還要把這些產品留在遠東地區生
> 產？它也是要忍受你百分之10的產品不良率啊！所以有時
> 候我就跟我們總經理說，把標準降低一點，現實中還是要
> 生活下去。但是總的來講，大方向還是不能變。再講回
> 來，你能用的人就是這樣子而已嘛，我要接受多少知識才
> 會有這種看法出現，但是在現場工作的工人可能只工作了
> 三年、五年，高中畢業，每天就是在執行你的命令，他也
> 無法一下子去提升他的層次，他知道的就是這樣子而已，
> 你叫他明天完成這個工作，他明天就能把它完成，這就是

中國人的奇蹟，是不需要實驗科學的，他明天就能把它變
出來，可是英國人做不出來啊！但是代價是有百分之十的
產品不良率（訪問記錄S008P17）。

（三）企業與文化之間的可移轉性

最後我們要談的例子，是在於企業與文化部門之間的可移轉性
面向[7]。在此，文化乃是指對於工業設計、藝術設計所需要的美感能
力的養成。企業發展到高附加價值的階段時，主要的創造價值來
源，已不再是體能上的勞動力，而是腦力的智慧。就工業發展而
言，這種腦力智慧就表現在整個設計的能力上。然而，這種工業設
計能力的獲得，與黑手變頭家（謝國雄，1989）的過程，有相當大
的距離。它的養成需要在一定的文化涵化環境才能慢慢形成。我們
試看義大利製鞋業的情形，受訪的業者描述道：

你一走進義大利的工廠或家庭，油畫掛的滿地都是，你進
去就覺得很有氣氛，那些人從小就是耳濡目染地在那種氣
氛長大，你說他們不成為設計師、不成為一個有美感的民
族是不可能的。從小就是耳濡目染地，那麼髒的機器廠竟
然都掛著壁畫。你看歐洲的機場也擺很多藝術品，我們的
中正機場是很刻意的擺很多東西，但他們都是很自然的
（訪問記錄S008P17）。

歐洲國家這種表現在尖端工業設計養成的豐厚文化涵養環境，
不只在義大利的製鞋業發現，在燈飾、在傢俱、在廣泛的民生工業
上都可以看得到。一家以外銷歐洲為主的貿易商在接受訪問時，有

---

7 有關文化與企業關係之討論，可參考以下等人著作Veblen(1990,
1993); Greenfield, Strockon & Aubey(1979); James & Thomas(1994);
Kunda(1992)。

感而發的說出自己一次難忘的閱歷：

> 我這次跟我太太到巴黎，我們有很深的感觸，我們到歷史博物館去，我們看到幼稚園小班的學生，五、六個坐在地上。老師站在前面，解釋當初Picasso設計這畫的心情是怎麼樣，一步一步看那個畫。所以他們從小基層培養，那當然法國的設計在世界是排第一的。他們很驕傲的地方是文化的投入，佔GNP的1%，這是很長的培養，所以他絕對是領先，從幼稚園就開始培養。希望我們的故宮博物館也能做到像國外的功能。譬如你可以租一個錄音帶、隨身聽，各種語言都有，然後你每次租一個就好。我們最起碼要從中文的開始，小學生到那邊可以租一個，喜歡這東西可以一直聽，這我覺得是文化教育的第一個開始。不然我們的下一代又沒有希望了，因為我們五千、三千年前創這東西，國外也有一百多年前發生的事情，我們比他還領先，為什麼今天他們領先？明朝的傢俱是北歐傢俱的先驅，為什麼他在北歐不講明朝傢俱？同樣的道理在這裡（訪問記錄NT12）。

台灣中小企業在面對產業升級及未來轉型的壓力下，企業與文化部門的可移轉性，似乎越來越重要了。在勞動力成本的提高之下，不是高附加價值的產品，很難有生存空間。而高附加價值產品的生產，需要更緊密的企業與文化部門之間的可移轉性，才能提升商品製造、行銷及設計的能力。這又是一個長時段企業發展的基礎。

上述三個範例當然不足以完全說明，所謂社會部門間可移轉性的問題[8]，然而，多少可以看出，我們強調社會部門之可移轉性乃在

---

8 譬如，企業與行政部門之間的關係，亦是社會各部門可移轉性的一個重要面向(Nelson, 1993; Katzenstein, 1989; Lange & Regini, 1989; Streeck, 1992; Tool & Samuels eds., 1989; Dore, 1988; Migdal, 1988)，限於討論焦

於企業發展需要社會結構支援系統的動態連結而非靜態連結,因為企業與社會隨時在變化。從整體結構來看,技術的可移轉性、產業部門間的可移轉性、與社會部門間的可移轉性,三者要有一定的配合和協調,整體的企業發展環境才算完備和成熟,企業才有長時段的國際競爭能力。從企業的個體面來看,不管是面對企業的轉型,或是面對國際市場的競爭力,企業主對於社會部門可移轉性的瞭解,便是要求企業主的眼光要能穿透當下社會結構,並從新的社會結構找到它的利基點。

　　從社會部門之間的可移轉性,和企業在國際層次之技術的可移轉性來看,台灣在國際經濟舞台,擁有一定的出口競爭力。就此而言,台灣數十年累積的成就確實可以從這個總體性的社會指標,作一個正面的評估。然而,中小企業作為台灣外銷的主力,在後面有東南亞諸國及大陸的追兵之下,一個以前不會是問題的更基礎性的問題,卻越發突顯出來,此即整個生活結構所反應出來的生活心態問題。企業經營作為一個經濟行動,多少總受其整個社會文化的制約。這個社會文化的制約力量,在經濟的低水平發展階段,產業發展集中在「農工初級產業之低技術低資本的高勞動力經營部門」(陳介玄,1994)時,或許這個社會文化是有其正面作用。例如,勤勞主義對於台灣中小企業發展之意義(陳介玄,1994)。然而,到了經濟高水平的發展階段,產業發展集中在各行業的高附加價值部門,原有的社會文化可能反而變成發展的阻礙。這個限制乃在於,由於前階段企業發展所養成的社會習性及文化心態,與接軌的國際市場及企業的社會習性和文化心態,無法如同專業技術一般,

點,本文無法進一步處理,有待來日進一步補充。

具有可移轉性。如此，沉澱在生活中的各種生存心態（habitus）（Bourdieu, 1984, 1986, 1990, 1991; Elias ed., 1991）將會影響企業的發展與轉型。

三、商品品質與生活品質

企業發展的最終基礎，事實上是在於生活的整體性上。而在生活的整體性上，我們也可以看到企業發展的層次。一位企業主提到在日本的一個體驗。有一天他在住的旅館看到了這麼一個事件。旅館外面的馬路破了一個一尺見方的洞，來了二十幾人，先把周圍環境圍起來，畫出施工範圍，以不妨礙正常通行。接著大小工具、材料齊上，壓平之後，四五個大漢拿著掃把把施工範圍內的地掃得乾乾淨淨。最後，工頭從褲子後口袋掏出一條白抹布，將修補的那一尺見方路表再擦拭一遍，才算完工。經過這種修補，用再高的速率行走都不會有所感覺[9]。日本的企業文明從修路的文明就可以看的清清楚楚。這位企業主的談話，也從我們訪問中得到了印證，受訪的製鞋業主提出自己的經驗：

> 以前我的工廠裡面，機器的電線的插頭插好了，但是電線還是亂丟在地上，我就叫工人要把這些電線綁整齊。地上是讓你踩的，但是電線不是讓你踩的，你就要把它收好、綁好嘛！今天我們看到的工廠，哪一家不是這樣？但是日本就不是這樣子的，日本人就會注意這些工作（訪問記錄S008P17）。

生活中的小細節，如何能夠一葉見秋，說明著台灣現階段整體

---

9 同註五。

企業發展的工藝水平？受訪的製鞋業主說了一個螺絲起子的故事：

你看看我們台灣的機器維修師帶的是什麼東西？是一支螺絲起子和一支鉗子，帶著這兩個工具就要工作了；外國技師帶的工具箱一打開是琳琅滿目，什麼東西都有。我們的技師常常就用他那一支扁的螺絲起子在修理機器，這樣機器不壞也不行，對不對？我們用一支螺絲起子就可以做很多事，別人一支螺絲起子可以用一輩子，我們是用個兩、三次就壞掉了，大陸更嚴重。例如我們在家裡面，有誰有準備一副齊全的工具，要鋸什麼東西就分別使用不同的工具，並分清楚這個螺絲起子就是不能鎖這種螺絲釘？但是外國他們從小就是接受這種教育，並且不會亂搞啊！因為我們買了很多外國機器，外國技師一過來就帶了一大堆的工具，那些工具是很重的。但是我們的技師帶著一支螺絲起子就能行遍天下，這就是我們的教育System不同嘛！所以說我們的產業要接上國外，真的要有很大的改變不可，這也是讓我很洩氣的地方，想要接上去卻接不上去；這是我們教育的問題啦！像我們公司的技師也是只帶一支螺絲起子而已，不應該使用這支螺絲起子去修理，但是他也是在用啊！問他說他的工具呢？他說機器剛買的時候有一起送來，但現在不知道放到那裡去了。我順便講一個我們的習慣：我們把機器一拆下來，如果有四個螺絲釘的話，就只有裝兩個回去而已，其它的兩個螺絲釘呢？技師會說沒關係嘛！只要拆下來的東西有再裝上去就好了。

另外一個例子是，有一天我請工人來修理門，螺絲釘本來要直直的鎖進去，但是鎖的人不夠高，他也不站在椅子上去把它鎖好，結果鎖進去的螺絲釘就變成斜斜的。我問他

說為什麼不站在椅子上再鎖，他跟我說鎖這樣子就可以固定了，這是我們的習慣。我常常罵我們公司的維修工人，叫他們一定要把機器的蓋子鎖好，螺絲釘要每個確實鎖好、鎖上去，但是他們還是我行我素，沒辦法，這是我們的民族性、習慣。這就是我們工業發展的瓶頸，都是小問題而已（訪問記錄S008P17）。

　　一個螺絲起子的故事，讓我想起8月我們訪問東和鋼鐵的侯太太時，她說到一個有趣的現象：台灣怎麼會每棟大樓底下都用來開餐廳呢？好像一直在鼓勵吃東西，而對整個文化面、精神面的活動，比較忽視。所以，她就在東和的一棟大樓底下開了春之藝廊以鼓吹藝文活動（訪問記錄A014P15）。但是反過來講，人家吃的地方可以把它變成藝廊，日本的工廠也不會把電線亂丟在地上，義大利的機械工廠可以掛名畫，修的一尺見方柏油路可以用白抹布擦拭，機器維修是用工具箱而不是一支螺絲起子。這是否都說明了某些我們無法意識到的生活心態，深深的在影響我們企業發展的水平？從這許許多多的例子，我們可以感覺到，一個社會發展到最後，產業發展的基礎並不在產業本身，而是在生活整體的水平上。但是這些問題是隱藏在背後，看不見的。所以受訪的業者指出，這些生活的點滴都跟產業升級有關：

　　　　這點我的感觸很大。這次我去洛杉磯參觀公司一個董事的房子，發現房子的每一個窗子、每一個門、每一個地毯及每一個釘子，都看不到有一個不完美的地方；反而是我叫人來家裡修理東西，怎麼這裡貼一塊，那裡貼一塊，整個工業水準……我們沒有辦法啦！他是"黑手"出身而來幫你工作的。我記得漢寶德先生在天下雜誌寫過一篇文章，他說請工人來裝潢時，裝潢完了之後竟然發現工地是滿地

垃圾、煙頭、檳榔，工人會認為他來這裡工作，那些不是他的事情，而是你要來幫他掃掉的，這就是我們的文化啊！為什麼台灣今天最怕裝潢業？如果你是新房子要裝潢，最好廁所不要裝上去，因為他的膠啦、油漆會通通倒到廁所裡。他就跟我說廁所先不要裝上去，等到他們裝潢做好了再裝上去。你去看一看所有的"販厝"（註：台語），只要還未完工的，廁所裝上去之後就沒有一間會通的。我們工藝人員的素質就只有如此，這跟產業要升級都有關係、息息相關。我們的素質就只有如此，你能怎麼辦？就只有從管理上一直"壓"而已（訪問記錄S008P17）。

在生活中長期養成的生活心態，很自然的影響了我們對於品質的認知態度，受訪的S008集團總經理指出：

我說過的實證科學的態度就剛好跟ISO-9000的Case一樣，你要怎麼做就怎麼說，怎麼說就怎麼寫，寫了之後就要照著做，是一個Cycle在循環；事實上我剛才講的CLARKS公司就是這樣，他會把你的整個生產過程都記下來，然後你就照著去做，像我們做拖鞋就是這樣要求，這邊要敲兩下，那邊要上膠，另外一邊又要幾度溫度，這就是ISO-9000啊！說你所做的，寫下你所做的嘛！然後做了之後再回頭看是否有照你所說的嘛！就是這樣一直循環、一直循環。像Gore-Tex，他也是要求你今天的材料進來，要做什麼實驗，要填什麼表，然後再進到倉庫去，做好鞋子後要實驗什麼東西，要有幾隻鞋子、幾個百分比去實驗，他都會跟你要求，甚至他要求你一定要有一個專人從頭負責到尾；他也是有做了這些要求，但是我們辦得到嗎？我們是

一直想要辦到。事實上我們也有在這樣做，但是我們做的是較潦草的報告。例如我們今天實驗了20隻鞋子，2隻不通過，18隻通過，但是他們會問你為什麼這兩隻不通過？是在什麼時候發生的？誰負責實驗的？怎麼防治？而我們卻會很高興說百分90都通過了，沒問題了；還會沾沾自喜說我們也有實驗報告啊！這也牽涉到產業升級的問題。講到這個真的是無奈啊（訪問記錄S008P17）！

生活的理念與工作的理念，在生活的整體性中會有它的統一性。深層而言，生活不可能有兩套方式，不可能你在家裡的生活是一套，但是到了公司又馬上變了一個人，用另一種新的理念來面對工作，這是很困難的。因此，就在生活的統一性上，技術的可移轉性、社會部門間的可移轉性，碰到了最具韌性的限制。台灣中小企業未來的發展與轉型，勢必要突破這個生活的限制，產業升級才能達到總體性的成功。誠如受訪的侯副總指出的，經濟與文化兩條線要並行社會才會進步，而這個並行的策略就落實在生活中的每一部分：

我個人認為經濟與文化這兩條線要讓它結合，才能使社會不斷的往前看，因為文化是實在的。你要追求一個品質的話，比如說東鋼在追求它產品的品質的時候，必須要很落實在生活中的每一個部份。都講究品質，我是認真到連東和鋼鐵寄出去的信，都講究品質。我要進行的東和CIS，也就是Corporate Identity System，辦了這一個刊物。你不要認為辦這個刊物（指東和內部刊物《平凡》），就會收到成績，我認為只要有一點點成績，我就很滿意了。1400多個人，必須要層層的去落實，我也會在經管會議上，要各幹部回去鼓吹。因為一個成績，你不能期待它是很快

的。可是你一定要持續，不能認為它的效果太慢，就說不
要做，太浪費人力了。我想我們做人，就是一點對的事
情，你都要去堅持。不要再去評估它的效益會有多少，我
想做人應該是要這樣子的堅持，我相信文化這種東西，才
是讓你能永續的根本（訪問記錄GN26）。

　　從本文強調的國際視野來看，在與國際社會接軌的時候，商品
的品質及其穩定性若不能符應其生活結構的要求，是無法被接受
的。因而，企業之講究品質的最終判準，是來自於商品企圖切入市
場背後生活品質的要求。而達成這個要求的基準，卻應該在於自己
生活的品質是否能夠提升到相應的水準上。本文提出的技術可移轉
性、社會各部門間的可移轉性、與生活統一體中的生活心態解釋架
構，從研究的角度而言，乃在於我們必須有一個判準才能衡定企業
發展與轉型的社會可能性。在這個社會可能性的架構下，我們才可
能說明企業轉型的機會在那裡，限制又會在那裡出現。所以，技術
的可移轉性、社會各部門之間的可移轉性及生活統一體的提出，既
可對於企業轉型的過去社會條件加以理解，又可作為對衡定企業未
來發展的標準予以思考，所以，應該具有理論與實踐的意涵。本文
的討論，雖已碰觸到經濟世界內技術可轉移的問題。但是，並沒有
就國家之間在世界舞臺上資源可移轉性的問題深入探討，本書第五
章將銜接本文的討論，繼續深入這個問題。

第五章
國際間的資源可移轉性

　　從社會各部門的移轉性談到以國家為單位，在國際空間上的移轉性問題，即是認知視野上的大轉換。這其中最重要的轉換是，中小企業的未來發展與轉型問題，其能著力之處，不完全在於企業本身的轉型，很重要的一個面向是國家本身的轉型。因此不管是對於國際市場變動的因應、危機的克服，或者是國內經濟發展環境的形塑，國家皆扮演了重要的角色（Dyson & Wilks, 1983; Hellman, 1988; Haggard & Kaufman, 1992）。近代產業的國際化及全球化發展，使得國家不再只是做為政治實體而存在，更重要的是作為經濟實體而存在。因此，國家不只作為企業經營的外部環境因素，與企業的發展產生關聯。很重要的是，國家本身也作為一種品牌與生產的商品，在國際市場上取得聯繫。所以，國家與企業的關係不只是外部的條件關係，也是內部的一體生成關係（Johnson, 1982; Evans, Rueschemeyer & Skocpol, 1994; Appelbaum & Henderson, 1992; Macintyre, 1994）。國際間的分工與整合，是一個極度現實的經濟權力關係之角力。台灣經濟發展的變化，也可以說是對於世界經濟權力結構變化的反應。

　　對於一個國家社會經濟發展的分析，晚近以來各種理論觀點倍

出。從早期的依賴理論（Cardoso & Faletto, 1979; Evans, 1979; Tussie, 1983）、世界體系理論（Wallerstein, 1974, 1979, 1980, 1984, 1989, 1991）、布勞岱的世界經濟理論（Braudel, 1981, 1982, 1984），到最近的全球商品鏈（Gereffi & Korzeniewicz, 1994）、區域（Locke, 1995）和國家競爭力理論（Porter，1990），可說是琳琅滿目。對本文研究而言，國家仍然是一個重要的分析單位（Aberbach, Dollar & Sokoloffed eds., 1994）。然而，如何以國家爲支援單位，以企業爲行動單位，在世界舞台上進行資源之移轉，卻鮮少從上述眾多理論裡看到。本文要提出的是，可以作爲行動的理論，乃是從資源移轉的角度看問題。如同社會的發展需要部門間資源的可移轉性，國家的發展也需要在國際上取得這個可移轉的資源。可是，有趣的是，在世界經濟的舞臺上，國家不能轉變成企業家，變成十足的經濟行動者。真正世界經濟舞臺上的演員還是廠商。所以，如何進行國際間資源移轉的主角，仍然在於企業而非國家。因此本文所強調的是，國家的發展要透過企業進行國際間的資源移轉。國家該做的是，提供企業進行國際資源移轉不可少的基礎。本文處理的重點在於前者，台灣中小企業如何進行國際間的資源移轉？至於國家該提供這個國際資源移轉的基礎爲何？再另文處理。

一、國家品牌的出現：不以企業意志爲轉移的世界市場結構

隨著世界經濟結構的重組，早期多國企業及跨國企業，在國際舞臺上的發展策略也有了改變（Carstensen, 1984; Dunning, 1992; Caves, 1996; Teichova, Levy-Leboyer & Nussbaum, 1986; Chisholm,

1989）[1]。譬如Vernon等人對於歐洲英、法、瑞典、義大利諸國的
汽車、航太、金屬及電腦等工業的研究，即指出歐洲大企業越來越
國際化，很少只將焦點集中在歐洲（Vernon ed., 1974）。是以，在
整個國際經濟再結構化的過程，不但大企業的策略改變，整個國家
的國際競爭策略也跟著改變。這樣的背景下，也使得國家間的比較
研究蔚為風潮（Boltho ed., 1982; Swenson, 1989; Maurice, Sellier &
Silvestre, 1986; Hall, 1986; Gourevitch, 1986; Mason, 1992; Frankel &
Kahler, 1993; Cowhey & McCubbins eds., 1995）。而全球變遷、區
域回應，也形成了一個值得重視的發展模式（Haggard, 1990;
Stallings, 1995）。從台灣發展經驗來看，全球經濟結構的演變，最
值得注意的是，不以企業意志為轉移的世界市場之形成，使得國家
可以變成一個品牌。因此，這個世界市場的意義，就不同於宋巴特
在《現代資本主義》（Sombart 著、季子 譯，1991a，1991b），及
布勞岱在《文明與資本主義》中的討論意涵，值得我們深入探討。

（一）國際市場上的層級結構

在國際市場上，每個國家各個產品在國際市場上的定位，短期
間不以個別企業之意志為轉移。這個國際市場結構，除了以國家為
單位定位每個國家的品牌之外，也規範了該行業之企業在其國家，
所能擁有的市場空間及層級。以機械業之工作母機而言，即可從業

---

1 對多國企業的發展在研究上最系統的整理，當屬Wilkins所編之《The
Growth of Multinations》一書。可參考底下諸文章：Abo(1983);
Carlos and Nicholas(1988); Chandler(1980); Chapman(1985); Coase
(1961); Coasson(1986); Dunning(1983); Franko(1974); Harris(1989);
Jones(1984a, 1984b, 1986, 1988); Kuwahara(1989); Penrose(1956);
Stopford(1974); Udagawa(1985); Wilkons(1974, 1977, 1982, 1986a,
1986b, 1988a, 1988b); Williamson(1981)。

者之看法作以下分類：

> 在國際市場上一個很殘酷的事實，要把市場區隔出來，把
> 市場看作一個金字塔來講，最上面一個尖端、一個小部
> 份，是相當高、非常High End的機器。它的價格、精度都
> 相當高，這些機器大部份定義在歐洲，包括德國、瑞士的
> 產品。這些單價相當高，它一台機器可能是我們2倍或3倍
> 的價格，精度比我們好，不可否認。第二層日本，這屬於
> 第二個Level的地方，但它屬於第二個Level的上階層，它
> 的價位可能比這些剛剛說的三角形的最上面層低了一半的
> 價格，這大部份就是日本的機器。也包括美國、歐洲的，
> 因為歐洲它本身也有市場區隔，歐洲的製造商他本身也生
> 產所謂的High End的、Low End的，所以第二階層包含比
> 較上面的，比較靠近第一階層。再來就是我們所謂的台灣
> 與韓國的機器，我們就是被定在中下。然後再來是大陸的
> 機器，然後是一些比較落後國家的機器，大致上市場是這
> 樣的區隔（訪問記錄M047P21）。

在這種不以企業個別意識為轉移的世界市場結構之下，台灣機
械業者的空間已為世界市場這個客觀結構加以定位，其發展的空間
和可能升級的層次，便要從這個世界市場結構予以觀照：

> 一般來講台灣機器的使用者，其實包括任何一個國家，要
> 買日本機器、韓國機器、台灣機器怎麼去選？他想台灣的
> 機器如果比日本的機器便宜百分之30到50，就買台灣的機
> 器。目前來講，在國際市場上，台灣的機器比日本的機器
> 價格上便宜百分之30到50。品質上，台灣工具機廠所使用
> 的零件，大部份都已經採用日本的控制器了。當然日本的
> 原件進來以後，母機廠本身必須開發自己的軟體，這也是

母機廠自己的專業領域，讓這個機器配合這個控制器去開發出來一個相當Smooth的功能。以鑄件來講，差不了多少，日本還和台灣買鑄件。但是在使用者的心目中，他就是把台灣的機器定義在這個範圍之內，這個完全是因為台灣發展CNC的歷史比日本差一段，他認為你現在開始發展CNC，在品質上絕對無法達到日本的水準。所以，當然我不敢說台灣的價格永遠追不上日本，這需要一點時間在市場上去考驗。就是你產品的可靠性、穩定性，是不是讓客戶能夠接受？日本的工具機，他們的開發、他們的整個走向是怎麼樣？如果他們更上一層的話，台灣要追就比較難。但如果他們保持這個樣子，台灣再努力的話，要追上就很快了。在市場上我想再定義，就是說以價格來定義各種不同的Level（訪問記錄 M047P21）。

世界市場上的定位，在短期間不以個別企業為轉移的情形下，企業主瞭解這個市場結構，才能知道當下的主流產品為何。換言之，對於世界市場的瞭解，不僅止於掌握企業的利基點，更重要的是在世界性參考架構下，對於產品主流趨勢的瞭解。然而，這是必須在一個堅實的認知前提下才為可能的，那就是國際市場層級化結構存在的現實性。在層級化的結構下，技術上的國際封鎖，於各行各業，各個產品的國際競爭上，始終存在。在機械業的關鍵零組件上，我們也看到了類似半導體晶圓開發的國際技術封鎖情況。這也是一個世界市場客觀實存的事實，誠如受訪的機械業者指出：

我舉一個上銀科技的例子！這家公司早期做的時候相當困難，那時候已經換了幾個老闆，做了虧本又倒掉又換老闆，現在已經成功了，雖然還沒有賺很多錢，國內現在幾乎都是用他的。日本這個關鍵零組件，過去台灣沒有生

產，沒有辦法，那現在有生產，日本的價格就一直下降、打壓你呀！逼得你沒有辦法生存，就開始漲價。我們現在已經慢慢有技術了，慢慢建立起來。而且一樣的產品，我們向上銀買，幾乎大概比日本這個產品便宜百分之四十。現在不只這樣，反而上銀的產品回銷到日本去。因為最近日本日幣升值以後，他們（日本）還是要降低成本，他們（上銀）的品質符合他們日本的需求，日本要便宜就找上銀，現在很多日本東京大廠會向上銀買。

至於高價位，你如果不買日本的，你要買歐洲的那更貴，所以沒有選擇了。我們跟日本的貿易逆差，就是不能降下來，你沒有向他買就是不行啊！那你說要改變方向，要減少對日逆差。對整體來講，如果向美國、向德國買，那臺灣整體的貿易逆差更厲害。所以近幾年的發展，比較關鍵的零組件，慢慢有一些我們是可以做，已經慢慢的起來了，像有些刀套，現在臺灣也有做了。品質上就是我們降低成本，如果以現在的競爭力來講，同樣的產品你的成本要比人家低，才有競爭力（訪問記錄M081P21）。

國際市場上的層級結構，事實上是以一種無形的力量，在支配著任何一種商品的競爭。之所以說是無形的力量，乃在於任何國家出產的商品，不完全以商品本身的價值取得其國際市場價格，而是以國家的地位取得其國際市場價格。因此，商品國際市場上的層級，不僅是商品本身的定位問題，也是商品生產國在國際上的定位問題。所以，在國際舞台上，商品表顯了一定政治經濟學的符號意義（Appadurai, 1988）。在此，我們看到一國的勞動價值，除了考慮商品所體現的各類勞動之外，還要加上國際市場給予的象徵價值。換言之，商品的國際競爭力，除了來自商品本身的競爭力之

外，也取決商品生產國的國家品牌。在此，我們可以看到商品的國際競爭力，是商品的品質與國家的品質這雙重競爭力的結合。

（二）國家作為一種品牌的意義

從世界市場的角度來看，各個國家所佔有的市場空間有一個層級的結構。這是一個客觀的市場結構，不以國家及企業個別意識為轉移。這個世界市場的定位，相當一段時間決定了該國商品的價格及利潤。受訪的一位機械業者指出：

> 我們公司也有部份的「廠內外包」，像比較粗重的工作，像刮花。刮花沒辦法省掉的。日本也有，每個國家都有，做工具機一定有，一定有刮花這一道程序。刮花沒辦法用機械做？也許先進國家會有，那我們是用人力。現在台灣加工設備、各方面的鑄件不是像瑞士、德國做的那麼好，可以萬用。我們必須一個搭配一個，所以刮花的程序不能省。瑞士他們不是，他們鑄件拿下來搬好，放在阿爾卑斯山下放個三年。台灣不可能嘛，硬粒消除各方面的問題，都是鑄件還熱熱的就拿回來加工，就賣掉了。我問瑞士人，你願不願意付瑞士價錢跟我們買這些？不可能啊！你是台灣。我們可以照瑞士、日本、德國的方式去做這些機件，你願不願意付我們那個價錢？這很現實，這也不是污蔑國家的意思。瑞士機器也有做比我們壞的，比我們差的，你相不相信？日本機械也有比我們差的，你相不相信？日本那些下三流機械可能沒有台中精機好，但是那個形象，Japanese Made就是那麼高。不過這幾年工具機售價方面已經提升很多了。台灣的形象比以前提升很多了，現在差距己經沒以前那麼大了。

所以還是有辦法省掉這一道程序，只是成本高。的確他們的也較耐用，人家擺了那久了，裏面的一些分子、硬粒都已經消除，已經很穩定了，鋼筋已經很穩定了，做出來的東西當然好。台灣我相信如果整套拿來做不是不行，是有沒有人買。

有些東西要考慮到銷路。工研院也許可以那樣做，機械所也許可以那樣做，告訴世人我們台灣有這個能力，但是人家就不願付那麼多錢給你。很現實，從學校裏面理論派到社會上的務實，不太一樣。國家形象的建立不簡單，眞的。雷根把瑞士、德國、日本、台灣都是VRA設限的對象。台灣也沾光了，和這三個高科技的國家。這是幫我們打廣告，對不對？這幾年來其他產品我是不曉得，PC可能宏碁做的不錯。工具機來講，美國VRA的設限，把我們跟他們三個國家列為同等待遇，幫我們提升不少價格。我們現在那些歐美客戶也不敢說Made in Taiwan我再給你殺50%，他們不會講這個話，東西已經受到他們肯定，有慢慢在提升。眞的這幾年價位來講，跟日本的價位，不像民國72、73年那麼大，不像10年前那麼大了，越來越接近了。絕對有正面的好處。（訪問記錄M085P21）。

商品的國際市場價格不是出產公司，或者出產國可以片面決定的。國際市場既存在著一定的層級結構，並藉此層級結構以決定商品的市場價格和利潤。如此，在國際市場上的主體，不只是企業本身，製造國以第二個主體的角色對商品的市場價格起著制約的作用。於此，製造國的國家形象，轉換成可計算的品牌價值，參與著國際市場的競售。這個遊戲規則，從底下受訪的機械業者的經驗可以充分說明：

機械有點品牌形象，像汽車一樣有品牌，你買BENZ或裕隆價錢有差，或TOYOTA和BMW的價格，雖然TOYOTA的品質相當好，不輸給BMW，但在客戶心目中地位就有差價，機械Made in Taiwan和Made in "CHINA"也是有差價。在1989年的時候後，我們在政府的安排下，把技術移轉給土耳其，我們跟土耳其合作，當時我想也有一個好處，我們美國公司可以從土耳其買貨，因為美國對臺灣設限。我們派幾個人去幫助他們把機械設備弄好，出貨到美國去。到美國去之後，客人不能接受，因為歷史上從來沒有人從土耳其進口機械，所以到最後用削價百分之30賣掉，所以這是國家形象的問題。若今天開一部OLDSMOBILE（奧斯摩比）轎車，是美國廠，若印度廠或是墨西哥廠的，有時會Question About（質疑）它的Quality（品質），你會懷疑它裡面有什麼問題（訪問記錄M089P21）。

國家作為一種品牌的意義，主要在於說明不能把國際化及全球化的經濟發展形態，看成是平面、均等的商品鏈問題。因為，越是國際化及全球化，越不只是商品本身在國際間的流通及組合問題。國家在商品的國際流通及組合中，扮演了支配性的角色。只是這個扮演方式，不純粹以政府角色出現，而是作為一種抽象商品的品牌意義出現。因此，台灣做為一個國家，便有所謂的台灣品牌（MADE IN TAIWAN）的市場定位。在這個國際市場定位下，一般客戶多少先驗地決定了對於台灣出產產品品質上的認定：

以現在市場的區隔，是把台灣的產品定位在中下，這個當然我們也相當不服氣，台灣並不是做不出好東西來，而這是整個大環境的問題，廖經理也提到一個很實際的問題，

不是說我們做不到，你做到了又怎樣辦？誰願意出這麼多錢跟你買？還是大環境的問題，台灣立場的問題。今天我們能做和德國一樣水準的產品，誰願意跟你買？誰相信你有跟德國的水準？這是要時間去塑造，不是說我們有辦法人家就會相信，有時候是你屈於環境的這種情況之下，不得不隨波逐流。我就做能夠達到市場把我們認定的範圍，這是台灣現在這個產業比較痛苦的地方。至於被定位在中低級我們是非常不服氣，我們也因此想突破，至少能夠和日本同級，這個方面我們在品質方面就要下功夫（訪問記錄M047P21）。

改變國際上的這個市場認定並不是不可能，但是要整體的商品有同樣節奏的提升，所有的外銷企業必須共同的努力。更重要的是，國家要勇於重塑自己的形象。商品的品質不是一天造成的。同樣的，國家的品牌也不是一天可以樹立的。這需要國際市場的開擴策略和企業集體行動的邏輯搭配。

（三）發展國際空間的市場策略

國家既作為一種品牌的客觀事實存在，外銷商品的深度國際化，便有一個發展的上限。在每一階段的發展，多少受國家這個品牌的限制。從國際市場的視野來看，這個限制不一定是在生產技術上。固然研發的不足，生產技術的落後，使得企業無法生產高附加價值的產品，這一般性的看法，在國際上的競爭是普遍存在的事實。然而，在此，我們強調的是，國家作為品牌在企業發展階段上的限制，關鍵點在於市場層級上的結構。也就是商品在國際市場卡位的問題。有生產技術卻沒有市場空間，這個技術沒有社會意義。因為技術無法商品化，也就無法在社會立足。更細緻來講，是否有

適合某一個層級市場發展的生產技術，才是關鍵。所以，某一類型生產技術的取得要與某一類型市場空間的掌握並行，技術具備了市場價值，生產才能創造利潤。所以，國家作為品牌在發展階段上的限制，主要在於市場上的限制。從市場的角度，我們才能知道，真正的發展瓶頸何在？技術不足的意義何在？我們可以機械業控制器的發展為例子說明。一位受訪的機械業者，以其參與控制器發展的計畫案經驗指出：

> 這個我可以報告一下，因為公司有參與這個案子，所以比較清楚。其實在技術領域沒有多大的瓶頸，以台灣資訊業的發展，在監視控制器技術面可以突破，主要在量的問題，因為要生產一部電腦是沒有問題。其實NC控制器裡面電腦部份只占了三分之一，那還有其他區段的部份，比如說伺服馬達、還有主軸，可分成三個部分。伺服部份台灣其實也有人能夠做，像東元，大廠可以做，目前只做小功率的，大功率不是不能做，問題是他不願意做，因為經濟規模不合乎經濟效益。以台灣整體需求的工具機CNC部份，大概一年了不起5000套，以伺服來講，一部工具機平均3個馬達，15000個馬達，在馬達廠來講，要虧本蠻多的，所以一般的馬達廠不太願意投入。因為投入勢必要相當大的設備，但是量太少。而且以台灣而言，5000套也不可能完全是用在台灣本土的工具機，在國際市場上會受限制。今天我們所以用日本的，因為他們在世界各地有維修，所以可以行銷到全世界。所以技術上台灣的困難度不大，最主要在於規模。還有將來誰願意去主導這個東西，如果工具機廠，沒有一家敢投入，誰先投入誰就先倒閉，因為這個投資太大了，生產的規格太少了，沒有辦法去

做。我們去找的馬達廠也不太願意做。

以目前現階段能夠做的PC控制器部份、AC部份、電腦的部份台灣可以做，但是伺服還是仰賴外購，跟日本買還是歐洲去買，能夠完成三分之一。將來剩下三分之二就看政府願不願意協助，由工研院主導、或者政府願意補助。當然我們提了很多方案，以使用者的立場我們提了很多方案，比如說：鼓勵用戶由政府來輔助、用工業局專款補助、以前策略性工業時，購買國產的精密機械或高級的技術機械可以抵減20%的稅款。同樣一個方式，如果用來鼓勵發展關鍵零組件的話，哪一個用戶使用國產的控制器，政府願意來補貼。我們提出這些方案，機械所這邊也向工業局反映，到目前還沒有下文。以現況的話業界不敢踏入，做出來能賣多少？賣了以後能回收多少？所以這也是一個難題。你能夠做出來，將來市場上也是一個很大問題，沒有知名度的品牌，現在台灣的工具機可以行銷是因為用的心臟是大廠牌，日本的大廠牌。將來裝上自己的東西也勢必要請人推動，這是一個很痛苦的問題，這也是市場上推廣的難題。這部份現階段我想技術可以做到，但整個營運上沒辦法，所以目前有這樣的困難（訪問記錄M047P21）。

主要在於市場的限制，使得工作母機控制器這個關鍵元件，台灣的機械業者無法發展。日本發那科的控制器支配了全球的市場，也就保障了其規模量產的可能性，保障了其技術研發的市場價值，最終在市場上，確立了日本作為一個國家品牌，幾乎不可動搖的地位。國家一旦作為品牌深入商品的骨髓，商品便取得了象徵生命，並以商品的象徵價值形成某種壟斷與獨佔。

　　所以，商品品牌的世界形象一旦確立，這一類別商品的世界市場，便呈顯出完全的結構化現象，短期內不容易更動這個市場結構。因此，後進者以什麼樣的策略、那些範疇的商品，進入世界市場便極為重要。從調查的電子資訊業來看，台灣半導體的興起即得之於適當範疇商品的切入，及發展上的優越策略。不同產品在世界市場的屬性不同，後段消費產品需要講究品牌，前段材料產品則不需品牌的名聲。所以，不同產品在世界市場所能得到生存和發展的空間不一樣。半導體適時的掌握了恰當的發展空間，受訪的一位業者指出：

　　　電子業跟航空業是很重要的東西，電子業是一個Component，整個大的講是電機、電子，它是一個原料。對一個後起的工業國家進入原料這個東西，進入成品這東西，越後面段的成品是越難，為什麼呢？越後段的System產品，越認品牌。我今天買一個東西，SONY的就比你這個XX牌好，我就比較有信心。錄音機、照相機我就是看CANON比較有信心。這個品牌需要很長的時間來建立。還有呢，這個越後面的產品要求的Relibility越高，譬如說飛機，飛機你就是AIR BUS、MACDONALD和DOUGLAS的波音，其他的我看是不太敢啦，你說便宜個30%我也不要買，那個飛機掉一架就不得了了，公司就垮掉了。一架都不能掉嘛，對不對？飛機一定要很安全的，所以全世界大家都買這三家的，不管多愛國連日本人都買這三家的，這個太嚴重了。但是呢，原料就比較簡單。它簡單在那裡呢？第一個它不講品牌，你說今天如果買香水，你就是一直在認品牌，對不對？那個成份一不一樣，跟資生堂差不多啦，說不定，但是我就是要那個法國牌，

為什麼？這個東西一個是品牌，一個是風味，沒有人買香水是看酒精含量是多少的，乙醇多少，沒有人這樣子買啊，對不對？當然我買工業品就是看這個，我根本不要做廣告，我們從來不做廣告，這個東西對了你就會買。

所以這個IC，在初期的時候，就不是那麼的重要，工人最重要。Relibility呢？在我們切進去的時候也沒有那麼重要，越做才越重要，當初我們做玩具IC的時候，卡片只聽一、二次嘛，噹噹噹會唱，很好，你弄個10年嗎？沒有人這樣天天開嘛，沒有啊，對不對？那個在唱第5次就不靈了，也沒有人管啊，所以至少你就可以切進去了，什麼高科技？只是它的性能很奇怪，你就叫它高科技，其實它說不定用第5次就不靈了？你如果做得5萬次還靈的，跟50次還靈的，No Different，誰便宜就是誰的。所以這個台灣很有潛力，有高低檔之分，當你要賣IBM的Memory，我們要放棄，那個時候就要去賣IBM就是去自殺嘛，對不對？他要搞你二年，然後不一定買，就是自殺嘛。所以我們有一個這樣的途徑讓你進去。航空工業難呢！就是你如果要做飛機，你做的歪歪的沒有人要啊，你沒有一個途徑讓你切入，切都切不進去，難就難在這裡。那電子業在這些機械所謂的高科技裡面，還有這種可以切，你講老實話，收音機有沒有？講老實話今天三星的我都不太想買，除非真的蠻便宜的，如果只差5%、10%，我就不買了。但是5%、10%就是你的利潤啊，如果你差這個就全都沒有了。所以你這個就切不進去，沒有一個讓你培養力量的條件。

所以我們以前在工研院的時候，一直說我們在工研院非常辛苦，真的辛苦。我們把技術都做好了，那產業能不能

飛，這些東西其實要一起來，那有我們工研院做好了東西就會飛，沒有啊，這個IC是比較幸運，所以大家剛好熱絡，這些人也跟著飛起，有的是莫名其妙的因禍得福他就起來了。

有的就很慘了，有的做機械業的就飛不起來了，做汽車的我看再研究也很難了，因為你其他很多東西剛好都被切掉了，你就沒有地方進去。除非你研究到有一天你的東西比人家好很多，你才切得進去。但是這個Almost是Impossible，為什麼？因為第一個你不生產，你連問題都不知道是什麼，真正碰到生產的時候問題是什麼都不知道。這就是我以前在電子所的時候，我在做次微米計劃的實驗室，實驗室就造的這麼大。那個時候我就說，要不然就不要做，要做就這樣。做個不上不下的浪費嘛，就把這個錢給學校做，培養人才也就算了。工研院做一個不上不下的、小小的，就不要做嘛。所以我說要做就是這個樣子，為什麼？我要在裡面生產，我不在裡面生產我連問題都不知道，你說要研究什麼？不是學理嘛，我是學物理的，學物理的就是Once我一發明，所有其他做的人都沒有用，愛因斯坦都已經講完了，那還有什麼好講？對不對？你再講五遍也沒有用，工業的東西是Know-How，你講沒有用啊！講了會不會做啊！這一定要做，做了以後才知道那個訣竅。如果你今天給我五年不給我70億做的話，你給我10億、20億我說算了，你10億、20億拿到國科會去給教授做研究，我也到學校去做算了。

叫我做一個研究室，我10億、20億是有機會，發展出一個Idea。想法突破的時候說不定10年之後。但不一定中國人

做，要突破想法那是國際的，教授的研究是世界的資產，
所以我在前一陣子看過一篇文章，美國人現在沒有辦法很
快的把它Realize變成產品，當學校發明越多它越慘，為什
麼？發明很多就供應成為其他像日本人當做砲火打回去，
有Idea我來弄，變成真的東西，如果你不發明大家全部在
那邊不知道怎麼辦，是不是？大家都停住，都差不多。你
一發明，你自己不能用，那我趕快來用，要我跑到前面去
你就完蛋了。所以說美國沒有Innovation嗎？有啊，怎麼
一直這也是我發明、那也是我發明的，可是為什麼我的產
業被搞的這麼慘？問題就在這裡。你發明了之後沒有辦法
Immediate Catch上去，抓住它，把它變成實現的話，這種
知識只出現在Paper。我們是很多東西在配合，我們也算是
盡了心盡了力，至少把我們這一隻腳；有好多隻腳組成一
張桌子做好，但是我們運氣好另外三隻腳也是搭配上，也
是很幸運，可是它也不是故意要來搭配的，但是就搭配起
來了，其它的人呢？他自己的腳長得很好，可是另外三隻
腳都癱掉了，就垮掉了（訪問記錄E031P21）。

面對世界市場，要有一個途徑可以切的進去，也就是需要一定
開擴市場的能力。這不只要考慮主觀的企業和國家發展能力，也要
客觀的認知到世界市場結構化和未結構化的商品空間分佈。台灣半
導體的發展，首先便對於範疇商品的認知，有了正確的圖像作為導
引。因此，在前段材料產品，找到未結構化的空間切入。但是，有
了切入點還需要有出色的市場策略配合方竟其功。不停留在高科技
紙上作業的研發，而是在製造過程發現商品化的實質問題，是台灣
半導體發展一個重要的市場策略。之所以說是市場策略，乃在於研
發是製造的實踐，而非理論的創發。唯有在製造的實踐，才能培養

出市場的競爭力。

（四）發展國際空間的團體行動策略

　　建立國際市場上的地位，不能只從單一企業的角度思考，還必須從整體產業的形象思考，才有辦法建立客觀的國家品牌形象。整體產業的形象建構，意味著面對國際市場，必須有企業的團體行動策略。而這個團體行動策略，在自發性的企業行動裡卻不容易實現，這從現有的EDM廠商的惡性競爭可以看得出來：

> 我認為50家是太多了，如果是十幾家倒是很適宜。因為太多家的話，就會形成劣幣驅逐良幣，像是50家中有的是很少人，他們的技術來源完全不是自己開發的，沒有成本的。而且有時為了降低成本、因應競爭，他們用的零組件可能不是好的，會差了一點，所以這樣的話，第一就會形成劣幣驅逐良幣，而且這東西萬一賣到國外，它會讓國際上以為臺灣賣的東西都很不好。可是事實上，臺灣做的東西有好的、普通的、及壞的都有，所以盡量的話，臺灣的同業不要太多。而同業不要太多的話，廠商有一個合理的制度利潤，它就可以把這個一部份的利潤再投入研發，而再做出更好、更新的東西，又或者在品質上它能有更專業的品質保證系統在Run，雖然成本可能會又提高，但是做出來的東西能有更新的功能、更好的品質。所以我想最好的話，還是不超過15家就好了，可是既然事實上已經有50家，就讓它們去做傳統式的，而我們就做一些較High等級的產品，所以我們是認為不要太多的話較好。可是太少的話也不好，因為不成氣候，而且有一種競爭的環境存在，大家會有彼此的良性競爭，但是太多的話卻又形成了惡性

競爭（訪問記錄M080P21）。

這樣的惡性競爭，由於國外買主不熟悉國內的產業生態，很容易以偏概全，而產生對於台灣總體品質形象的誤解：

> 事實上，這也是很微妙的。像有時候我們公司在開發一個新的市場時，我們發覺客戶他們根本就不太清楚，何謂是大品牌、小品牌，因為就像是報紙上登的廣告一樣，你根本看不出來那些品牌是大、是小。他們得等到使用產品時，才會發覺孰大孰小，可是等到使用的那時候，都已經是買了。所以我們說有時候，你不是到臺灣來參觀臺灣的工廠，一個5人的工廠和一個50人的工廠根本就看不出來。其實本來這也是沒什麼，不過就是差在材料的問題上。雖然他們的技術來源不必花什麼錢，都是Copy的，但如果他們和我們一樣用好的材料，成本就和我們有差距，沒辦法和我們競爭。所以有時為了節省成本，他們就會用一些較便宜的零組件，像在我們EDM業界中，一些工業用的零組件和一般家用的、音響用的零組件在價格上，差異性就很大了。比如像一個開關，我們從瑞士買進來一個就要300多元，可是臺灣音響用的一個就只要9元、10元。但是音響用的開關用兩、三年就會壞了，而我們用的那個卻是幾乎永遠不會壞（訪問記錄M080P21）。

關於這種品質控制上的問題，正是臺灣企業必須從內部產生監控組織，以保障總體產品品質在國際市場聲譽的責任：

> 目前在臺灣中，我想如果第一我們能通過像是ISO 9000這種品質保證的認證系統制度的話，我們的整個品質保證系統就比一般高一點；第二，如果我們是要賣到歐洲的話，我們至少要有CE MARK，這樣至少在安全規範等很多方

面，我們會有同樣差不多的某種Level。而這樣如果萬一不行的話，我還曾經想過像我們幾家公司都是臺灣精密協會的會員，而要成為精密協會會員的話，它有一些要求就是，第一我們公司的產品品質能夠達到某種Level，另外就是我們的銷售額能夠達到某種程度的話，這樣才能成為協會的會員。這種形象，能夠讓國外的客戶達到某種程度的了解，是不錯的策略。也就是由協會作出一個使用的Mark，如果廠商能夠通過協會的品質檢驗、或是什麼的驗證等等，它就能使用這種Mark。所以我想，如果以後臺灣的機械能夠透過類似精密協會，具權威性的驗證來管制就更好。能通過這個驗證的產品，就代表是臺灣機械中的高級品質。因為臺灣其實和日本一樣，都有高級品及低級品，只不過東西要賣到國外的話，最好是高級品，不要讓不好的東西流到國外去，對臺灣的形象造成影響。因此我常想，如何讓顧客很容易去了解品牌。當然臺灣現在有精品獎，而它也是具有這種的功能，因為它都是由一些官、學、研的人士來評鑑的，所以獲獎的產品也代表是真正的好。其實政府在幫助推廣好的形象方面，這是很重要的。所以我想像精品獎這樣的作法，在政府幫助臺灣的民營企業，使國外客戶了解臺灣的產品好壞的方式上，也是很好的。不過最要緊的，像是這種精品獎的話，絕對不能流於浮濫，政府在產品的品質評鑑上，把關必須很嚴格，必須是由嚴格的第三者，像是金屬中心等，來對產品的品質做全面的體檢，而不僅是限於在外觀上的檢查而已（訪問記錄M080P21）。

不以企業及國家意志為轉移的世界市場結構，說明著未來企業

發展全球化時代的到來。以企業為單位的競爭儘管繼續存在，但其意義卻已極為不同。因為，國家做為一種品牌默默的在企業背後起作用。在這樣的現實環境下，重要的不只是單一企業的努力，而是企業的集體行動與國家的行動，必須變成共通的邏輯。在地化的企業要與全球化的商品鏈生產鑲嵌，就必須努力於國際化和市場化的新整合。這是我們底下談國際化與市場化鑲嵌的重要理由。

二、國際化與市場意識的改變

P. Evans透過對於巴西、印度及南韓電腦工業之興起的研究，指出國家所扮演的角色，在不同的歷史、社會與國內制度、國外政經結構下，因不同的鑲嵌情況而有所改變（Evans, 1995）。對台灣許多中小企業而言，缺乏的正是這個國際市場，與在地生產之間鑲嵌性的瞭解。不以企業個別意志為轉移的世界市場結構，說明著國際市場結構化的歷史事實。這個事實說明著西方建構這個結構已有四百年的歷史，在這幾百年的發展過程中，商業網絡的發展與累積，遠比工業生產技術的發展與累積來得長久。若說從工業革命至今，西方的工業生產技術的累積已有200年的歷史。商業網絡建構與發展的累積，則已有400年的歷史。這個簡單的比較，說明著企業經營在由商而工，以及由工而商的發展過程，對於世界市場的體會與感受是不一樣的，從而企業經營的方式也就不同。從貿易進入生產，與生產進入貿易，對於企業經營的認知與理念的不同，反應在於企業主掌握企業發展的重點不同，受訪的機械業者指出：

> 我覺得從貿易進工廠有很大的好處，可以掌握到市場，因為未來世界，在21世紀，銷售通路比什麼都值錢。像現在稻米1公斤7元，10元臺幣，但若到臺北凱悅飯店吃一碗炒

飯，大概要200元。一碗炒飯不用1公斤稻米，大概只要0.2公斤就可以，中間經過多少Process（過程），Process都要很多錢。所以原料生產者在未來世界所扮演的角色是很小一部份，銷售通路非常重要，掌握銷售通路才能在未來商場上得到勝利。做貿易再來做機械工廠對我幫助很大，在做貿易可以得到很多的資訊，資訊是很重要的。我們常講在這個世界裡，人力資源，機器設備，錢財，通路重要，資訊也很重要。這個看不見的東西，最神祕也最有用。孫子兵法裡講：知己知彼，百戰百勝。知己知彼就是Information（資訊），今天這個Information來講，在未來世界裡扮演重要角色，有的翻譯成"情報"，有的翻譯成"資訊"，有的翻譯成"消息"，但是都非常重要。所以做貿易再進而做工廠可以掌握消息，所以很重要。我剛才提到說念大學的畢業生，至少要有基本的英文能力，今天重要的Information都是用英文寫的。各位除了英文之外，我建議你們學學德文，日文，它對你們掌握全球的Information很有幫助。我在逢甲大學教國貿系的商用英文7年，有一次，有一個同學問我說：我很不喜歡念英文怎麼辦？我說：你趕快離開這裡，你不喜歡英文還留在這裡學國貿幹嘛，浪費你一生，學畫畫，學木匠，學理髮，都比你在混這裏好，你的問題不是問題，你趕快離開這裡（訪問記錄M089P21）。

從貿易切入製造生產，就發展初期，國內而言可以充分利用協力生產網絡，迅速進入製造領域；國外而言，可以充分利用當地代理商，以掌握當地的銷售網絡。這對於需要售後技術服務的機械業者而言，更是特別重要。是以，代理商制度，對於機械業者掌握海

外貿易網絡是值得我們注意的一種外貿策略。一般沒有海外分公司規模的中型機械製造廠都以當地代理商的方式掌握市場,一方面可以透過當地的既存銷售網絡的便利推銷產品;另一方面也可以同時解決服務網的問題。而服務網對於機械產品的銷售極為重要。一位受訪的機械業者指出:

> 控制器的維修是很重要的,因為這種都是一、兩百萬的東西,所以服務一定要弄好,服務佔很大的比率。服務不好,人家考慮的因素不會很高。要不要買你這個牌子服務要先探聽探聽。傳統機械比較不需要什麼服務。我們的維修是交給國外代理商,代理商基本上有來這邊受訓。但是,如果是比較嚴重的、不會的問題我們也會過去處理(訪問記錄M085P21)。

以FANUC(日本發那科)在整個世界售後服務網的建立,臺灣現在的新興工具機,雖然沒有這個網絡。但是以同樣的品質,更低廉的售價,是否可能打下這個市場?

> 你機械故障,你當然可以自己來修護,甚至於我們派代理商就可以了。電腦專業的不行啊!他一定會考慮到,我買MITSUBISH,在我這邊是不是有售後服務,他一定會考慮,像滑輪火車全世界都有啊!全世界都有服務網啊!我們哪一台機器賣到哪裡他都有記錄。機器的電腦編號是幾號,是銷到那裡去,我們都要給他,以後他還要去服務。(訪問記錄M081P21)。

關鍵性零組件在國際市場上的銷售,還有很多有形無形的東西要考慮在內,包括售後服務,品牌的形象等等。有時候也可能包括客戶要求的規格。所以短期內,FANUC、MITSUBISH還是有他們的優勢。控制器這個關鍵零組件的例子,典型的說明了貿易網絡在

國際市場上的支配性。這個支配性不是完全由生產技術的優勢所構成，貿易網絡及服務網絡也同時起著作用。換言之，經濟權力的重心不在於製造，而在於網絡。對於國際市場的支配，事實上，是一種國際網絡的支配。

（一）市場的國際化

市場的概念與認知，必須提升到國際化的層次。重要的國際化工作，是對於國際市場有深入的瞭解。在當地的代理商無法與自己公司的發展同步壯大，則國際化的進一步發展勢屬必要：

> 國際化這是必然的現象。為什麼呢？宏碁，我跟他私下是很好的朋友，像施振榮，他到臺中來都會來找我，我們都是很好的朋友，他說他的企業走國際化也是被逼的，沒辦法。像我們這個產業，遲早也會像宏碁一樣國際化，這是必然的現象。比方我們一直成長，代理商如果比較保守，他不敢成長，那你說你這個代理商怎麼搭配？舉例來講，整個法國，法國分6個區，每一區設一個代理，現在這個代理商他財力有限，他一年只能買幾台，如果你產量很大，他就很困難，他說：那你加入當我們的股東，我說：OK，好。然後就變成我的Partner（夥伴），我們公司在法國14個省設據點，就這樣開始。像德國也可以這樣開始，將來這些代理商就慢慢變成像我們的分公司一樣，變成國際化。分公司設立一段時間之後，就想乾脆在法國或德國成立組裝工廠，所以很多東西就不用運來運去，要關稅，又要運費，在德國廠的零件在德國組裝就好，所以在德國設廠，就這樣慢慢下去，工廠就逐漸變成純粹國際化。我們已經開始了，像在芝加哥也成立工廠，也有在英

國曼徹斯特，現在德國開始了，本來是代理商，後來我們加入股份，準備開工廠，開始國際化。當地代理商他們都高興，因為可以得到更多的保障。所以其實這是一個階段，你一開始不可能不用代理商，因為你還沒發展到國際化的規模（訪問記錄M089P21）。

在成熟的國際市場理念下，企業主對於全世界的產業資源、市場概念以及經營策略，有其全世界的佈局與視野。以機械業者的國際化角度觀照大陸為例，受訪的業者指出：

大陸也是占一個很重要的市場，大陸和印度人口加起來到公元2000年是全世界人口一半，這兩個國家都在開放政策，因為市場需求相當的大，我們不要講印度，只講中國大陸，中國大陸至少四方向需要機器設備，第一個是能源方面：他現在在三峽建全球最大的水壩，這個工程是天文數字，所需要的機器，交通設備，那更不得了。第一期他們的規劃就8000億美金到1兆美金的機器設備，這是能源方面，我想這是水壩方面。而他們也在幾個地區建核能電廠，他們規劃了12個核能電廠，將來這些設備都需要機械設備，這是第一件事，他們在能源方面需要很大的機械設備，第二件事是汽機車工業，中國大陸在過去幾年來，在機車的發展已獨霸全球，Motorcycle方面，臺灣去投資，前五年大陸整年生產不到50萬輛摩托車，五年後的今天，他生產500萬輛，已經超過臺灣的五倍，所以大陸成長相當快；汽車來講，他們跟我講公元2000年希望全中國有1000萬輛的自用小轎車，1000萬輛來講，全中國大概平均每75人到100人才分配到一輛轎車，在臺灣大概兩三個人一部或兩個人一部，在中國大陸100人才一輛，也是很

少,但從現在,一年要發展150萬輛,他現在只做60萬輛,所以根本不夠,機械的投資相當大,最近我們華擎機械公司成立要做引擎,將來可以銷大陸1600CC的引擎,這個量相當大,幾乎用電腦機械在加工,所以機車和汽車這二個行業可以用到很多很多,家電用品的模具或是玩具的模具都要用到機器設備,甚至汽車用的模具都需要機械設備加工,這需要設備相當大,因為他幾乎從國外採購。第四項:他所需的設備在國防工業上,他們所有的兵工廠都非常老舊,所以像西昌火箭發射中心也買我們的很多設備,大概他們的兵工廠都會買臺灣的設備,像臺灣自己本身的兵工廠也是買我們的設備,現在我們第三期正在做一條生產線是202兵工廠迫擊砲生產線,將來愛國者飛彈或是海軍諾克斯級的炮,都會在臺灣生產,李總統要求說:我們要有獨立自主的國防科技,不管要什麼代價,我們都要能做,因為戰爭的話,我們不可能靠外國,臺灣的安全非常重要,所以以國防科技來講,大陸是他們自己發展國防科技,所以我們這邊的市場也是相當大,我可以透露一個消息,比方:最近要1800百輛M1坦克車,這坦克車一部造價100萬美金,100萬乘以1800百輛,那是多少錢!李總統要求說:百分之35的零件或設備從臺灣採購,這是一定要執行的,這樣一下來,多少錢在臺灣!其他的不要說,中華民國政府每年在軍事採購上幾千億,如果說1000億,百分之35就350億在臺灣;2000億就700億,這個金額相當大,所以機械工業來講,是很大的遠景,所以中國大陸加臺灣本身的市場就大的不得了,再加上印度其他國家。目前我們是採分散市場,總共美洲百分之25,亞洲包括中

國，香港，新加坡，印尼，泰國，馬來西亞百分之25，包括澳大利亞百分之25，歐洲百分之25，臺灣本地我們占百分之25，臺灣是小島但市場相當大，是依這種策略在進行（訪問記錄M089P21）。

製造的背後有著市場的整體圖像，是國際化及市場化鑲嵌之後，企業經營層次上的躍升。此與製造的背後完全不知道生產商品的去向，有著不一樣的企業經營層次。企業國際化及市場化的同步發展，其實也不一定是高瞻遠矚的自發行動。而是，為國際情勢所逼不得不然，這樣的情況從底下機械業國際市場的開拓例子，看得很清楚。然而，不管發展的動機為何，朝向國際化及市場化的整合方向發展，是台灣中小企業在面對轉型問題不可迴避的挑戰。

（二）PC-BASE的發展意義

被迫國際化與市場化的發展，美國對於台灣的機械出口設限（VRA）可說是一個典型的例子。台灣機械業在這個設限下，反而被迫分散國際市場，真正做到市場的國際化。可以說因此而錘鍊了台灣機械業的體質。受訪的機械業者指出：

> 美國設限對臺灣機械業有幫助。早期大家都集中在一個籃子裡面。那時歐洲還有其他地方沒有打開市場。像我們就不能賣很多進去，所以必須打歐洲市場。因此歐洲市場就被我們打開了。而中國大陸比較亂，就打歐洲大陸，自然就被打開了。後來設限消除對我們根本沒有影響，因為已經打開，幫助業者轉向（訪問記錄M087P21）。

國際化及市場化整合發展的方向，一但開始深化便會碰上既存國際行銷網絡的封鎖。這是企業國際化及市場化必然會碰到的挑戰，能具體而微的說明這個國際現實的情況，莫過於PC-Base的發

展故事。

　　從世界市場的角度來看，PC-Base的發展是否能解開日本的封鎖？FANUC是否會對於PC-Base發展加以干預？受訪的機械業者指出：

> 應該是沒有可能。軟體要是出來的話，我們就不怕他了。現在目前他採的政策就是說，你賣機器出去了，你一定要跟他登記說賣給誰，從這些收集資料。
>
> 控制器的發展，還是要政府拿錢出來，政府要拿錢，再靠這些研究單位，已經有這個基礎了來弄才有可能，因為這畢竟不是說幾千塊就能解決了，很耗人力和物力。我們要的不是他開發出來就好，我們要他開發出來以後，還有一個售後服務，這個比開發還重要。為什麼FANUC慢開發出來，但他世界上的佔有率那麼大？因為他有一個強大的Outside Service服務（全世界的售後服務網）。今天西門子和FANUC以前是兄弟，以前FANUC是以西門子為主，FANUC去那邊跟他學，就像成立一個子公司，結果最後就拆開了，西門子就不行了，因為他（FANUC）服務做得很好。如果PC-Base我們就不怕了，PC-Base就是全世界都可以適用的東西。因為PC的東西全世界的服務網都有，每一個鄉鎮都有。FANUC他們的售後服務也是服務他的硬體啦。軟體買回來就是死的東西嘛！設計出來像一個Page一樣，硬體那個是比較複雜的東西，如果機器運轉沒了聲音就懷疑到是連接點的問題，或者哪裡出現故障問題，你卡在這比較困難啦！以後PC要是有的時候弄壞再買一台新的。這樣成本就能夠降低，台灣機械業是世界排名第七位，這個東西不被限制住的時候，就差不多往前衝幾

名,第一名一定不可能,最起碼可以排五名、四名這樣
(訪問記錄 M087P21)。

PC-Base的發展,有可能重建了台灣未來比較好的一個競爭優
勢,至少關鍵零組件不會像以前1/3的價格被控制。握有國際化及市
場化的有力武器,乃在於透過這個武器,能重建一張有效的國際行
銷網絡,重新爭取消費客戶的認同。換言之,是藉由這個新的商品
及技術,建立新的競爭堡壘。一方面反封鎖,另一方面也藉此確立
自己的陣地。受訪的業者指出:

> 我想在這種PC-Base控制器開發完成的早期來說,要把它
> 應用在像一些高功能的工具機上,可能是有困難的。不過
> 至少我們能自製這種PC-Base控制器的話,在無形中具有
> 抑制國外這種控制器價格的功能,因為我們臺灣可以做。
> 其次,像是這種PC-Base,它是非常適宜於用在產業機
> 械,使產業機械能夠自動化。因為一般的產業機械,他們
> 要做的話,是非常辛苦的,得要專人去配合,一般的大公
> 司是沒辦法自己去做的。可是像臺灣的小公司,是很彈性
> 的,不管他們要什麼功能,我們都可以開發出來,配合他
> 們的需要。所以臺灣的PC-Base在產業機械中有很好的發
> 展空間。就基本的NC型來說,車床我們是比較頭痛的,
> 不過在銑床上我們是可以有發展的空間。因此這樣慢慢累
> 積很多經驗,由於特殊功能的開發是需要累積經驗的,雖
> 然目前我們要做是有其困難,不過我想最後臺灣的PC-
> Base控制器可以應用在整個機械業界,包括工具機等。可
> 是這整個時間要多長是很難去講的。其實臺灣已經有足夠
> 的條件讓這種PC-Base控制器應用在一般機械設備上。因
> 為臺灣在製造機械設備上,已經是全世界排名第七的國

家。此外，臺灣又擁有東南亞，包括大陸的廣大市場，而
這些市場需要的是價廉物美的產品，也就是維修簡單、容
易的產品。可是如果他們買的是目前國外的產品，一次維
修至少要上萬的。而如果是買PC-Base，它的一次維修是
很便宜的。此外他們需要的是低Cost的產品，而我們的產
品也是確實不貴。所以我想，如果在全世界中要發展
PC-Base的話，臺灣應是最好的之一。另外如果還有國家
能發展的話，就是中國大陸，而臺灣畢竟在資本主義的薰
陶下，有比較久的經驗，所以我想大陸以後是可以發展，
不過目前它們是我們的市場，我們可以將產品賣到大陸。
因此我想，如果政府能好好地用什麼方式來獎勵、鼓勵
PC-Base的發展的話，應該可以產生正面的效果，對臺灣
的工業有好的效果存在（訪問記錄M080P21）。

（三）國際市場上的定位

從上述PC-Base的發展例子，我們可以看到，國際化及市場化
的整合，是立基在對自己企業國際生存及發展空間深思熟慮的結
果。沒有能力對於自己企業發展的國際空間加以定位，也就使得企
業蒙受著不可知的風險。所以企業國際市場的定位極為重要。受訪
的一位電子資訊業者，以其公司為例指出如何進行世界市場的定
位：

就整個世界而言，在電子產業上，臺灣所佔的比重還是很
輕的，應該是小於5%，所以還是有很大的空間可以去發
展。但重點是你在世界的市場上是否有能立足的地方？到
底是憑藉什麼來立足？就台積電來講，他一直標榜自己是
純粹的代工廠，他們是很有效能的代工廠，並且他們快速

發展製造技術，希望能給客戶提供最好的服務，我想我不能說這是不好的一個，我想絕對是一條好路。但我們也看到很多人來Copy這樣的Idea，像UNICE宣佈要全力發展代工事業，台積便開始面臨新的競爭者。那臺灣所有IC廠多多少少都有在做代工業務，你有沒有發現過代工這個問題？因為當你的產品層次不夠或是自身能力不足時，比如說工廠蓋好了，沒有東西能Run的時候，則第一個選擇是做臺灣公司的代工。第二是幫美國、日本、或者歐洲國家做代工，也就是做特定代工，像華邦電子與TOSHIBA合作的例子。我想這些都是可能的出路，所以我說可以做一般性的代工，或是特定對象的代工，這可以是電子產業的兩條路。另外一條路就是發展自己的產品。我想在這三種方向上，你可能要針對自己公司的特性做適當的選擇與調配。

我們是選擇以發展自己的產品為主，但我們不排除與特定對象做策略聯盟。譬如說我的優勢是產能，因此我可以分攤一個產能給你，但相對的我們可換取一些技術。這個東西我想慢慢也是可行之道，那會不會真正造成產能過剩的危機？這可能須要每一家的經營者有這樣的睿智去避免了！記得我們小時候都看過人家養十姐妹，那時候大家一窩蜂的養十姐妹，養到最後的結果就是在紅樓戲院的旁邊看到賣燒烤小鳥。我擔心臺灣一直蓋IC工廠的結果，最後會不會也變成那種樣子？但是我想只要能把公司在世界上立足的定位與定義想清楚，則應該不致於產生這種情況吧！因為我們在擴充產能的時候，我們已經想清楚我們要如何去填這個產能。或許會因為世界經濟的景氣與不景氣而有些許的影響，

但我想應不致於會造成我們的生存問題。反之,如果說在擴張一個企業時,經營者本身沒有考慮清楚這個問題,因而導致擴張速度太快,那就可能在不景氣時面臨生存問題。所以這個東西在公司與公司之間會有很大的差異性。而且在這方面也不太方便去評斷別人,因為大家做的東西也不太一樣,當然所採的策略也會有所不同(訪問記錄M038P21)。

國際市場發展上的定位,其前提是對於公司獲利能力,要有國際上的競爭力。這就牽涉到國際市場利潤空間的計算問題。受訪的一位機械業者指出:

日本產品售價高我們百分之20是一個平均數,像我們來講,差距就沒有這麼大。但所謂沒有他那麼大,當然是品質的問題,還有我們的產品形象的問題。在國內來講,我們跟其它的廠家,一樣的產品、一樣的規格,我們賣110萬,人家就是100萬,那業者會買我們的。這是一個品牌的問題,長期建立信譽的問題。日本這個大體來講,在國際上也是形象。其實你有時候在談利潤,他高我們百分之20,是不是有多賺我們百分之20,這個就是很難去評定啦!當然在工資方面,在人工成本方面,應當他們月薪都比我們高,但是他們工作的一些效率,基本上沒有比我們高,我們效率要比他們高,所以這樣一來一往來講,他們產品不一定會比我們好。他們的利潤應當還是很高,但是他們雖然是高,他們投資研發的成本比我們高,所以他們的利潤被消化在不斷的研發。他們投資在研發經費,大概都占營業額百分之5以上,那台灣工具機業來講,平均不到百分之2,我們則是百分之3左右,算高的。我們一年研發費要3000萬,在企業來講算高的。早期台灣工具機業都是用Copy的,現在也有小廠是這

樣生存。大廠都是自行研發，Idea出來，雛型機出來，功
能是怎麼樣，已經累績經驗了（訪問記錄M081P21）。

　　國際獲利的能力，除了從自己產品的競爭優勢來看，也要看國
際市場的屬性及商品的種類，以決定市場的對象和生產的模式。所
以，有的業者從國民所得，來研判其產品市場的定位，一位受訪的
製鞋機業者指出：

> 歐美地方，一般國民所得，如果超過4000塊，就不會做鞋
> 子了。這是我們自己做一份企劃書，把整個全世界的人口跟
> 所得，進出口總和，把它排名做一個加減指數，把它排名下
> 來以後，我們發現國民所得超過4000塊以上的國家，在發
> 展這個產業的機會很少。我們攻的目標在國民所得4000塊
> 美金以下的國家。如果要讓它發展在國民所得4000以上地
> 區，還是要自動化。現在這些地區比較落後，所以你的機器
> 不需要很自動化，它靠人，它最好這樣讓你維修，如果將
> 來走到像歐美的話，一樣嘛！還是要自動化（訪問記錄
> M068P21）。

（四）國際化的新局勢

　　企業固然要有能力，以主觀的立場進行生存於客觀市場環境的
定位工作。卻也不能無視於，國際經營環境的變化，如日幣的升
值、東南亞國家的升起，使得台灣企業能夠佔有的新世界市場空
間。受訪的一位機械業者，以其外銷的情況指出這個發展的趨勢：

> 外銷占65%，內銷占35%，外銷方面是以美國、日本、歐
> 洲、南美洲、東南亞都有。若以主體來，東南亞占最大部
> 份，以客戶群來講，日本是我們最大的客戶，為什麼呢？
> 因為日本是一個機器的輸出大國，為什麼他要跟我們買？

　　我們的營業額主要是由日本占最大客戶。主要是因為日本
　　受制於日元升值的影響，他的產業出走，必須要在海外投
　　資，海外投資必須要廉價的設備，若在日本當地取得，價
　　格很高，所以跟台灣買，我們就受益了。所以他在海外投
　　資的很多設備都是跟台灣買的，而我們的機器也有回銷到
　　日本，而且是龐龐大的機器，一兩百公噸。因為我們有些
　　設備做得比日本還好，例如：有一種鍛造設備，比日本做
　　得還要棒，像KT系列，日本跟我們買很多，我們在這項製
　　造技術面上優於他們，就會有很好的市場拓展的效果。日
　　本占我們營業額大概占四成多，每天幾乎都有日本人來，
　　不管是技術上或銷售上，日本都是最主要的市場。東南亞
　　是很大的市場，我們在馬來西亞、新加坡、印尼都有。到
　　東南亞投資跟我們買設備的都是日本人。日本人來跟我們
　　買設備到印尼、泰國、馬來西亞去設廠（訪問記錄
　　M062P21）。

　　國際化中的市場化，也使得國際間的競爭與合作展現了複雜的
面貌。換言之，由於國際化與市場化的鑲嵌作用，使得各個國家企
業走向「全球化與在地化」的內在結合。進而重組了跨國企業的合
作及競爭模式：

　　我們的競爭對手，在國內有一間公司，在國外，日本是我
　　們的競爭對手，而歐美不是，因為區隔很明顯。歐美的機
　　器比我們貴很多，但真的要買他的不會買我們的，寧願買
　　他們的，也就是市場區隔很嚴。我們比較大的競爭對手是
　　日本，像愛達、日立造船。但是我們公司很奇怪，我們會
　　結合我們的競爭對手來技術合作，到最後技術合作吸收完
　　了，又變成了競爭對手，變成這樣的方式，之間關係很複

雜、很微妙。像"愛達"是我們的競爭對手，但現在是買我
們的沖床，掛他們的Mark去銷售。而日本另外一家也是如
此，也要買我們的沖床，再掛上他們的Mark銷售。"日立
造船"當初是我們的技術合作對象，現在又變成了競爭對
手。所以跟"愛達"一邊是合作生產，一邊在市場卻又是競
爭對手。所以關係實在是很微妙。在未來的產業，這實在
是不可免，敵人就是朋友，朋友就是敵人（訪問記錄
M062P21）。

　　國際化與市場化的鑲嵌，是將兩種不同的概念，在同一個行動
中體現出來。這樣體現的結果，對於台灣中小企業未來的發展有深
刻的意義。因為，這樣的取向，昭示著台灣的生產模式，即將轉換
成交換模式與生產模式的整合，以面對國際上的競爭。沒有國際行
銷的生產，必須在特定的產業部門、技術條件以及在地的代理商制
度下，才能生存發展。否則，企業便必須有適當的市場定位，一定
的品牌保障，方有國際空間。所以，台灣中小企業的發展的國際化
及市場化，意味著進一步國際資源可移轉性的要求，以嶄新的姿勢
迎向努力向上的中小企業。

三、國際間資源的可移轉性

　　台灣中小企業未來的發展，最基礎性的場域乃在於國際市場
上。我們從全球華人企業的興起亦可略知一二（林金銘、吳寶秀，
1992；林金銘，1993，1995，1996；林明杰、林金銘，1997）。因
此，企業發展的養分也要取之於這個基礎，才有綿延不絕、生生不
息的可能性。在這樣的發展觀念下，我們需要提出的就是，「國際
間資源可移轉性」的觀念。未來的企業發展，相當程度的會兼負著

兩種性格,即全球化與在地化的雙重屬性。企業需要掌握的資源不能只來自於在地的部分,還需要有全球資源的支持。同樣的企業生產的銷售市場,也是遊走於在地性與全球性兩個場域。因此,在這個觀念下,企業的競爭也不只是面對在地產業的競爭,而是必須面對全球企業的競爭。也是在這樣的立場下,前面我們提過突破國際封鎖的意義,便是串聯起在地化與全球化的必要策略。

台灣企業轉型的空間很大,端看我們的經營層次如何突破國際的封鎖。一旦突破封鎖也就意味打通了在地化與全球化,人才、市場及技術上的可移轉性。受訪的一家機械廠商指出:

> 台灣很多東西都是價錢拼壞掉了。譬如一個磨床12萬,12萬還要賺錢這個設備就沒辦法精雕細琢。如果機械變成120萬就好好去雕琢,精度絕對會不一樣。例如我們研磨機一台12萬,同樣原理在磨晶片機器一台要1400百萬,同樣是研磨機,要做便宜、量很大或是量少、價格很貴的設備。事實上都一樣,一個馬達帶動沙輪然後再磨晶片而已,磨晶片跟鐵板其實一樣,只是沙輪不一樣,我們台灣設備精度也很高,絕對有辦法磨,只是沒人將之連在一起。例如璞玉、肯特(音譯)、大同他們都有辦法做這個研磨機器,因為每個晶片廠都要用這個機器,晶片本來一塊,切過之後表面要研磨,從40Mill磨到10幾Mill。在我的看法,他絕對有辦法做。
>
> 還有這個價錢事實上已經破壞掉了。其實英國跟台灣的磨床長的一模一樣,他一台70萬,你一台12萬,我們當時可能是跟人家Copy,外型、規格看起來都一模一樣。人家英國堅持不降價,而台灣價格拼下來就會將一些品質犧牲掉……。機械所來跟我談過好幾次。我說,譬如水刀的設

備要20萬美金，我們切割之後，腳上面會有殘膠，水刀主要是用來打掉殘膠，然後再用布洗，再焊到PC版上。水刀是一個高壓泵浦來沖，這樣機器差不多要20萬美金，事實上台灣的機器需要轉型，為什麼不去做這設備，而還在做這些工作母機，還要配合美國每年配額限制。這不是很高深的技術，只是運用而已，高壓泵浦跟田裡灑農藥是同樣意思，只是壓力大小問題，隨便轉個型，附加價值就不一樣。這一個要20萬美金，外面塑膠鋼估價起來不過11萬台幣而已，再加上鑄造、PC Control、一個高壓PUMP，這機器只是這樣而已。其實這一行裡很多東西要慢慢一直做下去，我認為從外國買，很不合理。TSOB是一個很薄的IC，台灣是第一個弄出來的，厚度只有一個Mini Meter。這個IC的製程裡，有一個工作過程，因為它那麼薄、腳那麼細，必須擺在一個框框裡頭，做Test，做Marking之後，才從上面出來，比較不會弄壞。那個機器日本人剛開始來台灣報價4千萬日幣，台幣一仟多萬，我派工程師去聽，回來檢討，我問大家有沒有困難，大家都說很好做。我們就自己做，看他的錄影帶、拿到他的Sample，我們就把這機器摸索出來。日本人知道台灣有人做出來了，價格從四千多萬日幣下滑到做一台半自動設備的成本，兩百多萬台幣。後來價格差不多剩30%。台灣沒有就很貴，有了之後價格就明顯下滑（訪問記錄M084P21）。

　　人才、市場及技術既是突破國際產品封鎖的要素，我們可以就國際的角度，重新討論其對於台灣中小企業未來發展與轉型的意義。因為，在國際的視野上，人才、市場及技術的運用方式和整合形態，超越了國家的邊界，便需要有不同的基礎。譬如我們在第五

章所討論的國際語言問題，便是一個根本的問題。所以，底下我們對於在國際資源移轉性前提下之人才、市場及技術，分別討論之。

（一）人才資源在國際上的可移轉性

要完成國際資源的可移轉性，對於人這個移轉主體再教育和再形塑，可說是成敗的關鍵。國際上企業的技術合作和市場合作，要在這個基礎上才能順利進行。相反的，企業的國際化也利用了跨國合作的機會，重新再養成國際化所需的人才。受訪的業者也不諱言指出，與世界大廠合作是訓練人才的好辦法：

> 瓶頸是工程人員的經歷或經驗不足，所以需要再教育，送到國外去受訓，我們公司的策略就是跟全世界最大的廠家合作，可以提昇我們工程人員的水準，比方說我們跟美國最大的廠家合作，他把最新的技術轉移到我們這邊來，然後我們就可以Upgrade（提升）。我們跟日本最大的廠家三菱重工合作也使我們的水準提昇的相當高。跟德國最大的廠家GLADMASTER合作，他們甚至派人在這裡駐廠，一駐廠就是一年，跟我們的工程人員討論這些事，所以我們的人員可以提昇的很快。我們跟美洲，歐洲，亞洲，都是最大的廠家合作，合作都是最新的機種，所以我們幾乎可以跟全球同步，不是落後機種，因為競爭非常激烈，所以瞬息萬變，如果沒有全球最新的機種，根本很難銷售。材料這部份問題不大，為什麼呢？全球材料你都可以買得到，因為現在臺灣太自由，什麼事情都要依靠中鋼不可能，中鋼只是中泛鋼以下的，長榮重工可以弄些合金鋼，但是如果價錢貴，我們也可從奧地利買，從德國買，從瑞典，都可以買到。而關鍵組件現在這個問題也不大，因為

　　全球資訊這麼流通，日本人控制，我就買德國的，德國沒
有，我買瑞典的，幾乎都可以買到，瑞典沒有，買美國
的。反正，幾乎你都可以從全球取得需要的關鍵零組件。
所以一部機器裡有英國的零件，也有義大利、日本、美國
的組合，不單單是一個臺灣零件而已，看哪邊便宜，哪邊
取得零件方便，就這樣去弄（訪問記錄M089P21）。

　　臺灣的企業有能力國際化，剛好國際上對台灣的要求也隨之提
昇。台灣產業恰在這個階段培養出國際資源移轉性的能力。

（二）分散市場與市場利基點的可移轉性

　　以國際的角度而言，市場的轉型很重要的意義是市場的分散。
要能夠分散市場，其前提是對於世界市場的發展有一個全面性的瞭
解。受訪的機械業者以該公司的例子指出：

　　最主要是要把整個市場分散掉，在91年到93年這三年全球
最不景氣的時候，我們選擇一個最正確的方法是走到大陸
去，事實上再怎麼看整個全球的行業是一個Balance的東
西，這邊不好一定會有一個地方好。所以在91年我們抓準
了整個大陸市場，在92年、93年時大陸市場佔我們的營業
額百分之四十左右，那時候就是怎樣考量公司的經營目標
下，把市場去轉型，這是相當重要。在93年時，日本有幾
家大廠他們面臨裁員、縮減，包括上班天數。但以我們而
言，在93年還是很忙碌；他們營業額衰退，我們還是在成
長。這是我們的市場策略運用，我們知道怎麼去把市場分
散掉，我們之所以可以很順利進入大陸市場，除了是整個
公司的搭配、人員衝刺以外，大陸市場對於台灣來講，都
是中國人有共通語言、民族性，所以我們很容易進入這個

市場。但相對的，日本或歐洲這些廠他們要進去就比較難，因為他們不曉得中國的文化、民族性，沒辦法理解做生意的方式。若以他們做歐洲、美國市場方式來做大陸的話，完全沒辦法做，所以我們很順利在這二年進入狀況。我想94年、95年包括我在做的96年工具機，應該這三年是屬於高潮的時候。最主要是今年、去年後半年整個汽車行業一直往上走，相對帶動整個工具機的事業往上起來，一般來講大概景氣是三年一個Cycle，然後慢慢走下來，經營體質不好的公司可能會面臨所謂的市場風險（訪問記錄M047P21）。

從上述例子我們可以知道，國際市場的分散能力，也是移轉市場利基的能力。在這個企業發展的要求下，產品的主流趨勢與利基點，是企業經營者最需要培養的技藝。

至於說現在的趨勢，工具機這個行業並不講究所謂高功能，多功能已經不是一個趨勢，以前越花俏越好，現在看起來是簡單的功能、可靠性要好、精度要好，真正能夠發揮它的效力，這個是世界的趨勢。在這方面對我們台灣比較有利，因為我們如果要發展高功能受限也很多，關鍵技術，關鍵零組件，你沒有取得，你是受制於人，你沒辦法發展出多功能的產品出來但你要做高品質的、可靠性、精度好的，這個我們稍微努力一下是可以做得到（訪問記錄M047P21）。

（三）國際間技術移轉性的基礎

世界範圍下的技術可移轉性，需要有一定的條件。受訪的M062廠以其「專技制度」來培養公司接收國際合作廠商的技術能力，是

一個值得重視的國際資源可移轉性的典型個案：

> 我們的技術來源，無可諱言的我們產業的水準比日本、歐
> 美還差，所以為了要提升我們的技術水平，在民國71年的
> 時候跟美國MINSTER公司技術合作。在75年為了承製日
> 本豐田汽車廠，跟日本的KLIMOTO合作，後來承製馬自
> 達汽車的沖壓生產線，又跟日本的日立造船技術合作。今
> 年又跟德國合作成立中德合資公司，這公司叫"睦圓金豐
> "，變成是亞太的營運中心。在台灣成立這個據點，可吸收
> 德國的技術，變成歐、美、日的技術我們都有吸收。而我
> 們也有自己固有的技術，因為我們已經有47年的歷史了。
> 過去固有的傳承，當然也有我們自己的技術。所以外來的
> 技術結合我們固有技術，希望將其發揚光大，用我們的專
> 技制度來結合，我們技術的來源和發揚的方式是這樣來做
> （訪問記錄M062P21）。

有了國際間技術之可移轉性條件，國際間新的分工形式之形
成，台灣的產業才能扮演一定的角色，並逐漸形成自己的經濟世
界：

> 他們接到的訂單會採取國際分工的方式，所以將來的工廠
> 是全世界就變成一個工廠，將來的市場也會全世界變成一
> 個市場。用一個生產據點的方式來看，我們只是世界製造
> 重心的一個流程。有的東西在德國製造，有的東西在台灣
> 製造，然後送到韓國，用這種模式來串連，就是國際分工
> 了，資源的整合（訪問記錄M062P21）。

台灣企業在國際間隨著技術水平的提升，有了新的世界市場及
資源可移轉性的基礎。台灣經濟世界之形成，並不能只是看成再度
被納入全球商品鏈的一環這樣簡單的事實。這樣就完全無視於台灣

介入世界市場的社會基礎及文化基礎，完全有別於70年代至80年代依賴發展的基本模式。以受訪的M062廠為例，台灣所能立足的新世界市場空間，說明了台灣企業擁有與國際企業合作，發揮其主體性的能力：

> "睦圓金豐"公司是以他的商譽去取得訂單，以他為主導，在股份上他也超過我們1%。他的技術力各方面當然都比我們好，由他來主導，我們為輔，然後在整個生產的考量上，他認為在哪個單位做便宜，就在哪個單位做。所以到最後一個產品完成像是一個聯合國所製成的。他有些東西也發到義大利、德國、中國大陸、台灣等地，最後送到德國去，有這樣的模式。我們只是扮演其中一個流程，其中一個單件的生產。
>
> 跟德國合作，我們卡的位置上來說，我們去過該公司看過，在產能規模和製造技術規模上，我們並不會與他們相差太多。以日本的沖壓界，對我們沖床技術的認定，大概是排世界第六。所以生產規模上我們可以做到人家所要求的精度。一般CNC是被卡於控制器部份，而我們沒有這方面的問題存在。我們有一個可取之處，當我們遇到製程瓶頸時，會投入巨資去克服它。幾年前，買了一台8000多萬的機器設備，要加工大型的工作間，齒輪方面製造有問題，就向德國買齒輪製造的設備。我們自己買設備，自己來做。設備買了，經營成本增加，必須擴大規模來消化固定成本，用這種模式來克服。目前也不是沒有從日本取得機械零件，但已經化整為零了。一旦日本不供應，還可向歐美取得一樣的東西，或者請我們自己的協力廠去開發，提升國內配件的領域，也有這樣的模式在做。日本不供應

無所謂，還是可以由其他國家來取得。發那科的控制器是
硬體結合軟體，我們所缺的是硬體的零配件，高精密的由
國外取得，而軟體是我們自己在做，這樣子的話不會受制
於人。硬體世界各地可以取得，而且已經化整為零了，我
們把硬體零組件利用軟體結合成我們所需要的東西（訪問
記錄M062P21）。

企業在進行技術移轉時，需要有一個體系以掌握技術吸收的能
力，以受訪的M062廠為例，整個組織的訓練從上到下各層級，皆具
備了技術吸收能力。因而，在推展ISO系統的時候，就能將技術與
管理加以整合。透過這個系統，不管是美國的技術移轉模式，或者
是日本的技術移轉模式，公司就有一定的基礎進行學習：

在技術來說，我想提供技術者常會有一種心態，在歐美，
他們是毫無保留的，能提供甚麼就盡量提供；但是日本卻
是有很多保留，但他們一旦要教你，則會非常詳細且非常
標準，這是二種非常極端的差異。那對於員工的吸收度來
說，只要一項問題能夠解決，我們幾乎都可取得技術。日
本總是會有所保留但是它要教你會教的很詳細，所以我們
在日本方面的吸收度也蠻不錯的，在歐美那邊，他們是毫
無保留，雖然語言方面有點問題，但是兩個體系都可以接
收到。而我們在真正的接受過程中，我們有一個生產技術
的單位，會去把技術作整合，我們也有研發部，有二十幾
位員工在做研究發展。所以我們有這樣子的根去把技術吸
收下來，所以即使人員會流動，我們的根還是保留下來。
所以基本上有幾個層次來吸收這個技術：研發部門、製造
單位、再過來是員工，我們用專技制度來結合。我們推展
ISO-9001的體系之後，讓我們深深感覺到為甚麼要推展

它，因為推展之後，我們可以把技術系統化，因為整個
ISO是講究系統，品質要達到怎樣的要求，有這樣子的系
統架構，在此系統架構下，要求每個工作人員有個工作標
準，自然而然就會訂出自己的作業標準，變成會從歐美日
所吸收到的技術結合自己固有的技術，成為自己的作業標
準。我們是運用這種模式去做，ISO-9001是一個推展和結
合技術的好方法（訪問記錄M062P21）。

在台灣中小企業長期外銷導向的生產經驗之累積下，整體而
言，可說是已經打下了經濟世界內之技術可移轉性基礎。一位受訪
的小型機械廠業者指出：

本公司研發人員在技術的傳遞上沒有什麼太大的問題，很
快就能接收。像國外客戶拿了一大堆德文的圖來，光是編
排的符號方式就跟台灣不一樣。昨天我們一個設計人員
說：「這個值得學習」。可以接受融入我們自己的系統當
中。也許沒有辦法照他那樣編法，但是可以參考如何編
排，的確蠻理想的。人家畢竟有人家成功的地方，截長補
短嘛，融入我們自己的實務內來用。沒有太大的問題。其
實我覺得台灣人韌性很強，美國設限VRA，以前百分之80
出口到美國去，設限7年以後更強了，工具機業更強了，
轉向歐洲，很可怕的。其他行業我不曉得啦！工具機很
強，不是說美國一封掉我們就收起來，反而更強，讓我們
的觸角更多。（訪問記錄M085P21）。

國際間的可移轉性是對於企業再造的必要資源。這個擴大的企
業舞台，是在全球化及在地化的統合中，要求企業以新的視野、新
的角度詮釋企業經營的形態。企業面對這樣的新局勢，人才、市場
及技術的全面國際化，越顯得迫切。台灣中小企業未來發展和轉型

的成敗,與如何吸納國際資源,息息相關。而人才、市場理念以及技術的升級,無疑的,是能否吸納國際資源的關鍵要素。但是,這一切改變的動力,唯有在國際間可移轉性觀念成熟之後,才有行動的可能,才能保證中小企業蛻變的成功。

四、小結

小國家在大的世界市場,仍然大有可為。Katzenstein對歐洲諸小國的研究,已指出這個事實(Katzenstein, 1985)。重要的是,在快速的國際市場變動下,我們如何行動?不只是企業國際化發展的步驟隨企業成長的階段而不同,國際間資源的可移轉性,也隨著整個經濟世界結構的改變而不同。然而,如何「經由全世界的資源使企業再壯大」,是當下台灣中小企業轉型與發展不得不考慮的重點。受訪的機械業者指出:

> 臺灣工資越來越高,不到國外去也沒有辦法,我們現在的待遇比英國高很多,比美國高一些,跟德國差不多,所以你在這邊請一個Engineer(工程師),在那邊也是請一個Engineer(工程師),完全一樣價格在德國,所以臺灣的工資已相當的高,未來也只有走國際化路線,經由全世界的資源才能使企業再壯大(訪問記錄M089P21)。

國際間資源的可移轉性,說明的是國際化對於台灣中小企業轉型上的積極意義。協力網絡的分工與整合、產業部門間的可移轉性、社會部門間的可移轉性,究極而言,只不過是要確立台灣中小企業立足於國際的新空間,實現國際間資源可移轉性的基礎。我們相信,中小企業未來的發展,很可能在國際資源的支援下,再創高峰。然而,這是有條件的創造。不能開拓出世界性的宏觀視野,沒

有培養企業善用國際資源的能力，企業即可能為世界所淘汰。而企業要免於這個命運，企業本身努力建立自己的品牌，國家品牌的支持，也居於關鍵地位。在兩者的攜手努力下，台灣中小企業的轉型才有更大的揮灑空間。

第六章
中小企業組織產權的多元化——集中產權與分散產權

　　台灣中小企業的轉型問題，在社會資源可移轉性的前提下，必須對組織的所有權屬性做大幅度的調整，特別是家族色彩濃厚的企業。企業是否爲一家族企業，整體而言，並不是判定企業經營績效的關鍵。不管是從台灣或者香港，乃至於西方資本主義發展歷史中的許多商業及金融企業，都具有家族性格，發展上卻相當成功（Braudel, 1982）。過去對於台灣大企業及中小企業的研究，我們也說明了家族對於企業的發展，不是一個合理或不合理經營的問題。如同非家族企業，家族企業可以很合理的經營，也可以很不合理的經營。從長期持續的調查研究，我們發現，就企業經營的本質而言，懂得如何使用資源才是關鍵。以家庭工廠及小型工廠而言，在沒有其它人力資源之下，善用家族中的成員，也算是一種社會資源的移轉，能有效降低企業尋找人才的成本。因此，探討台灣中小企業的轉型問題，我們從企業如何移轉資源的角度來看，企業面對新的社會及市場競爭局勢下，原先透過家族移轉人力資源的策略，會產生什麼樣的問題，這是本文要處理的重點。

隨著舊制度經濟學派（Commons, 1990）到新制度經濟學派（Eggertsson, 1990）的轉換（Rutherford, 1996），產權的觀點逐漸為經濟學界及社會學界所重視。從早期阿爾欽、德姆賽茲對於產權的研究（Alchian & Demsetz, 1995），到後期Barzel對於財產權的經濟分析（Barzel, 1997），社會學家科爾曼在《社會理論基礎》一書對於產權及權利的社會學分析（Coleman, 1990），都說明了這個觀點在社會經濟制度研究上的重要性（ Rosenthal, 1992; Alston, Eggertsson & North eds., 1996; Weimer ed., 1997）。而制度取向的社會經濟發展研究，也一躍成為顯學（Bromly著、陳郁、郭宇峰、汪春譯，1996；Lindblom著、王逸舟譯，1996；Cooter & Ulen著、張軍等譯，1994；Coase著、盛洪、陳郁譯，1994；Posner著、蔣兆康譯，1997；陳郁編，1996；Ostrom等著、王誠等譯，1992；張宇燕著，1993）。以財產權的觀點進行經驗研究，已有豐碩的成果出現，Ramseyer對於日本珍物市場的研究，指出了日本社會產權的配置方式有助其經濟發展（Ramseyer, 1996），即是很好的例子。本文對於台灣中小企業轉型的組織產權分析，即是順著這個理論脈絡加以延伸。

一、中小企業的產權理論觀點：社會分散產權

自從Berle及Means出版其《現代公司與私有產權》一書之後，經營權與所有權分離的觀點似乎已成定見（Berle & Means, 1991）[1]。到了阡德勒強調「組織能力」（Organizational Capability）之

---

1 事實上，這個觀點韋伯倫在其《Absentee Ownership》一書（Veblen, 1997），已開其先河。

「管理資本主義」（Managerial Capitalism）的出現，專業經理人之取代企業組織所有者更被視爲當然（Chandler, 1977, 1995, 1990; Roe, 1994; Lazonick, 1991; Lazonick & Mass eds., 1995）。然而，從台灣中小企業發展的經驗來看，經營權與所有權是否應該分離，不是一個自明的課題，而是應該加以深入研究的問題。因爲從不同廠商規模階層結構來看，底層的中小企業與上層的大企業，就實存的經驗世界而言，便有不同的經營權與所有權的組合方式。本文先不觸及大企業的產權問題，而是就台灣中小企業在面臨轉型壓力下，該如何進行產權配置，以因應外部挑戰？這個問題進行討論。

從企業組織運作的角度來看，企業主如何安排組織的產權結構，對於企業組織的運作成效會有相當的影響。如同產權經濟學家指出的：

> 「不同的產權安排會導致不同的受益報酬結構」（菲呂博騰、配杰威齊，1995）。從企業組織的外部環境來看，產權會影響資源的移轉。以企業組織的內部來看，產權會影響經營績效。

誠如菲呂博騰（E. G. Furubotn）及配杰威齊（S. Pejovich）指出的：「在缺乏靈敏的報酬制度情況下，合作性投入生產率水平將會低於潛在的可能水平」（Furubotn & Pejovich, 1995）。企業做爲使用社會資源及創造社會資源的獨特形式，乃在於「私有產權的可分割性、可分離性和可讓渡性，能使現代法人企業組織，這種合作性的聯合生產活動成爲可能」（阿爾欽、登姆塞滋，1995）。產權對於理解台灣中小企業組織的轉型，既然是這麼重要，我們便先要理解，什麼是「產權」，菲呂博騰及配杰威齊指出：

> 產權不是指人與物之間的關係，而是指由物的存在及關於它們的使用所引起的人們之間相互認可的行為關係。產權

安排確定了每個人相應於物時的行為規範,每個人都必須
遵守他與其他人之間的相互關係,或承擔不遵守這種關係
的成本。因此,對共同體中通行的產權制度可以描述為,
它是一系列用來確定,每個人相對於稀缺資源使用時的地
位之經濟和社會關係。從實際的觀點來看,新產權方法的
中心任務是要表明,產權的內容如何以特定的和可預期的
方式,來影響資源的配置和使用(Furubotn & Pejovich,
1995)。

產權問題之所以對於討論中小企業轉型特別重要,在於它提示
我們必須以新的角度重新思考資源的配置問題。廠商組織的變化,
若表彰為人與人之間的組合與關係問題(陳介玄,1995)。則企業
轉型在根本層次上,面對的便是人的組合關係與形態的轉換。而這
些組合的形態牽涉到經濟、社會、政治與文化各層面的成就與影響
時,產權便是一個核心的議題。因為產權的改變將使得人的組合形
態和關係改變。所以,登姆塞茲指出:「產權是一種社會工具,其
重要性就在於它們能幫助一個人形成與他人交易時的合理預期。這
些預期通過社會的法律、習俗和道德得到表達」(Demsetz 登姆塞
茲,1995a)。如此,社會的變遷與發展,就會迫使產權結構加以改
變。這是因為「新的產權形成是相互作用的。人們對於新的收益與
成本之可能,渴望進行調整的回應」(Demsetz 登姆塞茲,
1995a)。就廠商而言,對於社會變遷之可能回饋於組織變化的敏於
反應,必須以產權觀念的充分瞭解為前提。因為,產權是否調整,
直接影響企業組織的經營績效。登姆塞茲指出:

當內在化的所得大於內在化的成本時,產權的發展是為了
使外部性內在化。內在化的增加一般會導致經濟價值的變
化,這些變化會引起新技術的發展和新市場的開闢,由此

而使得舊有產權的協調功能很差（登姆塞滋，1995a）。

產權的調整牽涉到的不只是企業所有制的改變。更重要的是，產權的調整，影響到企業作為一個組織的經營成效。因為隨著社會變遷及市場變化而來的各種外部性變動，譬如製程技術的改進、專利權及智慧財產權的發展、技術創新模式的改變、訊息取得途徑的變動等等，必然會影響了企業組織發展的模式。登姆塞茲指出：

> 我無意主張或否定產權的調整，必然是為了新的外部性問題，做出的有意識努力之結果。在西方社會所發生的這些調整，一般是社會道德和普通法的慣例逐漸變遷的結果。在每做出一步這種調整時，外部性在本質上是不可能與所要解決的問題自覺相關的。這些法律和道德試驗在某種程度上，可能是一些碰巧的程序，但在一個社會中，它們與效率的實現卻關係重大。它們的長期活力，將依賴於如何為適應與技術或市場價值的重大變化相聯繫之外部性，而修正它們的行為（登姆塞滋，1995a）。

登姆塞茲借用了利科克（E. Leacock）在〈關於山區的守獵區域與皮革貿易〉一文的研究，說明印地安人在土地私有產權的發展與商業性皮革貿易之間，在歷史上及地理上的緊密關係（Demsetz, 1995a）。如同社會與企業，私有產權也是需要發展的。社會變遷所產生的外部性，使得私有產權有不斷發展的機會。如此，我們就看到了私有產權在社會發展的重要性。因為「除了私有產權以外的其它產權，都降低了資源的使用與市場所反應的價值的一致性」（Alchian, 1995）。在從鉅觀的層次，我們可以從私有產權的發展瞭解社會發展的層次，誠如登姆塞茲指出的：

> 一個社會的規模越大，它所依賴的條件就是越有利於私有制。一個規模較大的社會試圖在一個集中的國家控制的基

礎上運作的困難會更大。一旦一個社會突破了其最適度的
限制，要獲取其期望合作行動的官僚化成本必然會急劇上
升（Demsetz, 1995b）。

從企業經營到社會發展的微視與鉅視層次，產權，特別是私有
產權的理論觀點，提供我們更深入瞭解中小企業組織轉型的問題。
那就是，如何因應市場及社會的變遷，重新調整企業組織的產權結
構。企業作為體現社會資源可移轉性的行動主體，如果面對社會資
源的存有結構，以及轉移社會資源的途徑與方式不同於以往，則私
有產權的調整，是企業走向資源最優配置的前提。

台灣以中小企業為主體發展經濟，事實上，社會已經發展出透
過協力網絡不斷形成廠商，以達到社會資源最優配置的可能性。所
以，台灣社會，人人都喜歡當老闆（謝國雄，1989），就社會整體
發展意義而言，其重要性在於，透過私有產權的分散化，激勵了大
眾對於資源的有效使用。如同登姆塞茲對於土地私有制所作的考
察，也可以幫我們釐清台灣黑手變頭家的重要價值意涵：

「土地私有制的結果，使得與共有制相聯繫的許多外部成
本內在化，因為對現在的所有者來講，他能憑借排除其他
人的權利，對有關的可實現報酬進行全面的計算。這種收
益與成本向所有者的集中，產生了更有效使用資源的激
勵」（登姆塞滋，1995a）。

藉由市場的開放以及協力網絡的發展，使得台灣民眾創立廠商
的成本大幅降低。這是台灣中小企業早期發展，很重要的立基點。
黑手變頭家或者白手變頭家，是整個社會發展出來的產權分散模
式。這個模式使得協力網絡，提高了廠商的生產績效，也進一步推
動私有產權的分散化。所以，透過協力網絡進行廠商的再製，以達
成產權分散，增加社會資源使用效益，是台灣中小企業能靈活應付

國際市場變化的重要機制。隨著某些產業協力網絡在台灣的解體，我們有必要深入思考另一個產權分散問題，意即廠商組織內產權結構的變化。

企業「發展」的意義不同，即可能帶動產權觀念和實質制度安排的改變。台灣中小企業轉型之所以要面對產權的調整及改變問題。實是因為在1990年代，企業面對的國際競爭形態，與過去60、70年代勞力密集階段，有很明顯的不同（Best, 1990）。在一個講究少量多樣的生產模式下，商品必須符合消費者，凸顯其主體性的需求。因而，作為商品生產的企業組織，從技術的研發到市場通路的掌握，也必須以新的形態來進行。因此，快速變遷的商品意味著必須有快速變遷的企業組織。也意味著廠商必須以最低成本內化更多的外部性，企業組織核心的私有產權在此前提下，即必須調整。所以，從廠商組織的內部來看，調適也意味著私有產權的發展。台灣中小企業，過去對於企業私有產權的發展給予很大的空間。那是因為形成組織的成本，在協力網絡之下相對低廉。所以，中小企業產權的發展，是極簡單的素樸形式。可是，現在形成廠商的成本提高。企業主要創業必須考慮到：如何透過私有產權的變化，繼續掌握台灣形成廠商的優勢，因此，我們再度看到了馬克思理論的限制。隨著不同商品變化而來的廠商發展，不只帶動了企業組織形式的變遷，它也根本改變了私有產權的形式。正是在私有產權形式的改變下，以生產工具有無劃分階級的觀點需要根本的改變。

如何透過產權的變化，達到形成廠商的優勢（這是本章的重點）。這個論述之下有幾個前提需要掌握。台灣的企業經營環境，雖無法像香港做到法律明確界定政府與市場的關係。然而，因為協力網絡的發展，使台灣民眾創業極為方便。換言之，在台灣具備了形成廠商的優勢。台灣企業主在此結構裡，其企業經營的知識及經

驗累積，有一個重要的好處是，透過形成廠商加速其學習的能量。
所以，從田野調查我們看到，台灣很少純粹的資本家，意即如熊彼
得講的提供資本給企業家的金融家（Schumpeter, 1983, 1989）。台
灣中小企業也很少順從學者的建議，不切實際的將經營權與所有權
分開。不管是黑手變頭家或是白手變頭家，都說明了，內行人掌握
了企業的經營。內行人構成了企業主，也就使得協力網絡的組成，
充滿各種專業知識和經驗交流的可能。透過協力網絡形成廠商，擴
大學習的深度和廣度，是台灣中小企業的競爭優勢。然而，當形成
廠商的基礎條件改變時，廠商如何繼續保持這個優勢，便是一個值
得在思考的重要問題。

二、透過產權的變化，達到形成廠商的優勢

　　企業產權的概念是一個發展的概念。當社會變遷持續進行，社
會變遷的速度越來越快，企業面對市場的變動，不可能以單一商品
立足市場的時候，企業組織的改變勢所必然，企業的存活機率多少
取決於組織產權發展的速度。類似台灣以中小企業為主體的社會，
企業產權的問題，顯得特別的重要。因為，中小企業不依賴股票公
開上市以分散產權的制度安排，它便需要有自己對於產權調整的制
度模式。從今年度的中小企業轉型調查[2]，我們發現企業轉型中組織
產權的調整與制度模式的發展，是一個核心的課題。存活的企業在
面對市場結構的變遷下，多少已作出了適當的回應，那就是透過產
權的變化，達到形成廠商的優勢，取得企業轉型與升級必要的資

---

2 東海大學東亞社會經濟研究中心，在經濟部中小企業處的支持下，
　已進行了三年中小企業轉型的社會調查。1996年到1997年的調查，
　企業產權的轉變是其中一個研究重點。

源。底下從一些實際的個案加以分析。

　　想要根留台灣的中小企業，必然要從企業的研發能力著手，以提高產品的附加價值。受訪的M公司，在自行車大量外移到大陸龍華與昆山投資之下，台灣的生產基地，不但沒有萎縮，還就其需要的各類零組件進行擴廠。技術的取得，企業主充分利用了社會資源可移轉性原則，從工業技術研究院的相關研發，取得了重要的技術訊息，如自行車車燈發電瓶的改良。然而，對這種新產品，這家公司企業主並不想自己來生產。就他個人而言，雖有足夠的資金和市場，可以從事這個新產品的生產。他卻希望研發的技術人員，能夠加入生產的行列，共同來投資設廠。在此前提下，他可以確保從研發技術到製程技術移轉及銜接上的平順，這對於從樣品的研發到真正大量商品化生產，有相當大的困難需要加以克服的前提下，共同投資毋寧是一種相互的保障。M廠的業者透過這個方式不斷擴大其相關企業的設廠動作，在短短的數年間已建了7家工廠。每一家公司的產權結構都是分散的，給予核心班底充分的股權。藉此，公司能不斷取得必要的技術和市場的訊息，以調整公司的體質（訪問記錄M027P23D）。

　　企業以內部創業的方式，不斷成立相關產品的生產或銷售公司，使得核心班底人員，可以有內部創業的機會，並不是現在獨有的案例。許多台灣的大財團已行之有年。重要的是，中小企業在新的國際競爭局勢下，從事的調整，有其普遍性。從早期的紡織業、石化加工業、機械業、電子資訊業及半導體相關產業，我們都看到了這個發展趨勢。中小企業在面對既有的協力網絡解體、轉型的壓力下，自發性的從組織內部產權結構改變，重新取得形成廠商的優勢，是值得注意的一個轉型方向。透過產權的變化，達成形成廠商的優勢，也就是企業主意識到，無論將產權外部化或者是內部化，

在面對快速變遷的市場和社會，都是必要的經營理論和策略。班底與更多的員工之分享股權，以及市場上擁有技術或專業職能者之共享股權，是擴大企業生存及發展的基礎，而不是縮小其立基點。所以，產權是一個企業在面對轉型時，具體可用的工具，而不是構成私營企業最頑固不動的部分。隨著行業的不同，投資地點的不同，改變產權的方式也就不同。到大陸投資調整產權的型態又是另一種模式。

受訪的一家中部最大的泡綿公司，到大陸投資的經驗是很好的說明例子。到了大陸的投資策略，C公司走的是獨資與合資並用的策略。在合資的過程，其擁有的股權並不大，就實際的經營績效而言，參與合資的公司，並沒有獲利的能力。之所以要找大陸國營廠合資，主要著眼點在於，透過合資的過程，他們可以學習到大陸不同於台灣的交易慣例、經營體制和與政府的互動訣竅。換言之，透過與國營廠合資，他們進行另一波的企業學習，藉此磨練在大陸經商的能力。並累積必要的企業經營經驗（訪問記錄C035P23）。透過對於產權的變化，達到形成廠商的優勢，在這個例子中，也看得很清楚。台灣中小企業，在協力網絡所學到的形成廠商之經驗，使他們懂得如何因地制宜，轉變方式再取得這個優勢。儘管大陸沒有台灣四十年形成的協力網絡，然而，廠商可以透過產權的調整，來形成新的廠商，以取得學習的資源。台灣形成廠商的優勢所保障的學習優勢，有了不同的管道可以達成這個目的，可以說是企業轉型的有利環境。

透過改變產權，達到形成廠商的優勢，對中小企業的轉型特別重要。因為在不能依賴原有協力網絡之下，企業必須有自己的獨特出路。不管繼續在台灣發展，或是到大陸及海外投資，廠商組織私有產權的改變，是一種主流而不只是利基點的取得。因為，昨天的

商品既成過去,昨天的組織形式和產權的安排方式也就落伍。更重
要的是,透過改變產權,達到形成廠商的優勢,不僅有助於社會中
廠商的創造與發展,更將自發型網絡所能提供的企業學習能量,加
以擴大,而達到了建構型網絡所能企及的學習密度(陳介玄,
1997)。台灣中小企業透過廠商形成所保持的學習與交流的經驗,
在分散產權的調整下,有了新的擴展空間,這說明了中小企業轉型
的一個大趨勢,值得業者及研究人員注意。

三、透過產權的變化,達到移轉資源的優勢

　　廠商的存在,一方面它必須吸收、轉換某些社會資源;另一方
面,它也必須經由吸納資源的轉化,創造出社會以前所無的資源,
以供社會使用。這是廠商存在於社會最重要的意義。社會透過廠商
本身的獲利創造了更多的社會資源。所以,廠商生產的商品非常重
要。因為,商品表彰著一定的社會價值,廠商以其組織的創造力,
為社會提供了新的社會資源。如此,我們也就明白,某些商品所內
含的社會資源屬性,沒有透過廠商的組織是沒有辦法創造出來的。
這也是我們要再深入思考廠商存在之社會意義的道理。馬克思資本
論裡(馬克思,1975),最大的疏忽是,他無法瞭解某些透過商品
所提供的社會資源,是無法不透過廠商這個組織來創造的。因此,
探討整個資本主義的重點不只在於勞動價值,更需要注意到組織的
價值。由於商品所體現的社會價值不同,也就是商品所提供的社會
資源屬性不同。因此,商品絕對不能均質的加以認識。那樣也就完
全模糊了,透過商品對社會認識的可能性(Appadurai ed., 1988)。
因為商品所提供的社會資源屬性不同,所以,人類生存需要透過不
同的社會資源之取得以改進其生活時,不同生產組織及機制都是重

要的。特別值得注意的是，一些單靠個人無法生產出來的商品，也就使得廠商組織的發展成爲必要。

廠商要生產出個人所無法生產的產品，也就是提供個人生產無法供應的商品，廠商便需要吸納社會資源做爲他創造另類社會資源的原料。所以，廠商的組織便需要具備吸收社會資源、轉化社會資源的能力。廠商之所以需要具備這個能力，從個人的角度看，如此它才有獲利的能力；從社會層面來看，這樣廠商才能爲社會創造新的資源，才可能爲整體社會資源可移轉性，再提供新的可能性。廠商在外部社會變動的挑戰下，組織產權的變動是一個重要的回應機能，誠如產權經濟學家阿爾欽指出的：

> 現代公司爲了從指導對生產活動和技能的大規模專門化中獲取收益，它依賴於有限責任增進了私有產權各部分的可讓渡性和可分割性，它並沒有損害或削弱私有產權的有效性，分割作爲一種控制和協調的方式使得私有產權能實施有效的生產專門化（阿爾欽，1995）。

組織產權的可分割性使我們更能意識到，廠商面對一個快速變遷環境，便需要透過權利的重新組合與安排，達成最佳的利用資源方式。因此，社會資源的移轉構成廠商利用社會資源的核心問題。廠商利用社會資源的最佳方式不是自創所有的資源，而是轉移社會中已有的資源。所以，廠商吸收社會資源的核心在於「如何移轉社會資源」，重點在於社會資源「移轉」的所有技術問題。廠商是否能將有利於企業經營的既存社會資源加以移轉，便要看廠商主觀的經營能力，和整個社會客觀的制度安排。從廠商主觀的角度來看，移轉社會資源第一個前提是，知道自己需要的社會資源是什麼？其次，是怎麼得到這些社會資源？最後則是，如何善用這些社會資源，以創造出新的社會資源？從台灣中小企業轉型田野調查來看，

大多數轉型成功的企業，可以說都相當程度的克服了這些問題。這三個問題，有些是牽涉到廠商網絡轉型的問題，我們另文處理。在此，我們要討論的是廠商組織產權上的分割，對於廠商移轉既存資源的重要。

　　隨著企業經營專業知識的全球化發展（Badaracco, 1991），組織需要的知識及訊息遠比個人還要多。這就是諾貝爾經濟學家阿羅講的，組織遠比個人更能克服訊息取得的限制。當然相對的，也要付出一定的成本（Arrow, 1984）。廠商在這個前提下，我們要問的是，其取得知識與訊息，相對於個人的優勢何在？重點在於因為廠商的運作，廠商的組織形成與發展，除了本身組織力量的整體效益之外，建構及發展廠商所長期累積的網絡，是廠商在取得知識及訊息優於個人之處。企業主透過「移轉」以取得新的資源，可以有兩個途徑，一是強化廠商本身組織內部成員的運用；其二是透過網絡進行組織外部環境的資源移轉。因此，就第一個途徑而言，是本章討論的重點。我們要指出的是，廠商透過組織人力資源取得更多的外部資源，是因為知識的專門化必須依賴不同的人做不同的專門化工作。因此，組織人員願意以組織做為貢獻的載體，組織便必須因應外部環境而調整。所以，整個組織變化的重心就在於從集中產權走向分散產權。

四、班底建構、分散產權與家族經營

　　就廠商發展而言，由於形成組織需要成本。因此，企業主的職能便是要付出成本形成組織。企業主對於自己創業所歷練的一切經驗，事實上，是透過形成組織所付出的高昂成本得到的。所以，要企業主在這個前提下，放棄組織的經營轉而純做個股東，也就是依

照一般對於合理經營的看法,將經營權與所有權分開。從廠商組織形成需要成本的角度來看,這是一個非常膚淺的看法。一個對組織最熟悉的人,我們卻要他放棄對組織的經營,這其實是對於廠商經營極大的誤解。以台灣的中小企業而言,規模不大,創業的企業主從開始創業之初,便要張羅一切企業組織形成所需要的一切程序。因此,企業主是最熟悉整個企業屬性和企業利基點的人。在此過程,企業主對於組織的經營,對組織本身的發展與存續,可說是最重要的人力資源。從整個社會需要廠商的角度來看,企業主非但不能遠離組織的經營,我們還要鼓勵企業主勇於投入企業的經營。所以,企業要將經營權與所有權二分的觀點,是一個黑板理論(Coase, 1994),必須重新思考。對於廠商的「發展」,真正要面對的是,如何從集中產權走向分散產權?從這個角度,我們才可能掌握台灣中小企業未來轉型的根本問題。

從台灣中小企業實際經營的角度來看,一個企業組織的運作,除了企業主之外,最重要的是其經營的團隊,也就是我所說的「班底」(陳介玄,1994)。事實上,觀察台灣中小企業的經營,大凡能夠經得起市場及外部環境的挑戰,而且有獲利能力的廠商,其組織形式便有許多的異質性。然而,廠商經營的規模越大者,企業主必須有其班底,這是一個普遍的事實。因此,所謂企業主的職能,在於形成廠商,也就是說企業主存在的最重要功能在於形成組織及發展組織。換言之,企業主要有建構班底的能力。企業主透過建構班底達成其組織穩定的運作。在此,班底與純靠血緣的個人關係要作個區分。班底並不意味著一個只講究關係的個人連帶,而不考慮專業能力的團體組合。事實上,從企業發展的本質而言,一個成功

的企業，其班底組成的邏輯是「專業連帶」而不是「身分連帶」[3]。這一點我們討論家族企業的時候可以再深入探討。在此，我們要釐清的是，企業主的職能既然是在形成組織、運作組織。而廠商組織又是人所組成的一個團體，當然會受一定的社會文化及產業制度的影響，而產生了皮古所說的不同形態的「勞動分配」（皮古，1952）。因此，具體反應在企業組織的人員上，也就是員工的流動。從勞動者一方來看，一個人可以擁有自主性而自由進出不同的企業組織，以找到適合於自己興趣的工作，是整個社會及企業應該提供的環境。所以員工的跳槽，從整個社會勞動分配的角度來看，是不應該禁止，也不可能禁止。如此一來，組織如何能夠穩定的持續運作？特別是在一個還不具社會聲望的中小企業[4]。大企業以其長期經營累積下來的社會聲望，足夠使其吸納社會中好的人才。相對而言，中小企業便沒有這個優勢。中小企業隨時要面對員工的流動。在調查訪問過程，許多的中小企業莫不為此所苦。如果我們從中小企業在社會聲望取得相對弱勢，這個結構性觀點來看：中小企業的本質也就內涵了人才取得的限制。所以，中小企業班底的建構便特別重要。因為，這是保障中小企業組織能穩定經營的核心。所以，企業主在創立組織的開始，便要一直面對這個問題。廠商若不能在創業的一段時間內，建構起自己的班底，企業要經營的很成功，除非一直維持在企業主本身都能事必躬親的範圍之內，否則企

---

3 關於這兩個重要概念的討論，請參看本書第九章〈「身份連帶」與「專業連帶」〉。

4 這是中小企業經營上面臨的一個難題，一方面為提昇競爭力，加強內部員工在職訓練與教育；另一方面員工有了更好的專業知識，流動率卻增加了。本文在此所提的觀點，是對這個現實存在的兩難問題，提供一個解決的方向。

業的茁壯與發展，誠屬不可能。因此，在面對一般員工的流動下，核心班底成員的穩定，就相對重要。對中小企業而言，組織要取得不斷的獲利能力和成長空間，班底的形成是重要的保障。而班底這個調適的動力來自於企業主的推動。企業主必須透過調動班底的積極性，以保持其組織的積極性。

基於創建組織的需要，企業主建構了班底。也因為創建組織有其成本。所以，企業主對於班底的選擇與栽培，變成是企業經營成敗的關鍵。特別是在於90年代之後，台灣面對一個快速變遷的市場及國際競爭環境，企業主及班底的專業能力，變成企業競爭優勢的主軸。因此，班底人員的吸納和維繫變成是一個重要的工作。這個事實在高科技產業更是明顯。所以，從企業發展的實況分析，中小企業主面對不同的經營時代，重要的調整不是將經營權與所有權加以分離，讓班底這個專業經理團隊經營，而企業主擁有所有權。恰恰相反，站在形成組織及發展組織的前提下，企業主不但要繼續擁有所有權，也必須涉入企業的實際經營。如此，組織才有充分的人力資源發展。最重要的改變是，企業主要將自己擁有的所有權形式加以改變。意即從集中產權走向分散產權。

然而，企業發展產權並不是一個單一的現象。產權的發展要和企業主的能力及領導風格、班底的建構與企業文化的形成，合在一起看。否則產權的分化，只是把企業發展成一個內部私權的共有制，反而導致了不易解決的問題之出現。因此，分散產權的實際過程，如何能保證企業所有者人數的增加，卻不會導致內在化成本的增加？換言之，導致決策拖延無效率，以及不同股東之間協商成本的增加？在調查過程我們注意到，集中產權的企業主確實在市場上享有更大的聲譽，因為其個人擁有完全的決策權力，容易說話算話。換言之，這種類型的廠商，確實其企業內在化的成本很低。所

以，企業分散產權的發展，也必須克服因分散產權帶來的內在化成本高漲。因此，分散產權必須與班底的建構和企業文化的形成，一起配合的道理在此。廠商必須透過班底建構企業文化，使得企業的日常運作和重要決策，不會因產權分散而造成協商成本的增加。

企業主透過分散產權以建構班底，是中小企業轉型中的核心議題。企業主所要面對的這個改變，不是枝節上的調整，而是整個認知心態和價值系統的改變。從一個更深入的角度來看，中小企業有了班底，才說得上有所謂的企業文化。因為，從班底這個以「專業」為核心組成的小團體，在帶動著整個企業的發展過程中，也就不斷建構著該企業的文化。企業在建構班底的階段是企業文化形成的階段。班底在帶動整個企業經營階段，是企業文化在發揮其理念效用的階段。因此，企業文化是否能形成，取決於企業主透過分散產權建構班底的能力。中小企業的企業文化並不是空洞的理念，而是一套在公司產權分散之後，降低內部化成本必要的工作默契。所以，班底並不是圍著企業主的一個封閉小團體，而是對組織運作要特別用心經營的專業團隊。企業主最重要的職能是找到能夠創新的一個班底，而不是如熊彼得所說的是在於本身的創新能力。企業主本身的創新能力固然是做為一個企業經營者很重要的秉賦和本質。但是光有這個能力，不是構成企業家這個社會角色最本質的要素。形成組織，在組織內部建構班底；在組織外部減少不當干預對於組織運作的阻礙，才是企業主最本質的要素。面對新的全球經濟結構重組，台灣中小企業主最重要的本質，是透過分散產權以建構班底和企業文化，來提昇國際競爭力。

從上面對於分散產權以建構班底的討論，我們如何導出新的觀點來思考家族企業問題？簡單而言，中小企業的家族經營，為符應外部經濟結構的變化與挑戰，必須從集中產權走向分配產權的發展

模式。以台灣中小企業的類型來看,家計經營資本的企業形態,接近於手工廠的形態。簡單的組織下,排他性的私有財產將使資源利用經濟化。所以,50人以下的小型工廠或家庭工廠,企業組織產權的獨立化,有助於以其排他性的組織產權之擁有,而將組織資源運作的配置加以最優化。然而,中小型廠及中型廠,基於組織發展需要更多更好人才的前提,在小型廠及家庭工廠不需要考慮的產權分配問題變成是一個重點了。換言之,中小企業發展過程中,「某些企業要以獨立產權達成其組織資源最優配置;某些企業則要以分配產權達成其組織資源的最優配置」。社會中的企業組織要在「集中產權」及「分配產權」之間達成一個邊際效益與邊際成本的平衡。

以此來看,中國家族企業的真正核心問題是一個產權經濟學及產權社會學的核心問題。家庭企業意味著組織產權的獨立化及最有價值組織位置資源的集中化。所以,家族企業在小型工廠及家庭工廠存在有其必要性,這反而是企業組織資源配置最優化的形式。可是,在中小型廠及中型廠的企業組織,實際上是不可能以家庭企業的邏輯運作的。企業能發展到中小型廠及中型廠的規模,多多少少企業的組織本質都已進行了轉換。關鍵點只是在於轉換的徹底與不徹底而已。因此,就台灣整體的產業結構來看,私有產權結構已有相當多元的發展。從股票上市的大公司(組織外分配產權)、分散產權的中型公司(組織內分配產權)到集中產權的小型公司,是研究台灣產業結構不可忽視的核心問題。這三種形式恰恰構成台灣社會財富生產與分配的機制。

五、小結

在談台灣中小企業轉型所面對的社會資源可移轉性,必須看到

企業產權可分割性所開展的組織變化幅度，如何給予中小企業新的發揮空間。企業家的本質若是在於「經營一個組織並藉此獲利」，我們要問的是，這個組織在面對挑戰時，該如何調整才能維持其獲利能力？從前面幾小節的討論，我們可以看到，透過改變產權以達成廠商競爭的優勢，透過改變產權以便利於社會資源的移轉，是中小企業轉型的重要機制。傳統對於家族企業的論斷，在本文的討論下，我們釐清了家族企業核心的產權結構，必須以廠商規模大小層級為依據，調整其產權形態。集中產權與分散產權本身，對企業組織而言，並無好壞之分。重要的是，什麼層級的企業？什麼樣的企業發展目標？才能決定使用產權結構的形態。據此看來，家族經營之所以需要改變，是在這個理論結構下來討論，才有意義。超越於家庭工廠及小型廠的企業發展組織，家族式集中產權形態，在新的國際競爭局勢下，勢必要進行調整。因為，建構班底的基礎已不同於以往，企業主需要透過組織產權的調整，鞏固班底的運作效益。如此，家族經營的模式便不得不改變，因為，家族人力資源的使用，不一定與企業組織資源最優化的使用效率原則相符合。台灣中小企業的轉型，意味著一定產權結構的轉型，組織內部產權的分散，是改造組織的一個核心步驟。而產權分散的基本哲學，也預示著一個新的「合作分工」時代的來臨，而不同於傳統的分工合作。

第七章

圓桌社會學——台灣世俗社會的小團體結構[*]

漢諾威自行車展,台灣100多家腳踏車業者參加,吃晚餐的時候,在中國餐館100多人一坐10來桌,每一桌仔細一看,自成一張協力網絡,10來人恰好1桌,大小也剛好與協力邊界吻合。同一桌吃飯的協力廠商,舉凡報價、支援零件、搭配宣傳,一切好講話。不同桌、不同協力網,則一切視同陌路人。

在香港做研究時,特別感受到香港吃的豐實,一點不輸於台灣。中國各地具有特色的菜式皆有,不論是廣式飲茶、江浙菜、台菜及北方館,儘管菜色不同,但是圓桌一圍,7、8人、10來人,笑語喧嘩,觥影交錯,情感畢露、或捲起衣袖大聲划拳、或口沫橫飛勸酒不斷,人情盡在圓桌邊際水乳交融。本以為這個景緻是台灣及香港經濟繁榮的反應,但一到大陸做研究,從南到北,廣東佛山、

[*] 本文初稿發表於東海大學社會係及國科會人文處社會組主辦之「台灣社會學研究的回顧與前瞻—國科會專題計畫成果研討會」,收入《台灣社會學研究的回顧與前瞻》文集內。作者感謝二位評審所給予的寶貴意見。

南海,往北到上海,最後到北京,大小餐館,不管賣的是革命飯菜或是資本主義魚肉(阿城,1994),吃飯時所用的還是圓桌。

中國大江南北各不同的菜式,不管是東南菜系的江浙菜、南方菜系的廣東菜、西南菜系的湘菜川菜、北方菜系的山東菜(高陽,1992:199),卻都是同樣使用圓桌。飲食文明既多元又體現出單一性格,其中必有值得我們思考之處。這裡的重點當然不只是吃飯以及使用圓桌問題,而是關涉到台灣世俗社會小團體構成問題[1]。民以食為天,中國人用圓桌吃飯體現的社會現象,背後隱藏著一個長時段的人際連帶模式。社會上的一切人之組合與構成的方式,多少受此一長時段結構的影響與支配。我在《貨幣網絡與生活結構:地方金融、中小企業與台灣世俗社會之轉化》一書,企圖從世俗經濟生活中的團體化現象,說明台灣世俗社會人之組合與構成的基本邏輯。本文銜接這個工作,對本書前面幾張的討論,企圖從社會文化面向的觀點加以呼應。

雖有焦點,討論的範圍當然也不能廣泛,否則題材與觀點各自

---

1 有關世俗社會這個概念,請參考陳介玄《貨幣網絡與生活結構:地方金融、中小企業與台灣世俗社會的轉化》一書的討論,及阿城《閒話閒說》一書對於世俗的界定。至於有關團體部分,可參考王文秀〈不同形式的團體〉;江丙坤〈工業團體在經濟發展中所扮演的角色〉;周誠德〈如何發揮團體的力量?〉;侯家駒〈工商團體如何參與經濟決策探討〉;柴松林〈民間團體的構成功能與發展趨勢〉;郝溪明〈小團體的互動研究〉;梁滿潮〈工商團體如何具體積極參與經濟事務〉;陳武雄〈人民團體基本概念〉,〈人民團體的角色與功能〉;陳朝平〈利益團體之類型與活動途徑〉;陳榮盛〈如何健全社會團體組織〉;辜振甫〈工商團體如何參與政府經濟事務〉;馮浩偉〈目前臺灣地區重要的工商團體有多少?〉;楊泰順〈利益團體的理論〉;蔡詩萍〈民主政治和壓力政治:解析金牛、民意代表和利益團體的三角關係〉;蕭新煌、賀德芬、黃武雄〈多元化社會中民間團體扮演什麼角色?〉等研究。

爲政也就沒有意義。本文對於世俗社會小團體構成邏輯的探討，以中小企業主爲對象，主要原因在於經濟結構對社會結構有遠較其它領域更重要的影響力[2]，而中小企業又是台灣經濟發展的主體[3]，在經濟生活與社會生活之間的互動，比一般人來得密集與頻繁，是我們觀察世俗社會團體構成極佳的策略點。

一、政治階層、經濟階層與關係

1992至93年，東海大學「東亞社會經濟研究中心」陸續到大陸廣東沿海幾個特區及主要內陸城市，對台商進行田野調查，當時感受最深的就是，台商們所談的「有關係，就沒有關係；沒關係，就有關係」的現象。十之八九的台商，沒有不與當地領導（黨委書記、各級政府首長）建立良好關係的，這是台商到大陸創業最基礎，也是最重要的一個工作。1994年元月，我自己透過大陸朋友的幫助，親自到廣東南海市做調查，直接針對大陸地方社會的轉變作探討，主題轉換到大陸社會本身，而不侷限於台商的小範圍，才凜然驚覺，台商或大陸朋友所說的「關係」，在大陸社會脈絡內，是安置在一個多麼牢固的政治統治結構中！以廣東南海市的發展爲例，南海市各類市場194個，沒有一個不是在政府控制與監督之下成立與發展，想加入經營的個體與公司，如何能夠不與黨政首長建立關係？鄉鎮集體經濟的發展使政府如虎添翼，私營企業與個體戶無法不依靠政府部門以求得發展的機會，與政府建立關係本來就是

---

2 有關這個觀點的討論，參考布勞岱《文明與資本主義》三大卷。

3 中小企業做爲台灣經濟發展主體之說，主要針對其在外銷上所扮演的主導角色而言，詳細論述請參考陳介玄《協力網絡與生活結構》一書。

生存與發展之道。大陸地方社會的轉變,從市場中介團體的茁壯所見出苗頭,然而,中介團體的發展,卻無法不與政府部門建立關係。大陸這個調查背景,對於我自己重新省思台灣小團體構成的「關係」邏輯,有根本的重要性。

回到台灣調查的脈絡來看,隨著台商到大陸投資的開展,學術研究所得到的體會,亦不斷見證於企業主的感受。受訪的一位貿易業者指出:

> 在生意關係上面,當然美國是系統建立的比較完整,這個人際關係,有的時候顯得並不是那麼重要。你越往東跑,你人際關係越重要,今天我跑到中國大陸,我到瀋陽,我跟瀋陽的市長兩個稱兄道弟,那你事情就比較容易做。你在美國,你跑到舊金山跟市長稱兄道弟,市長的權力很小,他只是卡在這個系統坐他市長的職位,就顯得個人的關係不重要。當然台灣也在轉變,現在光靠這個關係,沒有用,已經打不進去這個生意的圈子裡頭,你一定要有自己的實力,也就是說大家生意能夠合作呢都要能夠互利,利益現在變成最重要(訪問記錄NT15)。

就上述的一些實例,拿台灣與大陸的「關係」作一簡單對比,「關係」在兩個社會脈絡的意義,有相同及不同之處。從相同之處來看,兩地社會在企業面對政府壟斷與特許相連之行業,還是要講究與政府部門的關係。從不同來看,中共的統治,以強大的政治專制力量,造成了一個成熟的政治階層結構。這個政治階層結構,是一切權力的核心架構,經濟、社會的利益源頭。所以,一切的經濟活動都要與政府部門掛靠[4]。既要跟政府掛靠,勢必要動用關係,才

---

4 中介組織及私營企業與政府掛靠情形,參考王穎等著《社會中間層:改革與中國的社團組織》。

能獲取其政治階層結構所能容許的營利範圍。然而，台灣的情形卻有一個根本的不同。台灣因私營企業的發展，容許了外在於政治階層之經濟階層的發展。除了政治與經濟之間的利益連帶，需要一定的政商關係之外，內在於經濟階層之間的企業活動，有其自為的空間。這在於中小企業的世俗經濟更是如此。所以，企業的講究關係，是要打通各個經濟層級的利益環節。兩者雖然深謀遠慮總為人，似乎同樣把人擺置在社會活動的核心與主軸上，事是隨著人而轉折與異動。然而，其中有一個明顯的差別卻不可不辨，從企業主的訪談來看，台灣以經濟階層為主軸的關係，與大陸以政治階層為主軸的關係，前者說明了世俗社會自為小團體的出現以及權力的分化，後者則說明了傳統官僚社會因關係而強化。

所以，在我們做企業主的社會生活調查時，受訪業者也不諱言的指出：

> 社會走到一個程度之後，一定需要關係，不然要生存很困難。不要說是在經營一個事業，就是要找份好工作也很困難。所以找工作也一樣，不要說經營事業，一定要有很好的關係，不像以前，以前只要努力做就好了，人家做8小時，我做10小時一定可以贏人家，現在不是，關係好的人，出張嘴就好了。時代已經在改變，是靠著關係在做生意，當然勤勞也是要，但是本身如果還有一些關係，要拉很快。比如以前我做裕隆或喜美，如果沒有關係你根本找不到採購，就是知道採購是誰人家也不理你，根本不甩你，但是如果是某某人介紹的，他絕對會出來。所以有人介紹很重要，人家說「見面三分情」，有差啦，見了面之後就是看你的表現了，你的談吐如何，他喜不喜歡，就是這樣。是不是沒有踏出第一步，以後就不用再說了？連進

去都沒辦法進去。有關係還是很有用。有時候是很現實的，甚至可能這個東西根本用不到，靠著某層關係也是跟你買。人家有關係之後，你可能打都打不進去，找誰你都不知道。所以社會愈繁榮，關係愈重要，這是事實（訪問記錄NT6）。

以大陸為鏡子做簡單對照，我們要重新思考「關係」在台灣社會脈絡的意義。社會愈繁榮，關係愈重要，說明了經濟總資本的增長，多少也會帶動社會總資本的增長，這牽涉的其實是整個社會剩餘價值分配的問題。當社會的經濟發展到一定的程度，財富累加在底層世俗社會的庶民大眾身上普遍進行，藏富於民的事實得以踐履，傳統以來的人際連帶方式，卻如魚得水，更為強固。這其中的關鍵在於，儘管社會大眾收入與所得增加，但是企業營利並不是對所有庶民洞開門戶，它只對某些人開放。所以，找對鑰匙開對門，便是創業者必需先要面對的挑戰。關係的積極性格在於，當社會的發展因經濟的高度成長而發展出經濟的階層結構，從而再行塑造社會的階層結構時，社會大眾在上下階層之間的流動，便需要有不同階層的人來引介或提拔，使得創業頭家有機會與上下層的人進行接筍與掛勾。關係到底是存在於經濟階層結構發展成熟的社會，或是發展不成熟乃至於沒有發展的社會，有著不一樣的意義。業者之所謂社會越繁榮、關係越重要的感受，實說明著台灣歷經三、四十年的發展，經濟階層結構已趨於成熟發展的結果，所以，相對的再度看到關係的重要性。因為經濟發展說明的社會意義是，一切經濟活動都已順著團體化、網絡化形成的階層結構在進行，任何新加入者要想進入，勢必要能切入這個已結構化的經濟世界，關係當然重要。

二、關係在世俗經濟的實用性格

　　經濟階層既已形成，從我們過去對於中小製造業，及與中小企業互動最頻繁的地方金融和民間標會之研究，發現在經濟階層結構發展過程中，因網絡化所形成的團體化，在這些不同的經濟場域有其一致性。因而，在中小製造業、地方金融及民間標會所看到的團體化現象，可說是本文論述的基礎。就整個企業活動的屬性而言，進出口貿易在商品買賣上牽涉到複雜的人與人之互動模式。我們從中小企業協力網絡與貨幣網絡的團體化現象，轉而探討貿易網絡中的團體化現象，希望藉由中小企業各個場域經濟生活與社會生活的互動模式，略為窺探台灣世俗社會的小團體結構。

　　貿易活動一直處在韋伯所講的市場上人與人之間的鬥爭（Weber, 1978），所以「關係」在買賣兩造之間的策略性應用，更見徹底。因而，從中小企業的經濟生活來看，關係是一個實用的工具，它的實用性在市場供需兩端所形成的權力結構，可以清楚看到。一位受訪的業者說的好：

> 也不是說買方就不需要交際，這個觀念絕對是錯誤的。也是要，譬如有時候客戶特別要求要快，這在生產安排上就必須要協調，他們本來生產都安排好了，你臨時要把訂單插進去，必須要好好跟他們講。一、二個月交貨是正常，但是提早也常常是免不了，這時候就要拜託工廠來配合。所以我一直在講，買方和賣方不是誰大誰小的問題，像台聚，做PE的，台灣塑料缺少要配給的時候，工廠要找他們業務員買塑料，一定要到舞廳找他，替他付舞廳的費用才能買到塑料。這是當時台灣塑料缺少，又不准進口，關稅很高。後來開放進口，韓國的比台灣便宜，變成業務員每天要來工廠拜託才能賣出去。所以是供需的原理，有供應或需求需要時就必要交際（訪問記錄NT19）。

是以，從企業經營的角度來看，因為立足於不同的經濟利益與權力位置，對於關係的感受與需求，便是橫看成嶺側成峰，遠眺近觀各不同。有的企業請客拉關係只是因為：

> 主要是聯絡，因為現在不能只做你一家，必需同時做好多家，必需要巴結採買、小老闆，拉關係。有的時候有些東西並不知道，像零件號碼弄不清楚，透過這種方式，大家溝通，交換一些訊息（訪問記錄NT3）。

有的是因為有長期業績的壓力，不得不利用各種可能的管道培養交情，建立關係。受訪的一位貿易業者指出：

> 其實每樣產品性質不一樣，有的比較需要去應酬，像剛講的裕隆那種，沒辦法，因為他們很大宗，而且他們的持續性很好，尤其消耗品就是這樣，一跟你買了，以後就都要用你的了，第一個月雖然沒有賺到錢，但是往後每個月都可以賺到他的錢，不是像一些大的訂單，下完就結束了，可能不知道要等幾年才有另一批。像喜美也是一樣，靠著他職務的關係，來就是要喝，要跟你「培養交情」（訪問記錄NT6）

更有的企業則要透過關係來建立所需要的行銷通路，以保障其生存及營利的空間。受訪的一位大盤藥商指出：

> 做一行有一行的生存方式，譬如說「處方藥」，處方藥大部份從日本、歐美進來，處方藥比較是治療藥。如果是「味素藥」或其它較沒名氣的，即是我們藥房通常的生存之路。他就靠這個推銷你所吃的藥來生存，這種藥在藥房來講才有利潤，他的生存就是這樣。有些「味素藥」，像報紙在刊的「味素藥」，有沒有療效？有，但是慢。藥房對利潤也要考慮，因為你「廣告藥」它不能賺錢，有時候

他虧本也在賣，「國安」感冒液一罐差不多11塊多，以12塊來講，可能賣10塊錢也在賣，11塊也在賣。

所以，在藥房來講要再分兩條路線，就是分廣告藥跟其它的推銷藥，其它的推銷藥就是要靠人際關係，人際關係就是說我來你這裡，我一定要來給你合、要來給你服務，有一個交情後，你才要跟我買這種藥，這種藥就是比較有利潤，賣你10塊，你賣20、30，剛開始栽培你幫我推銷這個藥，一定我們兩人要有相當的交情（訪問記錄NT18）。

所以，整個來講，世俗經濟的關係有其非常實際的應用功能。我們把它稱之為關係在台灣世俗經濟的實用性格。因為這種實用性格，幾乎可以把關係當作一種經濟的社會策略，各個企業會就著自己所生存的經營脈絡，找出自己對於關係的定義，並賦予其行動的意涵，踐履於企業發展的實際過程。既作為一種社會策略，便能分辨出關係的深淺輕重，如何與企業發展的需求相配合。受訪的業者指出：

當然有時候興趣不一樣，但為了和他做生意還是要他攪和，比如他是我們的下游，要買我們東西的人，這種情況當然就會儘量去拉攏，找時間去陪他，找晚上找空檔的時間去陪他，他才會有空，我們要搭配他的時間嘛。我覺得做生意就是這樣，有交情會差很多，就是你的產品比較不好，他也會儘量用你的，交情很重要，產品有時候變成是次要的，只要產品大致上可以，不要差太多，只要你的交情比較好就會用你的。

而交際應酬的情況是，你如果原本並不喜歡喝酒，但是一定要去喝。比如說賣事務機器的，一台影印機在標單上可以以一塊台幣賣你，但是每一種機型的耗材全不一樣，從

這裡面賺錢。佣金給你沒關係，甚至機器也可以送你，名
義上一塊錢賣給你，但是後續的動作以後這幾年的維修都
是要我來幫你服務的。這都是有條件的嘛，後來就是我賺
那些耗材，好幾倍在賺。像這種一定需要「培養交情」，
培養某種配合的方式。我們的機器進去，佣金給你沒關
係，但是以後耗材一定要買我的，所以今天機器送你，從
以後幾佰萬的收入中拿回來。一定會划得來。平常就是要
打關係了，尤其與公家作生意，有機會就一定要去陪他
們，電話一來說要去吃飯，就是要你去付錢。表面上是邀
你去吃飯，實際上是要你去付錢。公家機關或是大企業一
次採購很可觀的，這種情況很多，打電話來說正好在哪裡
吃飯，好朋友一起過來。口頭上一定跟你稱兄道弟，但是
你心裡要有數，要帶錢，他是要找你去付錢的。像這種一
沒跟他做就沒交情了，還有金錢往來時大家都是很好的朋
友（訪問記錄NT6）。

關係的現實功用，也不是點頭之交的層次就可以發揮這個效
果。關係之所以能在世俗經濟展現其實用性格，是因為養兵千日用
在一時，平常的請客吃飯、泡茶聊天，做足工夫，才能水到渠成。
誠如受訪業者，以一個使用關係達成協定的例子所反應出來的事
實，告訴我們關係之所以有用的基礎，乃在於日常生活的長期培養
與灌溉：

像台灣科敏曾經有個例子是，他們有個案子要決定，有可
能會這樣，就是在那種場合要求買主馬上決定，但是這種
情況很少。我認為說今天要決定這個案子，而是在喝酒的
時候簽下這張單子是不太可能的，你們之間要結束或決定
這件案子其實是早就培養好了，如果今天我跟你之間不是

很熟，在那種情況之下絕對不可能出現最後一刀這種動作，他也不敢，絕對不敢跟你這麼做。我剛才說培養是說，可能一開始一起聊天、泡個茶，請你抽根煙；再來慢慢進一步的發展可能是電話連絡一下，採購如果願意電話和你溝通算是很好了；再來就是吃飯，吃飯之後喝酒，也就是先喝再說，一定是先喝，喝完高興了，大家更熟了，就進一步做朋友。以後要談某一個案子，他就會透露很多訊息讓你知道，什麼時候簽？單價多少？當然這是針對一件很大的案子，就像剛才講的裕隆的情形，該做的我都做了，再來當然就是要看對方採購的表現了。都是這樣，你一定要做在前面，大家變成朋友以後，他一定會提供訊息給你，什麼時候要買什麼東西，你有沒有這種東西，變成這樣的方式。我們一定要先付出，對方採購看你也很有誠意，跟你也合得來，要合得來喔，就會願意跟你配合。一定是這樣子，他們一定是佔上風，要玩穩贏的，因為他們有選擇，不是只有你一家廠商，他覺得跟你談得來，各方面都可以搭，他就會跟你配合（訪問記錄NT6）

是以，真正有效的關係需要時間的培養與醞釀，使關係能夠持續下去，關係的效用才有兌現的可能。如此，關係的長期維繫也就不能免。受訪業者指出：

對於穩定的客戶，當然不必沒事就請他來吃吃飯、喝喝酒。但是關係的維繫與培養還是要，不能因為穩定就可以省略。也就是說還是要保持一種經營的態度，因為你以後還是會遇到競爭對手來爭取這個客戶，所以關係還是要不斷去維持。對於新的客人來說為了抓住他，當然是要加強關係的培養。除了保持之外，為了進一步交往，一有機會就要跟他

加強關係。當然抓住客人並不是說絕對是陪他吃飯或喝酒，而是也可以培養相同的興趣，或以關心他的方式來做，這就得看個人的見解。如果他的興趣不在喝酒，而在於下棋，你就陪他下下棋。亦即依他的興趣，來談相關的話題。其實利用應酬時間來真正談生意的時間是相當短的。例如今天晚上有應酬，在這個應酬來談價格與品質接不接受並不多，很多細節都是在平常的磨練中談定的。在飯局中來說，真正在談生意的時間很短，一個重點就是說，都是在很短的時間內解決的。只要抓住這個重點就好了。不可能整晚都談生意，那會把氣氛搞壞了（訪問記錄NT7）。

關係的維繫是日常生活的工作，關係的作用是在關鍵時刻的短時間解決問題。是以，表面來看，關係的效用如同貨幣馬上兌現，事實上這是錯誤的認知。關係的效用是一種抽象的信用，往往是在未來才兌現。因為，關係需要時間發酵，需要整合各種利益的衝突點與契合處，才能在兩造之間找到關係真正可以立足的空隙。

從企業發展的角度來看，關係一旦形成結構化的軌跡，便有團體化的效果。這主要在於關係要到達一定「關係量」與「關係質」的累積[5]，甚至對於來往兩造之間，關係能夠客觀化成「關係資本」[6]，對彼此雙方都有利，這便需要時間的經營。換言之，一般世俗社會中的關係，若只是泛泛之交，關係無法提升到對雙方而言互為「關係資本」的層次，那麼在激烈的市場競爭之下，關係便不能帶來實質的好處。所以，維持關係與經營關係，甚至變成好朋友，拜

---

5 有關「關係量」、「關係質」這兩個概念，參考陳介玄〈關係、「關係空間結構」與「關係」社會〉一文。

6 「關係資本」這個概念的界定與使用，參考陳介玄《貨幣網絡與生活結構》一書第3章〈關係資本與地方金融經營〉。

把兄弟，關係的穩定性才能以團體化來表現。受訪的企業主精闢的
指出：

> 關係會競爭，所以要維持住一定的關係嘛。今天假如我們
> 報價是報10塊錢，有的廠商會故意來競爭，9塊錢就給
> 你，但是這時候採購會跟我們反應，反應給我不是要刁難
> 我，因為他也會怕，如果9塊可以買得到，為什麼要買10
> 塊？這牽涉到他跟公司交待的問題，這時候他就會跟我們
> 再協調，為什麼他賣9塊我們要賣10塊？我們當然可能有
> 我們的理由，我們的產品比較好啦、牌子不同啦，難免會
> 有價差，這樣一來他才可以接受，反正採購會想說也不是
> 花他的錢，跟你配合得好大家認識，有機會還可以一起喝
> 個酒，對方是都不認識，搞不好以後什麼都沒有。所以採
> 購也不願意去換它，只是會怕你的產品有問題，或是價錢
> 被賣貴了，因為他也是要對上面有交待，他又不是老闆。
> 所以買10塊對他來說事實上沒差，只是要想到被外人攻擊
> 時，要如何防患。廠商可以跟他說那是故意削價競爭的，
> 或是產品有不同，各種角度去圓說它，讓他有個台階下。
> 他是比較不喜歡換，換對他沒有好處，因為從零到完成也
> 要一段時間去培養。所以有競爭他會先跟你反應，不會因
> 為對方比較便宜就馬上跟他做。
> 所以維持個關係相當好，大家認識又維持個關係，大家有
> 在互通，只要有什麼問題他都會跟你講。甚至有可能說，
> 比如說我只是賣紙的，有相關的東西時他會來問你拿不拿
> 得到，也要跟你買，套上這一層關係，就很好用。我有個
> 朋友是賣事務機器的，賣給公家機關，賣到最後連掃把也
> 在賣，因為採購跟他很熟，配合得又很好，加減報給你

做，你就多少讓我賺一些，這就是互利嘛！需要買什麼的時候報給你做，你多少一些佣金給我，我也不用那麼麻煩。

所以關係建立以後可能也不一定只賣自己原有的產品，知道要買什麼也可以拿去賣了。比如我是賣紙，賣紙捲擦拭的，採購的跟我熟了以後，說不定會問我有沒有椅套，或是腳踏板，拿來一起賣他。他會提供產品資訊給我，問我有沒有辦法拿，因為量也很大，自己人用自己的，要賺也要給自己人賺。因為大家一起吃過飯，比較好講話，這就是有差了。他會儘量提供你資訊，你有時沒賺他的錢沒關係，犧牲做白工也沒關係，比較看不到的地方把它加下去賺回來，用這種截長補短的方式。（訪問記錄 NT6）

關係一旦結構化，帶動了貿易商品交換的網絡化發展，也就說明了自己人意識和小團體邏輯已默默發揮著世俗的實用功能，能再製造許多可能的生意機會。而這些生意機會可能都是不對團體以外的人開放的。

從受僱者轉換到頭家的一些例子，我們會看到在一定企業網絡的累積下，出來創業者很快能嵌進原來的網絡系統，與原本熟識的企業主變成朋友關係，形成一個沒有組織形式的團體。因而，我們就能理解，在台灣世俗社會，創業的困難不只在資金、技術與市場，還在於經濟網絡與社會網絡的有無，也就是說是否具備了長期經營的「關係」。所以，在台灣的社會環境，創業者擁有之關係資本與貨幣資本同等重要。如此，整個環繞著關係的交際應酬之意義也就跟著改變。受訪的業者指出：

原本建立在應酬交際上的關係有可能會轉變成好朋友的很多。目前這種社會，一般好朋友都是小型公司的老板或是

採購，因為採購的關係都很好，他可能會跳出來變成老板，因為他認識的廠商太多了，可能變成同業，因為各方面的產品他都很熟了，所以他要當老板的機會很大。要當老板一定要跟廠商有熟，再來就是能拿到比人家低的單價，所以他條件很好，只要稍微有點資金，他就可以下去開了。所以後來有些朋友都是一些小老板，變成老板和老板在一起，一般也都是這樣，這些人會在一起，因為談的方式會比較雷同，生活方式也會一樣，變成朋友。30多歲時做採購，45歲時想當老板了，按部就班來，也就是會跟一些老板都有認識。這時候就不同了，大家就都一樣了，平起平坐了，你不可太高姿態，姿態太高人家不理你，因為你現在當老板算剛出來，是菜鳥。所以到某種程度後，大家就成為好朋友，彼此的往來還很好，很多。做朋友以後，喝酒就變成是隨興的了，大家對酒很有興趣，偶而就去喝，也不一定是誰要請了，大家隨便了，變成大家的興趣了。這時候就不可能像剛開始是為了在生意上建立關係，為了加速建立感情而去喝酒交際，現在就不用了。其實這個社會說大也不大，因為我們可能會鎖定那些人跟我們在一起，不同行業的人要認識的機會其實很少，真正都是一些同行在認識，這樣才可能做朋友。因為大家都在上班，那有閒功夫專門找人郊遊、聯誼，大家都很忙，對不對？所以上班的時候交的朋友，有可能以後你的朋友就是那些人。像我們隔壁那些老板，也一樣，類似這種方式，交的也同樣是那些同行的人，後來就稱兄道弟、結拜了。先在生意上有接觸，接觸以後做朋友，漸漸合得來，比如打高爾夫球也合得來之後，感情就愈深，以後就成為好朋

友了。出社會以後朋友是這樣交來的，你們在學校再怎麼交還是同學，要跟社會人士交朋友很困難，因為你沒有機會跟他們接觸，人也是要愈接觸才會愈有感情，起碼也可以了解這個人的個性怎麼樣，合不合得來才可以知道嘛（訪問記錄NT6）！

由以上說明可知，不只是在思考創業者面對關係的動態發展，要考慮到關係本身意義上的質變，所帶來觀察社會關係及人群組合上的微妙變化。也要注意到，關係的發展必須順著一定的生活結構進行，不同生活結構的人要透過關係的建立，進行團體化的建構是相當困難。這其中的關鍵在於社會生活因從事的工作，以及生活的社會空間不同，網絡化與團體化的方向與對象也就不同。這個網絡化與團體化的結構關係，從企業間的財務往來與借貸關係最容易看清楚。受訪的業者指出：

財務的問題是相當的敏感，因為這是公司內部一個很重要的一個環扣。朋友是靠交情，要有利害關係，才可能有財務的往來。說現實一點，人就是相互利用，互相嘛！所以有時候要跟人家借錢也是要有很好的關係，不然你今天隨便要跟別人借錢，誰要借你？一般中小型公司都會相互評估，今天你的行情跟我差不多，我們才有可能在一起，因為誰也不願意去擔個風險。就是在這個行業中我們的地位差不多，不能差太多，這樣絕對不可能做朋友，很困難。比如你今天要跟我借錢，我知道你有幾十甲地，那我還怕什麼？借你沒關係。所以一定是會評估的啦。即使平常有人跟你借個1、2萬，你也會想說這個人跟我借錢要幹什麼，企業也一樣的道理，因為這牽涉到整個公司的安穩性，現在借你這張票，1000萬、5000萬不管，你的行情是

好幾億，借你當然沒關係。還有就是交情，看得到的，了解你給人家的評語如何，你的財產有多少，要借你的額度可以到那裡，這些都是要考量（訪問記錄NT6）。

從上面對於關係的討論，我們可以看到關係的深化有助於關係客觀化成「關係資本」，一但彼此的關係具有關係資本的經濟效用與社會效用，口頭的稱兄道弟，到達歃血為盟成為拜把兄弟，具體化擬似家族團體連帶的作用，則企業主之間的關係連帶便能擴大成一個無組織的小團體。這個小團體一般而言，有其明確的邊界，大小不同隨經濟活動之類型而有所差異。然而，大致而言是以十來人座之圓桌大小為邊界。受訪的一位業者就指出：

> 對自己的協力廠，我們有所謂的九月聯誼會，此聯誼會拆成幾個Group。我每個Group都參加。只要有事我都知道，我有事他們也幫忙。相對的我自己本身也要付出，我常常會邀請他們，不會有互相排斥的現象。這種Group的活動是大家一起來參加。不一定要在酒廊，或在很正式的場合，我們就是家庭聚會，完全是Family to Family。我記得中國人有句話，國父講的「中國人沒有國家觀念，但有宗族觀念」（訪問記錄NT1）。

另外一位做外銷的企業主也提出類似的看法：

> 我在做國際貿易以前也做內銷，我跑遍台灣全島，包括臺東、花蓮、玉里，甚至那時候的麥寮，我甚麼地方都跑。剛開始在跑業務經驗從那裡學很多啦，那時候我跑遍臺灣。然後做國際貿易，現在我沒有跑臺灣市場，但是因為經過業務會報啦，人際關係的面向多少知道。我的看法是，臺灣以前這種是良性的感情關係，良性的感情合作關係，變成組群。我買你的貨以後，雖然別人便宜兩塊錢，

便宜幾個Percent，條件更好，我還是會跟你買（訪問記錄NT2）。

這種無組織形式的小團體運作也反應在投資與創業的組合上。受訪的一位藥商就以自己投資經驗指出：

投資製藥，主要是找談得來的人。先是藥商發起，找談得來的朋友，再來就看資本額。如果不夠就再多找人。以「消氣散」為例。第一次找4位，如果資本湊不夠，就找6人。多這2位，大家（第一次的4人）會開會討論，在會中提出來，都是大家認識的人。如果大家覺得比較合不來就不要（訪問記錄NT5）。

在關係的深化過程，無組織的小團體能夠隨著關係意義的轉變形成新的企業合作形式，上述藥商投資藥廠是一例，受訪的業者也指出這個發展過程的團體化意義：

剛開始拉關係是比較刻意，因為要跟人家往來，想辦法去接觸他。後來會變成大家都是老板，興趣比較雷同，比如一起打高爾夫球，當做運動。因為經營公司常常會忘記自己的身體健康，到了一個程度之後會想說運動一下，這也是很好的藉口，也可以應酬，喝酒的方式可能變成打球，或是大家聊聊天，交誼一下。這時候的聚會也不一定就跟生意完全沒關聯，其實人都不會嫌錢多，愈有錢的人可能愈愛錢，但是這時候的方式可能就不一樣了，比如說可能開始往房地產走。投資的比重這時候會不一樣，平常有在一起打高爾夫球，有在聯絡，現在雖然不會談以前的生意，但是偶而會談到別的生意，大家想說一起投資個什麼事業，同樣也是可能會跳出來做別的生意。因為朋友有限，出社會之後朋友不太可能交太多，可能只是這幾個

人，做你的事業伙伴，所以你的事業可能會愈來愈多，你教我賺這個，我教你那個，這也是大家平常要有聯絡。特別要遇到興趣會一樣的實在很少，另外就是機會。我們台灣人就是這樣，到了50、60歲還是一樣興致勃勃，還是想努力賺錢，錢愈多愈好。很多老板和老板之間的動作後來就是會這樣，原來的公司很穩定了，也不需要擴大多少了，市場也有限，就要轉移了，這時候就是老板之間會彼此配合，一起出來合開某一家公司，一家一家出來，就像獅子會、青商會一樣（訪問記錄NT6）。

就企業發展而言，沒有組織的團體，是典型世俗經濟的特色，完全在世俗生活中自為的發展與變遷。是以，團體化與「再團體化」的動態性變成它的特色[7]。隨著整體商品結構的轉換，市場利益規格的重新設定，彼此之間的關係要重新調整，團體的組成可能就要跟著變動。所以，生意場如同政治場域，沒有永遠的敵人，也沒有永遠的朋友。這句庶民流傳的俗語，適足以傳神的說明世俗經濟生活，在關係變動之下，不斷再團體化的社會意義。但是，中小企業的發展，也並非只有無組織的團體化可以做為生存與發展的資源。既存的建制組織團體，如各行業的公會、青商會與獅子會也是他們可以掌握的資源。受訪的業者就指出，這種有組織的團體，對他們企業經營上的實質幫助，以及對於企業經營所帶來的意義：

青商會就是這樣出來的，一般就是像我們這種小老板，經營一家小公司，年紀又很輕的，30多歲，經營的產品都是不一樣的，比方說中區青商會有會員100個，100個人的產

---

7 有關「再團體化」的觀念，參考陳介玄《貨幣網絡與生活結構》一書第九章〈台灣地方金融的再團體化與社會之再團體化〉一文的討論。

品都不一樣，大家參加這種聯誼，這種力量是相當大的。不然參加青商會幹什麼，那麼無聊，大家又不同行業，去那邊幹嘛？大家還是以利為主，就是因為有了這個組織，大家做個聯誼互相了解彼此的產品，以後要攻市場比較好攻，比如要買紙，就找我，這時候就不可能去找別人買了。青商會就是要吸收完全不同行業的人，到某個程度之後，再跳獅子會，階級可能又不一樣，可能要搞政治，這是更上一層做的方式。老板絕不可能老是空閒遊戲，事業做愈大愈有事業心，不然像王永慶為什麼還要做？他根本不用再做，繼續做還要煩惱東煩惱西。生意會愈做愈大就是因為這樣。

我覺得很多人的想法都是這樣，在社團裡面擴展自己的事業速度會比較快，因為自己再怎麼做、怎麼交朋友還是在這個行業裡。可是如果參加青商會以後就不一樣了喔，資訊會很多，況且你的公司在裡面可以有一席之地，可能可以擴展到全省性的經營。因為青商會全省都有據點，可能會幫你推廣你的產品，全省性的就很恐怖了。會有人說錢不賺了，專忙交朋友遊玩，不可能，我還沒遇過，只有愛錢的，一個比一個愛錢，愈有錢的愈愛錢，老實講。自己的一家公司就好像是個樁腳，樁腳打得穩，在外面受歡迎的程度夠之後，有可能人家最會拉你去做什麼生意，愈拉愈做就愈多。

青商會的性質和公會不太一樣，公會就是都是同業，青商會完全是不同商品來聯合，這就很恐怖，而且青商會是全世界的，或是獅子會，是世界性的。像青商會它會設定，某種產品只有一家能參加，同樣產品有了它就不讓你參

加，所以會員之間的產生的效果就很大，比如我生產紙每個會員都知道了，有興趣的人就會來向我買。青商會就是有一種目的，把彼此的實力拉上來，所以他會作一些限制。獅子會則是大家已經都很有錢了，你要限制他不能參加也不太可能，他們已經都很有勢力了。青商會算是剛在打基礎，大家需要朋友，他們晉級獅子會的機會很大，它將行業設定單一性，對大家都有好處，而且這時候大家的條件都不會太差了，經濟上也不錯了，大家要做朋友更容易，所以你要成功的機會會更大（訪問記錄NT6）。

在一般公會的互動過程，也是關係附著與發揮其世俗效用的場域，受訪的進出口同業公會業主指出：

我們這個會有什麼事大家都知道，互動是很頻繁的。大家常聚在一起，做個簡單的座談會，或幾個會員，找個咖啡廳聊一聊。比如說幾天前一個貿易商想找一個業務員，我們找幾個同一行的人去幫他看，幫他應徵業務員，所以大家都很好。又比如一張訂單如何報價也是會相互幫忙。總之大家私底下業務溝通是蠻頻繁。又比如前二天有人訂單不想接，就請我看其他人想不想接，幫他轉給別人，這種在高雄縣是蠻活躍的。

基於友誼與業務是長遠的關係，而且若有情誼的存在，單子較易成交。因他會覺得這個人不錯，挺有商業良知的，久而久之就互相取得信賴。因生意的原則還是在信賴，若誠意在先，則得到就是信賴，若我誠意在先，若不能取得你的信賴，每次都要尋價那就很痛苦了（訪問記錄NT4）。

在既定的經濟階層結構之下，關係並非我們想像的那麼無關緊

要，可有可無。關係一旦形成我所說的「關係空間結構」，便不以個人意志為轉移，而具備了結構上的支配性。這樣的支配性從業者實際的業務經驗可以說明它的存在：

> 像現在我們在做生意，在做拜訪的時候，只要那家公司愈大你就愈不可能見到人，守衛就不讓你進去了。你說要找採購，他會問你採購是誰，你講不出來，不知道是誰，你說我們真的是很誠意要跟他做生意啊，你根本拿它辦法都沒有。但是如果是透過一層關係之後，知道採購是誰，某某人介紹，要找採購某某某，至少警衛就讓放你進去了。這樣你就有機會跟他接觸了，不然你連機會都沒有。像現在，很奇怪，送禮這種東西，贈品跑第一，市場有夠大，禮多人不怪，送多了就有機會，這是事實啊。你如果堅持單純的交易，碰都不碰，到最後就是生意不見了，因為一定會有人競爭，所以你一定要想盡辦法，不會喝酒也要去聞個女人味，一直拉攏住關係。或是他喜歡釣魚、下棋，只要符合他興趣就要去培養關係，這樣才有辦法接觸。做生意不用一分鐘，一小時都是在閒談，重點點一下就完成了，就是這樣。有時候關係變成一種負擔，那是要站在很高的位置時，很多人要拜託他，因為他出面什麼事情都好解決，他就會覺得很累（訪問記錄NT6）。

當然，我們亦無需過度誇大關係在企業經營中的地位。就像一位受訪的業者，為自己的關係界定做個總結時所說的：

> 有關係，速度會比較快，沒有關係，速度就比較慢。有關係就容易進入核心，比較容易達到目標。就像你要到一個地方，有關係的人就像搭快車，沒有關係就像用走路的。雖然一樣可以達成目標，只要你有誠懇的心、好的東西、

好的品質，但是沒有關係的人，可能一到門口就被擋在門口，而有關係的人他知道誰在裡面，是我的好朋友，速度就快多了。人家說生意成交的兩個要素是品質與價格，但是差不多的時候，就要看交情了。所以關係就是達成生意的一種捷徑，不是說靠關係就是不好的，因為它不是攀關係，而是背後還要有品質與價格來做支撐。就像一個好的業務員，如果沒有好的東西與價錢，即使講的天花亂墜，一樣沒有效果（訪問記錄NT7）。

有趣的是，中小企業對於關係的需求，恰巧也在其建構關係的中介場域本身，再度碰到了關係與網絡團體化的重要性。做為提供企業主關係建構的中介場域，諸如餐廳、KTV，其營運的邏輯仍然不能脫離關係的範疇。受訪的一位KTV業主就講到其經營的內在機制，是鑲嵌在一定的人際網絡之內：

我現在在台南那邊也有兩家唱歌、喝酒的地方，營業時間是晚上10點，到隔天早上6點。生意好壞與經營者認識的層面有關，來的都是認識的。晚上我都不敢在店裏，趕快溜走。只要在門口的話，一會兒就這邊拖那邊拖，拖的都要喝得醉醺醺回來。交往層面廣，來往的幾乎都認識。不過，現在很競爭，像我開的那家對面，外地來的人也開一家，他開了2個月。他的型式是要拿回股金的，拿100萬出來，要拿30萬回去。他們外地來開，這邊他們沒有認識的。每天晚上我們那邊就是幾十輛車子，他們那邊就是兩輛、三輛。

人際關係網絡是很重要的。另外一面，還有一些裏面小姐認識的客人，也很重要。因為，小姐也是上好幾家的班。她們以前跑了好幾個地方，認識很多客人。現在她來這

邊，客人會來捧場，這是關鍵。小姐要來這裡，和領導的
公關經理有關係，這些小姐是她們這一夥的，算是經紀人。
所以挖人挖經紀人就好了。我們外場即經營者，與公關經
理、公關副理的關係都要搞出來。不能說他今天要向老板借
5萬塊，不借給他，明天小姐都跑掉了（訪問記錄M30）。

論說關係的實用性格，是因爲我們看到台灣社會，人的組合與
構成有一個長期黏著的力量，就在於關係內的這種世俗的實用性。
無組織的團體化與有組織的團體化，是立足於關係的實用基礎上才
有不斷再製的生命力。這與中國傳統世俗社會的實用性格是一脈相
承，透顯了人際組合邏輯的動態性與開放性。作爲團體化黏著劑的
關係，也不只得之於實用性的支持，在世俗生活空間，有許多中介
場域不斷再製著關係，更強化了其建構效度。從這些企業主社會生
活的時間與空間運用方式，我們或許更能明白關係不只作爲社會效
用而存在，關係也是作爲社會關係本身而存在。

三、關係建構的時間、中介場域與關係人

關係的實用性，符合了世俗經濟的基本特質，所以，關係可以
做爲社會連帶的基礎，支援生活各領域小團體的構成。在企業主的
經濟生活中，我們能觀察到關係的實用性格，便不難意會在其社會
生活中所表顯出來，諸多關係建構的行誼和光怪陸離的現象。從此
角度觀看生活，不一定先要有著道德的預設，泛道德觀點往往是禮
下庶人的流風遺韻。從企業主的社會生活來看，工作與非工作時間
的區分，沒有明顯的界線，下班之後的社會生活很可能是上班期間
經濟生活的延伸。是以，上下班時間的混合，說明了經濟生活與社
會生活的合一，有著台灣中小企業世俗經濟的獨特節奏和內涵。在

經濟生活與社會生活的交融過程，我們也就更清楚可以看到實用的關係，是如何在社會脈絡被建構與強化。一般而言，企業活動在工作時間與工作場域，有企業運作秩序符應於社會規範所必要的一套紀律，在這種硬性的時間與空間裡，人際連帶被裁剪成適合這套紀律的模式來運作，「關係」滋生的空間不大。因爲一切情感的表達、利益的盤算，在上班的硬性時間和空間，都要順從正式組織之抬面上的邏輯。但是，關係需要的卻是非正式「團體」抬面下的邏輯，所以，下班之後的軟性時間與空間，往往是關係盛裝演出的舞臺。

如此，我們也就慢慢能看到請客吃飯的重要性。關係所凝聚的小團體，或是小團體形成所需要的關係，既是來自於企業主下班之後的社會生活，晚宴變成是關係建構的起跑線。圍著圓桌吃飯，是一切關係建構的基點、是經濟生活與社會生活交流的介面卡、也是外人和自己人變換身分的初級儀式。所以，圍著圓桌吃飯，是一個值得重視的社會、經濟、政治、文化現象。總合而言，吃飯過程本身即是可以含容著各種不同意義、功能的關係與團體建構，所以，才可以說它是一切社會生活的會合點和起點。之所以說是起點，因爲往下的活動，可以經過吃飯的觸媒作用，隨著關係建構的需要，深入到更私密化的中介場域，諸如KTV、PUB及CLUB等場域進行次級儀式的身分轉化，而獲致稱兄道弟的親密性，建立起擬似家族團體連帶的社會效用。底下我們就從吃飯這個初級儀式到酒色財氣這個次級儀式，略爲探討企業主社會生活團體情感與關係連帶的動態建構過程。

（一）非工作時間

台灣中小企業主專注於其企業經營的情形，可以從下班之後的

活動見出一些端倪。對他們而言,上班與下班時間同等重要,是因為企業經營所牽涉到的林林總總活動,在兩個時段與空間的事務屬性,恰可互補與融合。受訪的一位業者指出:

> 事實上下班後的時間是蠻重要的。因為有些事情在白天上班時比較忙,沒辦法靜下來談,有時候如果約在下班之後談,反而更容易談。在生意方面,有一些需要溝通的事,不一定在上班時間談,下班之後也可以做。這些事包括人際關係的培養。例如利用晚上的飯局,來溝通一些意見。假如是新的客戶,不管是買東西或賣東西,他如果能在下班時間來跟你談是最好了,因為很多話可以在那種場合與氣氛下來談。顧客之間的融洽氣氛比較容易在吃飯那種場合下培養出來。當然也可以去喝酒、KTV、CLUB 等地方,雖然不一定是必要的,但我會評估跟你這樣做值不值得。我今天請你多少錢,日後我做你多少生意,這都會評估的。例如我只做你2000元的生意,如果請他而花了2、3萬元,那就划不來了。所以就是要看相對的關係,或者是你想要跟他建立長遠的生意關係,雖然不能馬上開花結果,但是在未來可能是很大的客戶。以我本身來說,我利用下班做生意做的蠻多的。很多生意是在下班完成的,因為上班時間多是在注意產品、國外市場的開發,畢竟沒有時間聊那麼多,而且沒有辦法靜下來談。所以我很喜歡用泡茶的方式來談生意,在茶桌上交易,因為泡茶時人家會專心跟你講話,接受你的意見。而且我的產品好的話,當然要靜下來之後他才容易瞭解。泡茶是客戶最容易接受你介紹的方式之一,甚至比喝酒好,因為泡茶是比較慢的動作,我的哲學就是說泡茶可以表現一種生活哲學,反而可

以把氣氛弄得很好。在這種氣氛下來介紹自己的產品，客人可以完全聽進去，包括我的輪胎是從那裡進口的、那一家製造的等。最主要是在泡茶時心情比較平靜，客人容易接受你的意見。這種上下班之間經濟生活與社會生活的融合，甚至有貿易業者稱呼是台灣國際貿易活動特有的勞動方式。

交際應酬這一類活動，在貿易體系中佔很重要，從日本人生意形態延伸至今。日本人的形態與中國人的形態很接近，先朋友後生意。在心理學或生理學的架構來講，交際應酬也很重要。通常與家人或朋友比較能溝通，沒有自我防衛的時間，主要在午夜12點鐘以後，比較能夠融洽相處，在此時與老婆、女朋友這個時候比較能夠妥協，那是一個Good Time。作生意的貿易商，大部份先把客人帶出去吃飯，吃完飯後有第二場，第二場在最早沒有卡拉OK時，就到CLUB，除了安排一些快樂活動之外，又有更晚的節目。那時常酒後吐真言，把此人的底細摸得一清二楚，中國人的貿易就是以勞力去換取的代價。他把客人送上床之後，回去做Paper Work到第二天早上，把所有要做的事情全部拿出來，客人Surprise。這是怎麼樣一種服務啊？他有吃、有喝、有玩，回去還可交差，他還要找誰嗎？這在台灣貿易體系中佔很重要的份量。如果今天出差，你所要買的東西、所要的Information在Day Line之前拿到，其他時間你想要了解異國風情，多了解這邊的人情文化，Why Not？永遠忘不了。以後想辦法出差（訪問記錄NT1）。

為什麼要利用下班時間進行商務的接洽或開擴？企業在面對社

會的時候，有其因應企業經營現實需要所培訓出來的社會嗅覺，它
們往往可以分辨出在怎樣的場合，可以和什麼人談些什麼事情。這
樣的嗅覺決定了企業主一套利用下班時光的哲學：

> 所以空閒時從事的一些活動，也有一些是和生意有些關
> 係。其實大部分都會找一些比較有相關的人在一起。比如
> 我現在已經從事某一行，我可能會想要擴充我的公司，增
> 加一些產品，就會找一些與這方面相關的人，利用休息的
> 時候多跟他們接觸，因為也不可能一見面就馬上可以談，
> 尤其男人常常會帶去喝酒，酒喝下去，就可以把一些話都
> 講出來。很奇怪，生意人酒一喝下去以後，要講什麼很容
> 易OK。
>
> 一般人下班以後在那種燈光底下都比較會放鬆自己，與平
> 常上班時間你去跟他談生意的情況絕對不一樣。比如跟某
> 一機關的交易很大，現在一般很多都要給採購者佣金，在
> 上班時間絕對不能談，這種敏感的話題，因為可能會有電
> 話錄音，或是旁邊有其它同事，那是不是絕對不能談了。
> 另外沒有碰面或不熟悉怎麼能談？一定會有防患之心。這
> 種情況一定要叫出來外面談，不是在家裡也不在辦公室，
> 因為採購者如果要賺這種錢，也不願意讓他的小孩或太太
> 在場，所以要去外面談。也不一定是去喝酒（訪問記錄
> NT6）。

從企業的發展歷程來看，剛創業的頭家，對企業經營的體認與
投入是沒有什麼工作與非工作時間的區分意識，這是我所稱之為中
小企業頭家「生活工作化」的打拼方式（陳介玄，1994）。在貿易
業者的身上，也看到了這樣雷同的現象：

> 公司是剛在起步，大部分那老板的工作和非工作時間實際

上是沒有什麼區別，形式上是下班了，但是還是要出去從事一些活動。像我認識的老板，不要說剛開始，後來也還是有需要，業務員下班就走了，5點多客户來了，老板就一定要請他吃飯了，當然也是會看人，比較重要的客户就會這樣。比如我5點半下班，他大概5點就來了，剛開始當然是在聊天，時間差不多了就要帶他去吃飯，這算很正常，一個交際嘛。像有個做贈品的朋友，他市場已經很穩定了，可是他還是有一些和他配合得不錯的大老板，5點半下班，他5點之前就要走了，但是有些老板也很聰明，4點多就來「抓」他了，就是來等你一起下班，下班之後就開始了。雖然他也是很不願意，但是沒辦法，也是要陪他們，帶他們出去吃飯，以後就是開始喝酒了。一樣，還是要，既然是當個老板，上、下班的時間根本不可能區分掉。像如果有人晚上說要和我交易，我還是要賣他，不可能說現在是下班時間就不去跟他接洽，不可能。多一個客户進來總是好，人對錢一定不會厭的嘛，多一個客户進來算是多賺的嘛，也就是說只要出去講一講就可以跟他作生意的話，你不可能去放棄，就是這樣。有比較大宗的生意，即使是下班時間也是要車一開上台北，有時間性的還是要上去。因為正常都是老板要配合對方採購者，不可能是對方配合你，他那有可能在乎你，反正什麼東西都買得到，他只是要看你誠意怎樣，他如果認為你這個人也很誠意，或是跟你合得來，講話會投機，就是跟你買（訪問記錄NT6）。

（二）關係建構的中介場域

下班後，提供的是建構關係最適當的時間，至於地點則需要視情境而定。前述所論及的吃飯這個初級儀式，當然是在餐廳進行。所以，餐廳構成了關係建構最基礎的中介場域，其它像KTV、PUB及CLUB等第二場、第三場的活動，可說是這個中介場域的延伸。從企業主的訪談，我們可以得知，對於中介場域的選擇與使用，與關係建構的目的是緊緊扣連在一起的。受訪的業主指出：

> 以台灣來說，台灣的發展很快，對於健康性休閒活動的場地卻又是那麼少，像運動俱樂部，而且規模都很小，所以參加的機會不多。會覺得舒服的休閒並不多。最簡易的就是感官上的享受，所以這跟台灣為什麼KTV這些場所會那麼蓬勃發展絕對有關。這些場所都是你想去馬上就可以去的，所以都是直接想到這些地方。車子一開就到，而且馬上就和在一起，這是最簡易的。所以可以這麼說，今天在台灣這種場合的選擇性就是這些地方，健康性的設施比較不夠，所以對企業人來說，選擇去這些場合也是很自然的。事實上去這些地方應酬，主要是關係的培養。真正在那個地方談生意，我認為並不太恰當。因為喝了酒之後，講好或不好，以後還是很難說。但是對於關係的改善絕對有幫助，像勾肩搭背、講一些心裡的話，會使彼此之間的關係親近一點。以後在交往上，我請你吃飯或你請我吃飯，以後打個電話就可以，而不必再透過第三者（訪問記錄NT7）。

中介場域，既是關係培養的場所，也是企業主表現熱情待人的一個方式。受訪的企業主指出：

> 我們國內、外客戶差不多一樣多。基本上生意上的接待方式是類似的。但是因為國外客戶有他們自己的文化背景，

所以不見得用什麼方式。只要他反對或不習慣像KTV這種場合，我們還是不會勉強帶他去。如果他喜歡的話，因為談完生意之後他也是很無聊，我們都會請他去。吃飯是一定必需的，安排一頓好的飯局、營造感覺很重要。我們也要事先知道他的興趣，在飯局之後，尊重他的意見，再決定有沒有後續活動，絕對不要勉強他。一般來說，一百個人大概有九十個人都會喜歡去這些場合，比例蠻高的。一般來說，比較熟的客人，不用他要求第二場，我們都知道他的習慣。第一次碰面的客人當然不好意思主動要求第二場活動，所以主人就要主動試探，表現出招待的熱誠，讓這些活動很自然地進行。其實台灣到這些場域去招待客戶、去應酬，這包括民族的熱情習性。這種習性發展成習慣性的。基本上這種熱情的習性，就是在客人來的時候，覺得一定要熱情款待，讓他覺得賓至如歸。我覺得這是一種民族性（訪問記錄NT7）。

（三）關係人的位置

之所以要利用下班時間，要選擇中介場域，與關係人相配合是很重要的考慮。關係人是指，能使沒有關係的雙方建立起關係的中間引介人物。在做生意場合，尤其是剛入門者，要介入已成結構化的商業網絡，關係人的引介是很重要的敲門磚。受訪的業者指出：

很多是透過別人的介紹或某種關係做生意。其實做生意的時候和某人熟不熟很重要。比如要做某個機關，你直接要找他們採購者，他不一定會理會你，必須透過別人的關係。像這種有時就是在朋友的聊天當中得到訊息。所以有時候雖然說已經下班了，但是只要遇到有機會可以談，一

定會去談，不會說已經下班就完全不去談工作。只要遇到
工作上有幫助的機會，絕對會去談。透過一些關係在生意
上是滿重要的，因為如果跟人家完全不熟的話，人家不會
理你，尤其他們原本與別人也已經維持某種關係，不會輕
易去改變（訪問記錄NT6）。

一但企業主進入商業網絡內部，對於人物分量及關係網絡的分
佈有一定的瞭解，能抓住重點人物，即可以自己想辦法與對方搭建
關係。透過中介場域的活動，培養交情。受訪業者以自己例子具體
指出：

比如裕隆，他台灣有兩個採購，因為他們分兩季，一季有
一個人，他們也是要在那種「花天酒地」的情況下比較好
講。請他吃飯，吃完飯一定要接下去去喝酒，因為他有採
購權，他要邀你去喝那就要陪他去，我們不可能邀他去
喝，能閃就儘量閃。他採購的量很大，採購之後全省在用
很可觀，靠這個職務上的關係，他們對大企業的採購有決
定權，所以對這些人一定都要奉承。

大部分是我們邀他吃飯，吃完飯後一定會喝酒，他會說不
然去喝兩杯也好，正常大概都是這樣，一般光吃飯不太有
效，比較沒效果，酒一喝下去效果真的會好很多。這也很
難說，要看採購的人，有的採購也不喜歡喝酒，他要錢，
不要酒，也有很多這種人。所以不是錢就是酒，就這兩種
而已。有的是愛玩，在家裡生活壓力很大，反正出來都是
別人請，到CLUB去喝酒、去瘋，他就高興了（訪問記錄
NT6）。

（四）酒、色的親密化作用

　　酒色財氣是一句老話，至今卻仍然是當下社會生活的寫照。企業主之間關係建立的樞紐，總結而言，是要豁顯經濟利得的最終目的。在中介場域的次級儀式，要透過酒與色的發酵作用達成親密化的媒介功能，才能擴大利潤的協商空間。受訪的業者指出：

> 生意就是最現實的。喝酒最快，不然就是女人。比較可能的情況是我們要跟廠商殺價，帶他去喝酒，跟他殺價，然後寫一寫要他簽。我們就有一個例子是這樣，要跟廠商殺價，代理商來了就帶他去喝酒，喝到讓他感覺他一定要給我們非常特別的價錢，否則我們沒有辦法做。喝到後來大家就稱兄道弟了，你幾年次啦，大家就在那邊排，他也在算一算價錢，因為喝了酒頭也昏昏的，也比較算不準，一下子就掉了十幾塊的單價給我們。像這種情況我們就得到相當大的利益。
>
> 因為產品都是跟他買，他是跟我報價，一報價就絕對要算數了。有時候是我們不知道底價在那裡，喝酒會有差是說，你報出來的價一定會比較低，比如成本才50塊，本來報給我們76塊，我們想說成本大概70塊，這時候突然掉到65塊，那成本一定是更低了，可能60塊左右，當然也可能更低。不可否認他們報低是虧了一點，因為從此我們的單價可能就掉到65塊以下。所以這也是一種手腕，喝了酒以後，話就比較禁不住，也就是英雄主義會比較重，酒一喝大部分是這樣，不會太謙虛。其實在那種場合答應了也不太會反悔，因為他一定是有賺，只是少賺一些而已。也就是說有時候你買到的東西便宜很多，最主要是上下的交情你都要相當好，尤其一個不大不小的公司，很多問題變成要靠別人。中小型的公司有時候就是要靠代理商或工廠來

撐，你本身就是沒有工廠，不是做很大。所以你要有辦法
拿到比人家便宜的單價，這上下層的關係一定要很好（訪
問記錄NT6）。

喝酒不但有其一定的經濟功能，而且也有喝酒的規矩，這個規
矩是配合生意邏輯而延伸出來的一種社會邏輯。

絕對不可能是一些廠商同時和採購一起喝。採購會選擇誰
這個問題變成比較是無形中的，採購當然會選擇人，他要
跟你出來就算不錯的了。比如可能有五家廠商要和你談生
意，有可能剛開始你就覺得和這個人談不來，這樣連出去
都不願意和他出去，剩下4家他也不可能都會出去。採購
當然會有選擇，比如他先選2、3家，主要是先選人品，也
就是這家公司形象不錯，或是產品不錯，先選出來個2、
3家。這2、3家都會請吃飯，出去吃一下，吃完之後喝
酒，大家就開始套交情，看大家合不合得來，會不會很隨
興？有的人就是灌死採購就對了，大家手法不太一樣，也
有人可以讓他喝得很高興，又不會喝醉，這才有厲害，這
樣會讓他懷念，讓他覺得大家在一起玩很有趣，明天起來
馬上和你配合。所以說彼此在溝通的時候，談話也是很重
要。老板和老板的溝通方式當然就不一樣，他們都有他們
的苦衷，大部份到這個階段，有結婚的比較多，有家庭，
都是先抱怨家庭的問題，很沒自由啦、要出來喝個酒很麻
煩等等，也就是大家的情況會比較雷同，針對這種情形談
下去。所以說採購也是會選擇，說不定跟你吃完飯之後就
覺得沒趣了，要回家了，找一些理由。其實喝酒對那些採
購來說是一個很敏感的問題，喝酒對他們來說是太普遍
了，要買的東西太多了，那有可能一個人應付上百個，所

以說他要跟你出來算是很好了。喝酒真的是一個敏感的問題，酒喝下去彼此不知道性情如何，因為大家剛開始接觸。喝酒一般正常的情況是，我會找我的手下，找個業務員來撐，找公司的人來撐，因為就是希望把採購灌醉，裡面的小姐如果又不熟那就很麻煩了，因為有時候他們會指定，哪裡他們比較熟就要去那裡，也沒關係，但是這時候你就要找槍手或是自己人，不可能單獨自己一個人去。他也不可能自己去，也會找一些朋友，但是也不可能找他們公司裡面的人，絕對不可能，找一些不會傷害到他的人。最好是說有一個我們兩個都認識的，是因為透過他我們才認識的，那最好，幫我們牽線的人一起叫來，這樣最快，這樣在培養交情才會狠。不然一般正常都是叫公司裡面的職員，比較會喝的，一起去撐（訪問記錄NT6）。

酒所起的私密化作用，在中介場域有一定的限度，造成親密感有餘，私密性則不足，這就必須加上粉味的輔助作用。所謂色不迷人，人自迷。粉味加上酒精作用，具有乘數的催化人際感情的發酵功能。業者指出此種效用一定存在的事實：

去有粉味的地方，效果一定會比較好的啦，有絕對的效果，真的。不管那個女孩服務得好不好，雖然是你叫的，那沒關係，他可能會抱怨那個女孩很醜、有的沒有的，但是你可以說那個女孩又不是我的，是這個場所的，跟我沒關係，當然如果找到一個好的的話，他會很高興，我們總是給他一個機會。男人10個中有9個好色，這一定的，不用講，尤其結過婚的更有興趣，因為都在外面跑，當業務員就是這樣子。採購的一來不是粉味就是酒，對錢又沒興趣，那就是這兩樣而已，人都是多少會愛一、兩樣。愛錢

的也是有，他不跟你喝酒、幹什麼，就是要錢。如果一直
邀他邀不出來，你就要想說他是對你的產品不感興趣？還
是他要的是錢？可是他如果要錢也不會跟你講，不可能這
樣子講，這就要探測他的心態，你也不能說：你讓我做，
我多少錢給你。他會說你是要賄賂我嗎？有的人會馬上翻
臉，不能明講就對了（訪問記錄NT6）。

酒色使人還原回去本來面目，對於社會規範進行有效的除魅
（disenchantment）作用，使雙方能夠再創造出新的情緒以再製利潤
協商空間。這種發酵情緒最好的表徵，就是兩造之間稱兄道弟的阿
莎力舉動，一種英雄主義的自我表演。受訪業者指出：

酒一喝下去，什麼事情都可以談得出來，要降價或價位上
多少就都可以明朗化了。在這種情況下他可以比較跟你稱
兄道弟，要不然一般採購的人，你平常跟他講話他一定中
規中矩，酒一喝下去，有女孩子坐在旁邊，那就完全不一
樣了，什麼原形都現出來。他的頭都昏了，所以有時候他
們會後悔，喝酒很好用就是這樣。酒一喝，心情上就鬆懈
了，就會像朋友，而且會有英雄主義，自己好像英雄，就
會表演下去了（訪問記錄NT6）。

應酬與交際，無論在什麼時間與場合，既是關係建構必要策略
與程序，對企業主而言，自有一套實踐的規範意識。這個規範意識
的重要性，乃在於要謹守企業經營與交際應酬之間的利益平衡，與
相互為用特質。失去了這個平衡性，經濟生活中的交際應酬即無
「關係」存在的依託，也就沒有建構團體的效用。一位受訪的業者
深切的指出：

最重要的是說你自己要把持住，不要因為應酬把自己搞得
讓客人看笑話。當主人要有當主人的風格，讓他喝完酒之

後反而更尊敬你，不要喝了酒之後讓他覺得這個人完蛋
了。喝酒不是壞事情，你的品格、控制力絕對要有，這是
一個成功應酬所必需的。不要因為要把氣氛弄好，反而把
自己的品格弄壞。也不能亂花錢，這樣會讓他覺得錢很好
賺。所以就是要評估。如果為了做一筆生意，而搞得風花
雪月，就把做生意的本質破壞掉了。這是當企業人必需很
小心的。因為你有機會去這些地方，有些人想去找不到藉
口，而當老闆的有生意上的本錢所以較有機會去，所以要
很小心不要讓這些應酬破壞生意本身。如果能在泡茶中解決
是最好，但遇到有些客人而不得不去的話，那自己就要把持
住風格。喝酒應酬這種事，並不壞，重點是有沒有亂喝，或
藉生意的名義來享受自己不良的嗜好（訪問記錄NT7）。

　　關係與團體化之所以會在世俗社會盤根錯節地存在，是因為既
能符應世俗生活的實用性，又與社會生活的基本邏輯互為表裡。從
請客吃飯開始的一連串關係建構活動，每一個關卡、其中的無數細
節，都表顯了日常生活長時段不斷操練的一套社會語言。所以，關
係不只具備世俗經濟的實用性格，它也具備了世俗社會的文化性
格，使得中國人情感表達的方式，有一個長期形成的架構可以依
循。如此，用圓桌吃飯既是物質生活，也是象徵生活，這中間的豐
富值得我們仔細思量。

四、圓桌與世俗社會小團體運作邏輯

　　關係與團體化的重要性，前面略有概述，回到我們談圓桌的主
軸上，也就比較能意識到問題的癥結。吃飯既是關係起動的基礎，
團體化的生活樞紐，這就由不得我們不重視吃飯的現象。誠如受訪

業者指出的：

> 剛見面時介紹產品、聊天，完了之後看看是不是有機會大
> 家認識一下，一起去喝個咖啡、吃個飯，既然大家聊得這
> 麼起勁，吃完飯之後是不是還有興趣大家去喝個酒。一般
> 很正常是飯局時先在桌上擺一瓶，喝一、兩杯，這是喝個
> 形式，讓你有個雅興，再續第二場。還有一點很重要是，
> 酒如果沒喝，要去粉味的地方絕對沒有興趣，喝了之後會
> 比較有興趣，馬殺雞啦那種地方，因為這樣子大家比較
> 敢，比較敢這樣瘋，成群結隊（訪問記錄NT6）。
>
> 對業務的推展上，吃飯絕對有幫助。投其所好就真的有
> 效。其實不只是企業與企業之間，朋友之間在一起也是一
> 樣。有很多其它投資也是朋友之間牽來引去的。比較好談
> 啦，障礙不是說就沒有，但是應該比沒吃之前要少（訪問
> 記錄NT13）。

歷來文人雅士對於吃飯這檔事多有著墨[8]，王了一即指出中國人吃飯
的積極趣味：

> 中國有一件事最足以表示合作精神的，就是吃飯。10個或
> 12個人共一盤菜，共一碗湯。酒席上講究同時起筷子，同
> 時把菜夾到嘴裡去，只差不曾嚼出同一的節奏來（王堯，
> 1994）。

而錢鍾書語帶調侃的遊戲之作，卻也指出了吃飯在中國社會的
社交意涵，多少道出了請客吃飯所隱含的關係圖像：

> 吃飯還有許多社交的功用，譬如聯絡感情、談生意經等
> 等，那就是『請吃飯』了。社交的吃飯種類雖然複雜，性

---

8 請參考王堯編《美食》一書。

質極為簡單。把飯給有飯吃的人吃，那是請飯；自己有飯吃而去吃人家的飯，那是賞面子。交際的微妙不外乎此（錢鍾書，1994）。

對本文的論述最有幫助的當屬薩孟武在《紅樓夢與中國舊家庭》一書，對於中國人吃飯形式的討論：

> 至於中國吃飯尤其多數人宴會之時，其坐法不同，外國的桌子常排成ㄇ形，左右對面都可以看到，只要相離不遠，亦可以交談。反之中國的宴會或用圓桌，或用八仙桌。入席之時，往往是熟識的人自動的聯合起來，共坐一桌，別桌的人也是一樣。因此此桌與彼桌雖然均是主人的來賓，來賓彼此之間，除同桌之人之外，絲毫不相聞問。所以我謂中國宴會的坐法可以養成中國人喜歡組成小組織的習慣。此種習慣若不消除，則捨小異而採大同的全國團結，亦難做到（薩孟武，1988：155-156）。

中國人什麼時後開始用圓桌吃飯？簡單考證，用桌子吃飯應始於宋朝。當時因桌椅的發明，改變了飲食習慣，座位升高了，几案須相應配合，亦都提高了。桌子的使用，使得宋以前的分食改為匯食，有了技術上的可能[9]。從此，不必富豪之家，亦能大宴賓客。清中葉以後，圓桌一般尺寸較大，可容10人圍坐的圓桌所在多有[10]。從紅樓夢以至於大量的晚清小說插圖及文字描寫，如《文明小史》、《癡人說夢記》、《中國現在記》、《海上花列傳》、《市聲》、《負曝閒談》等書都有圍圓桌吃飯的記錄留下。簡單的歷史

---

9 請參考高陽《古今食事》一書，〈宋朝的廚娘〉一章的討論。
10 請參考雄獅中國工藝美術辭典編輯委員會編《中國工藝美術辭典》一書的記載。另請參考東郭先生《閒話金瓶梅》一書第12章〈一個時代的經濟生活面〉，關於同桌共食規矩的討論。

探源，只是要說明中國人圍著圓桌吃飯，是一個長時段的生活事實。這樣的長時段生活事實具有怎樣的社會意義？回到本文第一小節所提出的觀點，從大陸的政治階層社會到台灣已發展成熟的經濟階層社會，從傳統農業世俗社會到現代工商世俗社會，皆一脈地使用圓桌吃飯。這說明了台灣和大陸以「關係」和「小團體」為模式的人之組合與構成，是一種長期形成的文明結構，不因社會變遷而崩解。這對於我們觀察台灣及中國社會有其重要性。在此我們就可以看到，生活中政治、經濟、社會及文化各領域的諸多不同類型之團體行動或組織運作，多少都要受這個文明結構的制約和影響。所以，用圓桌吃飯體現的是中國的單數文明，各地方不同的菜系體現的是中國的多數文明。小團體結構說明的是台灣社會，人之組合與構成的單數文明，世俗中之各種政治派系、生產協力團體、民間的標會團體，以及法制化的各種人民團體是台灣社會，人之組合與構成的多數文明[11]。

然而，從政治階層到經濟階層，農業世俗社會到工商世俗社會之使用圓桌吃飯，也並非沒有變遷的意義。圍著圓桌吃飯，只是具體而微地表現了關係建構的同一形式，關係建構所透顯的實質意涵卻有了改變。大陸政治階層結構中的請客吃飯與講究關係，與台灣發展出經濟階層結構之請客吃飯與講究關係，儘管關係建構的形式有同一性，實質內涵卻不同。大陸的關係，說明了其現階段的社會結構仍然以政治階層為主軸，關係的講究反而是再度強化了這個政治階層的權力與支配性。套關係、拉交情背後說明的是透過政治資本的獲得，才能轉換成經濟資本與社會資本的傳統社會架構不變。

---

11 單數文明與多數文明這組概念，請參考布勞岱在《論歷史》一書中，〈文明史：用過去解釋現在〉一文精彩的討論。

台灣因為中小企業的發展，經濟階層結構有機會在政治支配之外，茁壯成熟。因而，關係除了仍然在政治階層的結構裡存在，很大一部分卻是再生於經濟階層之中。經濟階層中的關係，說明的是政治階層的權力對整個社會不再有絕對的權力和支配性。套關係、拉交情說明的是，政治資本不再是轉換其他資本的最終所從出和唯一的管道。經濟與政治可以平起平坐。換言之，有了宋巴特所講的財富的權力（Sombart, 1991a）。同樣的，台灣農業世俗社會到工商世俗社會的轉換過程，關係在社會財富的形成，越發顯現其在經濟階層中運作的籌碼，是加大而非縮小。關係因經濟交換速度及密度的增加，也增加了它的使用幅度。這種使用幅度的增加，從餐廳及請客吃飯增加的頻率，多少可以看出來。

台灣世俗社會在經濟階層發展之下的關係，相對於大陸政治階層之下的關係，使我們感知到社會轉換的結構力量，經濟有相對於其它領域的主導性作用。從過去到現在的企業主訪問，我們明顯看到他們對於經濟階層的形成與存在，有一分切實的認識，而不會流於意識形態的排斥。這說明了要爬到經濟階層的上面層級，便要拿出真正的實力，經過市場殘酷的競爭與淘汰才有可能。這種不是靠著身分地位特權所擁有的經濟階層上端的權力與利益，對於正在努力往上爬的創業頭家無形中也是一種鼓勵。韋伯講的合理市場的形成對於社會所產生的合理化作用（Weber, 1978, 1982），宋巴特強調的社會關係之市場化（Sombart, 1991a），在此豁顯其社會學的深層意義。台灣的經濟發展，於整體社會結構的發展有其特殊的意義，乃在於率先發展出階層結構，容許生活中的經濟領域以其專業實力証明自己存在的價值，獲得權威，並贏得社會尊榮，不再迷信於傳統小農社會一脈相承的均貧等所造成的假平等。這無疑地給其他生活領域帶來示範作用，特別是對於學術領域，揭示了進步的動

力所在。

　　圍著圓桌吃飯，宛如長時段歷史文明爲現代人洞開的一個窗口，讓我們看到文明的骨幹如何具有綿延性和支配力。圓桌象徵性地說明了中國人情感表達的歸依和期盼，既是中國人生活方式的再製場域，也是關係和小團體連帶的再製場域。台灣世俗社會中的小團體結構，是人際連帶的重力所在。「關係」在中國社會有其特殊之處，乃在於人與人的組合是以小團體爲模式進行。所以，關係不只發生在個人與個人之間的連帶，更重要的是在於小團體與小團體之間的連帶。透過關係才可以借力使力，將不同小團體所擁有之網絡串連起來。從小團體看到的分類是「自己人」與「外人」這組概念。在小團體之內的是自己人，之外的是外人。同一圓桌共食，氣味相投，是外人與自己人身分轉化最普遍的生活儀式。從宏觀的角度來看，關係與小團體結構說明政治階層到經濟階層的多元化，有著文明的積極意義；從微觀的視野反省，小團體的行動符合世俗社會實用性格，有一定的行動效率。多元而分化的小團體體現了基本的同一邏輯，即它會因應物質利益與象徵利益而不斷「再團體化」。這樣的一個再團體化過程，說明著世俗社會的團體行動，充滿動態性，不拘泥於形式，可以因勢利導，自爲地走向新的組合與構成。這無疑地給社會帶來活力和表面上的混亂，老幹新枝是生命的欣欣向榮，還是生命的不協調性？端看個人的慧視與定見。

五、小結：圓桌社會學的理論意涵

　　諾貝爾經濟學得主Arrow在其《組織的限制》一書裡，一針見血的指出，價格系統作爲一個社會系統，能夠有效地配置資源。而人際間的信任，是非常有價值的商品，可以增加價格這個社會系統

的效率。麻煩的是，它不是一般商品，不能透過價格系統輕易取得（Arrow, 1974）。人際間的信任處於社會系統與經濟系統之間的尷尬角色，使得經濟學家及社會學家意識到這個問題的重要性，不約而同加以探討（Landa, 1994; Lumann, 1979; Ostrom, 1990）。從我們的觀點來看，價格系統作為一種社會系統，不能為社會關係所取代。是以，人際間的信任不能以市場價格來決定，恰恰說明經濟生活與社會生活有其區分的必要。在此，我並不同意廣諾維特將人際關係，置放於經濟活動及經濟生活核心的觀點（Granovetter, 1992）。那樣做非但不能取得社會學討論經濟活動的核心地位，反而會遠離了這樣的可能性。人情關係，誠如本文的討論，對於經濟活動有促成作用。但是，人情關係本質上不是經濟活動。所以，從台灣中小企業發展的長期觀察，將會發覺企業的長期經營要靠「組織能力」[12]。唯有企業的組織能力，可以透過價格體系加以衡量和計算。而人情關係之不能取決於價格機能，乃因其存在於意義範疇之內。誠如Frank所提出的，我們必須在理性中植入激情（Frank, 1988）。如此，社會關係可以指出價格體系在社會中的發展方向。如同火車軌道的轉轍器，指導它往利他、兼善社會的方向邁進。

圓桌在中國社會生活及經濟生活中的互動，扮演一個特殊的角色，確實有助於市場經濟及廠商的發展。傳統中國社會也使用圓

---

[12]有關企業組織能力的討論，請參考Lazonick及Mass(1995)所編的精彩文集。該書包括了Marshall(1961); Young(1928); Schumpeter(1947); Penrose(1952, 1960); Galambos(1983); Chandler(1997); Church(1990); Porter(1990); Nelson(1991); Leonard-Barton(1992); Brusco(1982); Lazonick(1990, 1993); Mass(1989); Hounshell(1992); Ferleger & Lazonick(1993); Abe(1992); Wada(1991); Florida & Kenney(1991); Langlois(1992); Saxenian(1991); Dertouzos 等 (1989); Reich(1990); Tyson(1991)等人的文章。

桌,但圓桌並沒有能移轉出新的經濟生活。所以,關鍵還是在於市場與廠商的發展,才能使社會生活得以轉型。一旦市場及廠商的經濟力量能茁壯發展,圓桌在物質生活的效用,便會產生經濟生活及社會生活上的效應。是以Cole對於美國、日本及瑞典的比較研究,看出小團體形成對於經濟活動的重要性(Cole, 1991)。而Hechter企圖從理性選擇的觀點,重建團體連帶的原則(Hechter, 1988)。都說明了各個國家及文明,自有一套整合經濟生活與社會生活的機制。對中國社會及文明而言,圓桌的使用有其深意,圓桌社會學是建構社會網絡有用的學問。如此,本文的研究多少有了社會資源的意義。

第二篇

香港社會發展對台灣的啓示

第八章
法律明確界定政府與市場的關係
──香港法治文明對台灣發展的啓示[*]

長期以來香港一直是我們華人社會研究的一個重點[1]。1997香港的回歸,更使得香港經驗的整理有著繼往開來的重要性。放在東亞發展的理論脈絡中來看,香港經濟也一直被國家論者當成例外來研究(Johnson, 1982; Evans, Rueschemeyer & Skocpol, 1984; Deyo, 1987; White ed., 1988; Haggard, 1990; Wade, 1990)。當然,市場機制論者更不會放過香港這個典型的例子(Friedman & Friedman, 1980; Balassa, 1988, 1991)。國家論及市場論是否能恰當的解釋香港經濟的成功?已有許多的研究進行反省(呂大樂、趙永佳,1997;吳德榮,1993),紛紛指出純粹從市場論及國家論解釋上的

---

[*] 本文初稿發表於「社會與經濟」叢刊第二集《香港:文明的延續與斷裂?》,台北:聯經出版公司。

[1] 東海大學「東亞社會經濟研究中心」,從1991年開始,在蔣經國基金會的支持下,從事了三年香港企業社會制度基礎研究。之後我們又對香港企業及社會的變化做了後續觀察研究,特別是在1996,針對97香港回歸事件,在薇閣基金會的支持下,進行了第二階段的香港系統研究。本文是這一系列經驗研究的初步成果。

不足。從田野調查的經驗來看，許多解釋東亞發展的理論，又太過於強調整個東亞地區的普同性，而忽略東亞各國複雜的差異性（Whitley, 1994; Castells, 1996）。國家與市場對於東亞經濟發展當然重要。然而，就經濟發展本質而言，不能避開企業這個最重要的行動主體，而奢談經濟的發展。因而，本文對於香港的討論，就從廠商這個經濟主體，以及相關的交易活動談起。

香港的發展經驗，在這個討論主題上有何特殊之處？要把香港這個特點講清楚，我們不能沒有比較點。以台灣的經驗爲對照是一個可行的策略。在最近針對台灣中小企業轉型的田野調查，我們發覺到，一些經營相當成功的企業，爲了保留人才及增加公司相關產品的生產領域，紛紛採取了內部創業的方式以擴展組織。這其中比較特別的是，T公司將既有的一家分公司轉賣給幹部作爲內部創業的例子。公司的轉賣，牽涉到總公司的股東及幹部兩造之間，對於既有分公司資產評估的認定，雙方能否同意。雙方能同意，廠商的內部交易即能完成。雙方能同意的資產評估，即是權利的明確界定已完成，交易的進行水到渠成（訪問記錄T036P23）。從這個例子我們看到台灣中小企業的經營，在快速市場變遷的壓力下，確實不斷在面對著組織重組中的權利界定問題。談台灣中小企業的轉型，或者小企業如何能往上發展向大企業邁進，權利的界定是一個重要的問題。因爲，誠如前面T公司藉由內部創業、分散產權，以擴大經營規模所顯示的道理。當權利不能隨著廠商市場交易量擴大，而不斷重新界定，組織的茁壯有其困難。反過來看，市場交易量一擴大，其牽涉到的利益變動滋事體大，沒有清楚的權利界定便無法進行交易。因而，無論是廠商之內或之外，有關安排權利界定的制度，才會具有內在變項的意義。台灣這個例子導引出本文討論香港社會經濟的主要理論建構，那就是廠商組織之間的權利界定，可以

透過社會網絡、經濟權力及法律契約不同的方式來決定。至於三種權利界定的方式，在具體社會的使用方式，則要視該社會之市場、廠商及網絡的屬性而定。中國大陸、香港及台灣三個地方，因市場、廠商及網絡的屬性不同，三種不同的權利界定有不同的搭配方式，從而整個經濟發展的層次也就不同。因而，我們再從理論背景交代這個思考線索。

　　確立經濟生活中的交易活動，其基礎在於有明確的權利界定。所以寇斯在其〈聯邦電訊委員會〉這篇張五常稱之爲石破天驚的大作，才會提出「權利的明確界定是市場交易的前提」（Coase, 1959）。既然權利的界定對於經濟活動是這麼的重要，那麼該由誰來界定權利呢？這顯然是整個問題的核心。寇斯接著在1960年的大作〈社會成本的問題〉一文，爲這個問題提出了答案。藉由法律來界定權利，不但促成了交易且有助於交易成本的降低（Coase, 1988）。法律之所以對經濟活動有內在變項的意義由此而來，法律經濟學值得進一步開展的理論基礎在此確立（Coase, 1961, 1977, 1979; Posner, 1986, 1996）。人類經濟活動的瞭解經此轉換觀察的視野之後，確實有了全新的景觀。這從威廉姆森（Williamson, 1975, 1985; Williamson & Sidney, 1993）、阿爾欽（Alchian & Demsetz, 1995; Alchian, 1995）、諾斯（North, 1981, 1996）及張五常的一系列後續研究（Cheung, 1969, 1969, 1970, 1974, 1983），可以得到印證。然而，寇斯這個重要的發現，若從中國大陸、香港及台灣經驗世界加以研究，卻有值得修正之處。這其中的重點有二：第一，權利的界定固然是市場交易的前提，反過來說，市場交易卻也可以是權利界定的前提。真正適用於中國、香港及台灣的理論不在前者，而在兩者必須做內在整合。換言之，是權利界定及市場交易互爲前提。第二，權利界定不必然來自於法律，而可以是「社會

網絡」及「經濟權力」。適用那一種機制以界定權利,端看市場的本質、廠商在企業階層結構中的位置,以及網絡的特性而定。

從大陸、台灣及香港的發展經驗來看,以上兩點理論的釐清,固然說明了兩岸三地華人社會,在市場及廠商的發展關係,以及廠商之間的交易模式,所可能具有的共同特性。卻不足以解釋香港經濟發展的特質。香港經濟發展的特殊性,不在於廠商之間交易模式的多元化。這一點台灣及大陸也看得到。而是在於法律能明確界定政府與市場之間的關係,以及政府官員與廠商之間的關係。透過台灣的例子,或許更能掌握這個問題的重點。

一、社會網絡作為權利界定的機制

從台灣的經驗來看,「在社會資源可移轉的範圍內建構網絡」(陳介玄,1997),這個原則使得企業主在建構社會網絡有所選擇和依循。更重要的是,使得網絡建構解決了權利界定無法明確及預估成本的困境。若有一個明確的法律制度可以清楚的界定權利,使廠商之間或廠商與政府之間的交易容易進行,廠商將樂意遵循。問題在於,當立法機構延遲立法和修法,行政人員的貪污或者自詮性的執行法律[2],使得明確的權利界定為不可能時,將使社會網絡的建構,變成廠商取得社會資源的方式,並藉此以保障其經營的順利。在複雜的社會體制裡,廠商若要等到其所牽連的各項權利皆有明確界定之後,方能遂其行動,誠屬不可能。特別是在台灣的社會環境

---

2 指行政人員可以依自己的道德感或利益,對既存法令做出自己的解釋而採取管制行動。在台灣典型的例子是,縣市新聞室人員可以不管新聞局電影分級法令,依自己的道德判斷違法取締廠商。這種情形我們稱之為自詮性的執法。

裡，法律並無法明確規範政府及公務人員的行動，因此也就無法真正以法律界定政府與市場之間的關係，以及公務人員與廠商之間的關係。如此，以法律作爲權利界定的判準，即有實質的困難。所以，社會網絡對於企業而言，就永遠處在社會資源可移轉的範疇。因爲，台灣的廠商除了彼此交易要建構社會網絡之外，與政府官員更要攀關係、拉交情，以獲取某些特許，或是保障企業的經營，免受行政上的不當干預。這一點在香港的華人社會有了重要的突破，值得台灣思考與學習。

　　上述寇斯從交易成本出發，看到社會成本之降低需要法律的制訂，無法完全解釋台灣現實的運作。這或許是一個理想的目標，但絕非現實一蹴可及的行動策略。歐美社會以法律系統爲其社會秩序形成的主要機制，歷經千百年歷史的醞釀和累積，使用法律界定權利既成文化慣例（布萊克，1994；昂格爾，1994；Weber, 1978; Durkheim, 1984），廠商交易也就有形式規則可循。這是我們不得不考慮的歷史背景。同樣的，張五常以產權經濟學的觀念，解釋中國大陸經濟結構轉換的可能性（張五常，1989a，1989b，1989c，1989d），有相當程度的啓發性，卻無法意識到，社會中要把理想架構的權利界定模式遂行於整個經濟結構上，必須經過網絡這個機轉的輔助，否則現實中各種利益及價值心態的抗拒，將使理論的實踐力破壞殆盡。這一點我們可以從台灣的發展經驗得到啓發。台灣經濟的快速發展，使得相應制度的發展遠遠落後，特別是由法律所代表的各種制度，如信合社法之嚴重落後於現實需要。加上握有詮釋法律權力的執行者，基於出賣職位價值的需要（貪污），使得制度實行偏離了原意。透過法律明確界定權利，使市場能加以運作，在此前提下便無可能。這也是爲什麼我認爲，在台灣發展初期，網絡使得廠商體現社會資源可移轉性，爲技術上可能的道理。因爲，

網絡可以降低廠商接受政府干預的成本。

以台灣環保法規的執行爲例說明上面的分析,更能具體明白。在工業區內的各種固體、氣體及液體的環保管制法令可說極爲明確,違反各種排放標準的懲罰條款也有清楚的界定。廠商依此明確的法令界定可以估算達到排放標準的處理成本。所以,理論上經此法律上明確的權利與義務的界定之後,市場可以運作,因爲廠商都同樣負擔了環保成本,所以市場競爭的條件是一樣的。實際上呢?因爲執法者要出賣其職位的權力而選擇性用法,或者因人情酬酢而扭曲性執法,使得明確的權利界定形同具文。在此前提下,廠商遵守了法律上明確界定的權利義務規則,反而可能有雙重損失:一方面他必須支付污染物的處理成本;另一方面他也要支付給執法人員保護費(因爲不支付的話執法者有其各種策略對廠商加以干預)。所以,廠商在此前提下,在意的是與政府相關部門人員建立關係,而不是徹底執行環保法規。因爲在這種情境下,遵守法律並不能減低交易成本,甚至不能保障廠商可以生存和發展。這個極端的例子說明了現階段台灣行政上的弊端與落伍。法律上權利的界定,並不能使廠商可以就市場邏輯進行交易,法規所要達到的社會目的也付之闕如。台灣歷經四十年的經濟發展,仍然無法突破這個困境,同爲華人社會的香港,是怎麼做到的?便是本文討論的重點。

從前面的分析來看,台灣的社會網絡在此取得一個獨特的位置。當廠商不能超越法律執行上對於權利界定模糊性限制,可能也就無法進入市場。譬如說製造廠商的工廠登記證辦不出來。台灣的弊病之一是,社會一直存在著容忍執法者在一定範圍內販賣其權力,這也是張五常一再指出的大陸經改中的大問題(張五常,1993)。對於廠商而言,社會網絡在此也就扮演著權利界定的職能,其積極意義是,廠商必須藉此來清除其進入市場的障礙,不只

是降低交易成本，甚至是保障生存及發展所必需。社會網絡在此透過其權利界定的職能，與市場保持緊密關係。然而社會網絡關係不能取代市場關係。從經濟的本質而言，廠商在社會資源可移轉的範圍內建構社會網絡，是要保障其經濟行動獲利的可能性。因此，為建構社會網絡所必須付出的成本，長期而言，必受其邊際效益的制約。所以，執法者的貪污有其限制，其所得必須在廠商建構社會網絡的邊際成本範疇內方為可能。超過此限制，廠商受不了社會成本的負擔便需要關廠。

　　社會網絡作為權利界定的方式，不一定是法律無法界定權利關係，所延伸出來的社會互補機能。就廠商發展的規模和層次而言，透過法律程序以解決外部爭端，或者透過契約以界定權利，不一定是最有效的方式。這要視廠商的組織大小、產品屬性和規模量才能決定使用這些方式是否有效。以台灣許多協力廠商的類型而言，不是透過明確的權利界定來進行交易，而是透過協力網絡的互動模式進行交易。因此，契約的訂定不是構成交易的基礎，長期工作上的配合所醞釀的信任，才是構成交易的基礎。這個信任不能只從人際連帶的品質來理解，還必須從工作連帶的品質上來瞭解。在經濟場域對於人品質的信任，是對於工作品質信任之延伸。因此，協力網絡中的信任，優於形式契約的保證。當然，台灣協力廠之間的彈性交易量，也是使得信任做為交易基礎為可能的結構條件。相對於大組織間的規模量產之分工體系，透過契約明訂權利義務，則不失其為保證交易得以順利進行的必要手段。所以，就廠商的組織大小及營業規模而言，可以各適其需要由社會網絡或者法律制度，界定其權利關係以便進行交易。

　　因而，對於廠商的發展，透過法律界定權利使得交易為可能，也就是使得減低交易成本為可能，不是所有廠商的問題。無法界定

權利下也必須進行交易，常常是生意場中的現實。這是因為權利界定常牽涉到經濟階層結構中的權力問題。在《貨幣網絡與生活結構》一書，我嘗試論述，在不同廠商組織及經營層次所構成的階層結構，上下層之間常常進行著布勞岱稱之為不平等的交換。在這個交易過程，不是由法律來界定交易雙方的權利，而是由經濟權力（營業額、獲利能力、組織的層次、產品的層次、研發能力及在業界的聲望）來界定。這種界定權利關係的方式，雖然本質是支配型的關係，卻也可以使交易有效的進行。兩造之間的最大獲利者當然是支配者。從此角度看，經濟的不平等能持續，是因為廠商之間的經濟權力，也是一種權利界定的方式，有其社會價值。因為廠商必須以產品的社會價值，取得交易中的優勢。如此，經濟權力作為權利界定的一種方式，才有其社會意義。

從台灣的經驗來看，社會網絡、經濟權力及法律同時皆可作為界定權利的機制，而有助於市場交易的進行。透過社會網絡、經濟權力對於權利的界定，使得台灣廠商之間的交易，能突破官僚行政及紙上法律的限制，順暢進行。彈性化協力組合結構的生產系統，得以成熟發展，可說是台灣整體社會體系調適的成功。然而，從這個經驗我們可以很容易看出，法律作為權利的界定以形成市場交易，是台灣經驗中最薄弱的部分。台灣產業國際化之真正限制，或許就在於缺乏以法律作為權利界定形成交易的成熟經驗。而這正是產業國際化發展所不可或缺的要件。若再深入探討，我們從上面的論述便可以清楚知道，廠商之間的交易，就廠商的規模層級及經濟實力，廠商會透過市場逕自決定使用最適合的權利界定方式，以利於其交易的進行。因此，法律作為權利界定方式以形成市場交易的不足，主要是指台灣政府與市場的關係，政府行政官員與廠商之間的關係，無法透過法律明確界定。香港的經驗，在這一點上取得了

優勢。有了台灣這個對照的基點，我們就比較容易說明香港的特色。

二、香港文明

　　從上述台灣發展的經驗來看，廠商之間的交易與廠商與政府之間的互動是必須區分的兩個範疇。社會網絡的建構也在這兩個範疇起著不同的作用。在廠商之間的交易，社會網絡的建構有其積極的作用，而廠商與政府之間的互動，社會網絡的建構則變成了消極的意義。在這個最能表彰法治色彩的場域，台灣卻一直無法突破。相對而言，香港在這方面的發展，卻有亮麗的成績。同爲華人組成的社會，香港是怎麼做到的？底下以七年來持續在香港進行的田野調查資料爲骨幹，從不同面向來討論這個問題。在七年前的香港田野調查中，我們問到一位電器業者，對1997之後香港工業發展的看法，他答道：

>　　我們還在積極開發新的家電產品，在香港我們有40個工程師從事研究發展的工作，目前在香港還有600個職員。對未來仍充滿信心，最重要的是有法律的保障（訪問記錄M094P06）。

　　法律的保障是使其有信心的最重要關鍵。爲什麼在香港，法律具有這樣的效能？這並不是香港乃承襲英國法治社會，這樣簡單的答案可以解釋的。法治這個最常用來說明一個社會發展形態的概念，其實往往是極空洞而沒有解釋力。所以，香港的法治是需要研究的現象和問題，而不是一個自明的事實。在香港廠商的田野調查中，相關而值得重視的一個線索是，香港企業不像台灣的中小企業對政府頗有怨言，他們對政府沒有什麼不滿。更重要的是，香港也沒有什麼地下工廠。受訪的一位電鍍業者指出：「香港很少有地下

電鍍廠這回事，大部份都有登記，很多稅率比較簡單」（訪問記錄
M092P06）。而台灣的地下工廠卻是到處林立。將這些相關的訊息
合在一起，我們有必要深入探討，法律在香港社會如何運作？從香
港的田野調查來看，廠商與政府的關係，不能只侷限在行政效率這
個問題來討論，行政效率不彰只是廠商與政府扭曲關係的反應，而
不是問題的本質。也不只是政商關係的問題（徐瑞希，1991；陳明
通，1992；王振寰，1993；謝國興，1994），政商關係的問題本質
在於，法律如何產生社會作用？這也是整個社會制度的設計與執行
問題。台灣執政者莫不以建立法治社會爲其施政的最終藍圖，卻不
懂得吸收香港寶貴的經驗，當然也就不知道法治的真正起點要從，
「政府與市場關係在法律上明確界定」開始做起。

（一）法律成本與網絡成本

　　法律在香港社會如何運作？從廠商之間的交易做爲一個考察
點，能夠把其中細微處表現出來。如同我們在台灣所做的研究，從
廠商交易之間的紛爭或是收帳款的問題，可以看到法律所扮演的角
色。受訪的香港廠商指出其公司的狀況：

> 收帳在香港，也曾有收不到的事，但比例不高。去年被倒
> 了一百多萬港幣，但他是眞正地困難才倒閉，眞的拿不出
> 錢。付款是否習難，視人而異，一般而言收款並不困難。
> 被倒帳之後，也曾試過走法律途徑，並無好處（訪問記錄
> M098P06）。

對廠商而言，倒帳尋法律方法解決並無好處，主要在於法律的成本
很高。另一位香港受訪業者指出：

> 走法律途徑，但是若不是很大的問題也是麻煩，因為欠錢
> 的都是皇帝，有辦法就是透過律師。有的不懂法律，看到

律師，欠的錢就給了。有的懂得法律的根本不理你，那就告到高等法庭，申請封他的廠。那等你去申請封他的廠，到上法庭去裁判，這時間長得不得了。等你弄下來，在金錢上也花了不少。如果只是差個幾萬塊那是得不償失，如果他的廠是眞的經濟沒有辦法，你根本拿不到。如果是有錢不願意還那還有希望。所以在香港凡是發現有退票的現象，以後再好的生意也不能做（訪問記錄N026P06）。

這種「法律成本」很高的情形，也反應在香港業者面對商業上的紛爭，所採取的解決策略：

如果紛爭的銀碼是很大，途徑是打官司。但不是一打就判決，大多數打官司是一種手段，逼雙方談判。商人是很聰明的，不到最後關頭是不談判的。我們的經驗，往往是上庭之前的兩天，才眞正談判。或是開了庭了，中途休息時才談判。過程則是漫長，可能是幾年。在高等法院排程起碼一年，一年以後才有空檔見法官。從告到排期之間還有一段時間，可能半年，兩年，看律師是否順利進行，看客戶是否有錢。沒有，就按下不表，做另一個案子。但也有雙方都有它們的理由，不願妥協，就等法院判決那一方勝，才做罷，這是大贏。中小贏則有趣，開始時很衝動一定要告對方，但是案子慢下來時，就覺得律師費非常的貴，往往就是主動告的一方放棄，很多這種個案。因為在香港，英式的法律，要阻抗對方的控告比較容易（控方要告要自己去找證據，辯方不必證明自己沒有罪，但在台灣是要證明自己沒有罪，所以香港可以拖）。到案子判決之前有一段很長的時間處理證據，而每一個階段都要花錢的，所以被告一方採取拖延的戰術，把費用增大。控方就

會考慮，如果控告的銀碼不是這麼大，就衡量值不值得。如果贏，能追回律師費。但是在香港，要經過法庭裁定，一般案子有一個基礎可以判定償多少，一般是六七成。另外的情況是可討回全部，但是非常特別的。

英式法律的制度是用一種經濟上的壓力，可否負擔？花錢買，如果划不來，只好放棄，和解。透過經濟上的風險，讓雙方儘量和解。中小型企業負擔不起律師費，官司不了了之的很多。他們如果是oral contract被騙，通常都算了，勝算的風險大，還輸了律師費。主動是在控方，錢花得起就見官，控方何時放棄何時就結束。但辯方可以討回他應得的律師費，大約是百分之70，所以在律師費方面，就當你輸了。

一般商人，知道用法律的觀念，但通常經歷過一次實際的經驗就知道不怎麼有效。不是沒有效，而是要花許多錢，這往往不值得。但是百分之90的商人，可能沒有經驗，因為法律也是一種遊戲規則。後來影響他們的成功或失敗，往往不是法律。但如果遇到紛爭會想到要告，這是非常普遍的現象。因為要花錢，不是每一個企業花得起，因為香港企業的規模差別很大，往往是算了。所以在交易的安排是很審慎的，可以避免打官司，打官司在中國人還是儘量避免的（訪問記錄O011P06）。

廠商交易之間的紛爭透過法律解決，從香港經驗來看，要負擔高昂的成本。許方中及盧敏超的研究也指出：「就實際情況而言，香港的法律費用，居全世界最高之列；同時，香港律師雖然已經供過於求，但這種供求的經濟因素，似乎並沒有降低法律費用」（許方中、盧敏超，1995）。儘管如此，律師仍然在香港的日常生活交

易活動中扮演關鍵角色。受訪的香港業者指出：

> 香港請律師很容易，也很普遍。台灣很麻煩，好像一般買
> 賣都請代書，但香港都是經過律師，這樣就有保證，如果
> 你買賣透過律師，錢是透過律師的票，而且透過律師會幫
> 你調查。香港政府並沒有規定這樣，但是大家知道這樣有
> 保障都這樣做。像地產公司也是一樣，他只是抽買方的
> 錢。房產的買賣也是一樣要經過律師，會幫你調查房子有
> 沒有糾紛，律師要自己找。日常生活要經過律師的很多，
> 如打官司、辦遺產。大家很習慣，在台灣我不知道要怎麼
> 辦，很麻煩（訪問記錄N026P06）。

律師在交易活動中扮演這麼重要的角色，有其一定的制度環
境。以香港的房地產而言，由於土地所有權屬香港政府，使用權、
轉讓權及受益權由民間持有。因此從第一市場到第二市場的房地產
租售交易，環繞產權而生的紛爭極爲複雜（梁振英，1989；甘長
求，1992）。法律的規範就變得繁複而專業，律師的位置也就被凸
顯出來。受訪的香港業者指出：

> 透過律師在香港其實不是成文的規定，香港的物業是，你
> 的名字出現在文件上，但登記文件不一定保證你是物業的
> 持有人，還要看文件有沒有問題。所以要經律師看契約，
> 律師才知道有沒有問題。買賣都要找律師，如果沒有請，
> 被問問題就不知道要怎樣答，買賣就不成。下一次賣還是
> 要經過律師查驗文件，這不是說沒有律師簽就沒有效率的
> 問題（訪問記錄O011P06）。

因而，在香港也就不太可能出現，只要是熟人買賣，不經過律
師逕行私下交易，以節省交易及買賣費用的情形。受訪業者指出：

> 沒有這種情形，因為物業是大銀碼的東西，沒有人要冒這

個風險的。如果有問題，他賣不出去怎麼辦？所以律師費
這麼貴，因為如果律師處理文件不小心，契約有問題，那
律師唯一可以做的就是把物業買下來。這就損失了，因為
再也賣不出去了。律師費的一部份就是去買保險，沒有保
險是不能開業的，價高就是風險（訪問記錄O011P06）。

從以上討論可知，法律作為交易的保障及法律作為紛爭解決的
手段，成本都很高，如此，香港法治的概念從何瞭解起？問題的重
點或許在於，法律如何對於政府與市場的關係加以明確界定？我們
將在下一節深入探討這個問題。在此我們先要理解的是，法律在香
港做為重大商業交易的手段和保證，是無庸置疑的。儘管法律成本
高昂，只要能確實排除交易所可能帶來的風險，這個成本的負擔便
為廠商及民眾樂意支付。所以，法律成本的嚴格計算，主要在於廠
商經濟生活的日常交易。如同前一節我們指出的台灣經驗，中小企
業的日常交易活動，不會以法律程序作為保障手段，而是以社會網
絡及經濟網絡的建構，作為保障的手段。這主要在於法律成本及網
絡成本確實是可以在商業交易中進行比較。從台灣廠商的階層結構
來看，家庭工廠、小型廠及中小型廠與中心母廠配合過程，在交易
量有限的前提下，契約的程序保障，法律上的權利追索，都需要花
很大的成本。因此，廠商之間透過不斷重覆交易所帶來的信任及網
絡關係，是其商業交易的根本保障。在探討香港生意往來中的人際
網絡之作用時，受訪的業者指出：

這應該是經常都有的。生意上信任是非常重要的。我們跟
客戶的信任，我們跟我們供應商的信任，就非常重要。有
特殊的關係，信任會多一些，但也不盡如此。相處久、了
解多，也能有好的關係。這裡的關係倒是非常重要。金錢
上的往來是很基本的。叫貨付款這些都有一套規矩。除非

他週轉不來，要你幫忙，那你可以看他過去表現，彈性處理。這種情形很多。尤其是那些依賴你的企業，你一下子要他做很多，超過他的能力你就要支持他。主要是有長久的關係了，可以支持他。有財務糾紛時，通常都是要協商，我們基本上不打官司。除非他完全不講理，才會給他制裁。一般來説，如果搞過一次不正當的事，警告不聽，我們就乾脆算了，根本不與他來往，不與他做生意。跟外商比較仔細，要一條一條去看。跟我們的供應商就比較不需要，經常一通電話，事情做了再説。尤其當要趕工或是一定要做的東西，就叫他先做再説，等做好了再來算錢。這是因為他知道我不會虧待他，我也知道我説了他一定會做，這經常有。因為做生意有很多的變化，有時又很緊急，一通電話就可以解決，省掉很多時間、力氣。所以中國人的傳統模式到今天仍然還有作用。即使年輕的一輩到他要眞正做工夫時，他也知道這些才是能夠起作用的。沒有這些，變成你會沒有效率、沒有快的反應，把事情很快的做到恰如其份（訪問記錄M095P06）。

　　從台灣到香港的廠商交易，我們看到一個共通的現象。對於惡劣的客戶或往來廠商，拒絕再往來是慣用的策略。經濟網絡成本之所以低於法律成本，是因爲網絡在商業交易過程中形成，沒有額外的成本。或者是原本的社會網絡轉換成經濟網絡，也一樣不需要太大的額外成本。因而，拒絕往來、切斷網絡，對廠商而言，可能會有貨款上的損失。但是，網絡做爲其彈性生產的機制，以保障其產品的交期、品質和價格的競爭力，網絡的選擇也就異常的重要。唯有在適當的網絡選擇下，使用網絡的成本才會低廉。在此我們看到，企業主創業前後的人際關係，對香港和台灣中小廠商的商業交

易都有極重要的作用[3]。然而,從實際的訪談過程來看,香港業者對人際關係的界定和評價卻又極為分歧,其道理何在?關鍵或許在於我們並沒有深入釐清:經濟交易活動中的人際關係到底為何物?當我們問到:香港與瑞士、日本、大陸、台灣等地生意往來方式,是否有所不同?受訪的一家香港錶行業者指出:

> 現在跟外地來往的,除了瑞士必須要開信用票給他,屬於真正的國際貿易以外,我們跟日本訂的錶面、把頭,根本不需要信用票,台灣也是。貨送來,因為金額比較小,到時候再買匯票寄過去即可。他們也經常來這裡看,希望生意做多一點,大家關係穩定了。前幾天台灣的廠商才來過,他們跟我們做很多生意,差不多每個月到香港一次,這次來就收上一次的貨款。所以一般做生意的,沒有一個基礎、沒有信用是做不成的,會有很多問題(訪問記錄 M097P06)。

把這些訪問所得的訊息加以整合,我們慢慢也就瞭解到,香港業者所說的人際關係及信任,事實上是一種商業交易的關係和網絡。有了關係或關係穩定了,表示彼此之間的商業交易已有了基礎。從台灣的經驗來看,既存的社會關係或社會網絡,無論就創業或是生意往來,提供了很好的基礎,可說是社會資源對於企業發展

---

3 從此角度來看,廠商之間經長久交易而形成的經濟網絡,也可以看成是一種社會網絡。所以,對香港及台灣的中小企業而言,廠商之間因交易形成的經濟網絡,只要達到穩定的交易頻率,都可算是一種具經濟屬性的社會網絡。這並非可以模糊了經濟網絡和社會網絡,在概念上區分之重要性。而是如同韋伯所提出的觀點,所有的經濟行動,終極而言,也是一種社會行動(Weber, 1978)。經濟網絡,既是人所組成,從社會學角度而言,我們也在特殊脈絡下,可以看成是一種社會網絡。

移轉效果極大化的表現。就廠商本身的發展而言，各種商業上的交易不可能永遠侷限在既有的社會網絡之內。所以，商業的交易事實上是一個建構網絡及關係的過程。這些關係及網絡的建構，多少受「在社會資源可移轉範圍內建構網絡」原則的制約，本質上是經濟網絡及經濟關係的建構。因而，就台灣及香港的經驗而言，兩者在商業交易所形成之網絡的異同，值得再深入思考。

　　商業交易中的關係或者經濟網絡，事實上一直用來作爲交易形成的基礎，扮演的不只是降低交易成本的作用。所以，中國傳統社會的人際信任，在商業交易中有了新的表現空間。那就是使得商業交易更有效率更快速的達成。這就不只降低了交易成本，同時也增加了交易的速度和提高了交易的品質[4]。因此，廠商交易中的關係，不應與純粹人際互動的的關係相混淆。意即經濟網絡不能與社會網絡相混淆。所以，香港的法律制度並不是構成了香港廠商交易的特色所在，因爲法律中的契約並不是真正構成廠商交易的基礎。這在中小型廠商之間尤其明顯。由此看來，廠商交易過程中權利的界定也不是由法律來進行，真是要那樣做，廠商除了要付出商業交易的成本之外，還要額外負擔一筆法律交易的費用。顯然不是最好的策略。從香港廠商運作的實際調查，我們發現，中國社會生活中的人際關係和信任，被轉化成「商業交易」的關係和信任，使得香港商業交易能夠符應世界市場快速變化的需求。因此，從香港經驗來看，我們要問的是，商業交易關係和信任的建立，除了傳統人際關係及信任的移轉之外，法律系統扮演了什麼角色？整體而言，香港法律界定了政府與市場的明確關係，使廠商有效降低與政府互動的

---

4 所謂交易的品質是指，交易雙方不容易產生對交易活動認知上的差距，
　而延伸出許多困擾需要加以解決。換言之，即是交易雙方的默契。

成本。這是底下我們要分析的重點。

（二）法律明確界定政府與市場之間的關係

　　從廠商之間的交易，我們看到了香港與台灣的企業發展，在法律成本及網絡成本的考慮下，都可以很彈性的使用社會網絡及經濟網絡來形成交易上的競爭優勢。因此，相對於台灣，香港法律在經濟運作上的獨特性，不在於規範廠商與廠商間的交易，而是在於規範政府的行為，並明確界定政府與市場之間的關係。王于漸的研究也指出，透過憲法限制政府的活動，以促進經濟發展，可說是香港的特色（王于漸，1989）。從田野調查的經驗來看，一般人所談的國家論及市場論太過於籠統，無法細緻掌握香港這個發展類型在華人社會的獨特性。為使得香港這個特色有充分的瞭解，除了本文第一節所提供的台灣經驗之外，我們再從中國大陸的例子做一對照性說明，更能清楚掌握問題的脈絡。

　　一家同時到台灣及中國大陸投資的香港外商銀行，在接受訪談時，指出底下的經驗：

　　　　最近我們在中國找了兩個比較高層的負責人到北京、到上海去工作。他們的背景都是從台北花旗銀行出來的，到那裏很短的時間，我跟他們談起適應那個環境的情況怎樣？在生活條件上，是有許多需要適應的，台灣跟上海、台灣跟北京，在很多方面的距離都很大。可是他們跟客戶的接觸，特別是跟政府的接觸，I filled they very much at home。他們覺得跟我們所謂的 Public Sectors，就是政府的代表機構，也許是冶金部下面的冶金進出口公司。你可以當它是經營的實體，你跟它打交道的時候，和台灣的一些 Public Sectors 有同性質的地方。在這個方面我覺得，是

> 台商比港商佔了優勢（訪問記錄F035P06）。

　　與政府打交道的經驗台商比港商佔優勢，也就說明了台灣與大陸政府官員和廠商之間的互動模式有其雷同性。這個雷同性是什麼呢？受訪的香港金融業者有生動的描述：

> 普通一個聚會吃一頓飯，假如那頓飯是在香港吃的，一些基本的方式走遍香港都通的。假如另一頓飯是上海吃的，這個是劉總、這位是黃科長、那一位是處長、這一位是局長，在稱呼上面就已經把人際關係表現出來，可是稱呼這一套是台北的做法。那我們的同事在吃一頓飯以前是非常的緊張，要搞清楚這個稱呼，很怕這個局長變成了處長就完了。有這種適應上的問題，是我們香港人必須經歷的，可是在台北是不需要的（訪問記錄F035P06）。

　　在大陸及台灣稱呼之所以重要，是因爲跟政府官員建立關係很重要。不同稱呼代表不同職位，不同的關係資源，當然事關重大不能弄錯。稱呼的重要也再度反應了大陸及台灣「身份連帶」的重要，而不是「專業連帶」的重要。誠如受訪者指出：「這個是我自己親身經歷的，在兩、三年前上海及廈門代表處還沒成立之前，去拜訪中國的高官，從香港去的人會不太習慣」（訪問記錄F035P06）。香港人爲什麼會不習慣於身份連帶的建構？深入來看，香港的經濟生活已不需要跟政府官員攀交情、拉關係。政府官員與廠商之間的關係，已從身份連帶走向「專業連帶」。所以，從中國大陸的例子來看，與政府官員建立關係很重要的一個原因是，中國市場發展尙未透明。受訪的香港金融業者指出：

> 所有中國市場的老外，他們學的第一個Term就是「關係」，他們覺得關係 is gateway into be sucessful。可是我看在國內所謂的關係，在這十多年下來也有一個改變。你

> 在八十年代初，那時候你也沒有分行，有很多的確是透過
> 關係才能得到好處。關係這個Element很重，到了九十年
> 代，這個Element還存在，可是這個比重的確是下降。關
> 係這是入門，更重要的是你的專業服務。在中國市場的透
> 明度越來越拉開了，每個人慢慢就事論事，依賴你的服務
> 創造價值（訪問記錄F035P06）。

從香港和中國大陸廠商在面對政府部門人員互動模式的差異，
恰足以說明，在大陸很多的交易是沒有市場化的。換言之，不能用
市場來決定商品或勞務的價值，而是依賴身份決定商品或勞務的價
值。這個時候，牽涉到政府部門與廠商之間的互動，便需要很多的
人際關係做爲中介。我們可以說政府部門與廠商之間的互動原則不
是市場邏輯而是身份邏輯。這也使得政府官員有了販賣制度特權的
機會。隨著大陸組建市場的普及，大陸各種商業交易逐漸擺脫了政
府的控制，而讓市場有更大的作用。這是受訪者所說的，關係要素
在降低其支配力的涵意。然而，就如同前面我們對於台灣經驗的分
析，市場發展有助於縮減政府的不當干預，卻無法根除政府與市場
之間的「人際關係」運作。換言之，儘管任何政策皆有明確之法律
規範，在運作上，法律卻無法真正規範政府和市場之間的關係，也
就是無法真正透過法律界定政府官員和廠商之間的互動。因而，嚴
重程度不一的政府官員販賣制度特權的現象，一直存在政府與市場
之間的互動場域，無形的腐蝕著社會的生機。這個問題對於台灣及
大陸未來的發展極爲重要。香港如何突破這個臨界點呢[5]？

---

5 這個問題的具體層面也可從「貪污」這個切入點下手探討。香港從
  1973年麥理浩總督成立「廉政公署」之後，對於政府官員貪污的有效
  整頓，可說是舉世聞名的典範，這方面的研究可看聶振光、呂銳鋒、
  曾映明（1990）、T. Wing Lo(1993)及Lethbridge, H.J.(1985)的著作。

　　政府與市場的關係，一直是亞當史密斯以來經濟學上的大問題。直到史蒂格勒提出「管制經濟學」的概念（Stigler, 1983, 1988），將政府管制的作用以新的角度重新界定，說明了政府某些管制不但不是要扼殺市場的自由，而是使市場運作得以可能，如證券市場的管制。如此，管制對於市場發展具備了內在變項的意義。政府對於市場的職能只是在於制定明確的經濟法規以利於市場運作。換言之，政府最重要的角色是設計一個好的制度讓市場可以運作。如同寇斯看到了，在降低社會互動的交易成本下，法律的制定有其重要性。史蒂格勒也因爲看到了管制對於市場經濟運作的必要，而強調適當經濟法規制定之重要性（Coase, 1994）。經濟學這個知識上的突破，對於政府與市場關係的釐清有很重要的貢獻。在此認知改變下，我們就可以了解政府不是要「管」市場，而是幫市場來運作，產生作用力。這就需要透過良好經濟法規的制定，並以此法規限定政府行動的邊界。因此，經濟法規的制定固然是用來提供市場運作必要的遊戲規則，規範參與這個遊戲的廠商或個人。同時，它也規範了政府及政府官員的行爲分寸，使其不能販賣制度特權。這是我所說的法律明確界定政府與市場關係的涵意。香港的發展最能說明這樣的可能性。香港如何做到法律能明確界定政府與市場的關係？讓我們從經驗事實出發。

　　香港做爲亞太金融中心是沒有太多爭議的事實（饒餘慶，1992；何道明、陳寶明，1989）。構成這個地位的條件與因素固然很多，政府如何界定金融市場發展，是極重要的一個因素。我們以此爲例說明香港界定政府與市場關係發展的方式。受訪的外商銀行指出：

　　　　香港有一句話說：香港的銀行比米店還要多。香港沒有一
　　　　個正式的中央銀行有其優點，因此香港的管理條例就比其

他國家來得少。這樣的話，運作的成本就比較低。像我們就沒有台灣或美國的存款準備金。假如你銀行收到1塊錢的存款，就要將4分錢擺在中央銀行，香港就沒有。因為我們沒有那麼多的條例，所以我們的營運成本就比較低。在未來中國銀行介入香港的金融體系，而使得金融體系改變，營運成本可能提高（訪問記錄F035P06）。

從銀行實做的經驗來看，管理條例少，使得運作成本低是最值得注意的重點。這樣的環境使得銀行的績效特別突出：

我想從宏觀的角度來談，香港銀行工業發展的非常好，而且它是在一個沒有中央銀行監管，且監管條例相對於其它地方較少的宏觀條件下，有170幾家的銀行。你看它過去三年的成績，大家都做得很不錯。以我們為例，在過去三年花旗93個國家的分行中，香港的獲利都在前三名（訪問記錄F035P06）。

然而，政府要管得少並不是一件容易的事，受訪的外商銀行在比較香港及中國大陸的投資經驗，特別是面對1997中國大陸收回香港之後，期望大陸政府對金融採取的態度作了說明：

德國、法國和其他國家Economic Base要比只有600萬人口的香港大得多，but because it less constraint，銀行在香港發展得很好。所以我個人很希望，1997中國介入之後，對香港發展的很好的Banking Industry，希望他管得少一點。因為這不是他管得多就能運作得更好。美國銀行Regulations的條例要比香港嚴得多。例如1塊錢的存款要有4分錢的存款準備金。可是美國倒閉的銀行在過去20年的總量，比例上要比香港大得多，所以管得嚴不等於就是管得好。你知道中國的官要Justify自己存在的價值，一定

要管。中國國內的官、香港的官他們的Thinking會有這麼
個差別：國內的官一開始的題目就是：我怎麼管？香港的
官是：如何使市場運作？我要管那個部份？我想兩者的心
態有根本的不同（訪問記錄F035P06）。

　　管理條例要少，意味著政府要瞭解市場，要有上述管制經濟學
的基本管理理念，要突破「官就是要管」的傳統爲政的心態和觀
念。香港的政府官員具備了怎樣的市場觀念和管理理念呢？當我們
以「香港如何能成爲世界的金融中心之一？」這個問題請教香港金
融管理局局長，他指出：

1982年取消外幣存款利息稅導致外匯大量流入香港。不過
這也使得Foreign/Domestic Currency之間的不平衡，遂在
1983年也取消本地港幣的利息稅。繼而廢除Commercial
Papers之利息稅，更在1987年取消Deposit的利息稅徵。每
廢除一項利息稅，雖進一步促進金融的自由化，不過仍然
會存在一些漏洞需要修補、需要調整，畢竟沒有一個
System是Perfect的。堅信整個方向是正確的，香港的金融
市場就是在Free Market的哲學下，逐步發展成爲世界金融
中心之一（訪問記錄F036P06）。

　　管理條例的減少，足以減低廠商的經營成本。前述外商銀行的
經驗已說明了這個簡單的事實。問題是政府是否能做到？香港金融
自由化的過程，說明了市場的自由是指政府能將管制行爲侷限在構
成市場運作的範圍，使廠商減低與政府互動的成本。從香港沒有工
業政策的工業政策，更能說明，自由市場這個概念如何具體化爲政
府與市場互動模式的制度設計。受訪的工業署副署長指出：

香港到現在爲止，政府沒有什麼政策去指導香港工業的發
展，相信市場的力量，相信Invisible hand is the best way to

allocate the resources between industries。主要是說，如果香港金融事業很好，替這行業賺來更多的錢，這個 Resources就應該走向金融的行業，我們就不應該用什麼方法固定在Manufacturing。因為就整體的角度看，從事什麼行業沒關係，最重要的是你增值最高，對整個社會最好，這是香港40年來到現在仍奉行的原則。香港和別的國家不一樣，沒有一指導性的工業政策，也沒有政府任何稅收的特許。我們對本地與外來的廠商一視同仁，大家都是繳16.5%的稅，賺錢就繳，不賺錢不繳。所以香港因為此政策，有很強的本地廠商的基礎，大概80%的香港工廠是本地商人開的。新加坡大概只有20%，因她鼓勵外資，外資有優惠，本地人競爭能力就低了，要生存就更困難了。20%現在可能不正確，這是一、二年前的估計。香港與新加坡最大的分別就在於香港本地人建廠的比例比新加坡高很多。一個國家走的政策，over the years，will have acumulative effect. Everybody is the same. Nobody is different.到現在可以說in our honesty，we have done the right thing。因為其他國家都做同樣的事情，都在吸引外資，像馬來西亞、泰國、印尼都給外商優惠。人家都有優惠而香港沒有。Everytime I go overseas, people asked what do you offer. I said I offer H.K. That's my answer. H.K. itself not the tax。其他國家要走 tax concession 及 export zone and all these，主要是她可能有Exchange Control，一定要走Free Export Zone，而我們沒有Exchange Control。他們的稅本來很高，可能30%以上，所以外來的要給Tax Concession，我們的Tax本來已經低了，還要什麼Tax

Concession（訪問記錄G010P06）。

當市場自由化變成清楚的制度設計，遊戲規則簡單而明白，公平的廠商經營環境被創造出來，則香港社會形成一個整體，做為廠商發展最有利的市場於焉形成。在此，不只是市場作為社會結構而存在（Swedberg, 1994），社會結構也做為市場而存在。從香港的經驗來看，社會結構做為市場存在主要的意涵是，香港亞太金融及貿易中心的位置確立，地方城市變成國際都會的轉變完成。環繞著市場運作的所有社會制度設計，要符合國際間廠商交易的慣例和規則。最重要的是，廠商與政府的交易要依法律而行。法律對於政府的規範，如同對於市場的規範同樣有效。這一點對於外商特別重要。香港能從地方城市躍升為國際都市，香港能成為亞太金融及商業中心，關鍵在此。

對香港廠商而言，政府遵守自由市場的原則發展經濟。如此，政府的管制就不致於提供政府官員販賣制度特權的可能。更深入來看，香港政府的不干預政策，以及政府對市場的管制方式，長久下來，發展出政府與市場之間明確的法律性關係。廠商很清楚知道，那些是不能做的，凡是政府法令上沒有限制的都可以做（狄英，1988）。我們從業者的觀察來看這個問題。一位受訪的電器業者指出：

> 香港政府的確是進行自由經濟的政策，這種經濟有它很大的好處，要發展任何生意，基本上就可以放手去做，沒有任何束縛。同樣的，對任何產業也不進行保護，因此該是夕陽的產業，就讓市場進行自然的淘汰。就這方面而言，這種政策的確是有好處的。但是如果從大的發展來看，它也的確有問題。例如台灣、南韓、新加坡、日本，都有政府的支助與指導，在這些方面他們就比香港更具優勢。現

在是証明自由經濟是有其好處的，但也不是完全。『自
由』的規則，這主要就是法律。另外就是商業規則。任何
人要做生意，就要在這裡面去算，能不能賺錢、能賺多
少、能賺多久，政府基本上是不干預的。所以這也不是沒
有好處的，例如房子蓋了不到十年，他算算認為拆掉重蓋
可以賺更多錢，他一定就把它拆了，政府是不管的。能不
能賺錢是最基本的（訪問記錄M095P06）。

　自由意味著法律的規約，自由與法律在此無法分開。當政府將
管制減至最低而賦予了市場自由，這時候政府的不干預若是一個法
律事實，市場的自由才有了法律的保障。香港政府與市場之間能發
展出明確的法律關係並不是一件簡單的事情。一家同時在香港、台
灣及大陸投資的玩具業者，以其親身經歷指出：

我在高雄加工出口區有一玩具工廠「新開達」，1979年開
始的，如今虧本，又關不掉，死不了，自殺又不成，這就
是臺灣的工業。設立的原因是1967年香港有暴動，美國與
我們姊妹公司「開達」公司有密切關係的客户，耽心香港
的政治有危險。正逢台灣開始成立加工出口區，所以由美
國與香港合作到台灣投資，是第一家到台灣投資的廠。卻
可能是人事的問題，始終虧本，因為台灣加工區的規矩
多，申請的程序、手續很多，常要蓋很多圖章，塑膠玩具
這一行必須爭取時效，一有訂單，開模就做。因此很影響
經營彈性。香港則無此種限制；大陸則也須樣樣都講明。
香港最要緊的是靈活，也是開放的自由市場，但政府不會
幫助你，以不干預為原則，不然，幫了你，別人會抱怨。
例如要設一個塑膠的研究中心，只能自己搞，連地都要向
政府買（訪問記錄M099P06）。

　　從香港的發展歷史背景來看，香港之所以能發展出政府與市場之間的明確法律關係，有英國習慣法的繼受優勢（彼得・威斯萊・史密斯，1990；董立坤、劉筱林、曾虹文、李威，1992），具備守法執法的文官系統（張炳良，1988；聶振光，1991；文思成，1994），有1980年代之後全球經濟結構重組的脈絡（汪康懋，1991；Stallings ed., 1995; Stephen W. K. Chiu, K. C. Ho, Tai-lok Lui, 1997）。這一點從業者的角度來看，短期內香港的位置不容易被取代。受訪的地產公司業者指出：

> 有些人擔心，北京刻意培植的上海會不會取代香港，我認為不會。第一，150年來，香港承繼了英國統治時期的法治制度。契約訂定上的權利與義務非常明確。而且律師與法庭的代理都能夠執行（enforce）這些制度。英國的習慣法使她對於任何的判例都有規則可循。相對而言，中國大陸缺乏的則是這些代理者。你不知道哪些律師是好的，或者法院到底如何判別等等諸如此類，你根本完全不可測。在大陸，政府本身也是商人，所以在角色上相當混淆。但是在香港，政府官員是政府官員，商人是商人，角色是清清楚楚。第二，經過長期與外界的隔閡，大陸現在的開放也希望透過香港的代理而多層保障。香港長期與國際的聯繫使它本身具有不可替代的功能（訪問記錄S012P24）。

　　香港相對於上海的優勢，乃在於法律能明確界定政府與市場的關係，不是一夕之間可成的社會工程。在這個過程，法律系統本身的合理發展固然是其中的因素。如經過修改之後用於香港的英國習慣法，便是一具體範例。然而，更關鍵的是，法律要能確實界定政府的行動邊界和市場的運作規則，這就不只是法律系統的發展而已。市場本身的發展，合理官僚體制及類似廉政公署這樣監督的制

度設計都是必要的。誠如受訪的一位香港印刷業者指出：

> 政府直接的幫助並沒有，但還是很感謝政府創造了一個這
> 麼好的大環境，這已是最好的支持了。香港政府可以創造
> 出這種大環境，是因為英國有一套很好的官僚體制。由於
> 這種政治上的不干預政策，可以將不公平的地方降到最低
> 點。另外香港的廉政公署十幾年來發揮其功能，至少在表
> 面上看起來並沒有行賄的現象（訪問記錄A022P06）。

香港如何吸收轉化英國的文官體制，如何使得廉政公署既可拍
蒼蠅又可打老虎，杜絕了貪污？使得法律能夠明確界定政府與市場
關係的行政體制，相關研究已不少，本文不再重覆。從上面討論來
看，香港法律能夠明確界定政府與市場的關係，有幾個要件必須具
備。第一是，經濟管制的精神不是控制市場而是發展市場。所以，
管制是在形成交易制度，使交易的成本降低。因此，管制是一個發
展的概念而不是控制的概念；其二是，市場的概念必須是一個法律
的概念，因為市場的每一筆交易總內含著抽象的權利交易。法律作
為交易的最終保障，是自律市場或自由市場形成的基礎。所以，最
終而言，自由市場必須是一個法律市場。其三是，政府與市場的關
係以制度為主而非以人為主。社會結構做為市場存在，意味著各種
交易制度的發展取代了林林總總的政商關係。香港法律之所以能明
確界定政府與市場的關係，主要在於齊備了上述幾個要件。

從香港經驗，我們看到法律確立了規則，使商業交易有更大的
空間。這裡所謂法律確立了規則指的是，法律確立了政府與市場之
間的關係，或者是政府官員與廠商之間的關係。香港與台灣比較，
在這一點上有其特殊性。在台灣，法律無法真正確立政府與市場的
關係、政府官員與廠商之間的關係。因為關係取向的「身份連帶」
很容易介入了政府官員與廠商之間的交往。如此，政府與市場之間

的互動，也就不是純粹形式的法律可以保障。在台灣，政府介入市場除了許多行政命令或執行法令的程序工具可以利用之外，還可以透過法令的詮釋干預市場。香港的法律系統對於市場發展最大的幫助就是，明確界定政府與市場的關係，並具體規範了政府官員與廠商之間的互動規則。對香港的廠商而言，這是一個利多的經營環境。因爲在明確的法律界定下，他可以傾全力發展商業交易關係，而不用花大把的金錢、時間及精力成本，建立政商關係。台灣的廠商，無不在意於與政府官員的關係建構，這種現象其實正反應出深層社會發展的結構限制。當法律不能確實界定政府與市場的關係，法律不能有效的落實對於政府官員的行動規範。所謂的法治便只是執政者的口號，政府官員賴以保障其貪污的工具而已。香港的積極不干預，表明了一個重要的法律事實，意即將市場及政府的職能，以法律做了明確的界定，使廠商能以最低成本開展商業交易的空間。

（三）法律規範之形成與社會意識的發展

從廠商之間的交易，到廠商與政府之間的互動，我們分別考察了香港社會網絡、經濟網絡及法律在這些交易中所扮演的角色。從廠商與政府之間的互動，我們看到了香港之所以能形成法治社會的一個關鍵轉折點，乃在於政府的行動能接受法律的規範，政府與市場的關係能用法律加以明訂。如此，整個社會秩序的形成，法律便有了實際的支配力。而不像台灣，法律大部分是紙上文件。然而，從廠商之間的交易我們看到了，使用法律的成本極爲高昂，俗民的社會生活，實質而言，是需要節制使用法律的機會。如此，香港的法治社會之真正涵意該如何來理解？香港法律能明確界定政府與市場的關係，對整個社會的啓示又是什麼？

如同上述，我們把香港社會結構看成作爲市場存在，則法律界定政府與市場關係之重要性，便是法律也在界定著政府與社會的關係，並以此建立其統治的合法性。受訪的一位立法局議員指出：

> 香港成功之處，是我們有一個系統，有法律，是一個系統。我認爲這是香港的成功所在。我們有廣大的諮商網絡存在政府的系統之中。我們有超過三百個諮商個體存在。在各個方面，經濟、法律、建設等。這在香港做得很成功。香港的合法性是建立在與人民的連繫之上。諮詢的體系在香港運作的很成功（訪問記錄G011P06）。

法律從整個社會來看，並不代表取代了所有社會連帶及社會秩序形成的機制，而是賦予既有的機制一個新的定位。一方面法律的發展，將政府與市場，政府與社會互動可能存在的人情關係加以祛除。另一方面廠商之間的交易和俗民社會中的人際互動，仍然保持其活潑的生命力。經過社會重新定位之後，法律可以實質發揮規範作用。受訪的立法局議員指出：

> 可以這樣講：香港有一個系統，那就是法律的系統。有98％的香港居民是中國人，一樣有中國的文化，人情關係仍然很重要。但是很難說做生意的一定要有關係，沒有關係他就不可以做。所以一定有關係，但僅只是有關係，它不會是全部。你仍然必須有資產、必須遵守遊戲規則。它有益於運作，關係是很重要，在中國人的地區它是很重要，但它並不表示你可做任何你想做的事。香港有一個系統，它會告訴你哪些可做哪些不能做。即使你有關係，有些事你能做有些還是不能。儘管你可能賄賂但有廉政公署在。所以，我想遊說雖然有時候可能打動決策者的心，但系統仍在那裡，對於某些事，依然必須經由集體的決策，不可

能單由給錢或僅由良好的關係而獲得好處。例如很多大型的建設，其細節都是很詳盡的公佈，很多政府行政都經由公開化的過程。我們有很清楚的形式系統，而且產生一定的作用（訪問記錄G011P06）。

與台灣社會比較，香港之所以特殊，乃在於法律的系統真正發揮了構成遊戲規則的功能。我們從法律在日常生活的運作可以略知一二。受訪的一位香港律師，指出法律解決日常紛爭在香港仍有其普遍性：

在香港對打官司並不認為是例外，還是普遍的。在中國大陸，大家庭還是普遍存在的，有紛爭時往往是透過中國的人際關係去運作。但是在香港大多是從外面來的，你不認識我，我不認識你，能透過的就是法律規則。所以這觀念比較能透過人心。像加拿大也是移民的地方，所以人際關係的影響沒有這麼大。中國可能就是大家庭的影響，如果下一個世紀，移民多了，可能法律就是唯一的手段，沒有可以取代的，沒有人際關係可以利用。香港發展快，電視連續劇的傳播影響也很大，香港電台有播放 cases，教育人民（訪問記錄O011P06）。

是否因為人口的組成是移民這個屬性，使香港法治容易施行？這是有待深入研究的課題。就結果面來思考，中國人講的人情關係以及個人連帶，並非不能有所轉化。重要的是，哪些是值得改進？哪些是值得保留？做為文化素質的人情關係，在中國社會不但有其人情之美煥發出來的光彩，溫暖了社會的人心，在經濟場域更有助於信任的形成，而大幅降低交易成本的作用。然而，不可否認的，當牽涉到政府與市場，政府與社會等層面關係的形構，不良的制度設計和制度實施，使法律無用武之地，從而也扭曲了人情關係的界

面意義,而產生了許多負面的特質。在此,我們要特別注意的是,這些負面特質,不是來自於人情關係本身,而是在於不良的制度設計,和法律無法有效規範政府及政府官員的行動。所以,從香港的例子,我們已無法接受,中國人一定不習慣於形式系統這個命題。誠如受訪的立法局議員指出:

> 我同意中國人習慣於講關係,但那並不表示我們不能在某種形式系統下運作。香港就是一個例子,我們有系統,我們也還有關係。我認為是香港人重視「公平性」,也就是希望有同等的機會。我們享有自由且免於賄賂。在成立廉政公署以前,香港貪污很多,此後由於漸趨公平化,使得香港人希望有個系統,希望清廉的行政。這是很重要的信念,驅使香港政府朝向更公平的行事。其次,我們有英國的文化在作用著。它提供一個法治的傳統,法律規範很重要。教育系統的進步也使得產生對公平系統之需求。而商業部門也一直驅使政府不逾越規則辦事。
>
> 在香港公私是可以分也可以不分,在私底下我們也常會碰到很多遊說以及關係的運作,比如我想提一個方案,在還沒有正式提出之前,我也會透過各種管道先進行說服及溝通。我想這也並不是中國人獨有的,即使美國社會也是如此。因此,我懷疑中國人喜歡個人連帶的預設。而是因為中國的政治系統或社會系統就不像是西方的。主要並不是中國人喜歡而是它們不熟悉形式規則,因此使他們必須運用私人的關係來做事(訪問記錄G011P06)。

香港法律系統的發展經驗,使我們深切體驗到,文化的慣性往往使我們有了藉口,不去思考更重要的社會制度及政治制度的設計問題。法律做為一種社會制度及政治制度的核心,是需要設計與建

構的。從上面對於法律能明確界定政府與市場關係的討論來看，香港政府的不逾越規則辦事，是確保其整個法律系統能有效運作的一個要素。另一個重點則在於大眾對於這個制度的認同。受訪的議員指出：

> 我想除了香港是能以系統為主體之外，香港人尊重這個系統也是很重要的。他們不想脫離這個系統。破壞這個系統對大家並沒有好處。在這個系統有其制衡在。其內部各個部門會互相的制衡。這並不很完美，在每個部門間也會有爭議。在這種制衡的情況下，是不可能透過關係來運作的（訪問記錄G011P06）。

當政府能夠不逾越規則辦事，法律明確界定政府與市場、政府與社會的互動關係，也就使得民眾對法律的社會價值有所認同。如此，這個法律系統便是一個活的系統而不是死的系統。它一方面促成政府、廠商及民眾之間的互動有了制度可依循。另一方面，也表彰出香港社會制度運作的有效性，基本上已相當程度限制了人際關係在社會體系運作的有效性。從另外一個角度看，香港社會藉由對於人際關係運作場域的限制，反而還原了人際關係在社會中應有的人文光彩。在此，制度的理性與文化的感性取得了最佳的平衡與融合。所以，香港這套系統已使得傳統中國社會，「身份連帶」走上「專業連帶」。如此香港的法律、香港龐大的諮商網絡就能派上用場。香港法律明確界定政府與市場的作用，達到廣泛的社會效應，使得民眾相信與尊重這系統。如此，社會要將法律系統轉換成法律規範，以降低社會使用法律的成本，也就水到渠成。

每次到香港做調查，印象最深刻的是路上雙白線或是雙黃線，就是沒一部車敢越雷池一步。白線與黃線代表的法律規範清清楚楚。從日常生活的觀察而言，香港明確的法律系統已形成有效的法

律規範，應不誇張。可是，如我們認爲法律規範在香港已是滴水不漏，那就悖離事實太遠。受訪的一位香港律師指出：

> 香港立法的執行也不是那麼嚴格，執行要講究人力的供求，沒有這麼多人就沒辦法執行，香港許多建築物是 illegal structure，就是「鳥籠」（違章建築）。就是沒有人取締，因爲人員不夠，要人就要錢，政府沒有這麼多錢，違章建築繼續存在。直到有問題發生了，政府就會分配較多的人手去執行法律。我相信每個社會都有這種現象，因爲一個新法的訂定，人們大多還是會照著舊習慣行事，人們不會自動的適應（訪問記錄O011P06）。

貫徹法律是一個高成本的負擔。民衆或廠商之間的法律訴訟，政府懲罰不遵守交通規則者，以及取締違章建築，就個人、廠商及政府而言，都需要付出高昂的成本。法律規範形成的重要性，就在於減低使用法律的成本，使得法治社會得以可能。所以，在此法律規範的意義是指，法律的社會控制蛻變成法律的自我控制。法治的發展若一直停留在法律的社會控制，這種法治的發展事實上是不成熟的。因爲要靠太多的政府機構及執法人員控制人民的守法行爲，法治的社會成本太高，將造成社會的過度負荷。更重要的是，如此也就無法發展出現代工商社會需要的「社會意識」。所以法律規範的形成，最終要以社會意識的發展爲基礎。什麼是社會意識[6]？香港一位受訪的律師有細緻的描述：

---

6 對任何成熟的經濟社會而言，社會意識的發展與否，都是重要課程。道德經濟學的發展，在此有其重要意義。透過他利而達成自利以構成現代經濟社會，應是社會學研究的一個核心課題。這方面的研究請參考 Scott(1976); Popkin(1979); Sen(1987); Mansbridge(1990); Dore (1988).

通常不守規矩的人會被別人看不起，自己會不好意思，如90％不吐痰，那你吐也不好意思，所以100％都不吐痰。有些不守規矩的人，可能是大陸來或越南來的，他們不知道怎麼做，知道了也會守規矩。所以這不是法律的影響，而是環境，是group dynamic的問題。如建築工人在有塵埃的環境中不戴口罩，如果都不戴而我戴，就會很奇怪，其實是需要的。而如果都戴而我不戴，我也不好意思不戴。這就不是法律的問題，法律規定一定要戴。安全帶也是一個例子，這就是group dynamic的後果，不是法律的影響了。法律在人行為上的影響還不如norm，傳統。但如果罰款加到100萬，那法律的影響又會馬上出來了。如果要根除惡性的習慣，可以透過法律的手段把罰款提高，這在香港可以做到，因為香港對法律規定的傳播很有效，傳播媒介很普遍。知道就會做，這是資訊發達的影響，資訊發達的社會，比較會傾向同一化的行為，social norm比較統一（訪問記錄O011P06）。

社會中規範的形成，可以由傳統、可以由道德來形成，也可以由法律來形成。韋伯講的三種支配類型，從香港的經驗可以更細緻的分析（Weber, 1978）。從香港的經驗來看，法律的效力是改變傳統規範有效的工具。藉由法律的力量能形成新的規範，法律也就可以功成身退備而不用。所以，社會意識在香港的發展是指，法律轉換了社會規範的內容，使得個人瞭解到，自我控制與社會秩序形成之間緊密的關聯。

以上的討論說明了法律的運作，最重要的是要促進「法律規範」的形成。因為，社會如果真的只靠法律來維持秩序，無論就個體而言，或是社會整體而言，成本是很高的。所以，法律的作用是

一種轉折的作用，將社會中原有舊的不良習慣加以革除，並形成新的規範。在這個轉折的過程，以什麼機制來加以轉換是很重要的。香港的法治在此有其重要的社會意義，乃是透過法律將社會的規範加以轉型，達成伊利亞斯所說的由「社會控制」形成「自我控制」（Elias, 1978, 1982, 1991）。從此角度來看，香港的社會意識有高度的發展。香港社會透過法律，促進「社會控制」到「自我控制」之間的轉換。社會秩序的維護，不再是透過法律本身的監控作用，而是法律之規範化作用。是以，從香港的經驗指出，不是法律本身促成社會的法治化，那將依賴極大的社會成本。而是法律所轉換出來的規範，促成了社會的法治化。換言之，是「社會意識」的形成，在支配社會日常生活的運作。從而使人民日常生活，與制度系統之間的互動成本減至最低。

所以，香港所謂的機會公平是指「社會資源可移轉性」的公平。對每一個人而言，社會制度所提供的資源移轉可能性是公平的，意味著法律能達到，提供社會資源可移轉性的作用。就任何從大陸來香港的移民者而言，社會中的法律限制了身份連帶的作用，也就是將傳統人際關係所造成的不公平資源移轉結構，徹底轉換。而使「專業連帶」為主的階層流動，有了發展的空間（Lau Siu-Kai, Kuan Hsin-Chi, 1988）。一位受訪的相機業者指出，香港輕工業發展得以成功的因素是：

> 當時這整個大環境的變化，使許多上海、廣東以及散佈各地的華僑回來，聚集在香港發展。主要是在已有的基礎上，把據點搬到香港。剛開始的產品很多，又以牙刷為大宗。這與塑膠相關。後來香港發展的紡織、成衣業，主要都與上海來的這批工業家有關。而香港早期輕工業之所以能夠發展，除了前述政治因素與香港本身擁有大量勞工

外，主要有二個因素：第一，在很多具有生意頭腦的人的
領導下，賦予經商以相當正面的社會意義，經商被視為致
富的主要途徑，大家鼓勵經商。第二，在輕工業為主之
下，很能夠靈活地順應國際市場的需求，一有變化，馬上
能夠針對市場需求進行調整生產，而很快打入國際市場
（訪問記錄A019P06）。

受訪業者提出「賦予經商相當正面的社會意義」是香港輕工業
成功的看法，使我們更深入瞭解香港發展的文化意義。香港經濟生
活中所透顯的法治意識及法律規範，已在華人世界建構了「社會意
識」這個概念，並且變成社會秩序形成及維繫的最關鍵力量。經濟
發展的意義並不只是創造財富，更重要的是創造一個「富而有禮」
的社會。所以，若經濟是藉由財富的創造提升俗民的生活品質，經
濟的發展便需要創造一個新的社會型態，以符應社會日常生活所
需。傳統中國「身份連帶」的社會型態，是一種「共同體意識」，
人與人的情感關係及利益關係，是在農業生活中自然的形成。譬
如，彼此知道共同維繫給水灌溉系統的重要性。可是，在現代工商
都會生活裡，我無法自然的意識到你從事的半導體行業，與我在機
械業裡工作有何重要的關係？專業化及高度分化的工商社會，無法
從農業生活的共同體基礎，輕易瞭解到生活世界中的系統關係。它
必須尋找到一個可以統整不同生活結構的行為規範，這就是社會意
識。而社會意識的成熟化，表彰於法律意識及法律規範的實踐。香
港經驗的傲人之處，是從工商業到社會意識這整體的發展。

三、九七與香港的國際化

香港法治文明的形成，我們可以說是中國人值得驕傲的地方。

1997香港回歸，對先前形成的這個法治文明，會有什麼撞擊？談論
1997回歸的論述太多了，有的對香港回歸之後的命運表示悲觀，有
的對其前景深具信心。林林總總的討論不一而足（周八駿、陳為、
曲韋，1992；馮玉蓮，1990；李怡，1996）。在我們今年針對1997
回歸的調查研究，受訪者也各有不同的意見。比較遺憾的是，對這
個巨大的歷史課題，較少看到結構層次的深入分析。本文前面對於
台灣及香港的討論，即嘗試提出一個理論架構，使我們能較深入瞭
解這個變革的走向。從本文上兩節的討論可以看到，廠商與廠商之
間的交易模式，海峽兩岸三地，儘管市場的屬性不同，可是有著相
同的社會網絡建構基礎。所以，廠商之間的交易模式，在1997之後
的持續是可以看到的。困難的是在於，廠商與政府之間互動模式的
維繫。前面第二節的討論，我們說明了香港法治社會形成的特質，
在於法律能明確界定政府與市場的關係。這一個層次，連目前的台
灣都還做不到，更遑論中國大陸了。所以，1997回歸的第二個考察
重點在於，香港如何透過現在制度設計的空間和社會建構的能量，
確保這個法律體系，不為中共人治體系解體或者改變？

（一）廠商與廠商交易模式的維繫

要瞭解1997之後，整體而言中共對於香港經濟發展的基本態
度，據此判定其對香港既有廠商交易模式可能會有的影響，便要從
大陸市場的形成來考察。觀察重點在於大陸怎麼看待市場、市場交
易及市場交易的相關制度。從大陸經濟改革發展的經驗來看，市場
發展的目的在於形成社會資源的可移轉性，因而市場的發展帶動了
「市場交易」的發展[7]。對於大陸經濟改革發展的瞭解，這是很重要

---

7 請參考本書第10章。

的一個轉折點。因爲，原先在大陸的共產體制內是沒有「市場交易」的。所以，在瞭解中共改革的過程，我們不能不自覺的以資本主義社會的市場概念，做爲瞭解的基點，而逕自預設市場交易當然存在。這一點的區辨非常重要。正因爲從中共發展的這個歷史脈絡細緻的掌握，我們才能理解寇斯所講的，「權利的明確界定做爲市場交易的前提」不一定是對的。這個命題之所以是正確的，在於市場經濟的資本主義社會。一個連市場都不存在的共產社會，將可能在市場交易中碰到的各種私有權利加以界定，是沒有意義的。如此，要掌握中共接收香港的可能變化，或者是中共如何進入資本主義的香港社會。我們便先要瞭解，中共近20年對於市場經濟發展的基本成就。有了這個基本的參考坐標，才有一個理論依據，能賴以判斷中共接收香港之後，可能的變與不變。換言之，中共對於市場及市場交易發展的深淺及認知上的高低，是我們判斷1997之後，香港可能變化的一個主軸。

中國大陸市場交易的形成與發展，已使得「私有」權利爲可能。這意味著個人的所有資產有了社會的意義，因爲任何的個人資產都有了潛在的市場價值。當個人任何資產沒有潛在的市場價值，也就沒有交易的可能性，個人也就不需要對於既有的資源進行創造性的移轉。所以，市場存在的重要性在於要求改變社會界定權利的方式，這個問題的關鍵性優於權利界定本身。從中共的發展經驗來看，沒有市場，國家將以政治手段界定社會中各種權利和資源的使用。所以，市場存在的第一要素，其實並不是經濟性的本質，而是政治性的本質。因爲，它爭取的是社會中對於權利界定的另一種方式。中共改革開放以來的貪污現象，其實不應該只單單看成是道德上的問題，就深層面而言，實是透顯了社會中政治位階，仍然相當程度壟斷了權利界定的權力。市場發展的深度還不足以要求制約這

些行爲。然而,對大陸而言,市場在發展是一個事實,市場的組建從政府行爲過渡到社會行爲[8],也就說明著整體社會界定權利及資源的方式在改變。換言之,社會慢慢在接受透過市場界定權利及資源的歸屬。不管是商品市場、各種生產要素市場、勞動力市場、技術市場、人才市場及證券市場,總合而言,對於商品、生產要素、勞動力、技術、人才稟賦及知識和金錢,逐漸有了市場價值。因而都具備了「社會資源」的意義,也都有了新的權利及資源界定的必要。這種權利重新界定的需要及重要性,是因爲市場發展而帶動的。在此情況下,我們可以說市場及市場交易的發展,成爲權利界定的前提條件。權利及資源的界定隨著市場及市場交易的開展,才能慢慢走向「權利明確界定爲市場交易前提」的社會發展階段。這也就是市場的發展要從「增長型市場」走向「發展型市場」[9]。

隨著市場發展,商品創造推動著市場交易的複雜化及多元化。因而,才有權利界定的進一步需要。換言之,社會中必須對於各種權利做界定以利於市場交易,其前提是,社會中的市場發展對於具體商品的交易已趨於成熟。所以,「權利」這種抽象商品的發展才會變成是市場交易的對象,而權利的明確界定才會變成作爲市場交易的前提。這種情況下的市場交易,便不純粹是具體商品,而是針對具體商品內含的抽象商品,如專利權、智慧財產權、土地使用權、轉讓權、受益權做交易上的規範。當市場交易的對象從具體商品走向抽象商品,也就意味著市場從「增長型市場」逐漸走向「發展型市場」。市場的交易需要更多的法律提供遊戲規則。這些發展的層次,都要先有市場做爲發展的起點方爲可能。從大陸發展的歷

---

8 請參考本書第10章。

9 請參考本書第11章。

程來看，市場已在形成，市場意識及市場價值的發展卻要再一段時間。也就是說以權利爲主體構成的抽象商品，變成是市場交易的對象，並以此刺激社會發展出法律與市場運作的內在關係，這是目前大陸無法達到的發展層次，台灣也並不成熟，卻是香港的優勢。

　　儘管大陸市場發展的層次無法企及香港發展的水平，事實上已說明了這是大陸整體社會轉型的關鍵點。從社會轉型的角度來看，如何爲社會主義的制度設計找到一個出路，納入市場發展是一個重要的突破。市場作爲一種制度設計來看，它使得整個大陸社會有重新界定社會資源的可能性。也就是說，它使得資源可以開始流動、移轉，形成社會發展的動力。從社會面來看，市場的發展，使個人重新找到與社會連帶的管道和途徑。個人的發展得到社會結構的支持，社會結構也因個人的發展而改變。這些可能性從大陸市場發展的歷程都得到了說明[10]。從大陸市場發展所牽動的整個「社會資源可移轉性」結構觀點來看，我們硬是要以古典的資本主義和社會主義，來區分香港與大陸兩個社會的根本不同，已無太大意義。上述的討論，我嘗試要說明的是，大陸市場和廠商發展的脈絡，是瞭解九七之後香港可能發展方向，不可或缺的參考架構。

　　由於大陸本身的市場正急劇的發展，所以，香港工廠的內移，使得大陸市場能容受的廠商發展類型，有了更多元發展的可能。香港的廠商與大陸的市場，兩者的結合使廠商形成和廠商交易的範疇擴大。誠如受訪的一位香港業者指出的：

> 我覺得大陸是給一些沒有基金的人發展的好地方，有較多的機會，可以用很少的錢來發展。若在香港發展單單開一個工廠就好幾百萬，普通人根本拿不出這些錢來。而在大

10請參考本書第10、11章。

陸只要5萬、10萬就可以做一個小型的公司（訪問記錄 C026P06）。

因而，香港的來料加工生產，仍以國際市場為外銷對象，則「後廠」的發展對香港而言，有助於擴展「前店」。既有的制度優勢應可維持。而透過前店後廠的發展模式，香港將原來的製造業放大四倍，受訪的香港官員指出：

> 製造業因大陸的開放，給香港很大的支持。中國對香港的製造業發展是一個利多。許多人説香港要擔心，因為廠都搬去大陸，沒有了製造業，我不這麼認為。因為我們現在已經有一個更大的製造業基盤。香港以前在1988年時，製造業工作的人口是80萬，今天是70萬多一點，這幾年少了大約5、6萬人。現在在南中國（深圳、廣州、珠海、東莞）替香港及與香港合資經營的廠商，從事生產的人數，根據廣東當局的估計是300到350萬人，製造業所用的勞動人口擴增了四倍。從1978年到中國開放到現在，若無中國，香港根本沒有能力把製造業增加到四倍（訪問記錄 G010P06）。

廠商之間的交易模式，在大陸開放之後的發展，是快速的複製而不是萎縮。就此而言，九七回歸這個政治事件，對於此一結構的發展趨勢，是不可能加以逆轉的。受訪的一位香港業者指出：

> 從香港搞工業的商人看來，發現中國的地方好，他們的人肯跟你做生意。完全不會有意識型態的問題，連北京也不會。如果是你現在到貴州，因為他要搞發展，你跟他談很容易談下去的，因為他急於要發展，所以搞活自己的地方很重要。另外有關大氣候的問題，我們並不是盲目樂觀，我們可以看地方人的發展。在78、79年的時候，他們穿藍

衣服藍褲子，現在的女孩子她們打扮比香港的還漂亮。她們愛美嘛，現在中國最流行的就是化妝品及兒童食品。由此可見人民的生活搞得越來越好了。而且也希望生活穩定過得好一點，這是一般老百姓的想法。所以上面的領導他本身也會朝這個方面做。而蘇聯剛好相反，蘇聯大的問題就是第一不夠錢，第二本身沒一個緩和的地方，第三蘇聯沒有華僑。蘇聯的農民本身是不錯，可是他們的農產品不拿出來交換，還有很多是重工業的發展，所以他變的時候沒有辦法跟得上。中國是有緩衝的，有時候快就停一停，有的時候慢就推一推。你現在看很多珠江三角洲的農民，他們的小孩都到美國去讀書。所以你光是看北京你看不到，你要到地方去看一看，看到地方人的生活就知道。

這整個潮流是Irreversible，不是結構。現在還沒有結構，現在整個發展沒有結構的，只是個潮流。等於長江的水是往東的不可能往西。這潮流是經濟要更開放，開放之後私有制的問題、出國的問題都可以了。現在只要你申請出國沒有問題，沒有人管你。現在中國是允許你出國，是人家擔心太多的中國人，不讓你去的問題。1989年時我們和趙紫陽先生談，問他為何不讓更多的中國留學生出國，他說是人家不願意接受太多的中國人。所以現在中國是很開放的。問題是你自己要找機會，以前人家說管得這麼嚴，一點都不能動，那是有人還是用老方法。不動了，窮一點無所謂，不想傷腦筋，想要用自己的方法去做事情。現在沒有結構，還沒有結構，還是老的體制。但是下面的潮流是很活的，商品經濟已經有了。再過兩、三年之後，你就會看到變得更明顯一點。現在老一輩的人還在，你改的時候

就不可能一下子改的太快，因為中層幹部他是用以前老的
制度做人的，不可能一下改得太快。當然不可能什麼事都
做的，要看準時機，你看更活的時候就可以做，緊的時候
要停一停（訪問記錄S011P06）。

市場發展所帶動的社會發展，日進千里，其變遷的速度，甚至
在台灣都難以想像。看看上海浦東的發展就知道所言不虛。這個趨
勢，香港的廠商體會的最迅速，反應也最快。受訪的一位香港化工
業主指出：

就我自己而言，當初我到大陸去設廠，是對大陸沒有信心
而不是有信心。主要是想，在大陸投資，便宜很多。若在
香港投資，單單是廠房就已經幾百萬了，大陸才幾萬。而
且在香港必須買自動化機器，在大陸不用，全部改用人
工。我希望趕快把錢賺回來，把錢拿走，心理上就不是想
要做長遠的。所以不會買好的機器，見一步跑一步。現在
不同了，現在就買了，現在心理上就不同了。因為第一：
錢都賺回來了，反正是從大陸賺來的錢，若有什麼問題大
不了錢再還給它；第二是覺得大陸還算是自己的國家，若
跑到美國或加拿大去，可能反而被欺侮得更慘；第三：認
為大陸應不會走回頭去了，因為這樣對他們本身也有好
處。現在很多企業投資者的想法與看法整個都改變，像我
們自己都改變很大了。現在買的機器都是最好的，以前的
機器都是從台灣、韓國買來的二手貨。這幾年有很顯著的
轉變，很多人對大陸的信心好很多，也都比較從長期打算
（訪問記錄C026P06）。

從1991年至今，歷經6個年頭，大陸經改的趨勢及潮流變成結
構，已可以從後續的研究看到。不管是港商或者台商都已意識到，

投資大陸要以最好的管理人才，和組織設備下去經營才會有成功的希望。因為，廠商的致勝點，在於如何轉換廠內大陸勞動者的工作心態，如何克服市場交易的各種障礙。這些心態、觀念及交易制度等等重要的商業基礎結構，在香港及台灣可以視為當然，在大陸卻需要發展。廠商要吸收這筆教育成本，經營上的挑戰更大。

　　因此，從香港工業發展的軌跡來看，產業網絡的擴展是在建構一個連結香港與大陸社會發展的底層結構。這個「前店後廠」的發展模式，要與大陸組建市場的動作連在一起看，才會明白其重要意義。大陸市場發展的深化，意即從「增長型市場」走向「發展型市場」，必須有不同類型及層次的廠商投入方為可能。不同於社會體制內的國營企業及鄉鎮企業，外商（包括港商、台商及外籍公司）進入大陸，有助於大陸市場意識及市場價值的發展。然而，一般香港及臺灣中小企業進入大陸市場有其特殊意義。因為，他們在大陸的創業模式及經營型態，對大陸底層廣大民眾形成廠商，有直接的示範作用。這對大陸在市場發展之後，如何形成私營廠商，是很重要的經驗傳遞過程。從大陸市場形成的過程來看，市場意識及市場價值的發展其實是市場經濟是否得以成熟的基石。因此，觀察大陸經濟改革開放是否會走回頭路，關鍵在於市場發展是否開展出市場意識及市場價值。普遍化的市場意識及市場價值之形成，有賴於更多廠商的創造與發展。所以，香港的前店後廠，一方面逐漸深入大陸形成的市場，有助於改變大陸對於市場的認知，以及提高廠商的層級（袁培樹，1992；廖光生編著，1995）；另一方面，香港的前店，可以銜接國際市場，間接促進大陸及國際的接軌（周八駿，1992；Yahuda, 1996），有助於訊息及資源的移轉。

（二）香港國際化社會體制的形成

廠商之間的交易，在香港與大陸前店後廠的發展模式下，有更大的發揮空間。1997的回歸不會有很大的影響。倒是對於廠商與政府互動所牽動的整個法治模式，香港要如何來確保其持續的可能性？從前面對於市場的分析，我們瞭解到，香港市場的發展層次，足以支持各種抽象商品的交易，這是大陸遠遜而台灣略差一疇的事實。香港抽象商品或者「權利」做為一種商品，市場交易中對於這些權利的界定，是以整個社會的運作系統支撐。所以，香港在這方面的成功是整個國際化社會體系運作的成功。透過國際化社會體系對於市場交易的推動，使得買賣合約、會計簽證等各種「權利交易」在香港蓬勃發展，從而帶動了經濟生活的法制化。這是香港經驗特殊之處。經濟生活的法制化是一個整體的表現，從市場這個核心慢慢建構了制度發展的方向。這個制度是往國際的標準靠攏。受訪的一位香港業者指出：

> 香港是一個Metropolitan，是非常國際化的。在香港裡面有一成的人拿外國的護照，這是一個很特別的地方。還有一個情況是老外來香港工作或住下來，完全沒有不方便的地方，這是一個很特別的地方（訪問記錄A034P24）。

香港的國際化是一個長久形成的生活環境，這也是它能成為亞太金融中心的一個基礎。面對1997的回歸，對於既有法治制度的維繫，國際化有了比以前更深刻的意義。因為透過國際化所帶動的制度化，便是抗衡中共政治權力和社會網絡不當干預，最有效的武器。誠如受訪的中文大學金副校長指出：

> 就像我們學校把很多事情制度化，能和國際Together，請一個先生都要在國際上評斷，看這個人夠不夠格。他的申請至少要四個人回信覺得這個人夠格，我們學校才會考慮。這種制度除非把它通通拿掉，中共如果干涉的話，要

你用這個人好不好？如果沒有制度的話有什麼不可以？有
一個中共很重要的人，他的女兒是美國一流大學畢業。有
人告訴我，我問他：你告訴我做什麼？他說她要申請中
大。我就問同事意見，我要他先講，他說他什麼都不做，
反正我們有制度。如果她第一階段就刷掉的話，那我們也
沒有辦法。如果到了我們這裡，我們也是像平常一樣看這
個人好不好，如果沒有不好也不應該刷掉。所以我Do
Nothing。再回到國際性的問題，如果中共也往這方向走，
國際性就是大家都Rational，如果中共往這方向走，香港
就不用怕了。因為大陸思考和做事的方式和我們不一樣。
匯豐銀行總部已經不在香港，現在是一個國際性的公司，
這種公司如果中共要干涉並不容易。像如果中共高層人士
給校長壓力，你說我校長能跳過去嗎？所以特別首長如果
沒有這一套制度，那死定了（訪問記錄L033P24b）。

　　從這個國際化的視野看香港未來的命運，不僅有其積極意義，
更能透視到香港與台灣未來命運相關的內在交會點。其關鍵在於透
過國際化的深度和廣度彼此互相支持與依存。受訪的中文大學金副
校長指出：

台灣如果沒有國際化，前途是不行的，這比統一都要根
本。亞太也是國際化的意義，將來不見得會跟香港做的事
情一樣。像歐洲講的民主是跨越國家的。共同市場通過東
西，各個國家都要執行。台灣只要增加一分國際化，與香
港的關係就多一分，越Localize，香港跟你一點關係也沒
有。所以台灣國際化，香港必然跟你在一起。第二是台灣
維持國際化，香港的發展就維持很大的空間（訪問記錄
L033P24b）。

　　香港的國際化為什麼對於廠商與政府互動的法制模式有維繫的力量？國際化如果意謂著大家都合理做事，遵守形式規則，則香港所確立的，以法律界定和保障廠商與政府之間的互動關係，是外商必須依賴香港的最重要因素。所以，從世界的角度來看，香港九七的回歸，各國並不希望香港有重大改變。對美國、英國，對日本、德國來講，都是一樣的。受訪的諮詢委員會委員指出：

> 他希望不變化，這是從一個國際的角度來講。因為香港一變化，他會無所依從，現在香港唯一對外國有利的，是一個法律上的保障。所以很多在大陸做的生意，是在香港簽的文件，有個法律保障。假如香港也變了，他們就不需要香港了，他們可以去上海簽，去北京簽。英國現在是很積極到東南亞其他地方去看、去找機會，所以他們是兩頭準備，我相信美國也是，其他國家也是，包括香港人也是。當他在深圳投資的工廠，在廣州的工廠不行的時候，他說不定在越南、在泰國已經有另外一個點，在菲律賓有另一個點，肯定是兩頭準備。但是仍然希望在香港能夠找到一個立足點，在國際壓力、國際理論下，香港還是保持住一國兩制，希望可以從香港做基地，然後進入大陸做生意。所以很多生意在北京、在上海的，都是在香港簽的約。因為香港還是國際性會計、律師事務集團的一個重鎮（訪問記錄L038P24b）。

　　香港國際性的結構位置，乃在於其法律能明確界定政府與市場之間的關係，從而延伸出來許多具有法律效益的專業工具，如國際性會計、國際性金融。因而，法律在政府與廠商交易扮演的功能，為國際社會所肯定。展望未來，深度國際化也是保障這個法律職能，可以繼續運作最有效的方法。如此，香港的國際化就不只在於

法律工具的層次，而是政治位置也必須具備國際化的象徵意義。受訪的諮詢委員會委員指出：

> 在政治上生存的那些人，一定要有World Perspective，一定要跟世界上有關係的人。將來香港行政院、立法院的人是沒地位的，地位很低的，因為用不著你來管，立什麼法，還是北京在控制。但是假如在政治舞台上香港要生存，這批人一定要跟台灣拉點關係，跟東南亞拉點關係，跟英國等拉點關係，保持關係。事實上北京政府需要這些人，要保持這一批有世界Connection的人。英國現在已經在緬甸、越南打進去了。香港港督150年來除了彭定康之外，有那一個港督能夠見到美國總統。香港港督的地位簡直像紐約市長，紐約市長那裡有機會見到總統。但是彭定康做到了。他去日本，去菲律賓，菲律賓總統還用他的私人飛機送他回來。他去東南亞，過去有那個港督能夠像他這樣跑來跑去？沒有的！香港港督從前出使的時候，是先向對方的移民局官員報告，官員再向外長報告，外長再向首相報告，彭定康則是直接對政府，是從來沒有的。所以可以看得出來，香港是英國故意放彭定康在這裡，以鞏固英國在97之後，在東南亞的地位。緬甸從前是她的，現在還用英國的法律，她要回去很容易。彭定康去日本、去菲律賓，都是Anchor在英國的地位，1997之後盯著香港。所以香港假如97之後要有政治地位，一定要跟著這個路線走，跟英國、美國，跟東南亞、跟台灣拉上關係（訪問記錄L038P24b）。

因而，香港在未來的變化不只追求經濟上的國際化，在英國退位之後，尋求一個新的國際位置極爲重要。不依賴既有的大英國協

政治網絡（高承恕，1997），在國際上重構其政治網絡，對97之後的香港極為重要。國際政治網絡的建構，是保障香港既存法律制度，得以具有國際信用的重要機制。這就如同1997之前英國的民主制度及政治網絡，對於香港做為國際商務及金融中心的支持。這是從外部性來看國際化的意義。從香港本身的內部來看，國際化能力的保持和提升，對香港未來更是重要。受訪者指出：

> 香港假如能保持International Perspective，不論是政治層面、經濟層面、Finance層面，還能保持國際性，她還能夠持續下去。假如香港一窩蜂的跑到廣東去做生意，跑到大陸去做生意，可能死掉。包括剛才說的經濟、Finance，包括香港的教育。現在香港的銀行、一些大的外資公司，已經請了一些裡面來的大學生，一個月5000塊，他們生活的非常好，對他們來說非常好。他們中文行、英文行、專業也行，香港大學生中文寫不好，英文講不好，專業也不行，將來自動淘汰。假如香港在大學生層次不保持英語的優勢，還加上日語、法語，肯定自動淘汰。香港一些大銀行像匯豐銀行，已經成立Training Program，從國內請來很多大學生，2000塊港幣一個月。香港一個大學畢業生10000塊，你一個我可以請5個。但是現在跟大陸做生意愈來愈密切，要會寫中文的，電腦也打中文的，香港大學生不懂，人家什麼都懂。所以假如香港的大學教育不能保持International Standard，學生沒有World Perspective，就是自動淘汰。他就是利用你教育水平下降，他也不警告你，讓你慢慢下去，慢慢地侵略，自動淘汰，他自動來填補你。港人治港，什麼叫做港人？住港七年、拿身份證這些規定條件。不要忘記，1950年代香港一些熱血青年自動回

國的，他們在祖國是高幹，現在是50歲、60歲左右，全是高層統治者，將來回到香港以後，拿了身份證，全是港人。所以這一點很少人去想，去查一查，當時回國的多少人哪！在香港唸完大學的也有，在國內唸大學的也有，熱血青年！一回來了就拿到身份證，不用住7年，全是高幹，全是共產黨，一回來就坐在重要的位置，你可以説話嗎？他們是港人呀（訪問記錄L038P24b）。

國際化做爲香港對未來法律制度的保障，實是要求香港人，以更大的努力維繫得來不易的各種制度環境。因爲香港人要再找到比香港更好的經商基礎結構並不容易。受訪的業者指出：

香港公司基本上80%都已經挪出去。是不是完全沒信心呢？完全不是這個問題。爲什麼呢？有的時候我們從Academic的角度去看的時候，好像是Political Uncertainty他們才挪出去，但不是。因爲把公司Register到百慕達去，要是眞的共產黨把你的產業Nationalized，你説百慕達有什麼能力去把你這個資產拿回來呢？沒有嘛！是嗎？所以在Political上肯定是做不來的。很多律師、會計師都希望你這樣做，沒這樣做他就沒錢賺了。我舉一個例子，匯豐銀行以前在上海的總部有一個樓房，1948年時不是被共產「共」掉了嘛，現在匯豐銀行又去買回來。他事實上是買回贓物的，但這個贓物是很麻煩的，它是北京政府的贓物。你看像匯豐銀行這種全世界的大公司，有英國的軍力做後盾，他也拿不回來，百慕達能説什麼呢？但是爲什麼有這個情況，這是很重要的，你一定要從97漏稅這個角度去看。爲什麼呢？因爲香港所有的稅法都是這個樣的，就是在本地花的錢在本地課稅。所以當百慕達有家公司，香

港這邊做很多，就賣到這個地方。以前這樣我賺了一塊
錢，那我就要交一塊錢的稅。現在賣到百慕達公司去，比
如說我只賺他一毛錢，百慕達賺這邊九毛錢，所以說為什
麼不要在那邊設公司呢？肯定要的，非常好用。所以很多
朋友拿到這份資料，一看以為對香港沒信心了，其實是很
有信心。為什麼？他要是沒有信心，他也就把這個公司關
掉了，挪到南非去。我常說要是能移到衣索匹亞這個地方
最好。那個地方窮得連吃的東西也沒有，你每天給他兩個
包子，工資也不用放，他肯定也能給你幹活的。但是為什
麼你不能到那邊去，因為那邊沒有Infrastructure，這裡有
嘛！所以這裡還有吸引力，就是有做買賣的基礎結構。香
港現在主要就是吃這個老本，這個基礎結構能維持幾年
呢？我不知道。我們要看新加坡、台灣、南韓發展了幾
多，廣州、上海發展幾多，又要看我們發展幾多。要是我
們發展的Rate能比他們高一點，我們就有競爭力。要是低
一點，幾年以後我們就沒競爭力了。現在見不到的，幾年
以後才見得到。香港的前途其實是看我們，不是看外邊。
香港及中國政府能給你Policy，但是這Policy能不能管用，
還是要看這裡的人能做幾多。香港其實並沒有任何的資
源，除了人之外（訪問記錄L037P24）。

　　香港經過幾十年的發展，成為亞太金融及商業中心，已說明了
一定的國際化基礎。隨著1997的到來，在確保其既有法治社會的前
提下，原本的國際化屬性是往在地化發展，或者傾向於更開放的融
入國際社會？從上述討論來看，答案當然是後者。這就需要香港本
身更多的努力。誠如業者提出的，香港前途是看香港本身而不看外
邊。這句話有其生命力及積極意義。深入來看，也唯其香港已經有

了豐厚的國際化基礎，香港更進一步的國際化努力才有可能。廠商與政府的交易模式，能透過法律明確界定，在制度面使得香港成爲外商投資的亞洲總部。反過來看，在未來的香港，便需要以更深廣的國際化能力保有這個體制。歷史發展有其軌跡可尋，多少說明了布勞岱的智慧仍然是極具啓發性（Braudel, 1988），因爲香港未來的命運，長期人爲努力形成的結構，還是關鍵的決定力量。

四、結語：社會制度設計的重要性

從以上的討論與分析，香港經驗在台灣及大陸發展脈絡的比較研究下，大致有幾個重要的理論觀點可以提出來。其一是市場可作爲權利界定的機制，而不是由政治權力專擅這個特權。大陸的發展提出了這個值得繼續細緻觀察的問題。我並不同意佛利民的看法，對於大陸經改的考察，他認爲關鍵不在於有沒有市場，關鍵在於有私有財產還是沒有私有財產（Friedman, 1988）。從大陸經改的歷程來看，不管我們怎麼對市場下定義，市場出現與否絕對重要。有了市場才有鬆動共產觀念，走向私有財產觀念及制度設計的可能。所以，大陸市場發展的本質，先要從政治性這個角度來理解。而大陸這個市場發展的背景，對瞭解香港未來的命運是重要的參考架構。其二是，廠商之間的交易，可由法律契約、社會網絡或經濟權利等多元途徑進行。如同台灣，香港的廠商在商業交易的純粹範疇，已發展出了自己的交易系統。他們可以就其廠商規模和層級，以最低交易成本的原則，選擇法律契約、社會網絡或經濟權力不同方式界定互動模式。其三是，法律能夠明確界定政府與市場之間的關係，以及政府官員與廠商之間的互動關係，使得販賣制度的特權無從發生。這一點是本文的重點，也是香港經驗特殊所在。更深入來看，

香港法律規範的成熟化，是因爲整個社會制度的設計具體可行。因
此，法律作爲一種制度設計的重要性，乃在於它創造的環境能誘導
行爲的改變。以香港爲例，受訪的香港律師指出：

> 如果以排隊爲例，香港政府一方面給一個規則，如果遊戲
> 規則公平，訂得好，沒有問題，訂得中肯，就要看人們的
> 習慣有沒有改。當不守規則的習慣還是九比一，就比較難
> 改這個事實。因爲下一次排隊心理還是，我還是要爭，下
> 意識的反應是前一次的經驗。這要慢慢來。香港也曾有不
> 排隊，很混亂的時候，是在60、70年代。50年代末，乘公
> 共汽車也是一轟而上，當時是公車供應不夠，而當時人口
> 也不多，環境允許良性的轉變。一轟而上，是需求供應的
> 問題（訪問記錄O010P06）。

香港法律系統及法律規範之所以能形成及落實，是整個法律制
度相關的社會制度設計，切合實際的日常生活以及廠商運作的需
要。換言之，香港的社會制度設計使得民眾及廠商有遵守制度的誘
因，因爲遵守比不遵守要付出的成本爲小。在此，香港的經驗引發了
我們對於社會制度設計的思考，這個問題對台灣及大陸特別的重要。

從社會整體發展的角度，來看社會制度的問題，其關鍵在於如
何可以設計出具體可行的良好制度（Hechter, Opp & Wippler,
1990）？就台灣的未來而言，面對國際化的競爭壓力下，政府行政
該如何調整？好的制度是對於現實存在的複雜關係，有充分瞭解的
前提下，才得以設計出來。而不是照搬西方的制度，或者純從理論
推演出來。若是這種情形，廠商便只能以做假來搪塞。因爲制度設
計使得廠商的實行成本太過昂貴，以致完全沒有意願遵守。太多的
利益團體及違法的行政權力運作，會使得制度設計之後的執行，因
執行者而扭曲了制度的可行性。因此，制度在台灣社會的運作是需

要嚴肅研究與設計的課題。如同廠商設計自己的公司制度，一個社會也必須有好的制度設計及實行制度的能力，社會才能進步。香港的例子提供了什麼啓示？

　　廠商之所以要透過社會網絡以規避制度設計的要求，我們便要問，建構社會網絡的成本與遵守制度規定的成本，何者爲高？社會中的制度設計，若在廠商理性計算下，遵守制度規定的成本始終高於建構社會網絡的成本，他便要一直以建構社會網絡來規避制度的要求。這種對於企業活動規範的制度設計便形同虛設[11]。更嚴重的是，社會中牽涉廠商活動的制度設計不良，致使廠商遵守制度的成本太高，以致於執法者和行政人員就有「販賣制度」的特權。廠商在成本及效益的比較下，一方面他可能透過社會網絡避開制度，一方面他可以用錢買下執法者或執行者的特權，而將制度擺在一邊。因此，一個不良的制度設計有三個顯然的壞處：其一是，制度設計及實行耗用了許多社會成本卻不能真正實行，造成社會資源的浪費；其二是，給予執法者或執行者販賣制度的機會，造成了貪污及貪污意識的不當蔓延。其三是，當廠商透過社會網絡的建構以規避

---

[11]受訪的香港塑膠電鍍業者指出：「在香港民眾的環保糾紛很少。因為香港還是一個法治地區，政府都不管了，你管什麼。除非是很嚴重的違規，例如把廢水排到地面，或嚴重的空氣污染，那就會有所管制。1992年後的環保法令成立後，由於我們本身已經有基礎與經驗了，所以問題不大」（訪問記錄M096P06）。香港的環保問題，既然沒有法律的規範，政府也就不管、不干預，這說明了其法律訂定及執行的明確性。台灣恰恰相反，政府訂了許多法規，源之於不切實際的制度設計，使得廠商沒有遵守法規的誘因。譬如，政府設計廠商的工業污水排放要與下水道結合。可是以台灣省而言，下水道普及率卻小於1％（張皓、徐錠基、康世芳，1997）。因而要廠商直接埋管路排到外海，這種工程成本過於巨大，廠商無法負荷。因此，在這種制度設計下的法規，廠商很難有誘因配合。

制度的要求具體可行，或者藉由向執法者及執行者購買其所販售的特權，通行無阻之時，市場的公平性已被破壞，競爭變成非經濟行為。廠商所能體現社會資源可移轉性的意義也被扭曲，造成了其對社會的負面影響。

從香港的經驗來看，整個法律系統及行政系統的合理性和效率，使得廠商沒有不遵守制度規定的必要。如果說不遵守制度的成本比遵守制度的成本要大出很多，廠商有什麼理由不遵守制度規則？香港如何使廠商願意遵守制度？表面看起來這是一個簡單的事情，實際上並不如此，台灣直到目前還做不到。細想其中的道理乃在於，廠商做為一種組織的存在，必須精於成本的計算，否則即不能生存。這點廠商與個人在面對社會的制度有根本的不同。因此，任何與廠商經營活動相關的制度，都可以看成是一個內在於企業成本計算的要素。制度在此不是不相干的外塑變項，而是可以具體考量的經營成本。所以，相關於企業經營活動的制度是否要遵守，便也要受成本邏輯的規範。現在問題是，社會如何使廠商在計算下，覺得遵守制度遠較不遵守划算？這其中的關鍵在於政府設計制度時，就要考慮到遵守這些制度與否各自所需要付出的成本。以便在根本上杜絕了執法者或執行者販賣制度的可能性，並使得廠商透過社會網絡以規避制度的成本遠大於遵守制度。因為，一個設計不良的制度，我們很難批評執行者不力，或假公濟私有著販賣制度的不道德行為。制度施行不善，一昧的從道德良心責備執行者及廠商，無助於社會的改善，我們必須再從制度設計本身反省起。

使用法律的成本很高，社會使用法律就必須節制。香港的經驗告訴我們，所謂的法治，是社會懂得怎樣以最低的成本獲致最好的社會效果來善用法律。這就使得香港政府的行政要非常有效率。「如果沒有效率，那Decision就會轉變，因為背後有許多壓力團體

在較勁」（訪問記錄O011P06）。所以從香港的經驗來看，政府官員必須具備高度專業能力，以提高行政的品質和效率。廠商及民眾的素質也要提升，才能要求政府以法律爲基幹設計好制度，並確實實行。在這一點上，香港一開始工業生產即面對國際化的市場，是一個值得注意的特點（薛鳳旋，1986，1989）。換言之，一個有效的經濟制度，如何在以華人爲主的社會被創造出來？合理而有效的經濟制度，變成是廠商內在經營條件，它可以藉此預估其成本及效益。政府如何創造一個廠商在企業經營上，願意內化此制度爲經營成本，而共同遵守這個規定？便是一個重大課題。政府規範廠商經營活動的制度設計，要從廠商遵守這個規則的邊際成本及邊際效益來考量，否則這個制度設計便是一個既無實效，又是最耗社會成本的制度設計。如同我們第三小節討論到的課題，香港的國際化環境有助其良好制度的設計和實行。因而，也就使得香港社會有更好的機會體會法律的重要，培養適當使用法律的能力。香港九七回歸之後，不可能一夕之間銷毀了，植根在每個人知識與經驗中的這些法律規範和社會制度。在我個人看來，這毋寧才是真正確保香港不變的關鍵要素。期望香港繼續在社會制度的發展，爲海峽兩岸做出示範，使得華人社會能共同成長與進步。而台灣本身也在這方面迎頭趕上，轉換整個社會體質。

第九章

「身份連帶」與「專業連帶」
——香港回歸對大陸市場形成及台灣社會發展的意義[*]

一、前言：問題的提出

香港回歸中國大陸，從受英國殖民的城市國家轉變爲中國政府管轄下的一個特別行政區，是一個值得深究的歷史課題。在1997之前，由於對於華人社會發展的關懷，個人分別對台灣、香港及中國大陸的社會經濟變遷進行了長期的田野調查，因此，本文想藉由這些田野調查的資料和實際觀察的心得，來討論一個重要的問題，香港回歸對於中國大陸市場的形成，會產生了怎樣的影響？香港人關心自己的安危和生命財產，所以思考九七的角度，問的是大陸當局

---

[*] 本文初稿發表於1997年，香港大學亞洲研究中心所主辦的「香港與近代中國國際研討會」。

如何統治香港？（Cheng, Joseph Y.S. & Sonny S.H.L, 1995）是否真能實踐維持香港既有體制不變的諾言？換句話說，關心的課題是，大陸將如何改變香港？可是，如果從大陸、台灣及香港海峽兩岸三邊華人社會為一個整體的角度，來看香港的轉變，或許，我們可以反問，香港的回歸將對於大陸社會的發展帶來什麼樣的影響？特別是對於大陸市場發展的影響？之所以從這個角度提問，主要理由在於，未來兩岸三邊華人世界的發展，無疑的，中國大陸的轉變居關鍵地位。既然大陸社會本身的變遷會影響到香港和台灣的發展，我們首要關心的課題便是，香港及台灣能以什麼樣的作為參與大陸社會的變遷？

本文的看法是，香港及台灣一定要以新的社會實體（new social reality）（Drucker, 1990）之發展，做為大陸社會發展不能迴避之「理想社會」（ideal society）的參考架構（Durkheim, 1965）。這一點，香港因九七的回歸有其特別優勢。在九七之前，香港作為一個英國殖民下的城市國家，發展的好，世人歸功於英國政府的優越領導以及體制的合理性。在九七之後，香港發展的良窳，將是中國政府的責任。中國政府如何擔起這個責任？從中英聯合聲明、基本法的訂定、治港權力班底的形成，一系列動作，有不少的書籍及文章加以分析（劉兆佳，1988；李昌道、龔曉航，1990；沈樂平，1994；王寅城，1996），本文不再重覆。然而，從長期的觀點來看，這其中有一個重點不可忽略，那就是，香港在華人世界的重要職能是，透過它做為亞太貿易及金融中心的國際化地位，不斷創造新的社會實體，站在海峽兩岸華人社會發展上的制高點，給大陸提出挑戰，標示出社會變遷的可能方向。香港之所以對大陸及台灣社會的發展有這種影響力，主要得力於其長期經濟發展所獲得的成就，已逐漸透過對於社會的滲透，而改變了政治支配型態。這個觀

察的理論基礎在於「經濟政治學」的視野而非「政治經濟學」。我
們可以從韋伯的研究作一說明。

從韋伯觀點來看，任何社會的支配結構都牽涉到支配團體，也
就是支配的行政組織之發展。由於支配所形成的行政組織，必須以
一定的經濟條件為基礎，所以任何持續性的支配都必須發展出其相
符應的財政系統。在此前提下，支配與經濟有一個重要的內在關
係，政治上的支配沒有相契合的經濟體系配合，支配便不可能持
久。如此，一個時代的政治統治之行政組織的發展，便與其社會中
的經濟組織相制約。是以，從韋伯支配觀點的啟發，我們可以提出
一個「經濟政治學」的思考取向。就此角度而言，政治與經濟的關
係不是外部性的關係，而是透過「支配組織」的發展達成內部連
結。韋伯指出：

> 不管是那一型的支配，一個管理幹部群的存在及持續運作
> 是極其關鍵的。因為如果沒有組織的行動來指導命令的施
> 用及執行，服從的習慣是無法維持的。實際上，此種行動
> 的存在，就是通常「組織」此一名詞所指涉的（韋伯，
> 1985:102）。

就支配而言，任何支配組織的發展都是一種卡理斯瑪例行化的
過程，而這個過程都關連到對於經濟的適應。韋伯指出：「由每一
個重要層面來看，卡理斯瑪例行化的過程都是對於經濟條件的適
應。因為經濟乃是日常生活中最主要的、綿綿不息的運作力量。因
此，經濟條件扮演一個領導變動的角色，而不只是一項依變項」
（韋伯，1985:87）。換言之，在此我們可以進一步推論，每一個政
治支配組織的發展都關連到對於經濟條件的適應。因而，支配組織
之改變也就說明著經濟條件的變動。經濟之所以能扮演著領導支配
組織變動的角色，乃在於終極而言，它能影響政治支配組織的存在

與發展。因此,政治支配組織對廣大社會支配之正當性,長期來說,要取決於其經濟上的成就。

從長期統治的角度來看,中國政府要維持其統治的正當性,是沒有辦法不謀求經濟的改進,以提升人民的生活水平。在大陸的田野觀察也可以得到很清楚的訊息,對老百姓而言,什麼體制不重要,能使得日子過得好才重要。韋伯觀察千年來人類的各種政治支配型態,要提出的正是這個樸素的道理。西方的民主法治之得以開展,也正是經濟發展所開創的「新社會實體」不斷逼迫政治支配的型態做出調整的結果。正是從經濟政治學的視野,我們可以提出香港回歸對於大陸及台灣社會發展影響的看法。然而,我們必須再說明的是,香港對於大陸的影響既是透過新社會實體的創造,那麼,什麼是我們在此指涉的新社會實體?這個新社會實體與大陸市場的形成與發展有何關係?這是本文討論的重點。從香港的發展經驗可以看出來,政府有效率的行政和廠商有效率的經營同樣重要,這就說明了不管是政治組織或者是經濟組織的發展,都牽涉到組織發展的專業知識。儘管黃仁宇宣稱國民黨在近代中國歷史上打造一個新的上層結構,而共產黨發展了新的下層結構(黃仁宇,1993),從行政官僚日常實作的細節加以深入觀察,我們還是必須承認海峽兩邊的統治,仍然沒有根本轉換韋伯所說的傳統支配的特質。韋伯認為家父長制及家產制具有一內在的傾向:

> 此即用功利、福利或絕對性價值等名目來規範經濟行為。
> 此一傾向源自其所宣稱正當性的特質,以及必須滿足被統
> 治者的利害關係。這點摧毀了形式(Formal)的合理性,
> 而此一合理性是導向專業法律秩序的(韋伯,1985:64)。

海峽兩岸支配的家產制性格,從政府官員在實際行政操作技術上,可以不斷販賣制度特權,而使得法律無法明確界定政府與市場

的關係（陳介玄，1997），可以清楚看出來。因此，香港法律可以明確界定政府與市場的關係，也就說明了以法律規範經濟行動及政治行動的重要意義。本文所指涉的香港新社會實體，也就是指能從身分連帶轉到以專業連帶爲骨幹的社會型態。以此而言，香港社會發展到了一個新的層次，超越了大陸和台灣。在九七之後，這樣的發展經驗如果我們能加以珍視，對大陸市場形成所帶動的社會轉型，以及台灣社會的發展，將有極爲正面的助益。底下我們細部來討論這個問題。

二、人情關係與公領域之資源配置關係

在華北白溝市場及廣東佛山、南海市的田野調查，都碰到與台灣類似的經驗，「人情關係」無論在那個生活領域的社會互動，都是很重要的一個要素。由於研究觀察的時間拉長，我們慢慢瞭解到，人情關係在不同生活場域的運作是需要加以區隔的。在個人與個人之間、組織（廠商）與組織之間、個人與組織之間、政府與個人、政府與組織之間這幾個層次的互動，是不能加以混淆的。從香港田野調查的經驗來看，香港的法治化已進入了日常生活的層次，所以，社會運作有一個系統存在，是我們可以觀察到的事實。然而，就生活的細節加以省視，香港的餐廳林立，圍著圓桌吃起飯來，笑語喧譁，蒸騰的人情隨著酒精和美食發酵，似乎和台北及北京又沒有兩樣。香港社會日常人情的酬酢，並不妨礙其法治系統的存在與運作。這說明了香港社會走出傳統的格局，而有了自己的特色。這個特色是什麼？簡單而言，就是香港的法律不但能實質的規範世俗大眾的行動，更重要的是也能確實規範政府及政府官員的行動。政府官員不能透過詮釋法律而利用法律以販賣制度特權。因

此，人情關係不能存在於政府與個人，政府與組織之間。這一點的突破，對於整個社會的發展異常重要。香港青馬大橋耗資九億多美元，能夠不追加預算如期完成（高承恕、陳介玄，1997），這在台灣是不可能的事情，香港能做到，也就說明上述對於人情關係做區分的重要性。

「依法辦事」是我們在政府官員口中常聽到的名詞。從兩岸三地的田野調查可以很清楚的看到，這句話在大陸乃至於台灣都還只是口號，只有在香港才是行動準則。政府能「依法辦事」就意味著要有能力排除中國傳統人情關係所形成的差序格局（費孝通，1991）。也就是在公領域，人情關係不能做為資源配置的機制，而應由法律來作為資源配置的機制。人情關係在華人社會作為私領域資源配置的一個機制，有其正面效果。台灣及香港中小企業的發展成就，都是很好的說明例子（陳介玄，1994）。然而，人情關係在公領域所扮演的角色，香港與台灣就有極為顯著的差別。台灣不知節制的使用人情關係作為公領域配置資源的機制，使其行政效能低落，全球競爭力逐漸滑落，恰與香港成強烈對比。然而，要使公領域的資源配置交由法律來進行，社會便必須有排除人情關係的能力。換言之，社會專業化及專業知識的發展，必須逐漸變成社會行動及社會連帶的判準，並產生一套新的社會價值。這一點，古典社會學家涂爾幹有深入的見解：

> 在某一社會裡，每一交換品在某一時間內總有一種確定的價值，我們可以把它叫做社會價值。這價值所表現的就是那物品所包含的有益工作的數量。這話的意思非但指那物品所曾經花費了的全工作而言，而且指那能產生社會上的有益效果的那種力量所佔的部分而言，換句話說就是能適應一些常態需要的那種力量。

有了上面一個定論，我們可以說若要契約充分地被人們同意，先需雙方所交換的功勞有同等的社會價值才行。實際上，在這些條件之下，各人取得了所希望的東西，而以其所給予的東西為還報，於是雙方的東西都有了價值（涂爾幹，1966:535-536）。

對涂爾幹而言，他之所以批評盧騷社會契約論的觀點，是因為徒契約不足以自行，契約之所以可能，不但要有以契約法為實體的社會發展加以配合，更需要社會價值的存在，以排除不必要的外部干涉。涂爾幹指出：

> 若要這同價作用成為契約的規律，必要的而且充分的條件乃在乎把雙方締約人安置於相等的外在條件裡。實際上，事物的估價是不能從事物本身去確定，而是從交換裡生出來的。所以，必須那些交換的個人們在令人估量他們工作價值的時候沒有別的力量，僅僅有從他們的社會價值裡取得的力量才行。這麼一來，事物的價值就與其所貢獻的功績及其所耗費的勞苦確切地相當。因為別的能使事物價值變化的原因已經被除去了。固然，事物價值不相等始終弄成人們在社會裡的地位不相等。但這些不平等的狀態在表面上看起來似乎是外在的，其實不然，因為他們只是把內在的不平等狀態表現到外面來罷了。所以，他們對於價值的確定並沒有別的影響，其影響只是在各種價值之間建立一種分等的辦法，使其與社會職務裡的分等並行。如果某幾個人在別的來源裡接受了若干另加的力量，事情就不會相同了。因為這另加的力量，其結果勢必移動了平衡的立足點，而這移動顯然是與事物的社會價值不相關了。一切的高超力量對於締約的方式都有影響的。所以，這方式不

由個人們的人格及其對於社會的功績裡生出來，交換上的
道德條件就被他弄成假的了（涂爾幹，1966:537-538）。

　　儘管涂爾幹的論述接近理想主義的色彩，然而他指出的是一個
嚴肅的問題。社會一旦走上高度分工的現代化階段，社會交換、交
易及社會互動的判準，便需來自於每個人行動能力所內含的社會價
值，而非外部關係。所有的外部關係，諸如政治上及身分上的特
權，武力上的霸權，都是對於社會價值形成的傷害。所以他會認為
現代社會的分工具有道德上的價值，乃在於分工的形成重新建構了
個人與社會的連帶，使得個人得以透過自己在社會價值上的貢獻，
和社會連結起來。他指出：

> 社會生活的範圍一天比一天擴張，其影響所及，個人意識
> 的範圍也一天比一天擴張，所謂人格的尊重真不算一回事
> 了。因為，個人意識既擴大了，人類的智慧更充裕了活動
> 力更多花樣了，若要道德乃就是不變的——換句話說，若
> 要把個人黏附於團體的力量與昔日相等，就先須把個人連
> 結於社會的那些關係變為更強而且更多才行。由此說來，
> 如果除了從相似性生出來的關係之外沒有別的關係，則片
> 段模型一消滅了之後道德就跟著逐漸降落了。人們不復像
> 昔日那般充分地受牽制了。他們不復覺得周圍有昔日的社
> 會那種「有益於生活的壓力」，可以節制他們的自私心，
> 而把他們造成一個道德的人。這麼一來，分工就有了道德
> 上的價值。因為有了它，然後個人認識了他對於社會的連
> 屬關係。有了分工，然後社會有牽制與壓制個人的力量。
> 總說一句話，分工既變成了社會連帶性的主要源泉，同時
> 也就變為道德界的基礎了（涂爾幹，1996：540）。

　　個人在分工上會產生社會價值[1]，藉此形成與社會的連帶。我們看到的是一種新的個人與新的社會在形成。換言之，涂爾幹所指出的現代社會，每個人必須透過專門化與專業知識的能力，形成與他人互動或是交易的基礎。傳統以來的血緣連帶，或是我所說的「擬似家族團體連帶」（陳介玄，1994），都應該加以排除。涂爾幹很深刻的指出這一點：

> 所以，我們可以說在高等社會裡，我們的義務並不在乎把我們的活動力在表面上擴充，而在乎集中它使它專門化。我們應該限定我們的涯際，選擇一種有定的工作。把全身力量灌注。我們不應該把我們造成一種完成的而且整個的美術品──美術品的一切價值都從自身抽出來，卻不在乎對社會的貢獻。總之，社會的等級高到甚麼程度，人們的專門化就該擴充得遠到什麼程度，我們是不能另立一個限度的（涂爾幹，1966:562-563）。
>
> 所以，我們也怪不得民眾厭惡萬能學問的心理一天比一天顯明，甚至於有些人太愛普通的學識，不肯把全身精力用於職業的組織裡，也是為民眾所不喜的。實際上，這是因為他們與社會黏得不很緊，或可以說社會不把他們黏的很緊，所以他們逃脫了。正因為他們感覺著社會的時候，他們的情感裡並沒有相當的強烈性與持續性。所以他們不認識那些社會分子所必須履行的一切義務，他們所注重的普通思想正如上文所說，是浮現的，所以不能十分把他們拉離了他們自身。當人們沒有更確定的對象的時候，是不很

---

1 有關價值的學科討論，請參考Hechter, Nadel及Michod（1993）所編《The Origin of Values》一書的研究。

顧及身外的，自私之心既深，也就沒法子超越了。反過來說，從事於一種確定的工作之人既有了職業道德上的千種義務，就不免時時刻刻感覺著共同的連帶性了（涂爾幹，1966:564-565）。

專門化與專業知識對現代社會的重要，不只是作爲個人謀生的工具，也不只是成爲提升社會生產力的工具，而是使得個人與社會得以重新整合在一起的關鍵紐帶。換言之，在個人擁有專業知識之後，才能以此專業知識本身創造與他人互動的社會價值。所以，社會的專門化和專業知識的發展，提供了社會擺脫傳統連帶基礎的可能性。很可惜的是，社會學對於專業領域的歷史發展（Smith & Stevens, 1967; Berlanstein, 1975; Cipolla, 1973, Dewald, 1980; Engel, 1983; Freeze, 1983, Frieden, 1981, Freidson, 1970a, 1970b; Lewis, 1982; Lewis, 1965; Litoff, 1978; Meyers, 1976; Millerson, 1964; Park, 1985; Peterson, 1978; Prest, 1981; Robson, 1959; Rothblatt, 1968; Spiers, 1980; Stacey, 1954; Tackett, 1977）、專家及專業的權威（Haskell, 1984; Holmes, 1982; Johnson, 1967; Kraft, 1977）、專業及專業主義的升起（Carr-Saunders & Wilson, 1933; Larson, 1977; Bledstein, 1976; Collins, 1979; Duman, 1980, 1983; Reader, 1966; Reid, 1974）、專業化（Gelfand, 1980; Wilensky, 1964; Vollmer & Mills, 1966）、專業社會學（Dingwall & Lewis, 1983; Klegon, 1978; Parsons, 1954, 1964, 1968; Abbott, 1982），工作社會學（Caplow, 1954; Tilly & Tilly, 1998）等各個環繞著專業社會發展的領域有深入的討論，卻沒有銜接涂爾幹的研究取向，對於現代專業化與專業知識發展與整個社會連帶的關係，進行宏觀的探討。香港的發展經驗，使我們看到政府及廠商的關係，之所以能夠以法律明確界定，乃在於專業化及專業知識改變了人與人之間的連帶方式。因此，專

業化發展的社會意義,在於新的社會連帶之形成,並使社會能夠以專業知識作為配置社會資源的手段。以此看來,香港經驗對於大陸市場形成之影響,乃在於提供了新的社會連帶分類之可能,使大陸對於社會變遷有更清楚的思考方向。

三、身份連帶與專業連帶

香港之所以能夠在政府與廠商之間畫出一條清楚的界線,使得表彰為法律的專業知識,得以代替人情關係起了配置資源的作用,有其政制及法律的歷史背景(Siu-Kai, Lau, 1991; 鄭宇碩編,1987; Smith, 1990; Miners, 1995; 吳天青,1990)。恩萊特(M.J. Enright)、司各特(E.E. Scott)及杜大偉(D. Dodwell)三人對於香港優勢的研究,一針見血的指出這個背景:

> 政府是公證人,私營公司是經濟體系的積極參與者。這種在香港清晰劃分的關係,在亞洲地區是相當獨特,也是舉世罕見。這種管制使殖民地官僚對商界保持距離,而集中精神處理政府行政工作,然後期待功成身退返英國故居安享晚年。顯然,香港今天的公務員隊伍已經很不同了,它主要由土生土長的華人組成。然而,這種政府和商界清晰劃分的關係還是保留下來了,它是很多比較優勢的根源,它促進了一個富於活力的經濟體系,培育了香港的企業文化,限制了官商勾結(Enright, Scott & Dodwell, 1997:28)。

在政府及廠商關係透過法律明確界分下,香港作為亞太貿易及金融中心的位置(汪康懋,1991),也使得其市場及廠商發展所需要的專業知識能不斷提升。思萊特等人的研究指出:

香港的管理人企業社群過去20年發展的相當強大，這是由
於跨國企業來到這裡落戶，發展大量的業務，而且往往利
用香港作為它們的地區業務中心。這種發展大大帶動了對
高等教育和專業資格的需求。像萬國寶通銀行
（Citicorp）、美國銀行（Bank of America）和埃克森
（Exxon）這些企業引進了美國式的專業管理和管理技
巧，增加了本地的外地專業人士數目，而且顯著加強了本
地企業內部培訓的力量（Enright, Scott & Dodwell,
1997:40）。

作為亞太商業及金融中心對於香港的發展，若放在海峽兩岸整
個華人社會來看，其意義是，香港能透過本地及國際上的各種不同
層次的廠商組織之發展，帶動多樣化的專業知識之發展，從而也促
進了市場及社會的轉型。這一點正是大陸市場發展需要補強之處。

大陸的改革開放，既是環繞著市場啟動，討論大陸經濟及社會
改革也就不能不從市場切入（吳敬璉，1992；馬洪，1993；鄭家
亨，1993；樊綱、李揚、周振華，1994；維多・坦奇編，1994；胡
平，1994；胡爾湖、謝自強，1994；吳國光編，1994；孫尚清，
1996；謝百三，1997）。就個人在廣東佛山、南海及華北白溝市場
所作的田野調查來看，市場的發展，確實是觀察大陸整體社會發展
的重心。大陸從五十年代金觀濤、劉青峰所分析的市場萎縮、消失
（金觀濤、劉青峰，1993），到1980年代市場的重新興起，這其中
所帶動的社會變遷值得我們深入觀察，特別是針對市場及廠商發展
所帶動的社會連帶形態之變化，本文在第四小節會詳加討論。目前
我們要處理的是，什麼是身份連帶與專業連帶？會有這兩個理念類
型建構的緣起為何？讓我們再從香港及台灣田野調查的體會談起。

以台灣及香港的田野調查經驗來看，一個相當有價值的比較點

是，台灣的中小企業廠商對於政府迭有怨言，而香港的中小企業主
對於香港政府卻沒有什麼不滿；台灣的中小企業主極爲不滿台灣產
業發展的基礎建設和基礎結構，而香港的中小企業者對於香港的基
礎建設和支援產業發展的公共設施，有相當好的評價。這兩個來自
於田野深度訪談所獲得的普遍現象，提出了一個台灣與香港中小企
業之社會特質發展的理論問題：同爲華人組成的社會，是什麼樣的
制度構成了中小企業發展的社會基礎？或者說，台灣及香港的中小
企業各自立足在怎樣的「社會」發展？很顯然地，在此，「社會」
這個概念我們不能視爲當然的接受，而必須從社會與經濟互動的整
個結構，思考這個社會學的基礎問題。

　　社會做爲討論台灣與香港中小企業的運作特質之比較，極爲籠
統，我們可將考察的視野具體化在兩個重要的社會連帶：「身份連
帶」及「專業連帶」，以做爲討論的核心概念。台灣與香港中小企
業發展的社會特質作一粗略比較，台灣社會中的身分連帶仍然具有
支配性，香港社會中的身分連帶已逐漸爲專業連帶所取代。所謂身
分連帶是指：基於身分而建立起來的私人關係，不管這個身份是因
血緣、地緣、親戚朋友、同學同事、黨派或者是師生而形成。人際
關係作爲一種社會資本對於廠商的重要性是，身份連帶決定了「有
價值訊息」及「重要社會資源」的取得。因此，這種人際關係所內
含的身份連帶，在廠商與廠商之間的策略聯盟、協力網絡的構成，
極爲重要。可以說是構成許多廠商交易活動的前提。然而，從台灣
及大陸的田野觀察可以看出來，若把人際關係內涵的身份連帶用於
廠商與政府之間的互動，及其他生活場域如政治與學術，則就變成
社會的負擔，腐蝕著社會的公平與正義，扭曲了社會資源的意義及
使用途徑，也危害了整體社會的發展。這是從普蘭尼（Polanyi,
1957; Mendel & Sale eds., 1991）到廣諾維特（Granovetter, 1995）

等經濟社會學家所談經濟行動與社會結構鑲嵌理論的最大盲點。

相對於身份連帶,所謂專業連帶是指:基於專業知識的需要而形成的人際互動關係。此種關係的形成在於專業知識而非身份,所以具有普遍性的意涵。對廠商之間的互動及交易而言,固然身份連帶是不可或缺,然而,真正決定廠商之間長期互動或交易的基礎,卻在於專業連帶。換言之,廠商交易雙方信任的完成,長期而言,還是在於廠商之間的品質、交期及價格等專業的表現。是以,廠商之間的信任,本質而言,並不同於個人之間的信任。因為,廠商之間的信任,必須以專業連帶為基礎建構;而個人之間的信任,卻可以就身份連帶為基礎建構。也在此,我們看到了現代廠商發展的社會意義,正是因為有營利性私營廠商的發展,我們才需要更正視社會中「專業連帶」的問題。網絡社會學及經濟社會學者強調人際關係對於經濟活動的重要性(Granovetter, 1990, 1992; Nohria & Eccles, 1992),事實上,並沒有弄清楚廠商之間與個人之間的互動有本質上的不同,從而也就無法理解專業連帶與身分連帶區分的重要性,更危險的是,經濟與社會鑲嵌關係的強調,放大了人際關係身份連帶的重要性,將使得我們無法看清西方社會的優點及中國社會的陋失,而失去了省思社會發展的能力。

從整個社會來看,當分殊領域的發展,帶動專業知識的發展,開展了各領域的獨立主體性,也就是真正確立了該領域價值的社會正當性。如此在一個政治、經濟、社會、法律、宗教及文化等多元領域及多元價值確立的基礎上,一個真正的多元社會才得以發展。多元社會的發展,意味著社會涵容了分殊領域之專業知識的發展,並確立了以此獨立之專業知識為該領域發展的最終判準。因而,在各領域的社會價值乃從各領域所確立的專業權威而來。換言之,各領域之社會行動依準,必須是「專業連帶」而不是「身份連帶」。

唯有在確立了各領域的行動判準,是專業連帶而非身分連帶,我們才能說社會真正的發展出多元社會。在這發展過程中,牽涉到了我們對於知識的界定和理解。更根本的是牽涉到各領域的分殊價值是否真正確立了其社會價值。社會不能認同各領域的分殊價值對於形成整個社會價值的重要性,當然也就不能真正欣賞各領域的價值,以及多元社會之美。而欣賞的前提是要清楚區分各領域其最終價值為何?

以經濟領域而言,社會要求於一個企業組織的乃在於其獲利能力,藉此為社會創造財富。就社會領域而言,社會要求於非營利組織的是,達成扶助弱小,完善社會公平的機能。就政治場域而言,社會要求的是各種政治團體為民服務的機能,並有處理眾人之事的能力。以宗教領域而言,社會要求其存在者,乃在於為社會提供一套安身立命的理念系統,以求社會道德的發展。就法律領域而言,社會要求其作為制度運作的最終判準,確保社會實質正義。就文化領域而言,社會要求其作為建構精神生活的能力,及提供各種美感的涵養管道。當社會分化,或者社會分權,有真正的重大意義,是社會容許了上述各領域價值在社會紮根,而不會在把價值定於一尊。傳統中國之萬般皆下品,惟有讀書高的俗語,是把社會價值定於一尊的最好說明。有了這些分殊領域,以及附著在這些領域不同價值的開展,我們才能真正尊重不同的專業知識,才可以明白不能用這個領域的價值來取代另一個領域的價值,這個領域的知識取代另個領域的知識,以這個領域的目的取代另個領域的目的。這一點正是經濟社會學者犯的最大錯誤。他們總是想用社會領域的價值取代經濟領域的價值。所以,也就搞不清楚社會領域與經濟領域最終目的不同,其整個知識類型當然也就不同。我們要求一個中小企業完成慈善事業的目的,就如同要求慈善團體或組織達到營利目的一

樣的荒謬。社會不懂得區辨不同領域、不同組織有其各自不同的存
在價值和職能，無寧也說明了社會並不曾真正多元化。

香港的專業連帶，對於中國大陸及台灣社會的發展，之所以有
重要的啓示。乃在於專業連帶，事實上也是一種道德連帶及倫理連
帶。沒有這個特質，專業連帶不足以作爲社會連帶的骨幹。在對於
香港專業人士進行田野訪問過程，很清楚可以感受到這種精神。一
位受訪的律師指出：

> 香港的專業水平很高。我們這個行業的道德要求，是很嚴
> 格的，特別是財務這方面。在大的律師事務所，比如我是
> 專門搞股票的律師。但是，我一點股票也不能買。不然的
> 話，有內幕交易的問題，有甚麼披露的問題。我們是內
> 規。大所規不規定，都是這樣的。你參與的項目，一點都
> 不能有個人的利益(訪問記錄O016P26)。

香港律師這種專業道德上的自律，是其專業素養得到國際社會
認可的保證。這種道德及倫理上的自律，使得專業有其權威，能相
當程度抵抗身分連帶的利益關說。所以，透過香港的專業保證，大
陸國營企業可以在紐約上市，爲全世界所接受。這個保證背後，說
明的是，香港在面對公眾事務上，已走上了專業連帶的邏輯，發展
出成熟的專業道德和專業倫理。香港社會若沒有能力將身份連帶與
專業連帶加以區分，這個發展是不可能達成的。

上述對於身份連帶與專業連帶的區分，使我們明白社會分殊多
元價值形成的重要。在此前提下，我們就能夠說明，爲什麼香港回
歸對於大陸市場形成有其重要影響。誠如阿城指出的，香港世俗社
會的活潑，正是其迷人所在（阿城，1994）。從我們的觀點來看，
香港的生命力來自於社會連帶以專業連帶爲骨幹的活力。這個環
境，使每個人都可以在一個資源可移轉的公平環境下競爭，因此，

身份連帶不能在市場起作用,特別是不能在政府與市場之間的關係
建構起作用。這一點的確立,對大陸乃至於台灣社會,都有很重大
的啓示。底下,我們進入本文的重心,討論大陸市場與廠商發展的
一般狀況,以說明身分連帶及專業連帶如何提供我們必要的視野,
觀察大陸社會的演變。

四、大陸政府、市場與廠商之關係

觀察大陸的社會變遷,當然有各種不同的進路,從我個人的觀
點來看,市場是第一個重點,私營廠商是第二個重點,政府分別與
市場和廠商的關係是第三個重點。本文在這一小節則嘗試將這三個
重點放在一起討論。主要是因爲,我們談大陸社會身分連帶與專業
連帶的發展狀況,會同時牽涉到這三方面。從宏觀的角度看大陸市
場的發展,有一個值得討論的現象,那就是,身分連帶在社會互動
中往往會阻礙市場關係的形成。爲何會產生這種情形?突破這個限
制的可能性在那裡?香港經驗能產生怎樣的借鏡作用?是本小節具
體要處理的問題。

(一)集體企業:市場與非市場之糾葛

要瞭解大陸市場發展的內在問題,以國營企業及鄉鎮企業爲主
的集體企業是很好的一個切入點。如同台灣,大陸市場內的經濟體
是一個多元的經濟體,從個體戶、私營企業、民營企業、鄉鎮企業
及國營企業,各類型組織並存於市場體系內。從田野中的觀察我們
可以看出,表面上都是企業,事實上其本質有很大的不同。譬如許
多的國營企業扮演的最重要社會職能,不在於營利而是社會福利。
大陸市場發展之後,第一個要面對的問題是,以企業組織欲達成福

利性目的是否妥當？管理大師彼得杜拉克對於營利組織及非營利組織（Drucker, 1994）經過一番比較研究之後，指出：

> 這些年來，我們確實過度專門化了，尤其是學院。但是，矯正之道並不是對專才施予一些「人文（通識）教育」，以使他們成為「通才」。我們現在已經知道，這種作法是行不通的。因為，專才只有當專才時，才能發揮長處。知識工作者一定就是這樣，我敢肯定。最稱職的知識工作者除了想成為本行的頂尖外，不會想撈過界。神經科醫生越能做他的專業，技術就會越精進。吹法國號的樂手不會去擔任小提琴的位置，而且也不應該如此。專才是需要通識的薰陶。可是在工作上，他們非得當專才不可。這就需要組織的存在，把他們當專才用，才能產出成果（Drucker, 1994：58-59）。

> 不要強求企業對它並不在行的事情也要負責。成功的企業家之所以會成功，是因為他們的價值觀和心態都是商業的，如果他們的價值觀和心態都是商業的，讓他們去做商業以外的事，大多數企業家恐怕都不行（彼得杜拉克，1997:5-6）。

杜拉克明白指出，以專門知識產生的專業才具有社會價值。這是涂爾幹觀點的進一步發揮。這段看似簡單的話，反應了中國社會大眾數百年的基本心態，輕視商業及商業知識的價值。直到今天我們仍然沒有搞清楚要企業家善盡的社會責任，到底是怎樣的一種社會責任？是社會慈善事業的責任或者是創造財富的責任？前者便是一種混淆的價值觀。因為企業的專業，若是經營一個組織並藉此創造社會財富。社會便要從這個分化出來的價值基礎要求於他，才符合多元化社會的精神所在。

　　當市場向政治統治爭取到資源配置的權力時，專業化及專業知識在社會上便有其重要性。大陸集體企業發展上的困境，最能說明這個問題。企業的專業若是營利，那麼很顯然的，中國大陸的集體企業在面對市場，之所以節節敗退，乃是它的「專業」沒有市場的競爭力。南海市的一位受訪業者指出：

> 以前南海市一個領導，一個副市長，問我：順德、南海比較，你以為怎麼樣。我說：順德家用電器搞得很有規模，我認為順德政府一天天加大自己的包袱。南海的包袱小點。南海五個輪子一起轉。集體投資1000萬，又是一個包袱。如汽車廠，棉紡廠。南海棉紡廠花了幾個億，一年利息就是幾千萬。現在工人的工資都發不了。如果是私營企業，那樣就會破產。
>
> 鄉鎮現在的集體企業，說承包就承包，說賣就賣。但走通不容易。假如我有資金，要搞一個廠，我當然要去考察這個廠，爭取以最少的投資，得到最大的收益。都是考慮這個問題，不會拿一筆錢去買一個老化的企業。因此拍賣有點困難。所以價錢訂得很低，一刀切，可能地方幹部三三五五，變通一下，幾個人買了這個企業，可能不是有錢人，集體沒有收到錢。他簽一個合同，錢沒有投入。聽說順德有這種情況（訪問記錄S014P19）。

　　不管當代廠商理論對於企業存在的意義和功能怎麼定位（Coase, 1980, 1994; Williamson & Sidney, 1993; Williamson, 1975, 1985; Demsetz, 1997），營利性企業的專業便是營利，或是韋伯講的「合理的營利」（rational profit-making）（Weber, 1978），因此需要一定的專業知識及專業人士才能夠完成這個任務，而不是以政治行政為專業的各級政府官員，都可以搖身一變成為企業經理人。

從大陸市場發展的歷史脈絡可以看出來，在改革之初，市場尚未形成之際，政治情境取代市場情境。集體企業的發展（威廉·伯德著、林青松　譯，1990），各種現代企業需要的財務、會計、人力管理等專業知識，可說是付之闕如。以南海市的調查爲例，集體企業的管理問題，使得地方政府不得不改絃更轍：

> 企業拍賣也好，不拍賣也好，集體有怎麼擴大管理的問題。如以前的大隊，還有鎮政府，有頭腦的領導，搞拍賣，搞土地開發，搞工業區，把本地要辦企業的私人組織起來，給你辦個牌照，提供電、水，提供經營管理、公章，收取管理費，按經營數額收管理費，不僅有地租。集體發展的一些廠也出租。這樣集體可能牢固一些，我們南海一些隊、鄉，這種情況不少。在外地，無錫東絳鎮大橋鄉也類似。我在那裡租了一個經銷部，我跟他們說，他鄉裡一年6個億，我說你怎麼管，他說就是按這種辦法。他說有一個銅鋁材廠自己搞的，還說你有興趣就來買，3000萬給你來租地也行，租廠房也可以，你來合作也可以，承包也可以。南海很早也這樣做（訪問記錄S014P19）。

　　集體企業爲什麼發展有困難？這個困難彰顯了什麼有意義的問題，值得我們進一步思索？受訪的業者指出：

> 現在剩下的集體企業，根本就不行。如九江一個大隊，1960年代1970年代出名的，搞副業，解決農村剩餘勞動力，那時很行，省裡都組織去參觀。習仲勛當書記時都去過。但到1980年代就不行了，沒有改過來。原來的班子就認爲原來很紅，不願改，不願退下來。這兩年才扭過來。集體企業要想發展很難，人才流失，市場競爭，經營者本身的責任心都是問題。集體企業最大的難處是，你要處理

他（職工），處理不了，他做不好，你批評他，處分不
了，他是大隊派來的。後來我是按自己的構想，自己去
幹，不用請示領導。都是從效益、發展考慮，這也是私營
企業和集體企業的大區別。當然私營企業有不足，但起碼
沒有人與人之間的磨擦、內訌。集體的，你我過不去最後
搞到一塌糊塗。私營企業想怎麼發展，按照法律運作，就
可以發展下去。

集體企業為什麼不行，根本說是效益與當事人不掛勾。除
此之外，社會上過度地剝削了勞動者，這聽起來很難接
受。如國營企業的廠長，如果賺了1000萬，總經理的報
酬，比一般人員多不了幾倍。這是個社會問題，也是集體
企業沒有積極性的原因。如果一個廠長賺了2000萬，我給
你200萬，我能拿出來。不用我管得那麼辛苦（訪問記錄
S014P19）。

上述業者的意見反應了很多的訊息，綜合而言是，集體企業在
大陸，政府或者社會並沒有賦予其發展營利專業的必要環境。受訪
業者提出社會過度剝削勞動者，使得集體企業的廠長得不到一般私
營企業總經理應有的待遇。因此，廠長很難盡其責任心把工廠帶
好。可是，我們也不要忘了，在市場沒有發展之前，廠長的職位在
大陸社會是有價值的資產。你的表現太好，提升了生產組織的地
位，強化了廠長職位的重要，將引來別人的覬覦，進而動用關係趕
你下台以彼取而代之，坐享你辛苦的果實。在此前提下，表現太好
反而是危機，更遑論強化專業經營能力的提升，以使工廠獲得高利
潤。從大陸改革的經驗來看，因為有了市場，所以社會衡量一個人
貢獻的價值，才有了不同的尺度。否則，在沒有市場的系統內，可
能連價值的概念都出不來。個人資源不具可移轉性，廠長專業的表

現也就不重要。重要的是如何透過身分連帶,而保有這個有價值的
職位。如此,集體企業與效益脫節,反應了集體企業不屬於市場的
事實。

　　所謂集體企業不屬於市場,是指集體企業不一定要服從於市場
的競爭邏輯來運作。這一點或許我們可以從另一個大陸市場參與
者,台商的角度來加以說明。從台商在大陸內需市場開擴的經驗來
看,他們認為最大的困難來自於兩方面。一個是國營企業的非合理
競爭。以大陸國營企業的社會職能而言,既是以吸納勞動力維持社
會穩定為第一要務,因此,企業便沒有投資回報的壓力,也不必計
算損益。缺乏企業經營所需要的毛利與淨利的觀念,如此,在市場
中的價格便可以不按成本來訂定。另一方面是來自於個體戶的競
爭,因其「成本與利潤規格」和台灣不同,所以,低檔的產品,台
商無法在價格上競爭。後者雖有發展階段的落差,使得成本與利潤
有極不同的計算基礎,但基本上是一種市場情境的產物,競爭是公
平的。至於前者就不一樣了。國營企業雖其職能是福利取向,但用
的是經濟手段,換言之,它還是透過市場爭取客戶,以營利為手段
卻又不用達成營利的目的,自然也就沒有成本的壓力,市場的賣價
可以任意調整,形成了台商所謂的非合理競爭。

　　大陸集體企業的問題及未來的出路,不是我們這篇短文所能討
論。在此談大陸集體企業的問題,是要點出社會對於「專業」及
「專業化」的認知及進一步的界定方式,會影響對於重大問題的瞭
解方式。從香港及大陸發展經驗做一個對比,我們會發現,香港社
會對於專業化及專業知識的尊重,已經形成了專業連帶。這樣的發
展與香港市場及市場情境的發展是息息相關的。因此,大陸市場的
形成與發展不單單是一種經濟現象,更重要的是一種社會現象。亞
當斯密斯以來的古典經濟學,到馬歇爾新古典經濟學對於市場的討

論,在我看來,並沒有像許多經濟社會學者所宣稱的,犯了嚴重的過錯(Swedberg, 1990)。問題在於,市場的社會意義並沒有爲社會學家好好瞭解之前,已被加以否定了(Polanyi, 1957)。本文從大陸史無前例的市場發展經驗,要彌補的正是這個缺點。市場的發展與近代社會專業化及專業知識的發展息息相關,我們可以說沒有市場的發展,也就開展不出支持現代社會發展的「專業連帶」。集體企業的興衰說明了改革開放之後的大陸社會,市場與非市場關係,專業連帶與身分連帶搏鬥的經驗。底下我們再從政府與私營企業的關係討論這個問題。

(二)私營企業與政府的關係

大陸市場的發展變成一個社會實體,最關鍵的是在於私營企業的發展。市場的形成,除了對於集體企業帶來根本性的衝擊,暴露其非市場及非專業的本質之外,就是形塑了私營企業發展的空間。可是,如同市場的形成,是由政府行爲過渡到社會行爲,私營企業的發展也不能離開這個前提,特別是在發展的早期。

1. 私營企業對於政府的掛靠

私營企業在大陸沒有形式上獨立的生存空間,隨著市場發展而出現的這些私營企業,得以生存的變通辦法(王漢生,1997),就是向政府部門掛靠。受訪的一家南海市電器廠廠長指出:

> 我是私營企業,要找一個廟蹲進去,所以私人都是掛靠,只是招牌,資金都是自己的,就是交管理費。掛靠對我沒有什麼好處,有害沒有利。銀行貸款,多蓋一個章擔保,作為我們私人,貸款貸不到很多,儘管有抵押,私人只能貸5萬元,能做什麼?現在銀行可以貸,我們的信譽比較好,沒有拖延它的。現在我掛靠在鎮政府開發公司,以前

是掛生產隊（訪問記錄A037P19）。

這個現象可說是一種通例，另外一家雨衣製造廠的總經理也以自己的企業經營經驗指出這個規則：

> 現在這個企業，完全是自己的，掛的牌照是集體的，掛鎮政府的招牌，掛了8年。每年給一些管理費，土地是自己買的，說是50年，實際上我都搞不清，沒有怎麼定的。有合同，原說50年，後來又說長期，每畝加了7萬，給一個土地使用證。加在一起，每畝16萬（訪問記錄A038P19）

私營企業向政府部門掛靠，不只是在形式上取得生存空間，就企業實際經營所需要動員的資源，也需要透過這個掛靠過程取得。受訪的一家南海市鋁材廠廠長說出其中的道理：

> 前幾年，私營企業用地、貸款，沒有集體招牌，無人擔保，就不行。私營企業限了5萬元。如果是集體，集體擔保你，可以貸幾百萬。現在，抵押貸款也不完全是，中央搞出來的，可能實行不了，很多搞出來的東西，換個人又變了。我貸了600多萬，區里擔保，掛集體牌子，每年交管理費。掛靠有什麼好處，實際上也是人為的。用地能夠解決，掛集體的，有那麼多資產，可以擔保你（訪問記錄A035P19）。

上述的個案資料使我們清楚看到，大陸開放初期，私營企業要掛靠在集體才有生存空間。政府不但不是與市場畫清界線，而是組建市場的一隻看得見的手。因此，在市場中的私營廠商，沒有依賴這隻手便無法取得必要的資源，以及營利的社會正當性。這樣的情況，如果是與政府聯營的合資股份制，使用資源上更是方便。一家受訪的聯營鋁材廠的總經理，以其公司為例舉出說明：

> 1992年，繼續發展，搞這個鋁型材廠，10月份破土動工，

這個廠的體制是股份制,香港XX公司一個股份,鎮政府
實業集團一個股份,也有我個人的股份。這個廠投資,固
定資產4千萬到4千5百萬左右。現在還在投入搞二期工
程,這個廠建起來的時間不長,大概是1992年10月破土動
工,1993年1月投產,到現在大概是一年半左右,今年的
產值大概9000萬左右。

地是鎮政府徵了以後,我們向政府申請,這塊地今年8月
份,原來是租的,後來買斷了。租金每年每畝5000元。現
在轉讓給我使用。為什麼要申請轉讓?我們考慮到土地權
問題,影響到我們向銀行申請貸款的主要依據。我要增加
生產,流動資金,要搞抵押貸款,沒有地權,信譽就差
點。土地作為我們的資產,到銀行貸款是一個擔保。50年
使用,價格,徵地費,加上青苗費補償,還有其他費用,
加起來每畝15萬,沒有賺我們的錢,加了一點手續費。如
果完全是私人企業,條件就不會有這麼優惠。

我的做法,依靠集體一起幹。用自己的辛勤勞動,自己的
技術,自己的能力有限。靠大集體,他出錢,出力,我去
幹,這樣幹就幹大點的,好辦。如果單靠自己,幹大的難
度大,沒有擔保,雖然你有固定資產,當事人要信你。我
不信你,你資產再大,銀行也不給你錢。我依靠鎮裡實業
集團,互相利用,它用我經營、管理,我利用它的實力。
起碼,有事可以找它商量,鎮領導、實業集團的領導,地
位比我們高,政策水平比較高,外面的事知道得多,訊息
比我們靈。離開XX時,就有這種想法,自己搞難度大點
(訪問記錄A036P19)。

從這個個案可以看到,大陸廠商的發展,在突破資源稀少性

上，無法脫離政府的參與，甚至需要運用政府參與的策略。從這個對照點來看，相對於台灣和大陸，香港政府與市場及廠商的關係，可以嚴格切分，是一個獨特的文明成就。從政府組建市場，以及私營廠商的發展，一定要與政府部門掛靠的角度來看，大陸恰恰是香港模式對立面的極端，政府與市場融爲一體。改革開放早期這個政府與市場融爲一體的現象，有人稱之爲大陸新集體主義的發展，強調其正面意義（王穎，1996）。大陸50年代以政治力取消市場，1970年代再以市場啓動改革，政治力從中扮演一個強勢的角色，這是可以理解的歷史進程。然而，如同香港成功的經驗，以及台灣困窘的現況所昭示的，政府與市場中間這一條分界線，是不能不畫的。我們不能以歷史的權宜來斷定其妥適性。因此，不僅是大陸市場的發展，對台灣也一樣，香港經濟文明是值得借鑑的一個對象。事實上，大陸市場的組建從政府行爲過渡到社會行爲，廠商逐漸體會到市場經濟規律的重要（訪問記錄A039P19），都說明了大陸就長期發展的途徑而言，也是往這個方向前進。

2. 廠商與政府的互賴

如同上面討論所指出的，私營企業在市場仍然和政府緊緊融合在一起，而不是分離的情況下，是無法不依賴政府的支持而獨自發展的。受訪的鋁材廠業主講的很明白：

> 發展過程基本是這樣，有現在的基礎，全靠當地政府的支持，他給我們比較多的條件，如土地，他很支持。特別是聯合體，聯營搞的，更支持。這塊地40畝，通過國土局，當地管理區，生產隊，說好後，國土局給我們辦，政府允許。另一個是借助銀行資金。比較有信譽。首先要自己做起，貸款，到期就還，需要的，提出申請，在這方面對我來講比較支持。幾年銀行都支持很大。包括流動資金、固

定資產，這個廠共用了7千多萬8千萬，農業銀行、中國銀行、建設銀行、工商銀行，這些銀行都支持。如果沒有當地政府的支持，對我們個體企業，很多問題，就沒辦法解決。由於他們給我們政策和條件，才有現在的基礎。加上用電問題，工商稅務，基本上與大集體是同樣待遇。沒有特別的歧視，說我是個體的聯營企業，同樣地看待。稅收問題也給我們一點政策優惠，我們這個廠，免稅免到今年的10月份。11月以後，雖然免稅沒有，但有點彈性的處理，這幾方面對我們的發展起很大的作用。主要在這幾方面，其他沒什麼大的壓力（訪問記錄A036P19）。

然而，一旦市場開始啟動，權力的關係便可能改變。我之所以強調市場具有經濟之外的社會意義，從大陸田野考察來看，主要在於市場的發展，使得政府管理私營廠商變成一種新的「專業」，從而也就迫使政府必須重新發展其管理的正當性基礎。一位受訪的鋁型材業者指出：

政府的領導沒有組織能力，人家不聽你的。誰信你，政府一班人有沒有號召力，要看政府幫下面解決多少問題，解決問題，下面才聽你，一個號召，下面才聽。二，下面各個企業，各個公司，這些年發展比較快，有點錢，這點很重要（訪問記錄A036P19）。

在南海市大瀝鎮的觀察，我們已經看到大陸地方政府隨著改革開放的進展，不斷適應經濟的變遷而調整其政府行為。傳統權威不一定能保證其支配的正當性，有所作為變的很重要。地方政府的再組織及再團體化，大部分是因應市場及廠商的發展而有的動作。這個調整不分農業或者是工業，關鍵在於取得經濟成就。如此，政府與私營企業的互動關係是動態的，私營企業固然需要當地政府的支

持，當地政府也必須藉由輔導廠商的發展，帶動地方的繁榮，以重新取得民眾的認同。南海市一家製衣廠總經理以其經驗指出：

> 當時九江有點問題，不贊成私人企業發展。九江的集體服裝多，我們私營起來，頂了他們。1988、89年不批個體服裝牌照。這個地，原是荒地，我與哥哥回來申請住房，建了廠房，城建部門說我違章，產權證直到去年才發我。1989年我去高明，在我們九江對面。到那裡開發區很多地，你來，很優惠。我經過九江幾個朋友帶過去。1992年在高明我搞了個要求，他批了170畝給我。
>
> 南海有一個調研員問我為什麼遷到高明，我當時也有一點的影響。我一搬去高明，南海工商局、市政府來談。我說，不是搬九江的企業過去。我要發展，你不給條件，我就到那裡發展。你不支持，我很心淡，我貸款也貸不到，都是自己積累。我們每年都是給固定資產打工，每年投入都比較多。前年買了170畝地。今年要發展，朋友來，說我應發展，但考慮沒有資金。今年資金鬆動了一點，前個月，九江才貸了100萬給我，只有應付燃眉之急。我的流動資金起碼4000到5000萬。地產壓了那麼多錢（訪問記錄A040P19）。

從這個個案我們看到，私營廠商爭取資源的籌碼是增加了。市場一旦在地方社會底層鋪展開來，社會資源可以開始移轉，廠商便能夠憑藉著自己的專業經營配置資源。如此，形成地方政府管理廠商的能力也必須專業化，以利於和其它地方政府競爭。政治權力的改變一向都是來自於和經濟權力緩慢的鬥爭過程。西方中古封建分權的形成，何嘗不是王公貴族和布爾喬亞長期抗爭的結果。大陸透過私營廠商及私營廠商之間的組織聯結，正逐漸改變社會的進程。

受訪的製衣實業公司總經理指出：

> 前幾年我們九江這些領導，現在也改變了很多。民間公會
> 在這方面出了不少力，使他們改變這種意識。上次要增加
> 我們的管理費，我們就上訴，通過工商所上訴，後來解決
> 了。有些是背後解決了。南海成立這個公會，作為一個組
> 織，起到一種協作、鼓勵的作用。
> 我們剛成立一年多。最簡單的是，個體私營企業家有個自
> 己的組織，起碼說，是社會公認了。感到自己的組織，跟
> 政府部門說話，敢提要求。我們私營企業，最難辦的是沒
> 有上級部門，要辦什麼事，以個人去說都是沒用的。簡單
> 的一個例子，出國，去哪辦什麼手續，三不管，鄉鎮企業
> 不管，工商局也是管理機構，不是實體機構。現在我們的
> 組織在工商聯，出國辦手續，到工商聯蓋個章就行了。不
> 用找鄉鎮、工商，整個說這個組織起到促進作用（訪問記
> 錄A040P19）。

　　私營企業和政府的互賴之所以能夠形成，市場發展的深化是結
構因素。大陸市場的發展到了1980年代後期，雖然還無法與政府一
刀切的分離，法律也未能明確界定彼此的關係，卻已使得政府意識
到私營企業是市場重要的主體，不但不能壓抑，甚且需要加以育
成。受訪的一家實業公司總經理明白指出：

> 管理區、鎮政府都給了支持。如政策優惠、銀行貸款。銀
> 行貸款我們從來沒有過期，信譽好，我是抵押貸款。我們
> 不是對銀行擔保，管理區對銀行擔保。我們把財產押給管
> 理區，擔保是它擔保，貸是我去貸。
> 我們這個管理區比較好，現在的那個書記，1985年主張全
> 部企業承包給私營，當時鎮政府反對，縣一個局的領導也

> 來找他，他堅持，成功了，後來各鄉都採取這個辦法。承
> 包後，經濟效益很高，其他矛盾也解決了。承包了，我要
> 解決自己的管理人員，有用的留下，沒用的讓你走。集體
> 企業就不行，這個那個的阿姨親戚，人情關很難過的（訪
> 問記錄A042P19）。

政府對私營企業的支持，意味著政府放手讓市場慢慢形成自己
的制度，以解決交易中所可能碰觸到的各種難題，而這個工程即非
一蹴可及了。

3. 市場制度的創造

從90年代大陸市場發展的現況作個考察，我們會發覺，不再是
廠商對於政府部門掛靠這種過時的權力依賴，說明了市場發展的不
合理性。而是政府對於市場制度的設計，是否能提供企業合理的發
展問題。譬如，受訪的一位鋁材廠業者以其經驗指出，公家機構拿
回扣，造成市場不公平競爭問題：

> 私人經濟，千真萬確的要靠產品質量。價值、價格，兩個
> 方面把住，市場經濟很實在。現在什麼企業都可以搞回
> 扣。王府井大商場的採購經理，可以拿很多回扣去。大商
> 場有這個風氣，他是短期行為，短期行為引起很多壞現
> 象。他當採購經理，可能很快下台。我們喜歡跟私人做，
> 他實在，按市場做。他不是用戶，是批發商。我們這個產
> 品，用戶不大。集體用戶、國營用戶就大。新化廠就有回
> 扣。大企業與公家打交道，XX鋁廠，杭州市一個銷售單
> 位說出來的，市建委每銷一噸，就回扣300元。建委指定
> 當地的企業用亞鋁的產品。我說賣這個產品幾年，都賣不
> 動，他說人家做廣告，搞回扣（訪問記錄A035P19）。

另一位受訪業者則指出，公家拿回扣，並不真正構成對於私營

企業經營上的威脅，最重要的是層層的納稅負擔：

> 回扣，買多少錢，你就給回多少錢，從廉政講，不應該。
> 但作為佣金，發達國家也有，這不是問題。最要命的是，
> 企業負擔太重，如各方面的管理費、電費、原材料費用、
> 稅收、銀行利息最重要。上個月廣東省委託省政協和省人
> 民銀行副行長，專門討論金融改革的辦法。南海去了12個
> 人，會上說已到了不得不改的地步。因企業承擔的利息太
> 高，企業做來做去，為稅務、銀行打工，剩下沒有多少
> 錢，最不公平的是，個體給5萬，集體給5千萬都行。加上
> 領導意見，給5億都行。應該是公證企業資產，銀行抵押
> 貸款。企業有100萬，就貸你60或70萬，不行的時候就可
> 以變賣你的企業去還（訪問記錄A039P19）。

個體與集體的差別待遇，在前面討論集體企業已經指出來的弊
病之外，更嚴重的是，社會誤解了廠商存在社會的意義和價值，也
就沒有辦法很快的調整社會的價值體系。這種誤解導致了私營企業
實際經營上的困難。一位受訪者指出其困境：

> 企業經營現在發展有些困難，如資金，法律上的東西跟不
> 上來。現在多種體制並存。如要發展，貸款對私營企業目
> 前比較緊，沒有很好解決，雖然有一個廠作為抵押，銀行
> 領導是有一個心理：我把錢貸給國營、集體企業，最後還
> 不了，也是政府和政府之間的事情，行長好過點。如貸給
> 私營企業，如還不了，就難辦，人家以為他在中間受了什
> 麼好處，說不清楚。說按抵押貸款，私營企業不是完全貸
> 得到。
> 法律方面還有些跟不上來。我給從事法律工作的人談過，
> 他們說要管好自己，如果有人拿走你的錢，定罪就難。法

> 律說什麼是 "貪污"，就是公款，而我的是私人企業。這
> 是一個例子，法律滯後。（訪問記錄S014P19）

對於組織的發展，市場的制度環境極為重要。政府與市場這條
界線不能有明確的畫分，市場意識、市場價值無法出現，對於企業
使用社會資源便會有所妨礙。因為政府官員的公務員心態與市場社
會所需要的資源、效能的觀念是不合的。從更大的環境看，法律若
只能規範政府官員的貪污，以及免於圖利他人，卻帶來社會資源移
轉的重重障礙，法律便需要加以調整。如同政治權力的改變，法律
的改變也是一個經濟權力慢慢向統治者，討價還價的過程。只要私
營企業的發展方向能持續，市場制度可以發展，法律也就有更改的
空間。受訪的業者信心十足的指出：

> 這兩年來，也通過佛山對私營企業的規範文件，我認為整
> 個潮流，對私營企業越來越好。很簡單，過去說私營企業
> 是彌補國營、集體的一部分，最近提到的是國民經濟一個
> 重要組成部分。國營企業也轉制，也是朝股份化發展。我
> 對這種體制的發展，是充滿信心的（訪問記錄A040P19）。

私營企業與政府的關係，在大陸改革開放的歷史過程中，呈現
了一個相當動態的互動結構。既是動態的關係，也就說明了變化是
目前的主調。從政府與市場合一的社會主義體制，到香港政府與市
場明確分離的結構，我們不知道這個過渡要花多少時間。然而，無
庸置疑的是，私營企業以其「營利」的專業，不但爭取到發展空
間，也獲得了與政府討價還價的籌碼，是一個既存的事實。是否能
進一步發展，就看大陸市場與企業組織之間能發展出什麼樣的新關
係。

（三）市場與廠商之間的新關係：專業連帶

　　從整個社會來看，市場既然開始發展，廠商在市場中的存在位置，長期而言，便必須依賴自己的專業知識及專業能力，取得市場中的競爭優勢。這種競爭優勢不再是政治上的特權或者是社會上的特權所能保障。可是，在長期政治與市場不分的情況下，政治中的權力連帶與社會中的情感連帶，便很容易結合在一起而形成強有力的身分連帶，抵制了專業連帶的發展。受訪的一位南海市的業者，指出這種情感投資的弊病：

> 現在競爭很殘酷，兩種體制並存，不像外國，一個市場。我們有兩種體制，有不健康的因素，使競爭更殘酷。我們國家的競爭，不純，比如說，管物資的部門，他享有特權，一些競爭者可以通過他拿到物資到市場去，我就拿不到，只能按價值規律去市場拿。比如一個工程，如果有人建廠，當然考慮價格質量，就如我自己建房，請一個建築隊，也考慮這兩個因素。同等價格情況下，它好點，質量好，就用它做。買賣就是這樣。但在我們這個體制，不一定是這麼回事。這個人我跟他有感情，不說別的，因沒有依據很難說，就是有感情，就要給他做，你也無可奈何。不是市場行為，就是感情。建築業，這種例子多得要命。二建也有過，南海電廠，西樵工區包了一期工程，兩父子本身管理水平低，技術水平低，隊伍的能力達不到要求。因這個工程大，要求高，經理簽合同，工商局認可，副經理在工地上轉來轉去，還要兄弟隊派出隊伍支援他。因是市裡重點工程，無論怎麼扶，都是不行，因為你是負責監督，他自己的質不行，怎樣幫都不行。二期工程，還要指定他。我們公司經理說：我要對質量負責，他達不到，如果你指定他，我公司不簽這個合同。建設單位就是用感

情。後來這個工程還是沒有做，幾千萬的。這個工程是經
委管的。

搞感情競爭，就搞感情投資，現在為什麼卡拉OK廳這麼
興旺，飯店這麼興旺，就是感情投資。香港也有感情，但
都是私人的，他肯定都要考慮自己的利益，他們斤斤計
較。他們來跟我們談工程，斤斤計較很厲害（訪問記錄
S014P19）。

受訪業者的一席話，點出了我們探討大陸市場形成的問題所
在。搞感情投資也就是強化身分連帶，忽略專業連帶。總體社會建
設，不管是物質的建設還是精神的建設，其總體的品質決定於社會
的連帶，是以身分連帶或是以專業連帶為基調。在社會生活中，人
情關係做為人們社會性存在的支援系統，我們不應忽略這種身分連
帶的好處。然而，面對需要以專業知識投入經營的場域，我們便要
嚴守專業連帶的分際。大陸市場的形成，在向政治權力爭取資源支
配權的同時，是否能夠將社會連帶由身分連帶轉成專業連帶，是市
場經濟是否能臻於成功的關鍵。

1. 可移轉的人才資源

以市場發展為前提，從私營企業的角度來看人的社會本質，
重點便在於人才是否是一種可移轉性的資源。企業需要的是各種能
經營組織的人才，特別是管理人才。社會不能累積人才，社會便不
算有財富。社會要累積人才，便需要具備使人的經驗和知識可以累
積的機制，並使這些經驗和知識具有移轉價值。這個機制只有廣義
下的市場能做到。受訪的鋁材廠業者以其經驗指出：

現在銀行的觀點，是支持集體企業。對私營企業說是一
樣，實際上不一樣，說風險大。當然你把錢拿到外國去了
才是不好。但如果搞企業，破產了，國家應保護。現在國

有企業就是這樣,保護它。為什麼社會主義國家,我們走了45年,經濟為什麼這樣慢,投資的因素不對勁,就是銀行。當地搞了廠,廠長是關鍵的問題。如果廠長是委任的,如果不是十幾歲當工人,而是科室裡出來的,都不行。應是25歲出來,能管10人;28歲管百人;35歲管千人。這是一步步積累。廠長是人類的寶貴財富。資本主義就是這樣積累人才,發現要才,才能做到資源配置,按市場規律,能夠讓有能力的人擔重任。南海搞二億三億的棉紡廠,這個廠長不是一步步上來的,他不是神仙,幾年都停在這個水平。應讓有能力的人去擔當。財產的發展,也是人才的發展。25歲管100人,26歲管10000人,馬上就破產。如果有另一個高手接手,廠就生了。這樣的人就成功了。最關鍵就是這個問題。現在不是,國家的企業幾萬人,廠長根本沒有能力擔這個責任。他不能自己運用這個財富。

我們羅村鎮有個廠,是與石灣一家陶瓷廠合在一起搞的,我們派一個人去當廠長,一下拿出幾千萬投資,他行嗎?他是外行,根本上一塌糊塗。"主將無能,累死三軍",打仗是從班長排長做起來,一下當團長,能行嗎?

去年我去過西樵鎮參觀過,老弱病殘,生產第一線都是老弱病殘。有一部分是這樣的,我很擔心國營企業的發展,誰都買不起,國營企業資產不流失,強調國有資產不流失,怎樣管理,才能不流失。實際上我也買不起,也不夠膽買,給這麼大的企業,我也背不起。這有一個改造的問題,如果私人做企業,如你大學畢業,來廠裡當了5年工人,要求你當幾年學徒,5年後你有實力,再搞幾年,你

可能吃掉我，這對企業發展很好。更新一代管理人員（訪
問記錄A035P19）。

大陸身份連帶的盲點，是因為政治體制的配置，使得人與職位
的搭配嚴重分離。形成組織發展需要的人才，不是透過「專業連
帶」，而是政治系統的「身份連帶」獲得。因而，專業知識無法累
積，也就很難培植人才。否則企業透過破產機制運作下的組織重
組，將可找出真正的人才，而使得組織可以繼續發展下去。上述受
訪者指出：

> 給我們多一點機會發展。為什麼沒有這麼繁榮，每年30%
> 的企業破產，30%的企業生長，這不是破產的問題，而是
> 更新管理人員問題。這是最關鍵的問題。破產不要緊，它
> 吃了我的廠，保證廠運轉，保證工人就業，現在搞破產搞
> 不起來，主要是集體的、國家的，破什麼產，當縣長市長
> 的，企業破產，丟了面子，明知虧本都不讓它破產。
>
> 守法與不守法之間。過去說壓迫工人，什麼手段都用。我
> 們說資本家們殘酷，我現在也是資本家了。我看書，國家
> 說資本家不好，自己當了資本家，不是不好，管理得不好
> 就不好，如果國家法律管得好，如香港電視台，也要收它
> 的稅，香港政府要看它的帳。守法的資本家是人類的財
> 富，因為他拼命組織生產，管好生產（訪問記錄
> A035P19）。

企業需要的管理人才，是有經營企業能力的專業人士。這種專
業及專業人才，恰恰是大陸舊有社會主義體制所最欠缺的。沒有市
場存在也就使得專業知識失掉其社會地位。如此，人的知識及經驗
沒有移轉的價值，即會失掉累積的動力。人的品質也可能長期停留
在低水平的層次。大陸市場的發展將這個問題尖銳的呈顯出來，使

社會有改變的契機。

2. 可移轉的環境資源

　　可移轉的人才資源對於社會的發展固然重要，容許人可以發揮其潛能、理想、抱負及雄心壯志的環境，亦是不可或缺。受訪業者談到大陸發展不能調動高智商人才的積極性，是國家積弱之因：

> 我們國家，不能調動高智商的人，只調動貧下中農，倒掛了。我當一分鐘江澤民，國家這麼大，國營廠知識分子成堆，都不幹活，給某個人背起來，也背不起，可不可以這樣，鼓勵一部分工程師出來當老板，承包自己的企業，分開它，不論什麼形式都行，只要把經濟搞上去。大學畢業幹20年，他應有終身用不完的財富。讓他出來當老板，又當經理，當了5年老板，破了產，但你可能請我當經理，國外就很多這樣的。不行了，廠長就被請去當經理，收入也很高。高智商的人，是國家的財富，現在放不下，不讓他們富。本身你們高智商的人也不去爭，這也是知識分子最大的弱點。
>
> 實在我們這個企業不該生出來。如果我們不是歷史的原因，我們做不了老板，因為國家走偏了，才讓我們鄉鎮企業、私人老板出來。如蘇聯，把國家的企業變賣了。蘇聯可能快一點，因為讓高智商的人當廠長，我們是低智商。高智商的人在國營、集體企業，發揮不出來。私營企業也有，但讓集體致富，高智商的人老不願出來。這也是保護國營、集體企業的法寶。穩定在集體、國營打工的人，但抹殺了資源的有效配置。前幾天跟一個工程師說，當老板的腦子不夠用，基礎差。改革10年之後，應是工程師當老板，國家的後勁才強。但往往這班人怕國家的政策變，不

敢冒風險，不願出來拼命一搏。

香港社會，一破產，就把它抵債。比如我這個廠破產，全
給銀行，還不夠，也不用我坐牢，這樣就讓老板敢出來。
我們的銀行就沒有這個機會。如果幾個工程人員，開發出
有市場的項目，去找銀行，銀行覺得能搞成，就支持，就
多個企業（訪問記錄A035P19）。

體制的束縛從業者的角度來看，是使得有才智的人不能出來的
原因。環境沒有可移轉資源的屬性，也就是大陸社會不像香港，能
給予一個創業的成功與失敗，不及於道德與法律罪過的情境。這樣
環境的達成並非偶然。台灣要一直到1987年才取消票據刑罰，讓市
場行為歸市場節制（陳介玄，1995）。大陸的市場長遠來看，需要
做到的正是這種可移轉性環境資源的創造。

3. 可移轉的組織資源

隨著市場發展的深化，一個有趣的發展是，大陸社會慢慢形成
對於私營企業重新定位。受訪的南海市一位集團總裁指出：

我很早體會到私營企業是中國發展必然的事情，1980年我
就辦私營企業，那時不合政策。不說別的問題，雇工、剝
削問題都解決不了。我父親是民族資本家，最怕剝削這個
詞，怕當資本家。我不怕當資本家。資本還是要的。人要
有精神與物質，物質至上，沒有物質就沒有別的。最初辦
企業，就是為了賺錢，物質才能變精神。

企業不是雇主的，都是社會的。私人不發展它，就會失去
它，就什麼都沒有。我現在6個辦公室，不算黃山那邊那
個，坐辦公室不到1小時。有幾千萬了，還要那麼拼，人
要發展，有的事業，你不發展，別人就會走在你前面。人
人都這麼想，國家就發展。現在那麼拼命，如果為了自己

的生活，我不如回到家鄉。

所有企業都要這麼拼，私營也一樣，都是企業。我們國家
的法，要管好，上市場、守法、納稅、安排就業，賺了錢
對國家、對社會有利，賺不了錢的自己承擔（訪問記錄
A041P19）。

企業不是雇主的，是社會的，在重新界定企業的同時，也說明
了企業要形塑的是一種可移轉性的組織資源。企業之所以能在社會
生生不息，是因為組織資源的移轉為可能。長期而言，真正受惠者
將不只是企業擁有者及經營者，而是整個社會。因為企業可以將專
業知識及經驗，加以累積和傳遞，有助於專業社會的發展。但是企
業的發展繫於人才，沒有好的人才企業不可能有好的發展，這一點
從西方企業史的研究可以看得出來（Chandler, 1977, 1990, 1995）。
從台灣及香港廠商的調查心得來看，企業經營理念的出現，說明企
業家精神（entrepreneurship）的逐漸形成。大陸私營企業已朝這個
方向發展，從底下受訪的一家集團總裁的陳述可見其一二：

會利用無形資產，是大企業家與小企業家的分界線。辦好
一個事業，要有眼光。看一個人看一個事務，一個項目好
不好，看不看得準，不能被動，還要超前。沒有發生的東
西，要發生的東西，要預先發現，我有這方面的經驗，不
是玄的問題。第三要有膽略，不是膽量，而是戰略，只是
大膽還不夠。第四要有信譽。無形資產我很重視，盡我自
己的能力去講道德。道德很難說得清楚，我有自己的標
準，只有無形資產才是無量的（訪問記錄A041P19）。

企業組織能表顯出企業主的經營理念，或者企業主的經營理念
能透過企業組織實踐。社會中的企業組織即具備了文化的意涵，社
會中累積的組織資源就可以移轉。大陸私營廠商的發展，給文化帶

來新的發展空間。無疑的，也加強了社會發展專業連帶的基礎。

4. 可移轉的教育資源

專業的連帶的形成，最終要以整個社會專業知識及專業教育的發展爲基礎。大陸私營企業的發展，就此而言，最大的貢獻在於使社會瞭解專業知識及教育的重要，並進而謀求改善之道。受訪的一家實業總經理說道：

> 最大的困難是我們企業的管理人員和技術人員。技術人員可以培訓，管理人員最傷腦筋。一個企業，賺還是不賺，主要是技術人員和管理人員，管理得好就賺，不好就虧。我自己當總經理，我們孩子專門負責搞業務。他在1992年技術高中畢業後回來搞業務，原來準備安排讀書，都沒有機會了，他昨天還在南海科學館上課。要發展就要培養管理人才和技術人才。以後他可以去中山大學，我比較保守，讓他先學企業管理，這是企業需要，雖然企業只80多人，管起來問題很多（訪問記錄A042P19）。

管理知識的重要，已是私營企業主普遍認知到的問題，對於下一代的教育也期望從此角度加以改進。受訪的另一位業者指出：

> 下一代希望他們多讀一些書。我們家十多個孩子，希望有一部分能成材，能有兩、三個有管理能力的人，這是我們的希望。希望他們在工商業管理方面成為人才，不一定是高級技術人才，但起碼要會管理。這個企業能不能生存下去，技術人員可以招聘，管理還是很難的（訪問記錄S014P19）。

從私營企業主對於管理知識的企求，並渴望在下一代的身上加以栽培，我們已經看到了大陸教育的投資，變成是可以移轉的資源。如此，專業的養成及專業知識的取得便有了社會價值。因此，

管理的專業知識既能變成企業經營的骨幹，身份連帶即能得到適當的安置，而不至於妨礙專業經營的發展。受訪的實業公司總經理以其經驗指出：

> 女兒在廠裡做出納。女婿（去年結婚的）也在這裡當供銷。我們一來這裡上班，就是公事，不要在這叫爸爸，回家再叫。他們違反哪一條，沒說的，公事公辦。南海有的企業搞不好，就是親戚關係，論人情。鹽步有個企業搞家庭企業，就是搞不好。南海說，自己的私營企業，不給老婆來，我就是這個觀點。特別是以前的農村婦女，窮，現在企業的開銷，她有的好看不慣，因此不讓老婆來廠裡（訪問記錄A042P19）。

私營企業在大陸社會到底應怎麼定位？或許從政府及社會不同部門的人員有不同的意見。然而，就社會現實而言，這已漸成企業的主流，如同受訪的業者指出的：

> 從現在的風氣來說，對私營企業一步一步提上來了。不是補充，是一部分，還應是一個主流。作為開放改革十多年以來，我個人的感受，向私有化發展是方向。這樣走下去，有競爭，集體、國營怎麼發展，是一個問題。私營企業還是可以發展下去的。我不擔心會回頭走。道路很肯定，革命的目標是改善生活，現在還沒有改善好，我們廣東石灰岩地區還沒有脫貧（訪問記錄S014P19）。

從我們的分析架構來看，私營企業變成企業的主流，才能夠在企業與市場之間，建立真正的專業連帶。並將這個專業連帶推及政府與市場之間的關係，使得政府與市場的分界得以更清楚凸顯出來。如此，國家與市場的職能將在專業化的前提下，重新劃分。業者的批評便有改進的空間：

> 這是個大賭場，真正賺的是管賭場的。國家不去管賭場，
> 卻去賭。偷稅漏稅很嚴重，集體都漏，如減免。國家應搞
> 好宏觀調控、稅務、治安，現在治安亂七八糟。香港都沒
> 有的，現在這裡馬路上都是女孩，掃黃掃出街上了（訪問
> 記錄S014P19）。

　　唯有國家管其該管的事，市場與企業才能得到清明。換言之，彼此都能將其專業發揮到最大的極限，以貢獻於社會。因此，大陸的私營企業若變成主流，表明了大陸市場與政府，市場與廠商的關係，走到了一個新的階段，使得社會往專業連帶發展成為可能。

五、結論

　　上述對於大陸市場發展這個一般結構的瞭解，對香港回歸後未來命運之思索，事實上有其重要性。大陸的社會變遷，將改革開放後之20年作一整體考察，有其不以個人意志為轉移的結構力量，在支配著發展的脈絡。以前藉以瞭解它的概念工具，都不再適用。我們必須重新進入其實存的社會脈絡，才能取得有用的瞭解工具。韋伯說得對，沒有行動者本身對其社會行動之意義的主觀詮釋資料，研究者便很難進行客觀而有意義的因果解釋。透過對於佛山及白溝市場的考察和深度訪談，我們不敢說掌握了大陸市場發展的全貌，但起碼對於整體市場結構的認識，有了新的視野。沒有大陸市場及私營企業的發展，我敢說九七香港的回歸將不會是現在的模式。我們對於香港九七之後的發展若還能保留一點信心，乃在於大陸已經是有20年市場及私營企業發展的結構，專業連帶的社會並不是遙不可及，否則我們也就聽不到底下受訪者這段精彩的話：

> 資本主義沒有經委計委，商務的事情都通過商會，打假冒

商品都是通過商會。說不好聽，就是政治上需要這個企業家公會組織，也有利於將來大量私有化後，對你們進行管理，監督一下你們，也起到感情上的溝通作用。它的作用要靠地方政策和國家政策。有這個機構比沒有好，大家有機會坐在一起。同是搞企業，各人抱負不同，有的是這個委員那個委員。我也不可能通過它去發展經濟，都要靠市場。有的人也培養跟上層的感情，以達到業務目標。在南海有些企業家，不一定要這些頭銜，關鍵自己把握（訪問記錄S014P19）。

培養感情與靠市場，其關鍵區別正是身分連帶與專業連帶的界分。香港的專業連帶若說在九七回歸之後，可以影響大陸市場形成，乃是因爲大陸的市場發展本身有了基礎，這個影響才有其可能。過度放大台灣與香港對於大陸社會發展所能起的作用，並無意義。固然台商與港商對於大陸的投資數量龐大，但是大陸本身的集體企業和私營企業的格局，是更大的範疇。所以，香港對於大陸所能發揮的長期影響，是在於其創造華人社會新文明的能力，而不是量上的參與。香港自然也有許多的不足，無論就工業轉型上（呂大樂、趙永佳，1997；封小雲，1997；Berger & Lester, 1997），還是政治、法律及社會上的改革（Jao, Y.C., Leung Chi-Keung, Peter Wesley-Smith and Wong Siu-Lun, 1987）。然而，香港透過法律明確界定市場與政府的關係，使得社會有了走上專業連帶的最重要機制，這對於發展中的大陸市場及私營企業而言，無異是一盞明燈。

就此而言，市場的研究與企業組織的研究同等重要。因爲企業組織是否如同西蒙（H.Simon）所言，是一個負責任的組織，需由市場來檢證。他指出：

組織的不負責任表示他們使用資源的能力，不受他們的產

品對社會的價值所控制。當沒有這種控制時，不負責任必然會導致低效率的生產，不論在資本主義或在社會主義經濟中，市場和價格的主要作用是使組織的經理負起責任，保證他們使用的資源是用於生產社會所需的產品（Simon 西蒙，1991）。

因此對他而言，「經濟改革的一個重要目標，就是要找出使組織負責的辦法，而這些辦法並不是指官僚機構的控制，而是指將權力下放給經理，不給補貼，或只給指定範圍並且事先確定數額的補貼」（Simon 西蒙，1991）。而市場之所以必要乃在於，市場機制的有效實行，「會導致低價格，從而帶來整個社會的經濟利益，而不僅僅是替直接與生產率增加有關的一小部分人帶來利益（Simon 西蒙，1991）。所以，市場與企業組織表面看起來是扮演著經濟的職能，實際上，發揮的是一種極為徹底的社會職能，使得個人資源變成社會資源，個人的效益變成社會的效益，個人的財富變成社會的財富。而正是在這個前提下，我們可以瞭解到身分連帶是一種私利性的個人利益取向連帶，若不能規範於私領域而任由其向公領域蔓延，長期而言將會腐蝕現代社會的生命力。相反的，專業連帶在追求自利的前提下，可以達成利他的社會利益取向連帶。如此，我們說香港社會的專業連帶是一種華人社會的新文明，當不為過。身分連帶有其社會溫情的一面，所以，我們不能棄之如敝履。然而，沒有專業連帶的發展，社會也就沒有帶動進步的動力。大陸市場的發展是否能突破瓶頸，台灣現階段社會的轉型，是否能邁向一個更成熟的現代社會，其中一個指標就在於專業連帶能發展到什麼樣的層次。無疑的，在這一點上，香港文明能作出最好的示範。

第三篇

台灣發展之背景

大陸市場的形成

第十章

市場在政治與社會之間的移轉性作用
——大陸市場形成的內部性意義*

　　對於市場的討論，不只是經濟學關懷的一個課題（Marshall, 1977, 1981; Malthus, 1988; Wade, 1990; 湯敏、茅于軾，1996a，1996b；Lewis, 1965），也是社會學研究的一個重點（Burt, 1992; Hamilton & Biggart, 1997; White, 1988, 1993; Thompson, Frances, Levacic & Mitchell, 1991; Farkas & England, 1988; Granovetter, 1988, 1992; Swedberg, 1993, 1994; Friedland & Robertson, 1990; Dore, 1992; Berkwitz, 1988; Zelizer, 1992）。隨著組織社會學（Williamson, 1975, 1985, 1988）、網絡社會學（Granovetter, 1992; Nohria & Eccles, 1992; Saxenian, 1994）、交易成本經濟學（Williamson, 1994; Williamson & Winter, 1993）及訊息經濟學（Stigler, 1988; Arrow, 1984）的發展，市場的概念也一直被重塑。

* 本文初稿為國科會研究計畫「轉型中的中國：中國大陸市場形成與發展之社會意義」第一年結案報告。並發表於「國科會84至86學年度社會組專題計畫補助研究成果發表會」。

時至今日，經濟學從亞當斯密建構出來的市場概念，以及社會學從馬克思建構起來的市場概念，已歷經了許多的轉折，豐富了市場對於社會可能的解釋意涵。本文對於市場的討論，不著重於市場的理論性分析，而是透過大陸市場發展的田野研究，反思這些理論觀點，並以大陸的市場發展經驗，說明市場與社會之間的關係。大陸本地對於市場發展這樣大的課題，當然也有不少的研究及材料（吳國光編，1994；宋養琰，1994；胡平，1994；胡爾湖、謝志強編，1994；馬洪編，1993；高凡編，1995；康元非等，1994；張維迎，1994；陳乃醒編，1993；陳楚俊編，1994；樊綱等編，1994；鄭家亨，1993），然而，真正系統的進入田野調查的研究並不多。所以，本文從實際的田野調查資料著手，希望對於大陸市場發展的實況，有比較深入的掌握。

從近10年來大陸報章雜誌作一簡單的瀏覽，風起雲湧的市場興建報導，可說是目不暇給。各種商品市場、要素市場、有形市場及無形市場，數量從個位數、百位數到千位數的快速擴充（廖原，1992；王培，1992；王彥田、宋學春，1992；郭曉，1992；李向南，1992；張豪，1992），我們必須承認，這是台灣所看不到的歷史經驗。這些數量龐大的報導，與我們在廣東佛山、南海及華北白溝這幾個調查點，實際的田野觀察印象是相符應的，有助於我們瞭解整個大陸的情形。從調查經驗可以肯定的是，大陸的經改和社會體制的轉換，的確是以市場為主軸開展，這個主軸當然和企業及政府行為之轉換這兩條軸線是不可切分的（吳志，1992；劉維明，1992）。因而，若市場的發展是核心，我們便先要抓住這個核心，整個大陸體制改革的架構及層次才會分明，才能窺其堂奧。大陸建立市場，以百花齊放的動作形成交響曲，響徹全國，這個現象使我們凜然驚覺，整個大陸社會蘊釀的改革能量，已到了沛然莫之能禦

的地步,縱然沒有英明的領導者,大陸也必然以某種方式改變其體制。因為,生活不能再等待,無法給予無能的體制以蹉跎的空間。市場的組建之所以一炮而響,主要在於它直接切入生活。從農村到城市,市場組建的好處,馬上在生活中顯露出來。特別是市場的發展是從小商品市場開始。因此,我們要問的是,大陸這樣大規模組建市場的社會意義何在?

以大陸經濟發展而言,市場做為被意識的概念,乃在於市場如廠商,確實做為社會及經濟發展的行動單位。市場被刻意的建構為一個社會及經濟發展的行動單位,說明了市場先於私營企業存在的事實,要求我們在發現「廠商」的社會意義之外,更要面對「市場」社會意義的討論。在此,市場的概念不能再化約為經濟學上抽象的數理模型,而是從生活的角度來考察。在大陸近十幾年的生活變化,確實與市場的發展息息相關。因此,我們首要考察的是,市場作為改革開放的行動策略和行動單位,其意義為何?為什麼這個起始的行動單位不是廠商而是市場?為什麼被各級政府人員意識到的是建構市場而不是建構廠商?建構市場與建構廠商有怎樣的不同成本?又帶來怎樣的不同效益?特別是在社會體制大翻轉的時刻,選擇優先發展市場與選擇優先發展廠商對整個社會轉變,具有怎樣不同的意義?

一、市場建構:政府行為到社會行為的轉變

沒有組織的市場是大陸改革初期值得注意的一個現象。這個現象使得我們有機會對於市場發展的社會意義作更深入的考察。市場先於廠商存在的理由,並不是如同寇斯所說的市場的交易成本小於廠商(Coase, 1988),而是政治控制作為一種惡質性的非市場關

係，已經侵害了人民的物質生活，以及對於物質生活的建構能力。因此，儘管體制鬆動，容許人民物質生活的局部發展，民眾也沒有能力去負擔經營一個企業組織的成本。所以，大陸數十年的社會主義體制發展的結果告訴我們，去掉了市場經濟，也就抹殺了一般民眾透過市場建構自己物質生活的能力，使得布勞岱所談的物質生活（Braudel, 1981），在大陸40年的發展不是往上提升而是往下墮落。所以，市場在大陸的出現，意味著民眾重新取得了建構自己物質生活的能力和機會。沒有組織的市場，透顯出長期的物質生活之困窘與貧瘠，人民沒有建構企業組織的成本，只具備了有限的市場交易能力。如果說，社會大眾連建構廠商的成本都負擔不起，那就更不可能去建構一個有形的市場了。所以，大陸改革的初期，建構各類市場便成爲各級政府最重要的職能了。

　　透徹的公有制社會，沒有一立方公尺的空氣，一平方公尺的土地，在意識形態及制度上不是爲眾人所有。所以，不可能存在著個體以私有的觀念，自發的去形成一個市場。個人生活的地理空間是一種充滿著集體符號的社會空間，私人之間的交易找不到立足點。這在四清及文革階段，尤其徹底（薄一波，1993）。這樣，如何在一個民眾隨時「狠鬥私字一閃念」的社會中，容許一個培植私有權發育茁壯的市場存在？所以，大陸的社會主義體制發展，用了許多的成本從事意識形態的建構。而要破解意義型態當然也要再付出一筆成本。大陸的市場建構，第一筆要付出的成本就是爲破解既存意識形態所支出的成本，這可以從層出不窮的政策宣導文件看出（鍾財編，1995；楊再平，1994）。這種成本我們稱之爲給予市場正當性的成本。這是因爲不只是市場制度及市場管制由政府來規範，而是市場本身的形成都由政府來建構而非市場自發形成。如此一來，市場如同廠商，是一個政府政策的行動單位，而不只是一個社會的

交易場所。政府能建構市場，是因爲唯有政府負擔得了建構市場的成本。因此，如何集資以組建市場，便是各級政府的挑戰。

　　由於組建市場需要成本，政府便要負起類似企業主組建廠商的角色，針對市場存在需要的土地、管理機制、運作資金等要素進行統籌，以達成「辦一個市場，興一種產業，活一片經濟，富一方群眾」的目的。所以，市場的組建，從政府行爲過渡到社會行爲，乃是在於隨著鄉鎮企業、民營企業、私營企業及個體戶的興起，不斷向國家要求市場。以紹興紡織市場的組建爲例，紹興有1623家輕紡鄉鎮企業，產值86.4億，光化纖原料一年要消耗10萬噸。這麼大的生產能力，這麼多的企業要是開工不足或生產了賣不出去是性命攸關的事。這些企業、產品離開市場是不可想像的，所以要組建紡織市場。以前紹興外出推銷人員上萬人，有了市場不必出去了，每天市場流客量三萬多人，銷出100萬米布，成交額500萬左右。客戶來自全國三十個省，形成了萬商雲集的場面（項懷誠，1992）。由政府組建市場到社會組建市場的轉變，源之於社會開始向政府要求市場，而不純粹是政府宏觀的計畫。這種轉變，在田野調查的過程也很清楚顯現出來。

　　社會開始要求市場，是促成大陸市場的組建從政府行爲過渡到社會行爲的重要動力。這種建構市場行爲的轉變，也可以說市場發展的深化，使得社會累積了資本，足以負擔建構市場的的成本。誠如受訪的佛山市官員指出：

> 過去建市場是工商行爲，現在是政府行爲和社會行爲。市場不是哪個部門的，不能成爲工商局的行業，現在已實現了這種轉變。比如石灣鎮開發公司拿出100畝地，工商出150萬資金，共同建起了陶瓷市場。兩家共同擁有市場，工商占30%的股份。再如，湯頭的批發市場，有800檔。

個體戶出資130萬，管理區出土地，工商局出一部分資金，三家共同擁有市場。再比如，三水的一個市場有5.5萬平方，就是當地工商局與廣州某個單位共同投資建成的。樂叢鋼材市場是鎮政府辦的，好處是政府的。從現在的發展趨勢看，建市場的行為越來越超越於政府部門行為，開始轉向一種各方集資建市場的社會行為（訪問記錄G022P19）。

市場的組建從作為政府政策的行動單位，進入到市場本身的商品化和社會化，已可看出市場作為社會投資和資本累積的職能，而不僅只是作為交易場所而存在。受訪的三水市官員指出：

三水市有九個市場：禾花雀市場（一年成交2000萬只，一天成交15萬只，一只價格在3.5－14元）、工業品市場（工商局一家搞的，建設面積55000平方米，投資1億，要上規模，上檔次）、建材市場、糧食市場（現已達到魚塘10萬畝，菜地10萬畝，該市場受土地、資金、政策、地理環境、位置、稅收、價格、行政支援等的影響，需要動員各種力量來經營）、飲料市場（正在搞）、汽車市場（因為是第一手的汽車，所以最便宜）、牛市場（解放前就有，但只推銷本地牛，現在有突破，成為跨地區、跨省、跨國界的經營，一年的交易量1.7億）、綜合性市場。現在建市場的問題是，資金不足。過去建市場是純粹的政府行為或曰部門行為，現在開始轉為社會行為，逐漸變成社會辦市場。一是把市場建設當作商品，搞攤位出售。二是市場建設由於不斷地商品化和社會化，從而使資金和問題得到明瞭解決。像工業品市場的建設，實際投資不足3000萬（訪問記錄G030P19）。

市場的建構從政府行為轉變成社會行為,更透顯了市場的社會建構意涵,此即市場不只在大陸地理空間擴大,市場也在大陸社會空間上擴大。市場在社會空間擴大的幅度,多少說明了其社會體制改革的幅度。以市場先於企業為體制轉換的機制,確實可以從地理空間的轉換帶動社會空間的轉換。標幟著市場的地理空間,如同西方中古城市對於體制轉換所帶來的意義,以逐漸壯大經濟力為後盾培植社會力的形成。台灣中小企業及地方金融的「團體化」及「再團體化」也說明了類似的道理(陳介玄,1994,1995)。差別的是,大陸以市場的形成為機制,台灣是以企業的形成為機制。儘管大陸地理空間及社會空間的市場化尚在發展階段,然而,整個社會體制運作邏輯的市場化,卻已經可以看到,那就容許了私有體制的存在。所以,由政府建構市場到社會建構市場轉變的一個重要意義是,企業組織的出現。個體戶作為大陸私營企業發展的起頭,符應了改革初期社會無能力建構市場而必須由政府組建市場的階段,也說明了政府組建市場的意義,乃在於培植社會建構市場及社會形成廠商的能力。並透過廠商的出現,為社會經濟的發展創造更有力的行動者。

二、市場創造交易工具與交易制度

從上面的討論來看,當市場由政府組建走向社會組建,意味著市場社會建構的完成,也即是先取代了企業組織扮演了交易工具及交易制度創建的職能。所以,市場的形成就整個大陸社會而言,不在於像寇斯所言的,相對於廠商組織交易成本的高昂而出現(Coase, 1988),而是因為沒有廠商而出現。從西方社會經濟發展的歷史考察(Weber, 1978, 1982, 1988; Braudel, 1981, 1982,

1984），市場及企業組織是創造各種交易工具和交易制度的主要承擔者。在韋伯看來，一定的歷史條件及社會條件的發展，才使得合理的市場及合理的企業組織出現。而合理的市場之存在，是合理企業組織出現的先決條件。韋伯歷史社會學的觀點，點出了寇斯〈廠商的本質〉一文的基本缺陷，亦即對於廠商組織的發展先預設了市場的存在。從歷史來看，市場存在與否卻是應當先討論的課題。經濟生活中沒有市場的存在，以及社會生活中沒有「市場關係」的存在，交易成本的討論即有了不同的意義。就大陸的社會體制發展作一個總的觀察，市場不能在人類社會視爲當然的存在，因此，我們也就必須重新省思市場的本質。從大陸的發展經驗來看，在沒有廠商之下，先出現了市場，也就意味著，市場不只在經濟上用來降低交易成本，更是在社會上用來創造交換及交換工具（Braudel, 1982），以及形成交易及交易工具（Commons, 1971）。

　　沒有市場的大陸社會，個人與個人的交易成本不是無限大，就是無限小。因爲，沒有市場，也就沒有市場交易，當然也就不存在著市場上的交易成本問題。所以，成本的概念隨著大陸市場的消失，也一併被取消掉，這是台灣到大陸投資的企業主最頭痛的一個問題，因爲大陸員工及幹部，普遍沒有成本的觀念。社會中沒有了市場也就沒有市場意義下的成本觀念，如此，經濟的發展也就失去了重要的槓桿。社會中各種資源的使用，都沒有了一個可衡量的準則，這是大陸社會主義體制內在的重大弊病。成本的觀念，不僅構成了經濟學的核心（Buchanan, 1978），也應該是社會學的核心。因爲，沒有成本，任何的選擇都變得極爲簡單，沒有社會重量。社會學應該更注意這個問題，乃在於，我們不能就一個架空的世界來談論社會。任何社會發展所需要付出的社會成本，多少決定了社會發展所擁有的選擇空間。所以，成本的社會學討論，其終極目的是

給人及社會找到一個平衡點。個人的付出和所得，社會的付出和所得，亦即微觀和宏觀的成本和效益這組概念，使得個人和社會可以找到平衡點，才能決定個人和社會的最適行動。個人及社會能達到應有的最適行動，即臻於個人的平衡和社會的平衡。大陸市場的發展，重新擺回成本，使個人及社會使用資源有其準則，或許是市場發展對社會發展的的價值與意義。

　　市場的發展是大陸重新取得成本觀念發展的重要機制。就整個社會而言，透過成本與效益架構，檢視公有制的問題，便能很清楚看到，誰在付出成本，誰在享受效益，完全沒有了權利和責任上的歸屬。市場的出現，改變了這個混沌的狀況，使社會有了評量的工具。當成本與效益在權利和義務的歸屬上明確時（Demsetz, 1988; Furubotn & Peiovich, 1995），市場不只是消極的提供了社會權利義務劃分的可能性，更重要的是，它積極的促進了整個社會的流通和交換，而這正是布勞岱稱之為社會發展動力所在。因而，當市場能夠使得成本與效益在權利和義務的歸屬上明確時，它就能夠創造交易工具和交易制度，而不只是交換工具和交換制度。在此，交換工具和交換制度，和交易工具和交易制度的差別在於，前者純經濟上的概念，後者則包含了法律上的含意（Commons, 1971）。市場對大陸社會經濟發展的意義，我們集中在以下的問題：如何形成交易工具和交易制度？

（一）市場作為一種交易工具

　　從調查的佛山市做一概觀，市場交易隨著市場數目及種類的增加，有明顯的增加趨勢。受訪者指出佛山市的整個市場的發展情況如下：

　　　佛山市的市場，在檔次上還是偏低的，比不上中山和珠

海。現在全市（包括下轄縣級市）有194個市場，面積174
萬平方。1993年市場總成交額220.3億，而佛山全市實現工
農業總產值為825億（實際突破1千億），從這兩個數字的
對比中可以看出，市場對佛山經濟是起了很大作用的。

194個市場的分類情況是這樣的：集貿市場167個，面積68
萬平方，1993年成交額36.9億，1994年上半年達30億。批
發市場9個，面積15萬平方，1993年成交額17億。專業市
場17個，面積5萬平方，1993年成交額6.7億。生資市場27
個，面積86萬平方，1993年成交額169.3億。其中鋼材市場
7個成交額70億；有色金屬2個，成交額33億；汽車市場6
個，成交額21億；汽配市場2個成交額20億（還有幾個沒
有統計）；陶瓷市場4個，成交額13億（該數字很保守，
因為幾百家廠家一年產值60億，按1/3出口，1/3直銷，1/3
本地市場銷售，也不止這個數字。主要是怕報多了，財政
和稅收加收。）；布匹市場1個，成交額12億（其實，光
西樵市場就18億，這是他們下邊講的）（訪問記錄
G022P19）。

除此之外，佛山的勞動力市場，以及技術市場也有一定的發展：

佛山勞務市場開辦較早，1988年就開始，但當時還不明
確。每年舉辦一期勞務市場。7月學生放暑假，8月開始就
搞集市型的三天勞務市場，每天上千人，最多3000人求
職。88-90年都是如此。1991年勞務集市已不適應發展，
開始每月有一次。1992年都是每月辦一次。1993年7月開
始，我們採取常設型和集市型相結合。我們想建設一個勞
務市場大樓，占地5畝，現在我們有地，但是沒有錢，市
政府答應給地，但是建樓的錢要自己出。技校也是有地，

經費困難，需要6000萬元（訪問記錄G020P19）。

技術市場是怎麼搞起來的？80年代，我（科委市場辦公室科長）認識許多工廠廠長，為推動工廠向前發展，為技術改造、生產新產品，為請專家到處跑。請求大專院校提供技術，出現了星期日工程師、"地下工作者"等，這就是技術市場的雛型。隨鄉鎮企業的蓬勃發展，脫了草鞋穿上皮鞋的廠長，有的是斗大的膽，還有幾塊錢和政策。斗大的字不識一籮，最愛跑科委、科協。說：你們是搞科技的，能不能給我們引引路。那時，科委門庭若市，泥腿子天天跑。那時我們也不懂，但我們有在科研單位中工作的同學、同事、教師，帶他們去。後來，一回生、二回熟，他們也熟悉了，開發了一、二個產品，科技市場上了一個新台階。那時科技人員都不懂得要錢，不懂得拔份，83-85年都是無償轉讓的。85年後改革加快，根據一系列政策開始出現市場（訪問記錄G012P19）。

技術市場的特點：1.工業企業對技術需求增加，有幾個大研究所在佛山開設了研究中心，像搞防護工程的，還有洛陽船舶開發研究所等。2.技術貿易機構成為技術市場最大的賣主。以前都是做小東西，無大成果，以前是單項服務，現在發展到整個大項目的承接，從單項產品到研製系列產品的開發。以前是為某個單位，現在是為某個行業進行整體設計和服務。去年，佛山市地質礦產技術開發公司，承接了沙口電廠開發的地質勘探、佛山商業中心的地質勘探和百花廣場的地質勘探。簽的合同都是見效快、短平快的項目，有市場效益，甲乙雙方都較愉快。凡是那種不正規的合同，"煙紙"合同（就是請喝幾兩白干，5

萬、3萬,在煙紙上一簽就是合同的)我們不給簽。今後
的打算:首先,成立民營科技企業協會,我們是政府的職
能部門,沒有民營企業說話的地方。第二,加強技術經紀
人的作用和管理。第三,建立技術信息網,把大專院校的
技術項目掌握在手上,把鎮的科技辦公室的需要收集起
來,把供需雙方的需要都掌握在手中,這樣工作就好做了
(訪問記錄G012P19)。

　　不管是一般的小商品市場或是要素市場,大陸在市場組建過程
中,市場作為交易工具的職能是很清楚的彰顯出來。幾十年社會主
義體制的發展,在解決生產的矛盾過程,卻也使得流通及交換的發
展政治化而非市場化(吳志,1992;劉維明,1992)。因此,經濟
的發展完全失去了有效的工具。也就是因為流通及交換的政治化,
完全取消了社會中交易工具的存在。市場這個最重要的交易工具消
失之後果,說明了大陸失去了有效交易工具的困境。如同生產要機
器,思維要有概念一樣,社會的發展也需要具備有效的工具。社會
既由人組成,人與人的互動及交易是社會的動力所在,取消了交易
工具,也就相當程度的取消了社會中人與人之間,自發性的社會建
構。如此,任何由交易延伸出來的交易制度之建立便不可能,社會
中的各種制度也就不可能得到更新。大陸市場的組建重新為社會及
經濟的發展,取得了有效的交易工具,透過這個工具的發展,進而
形成各種交易制度,以帶動整個社會制度的變遷與革新。

(二)市場創建交易制度

　　市場的發展,扮演的是制定遊戲規則的角色。換言之,市場先
於廠商發展是制度先於組織發展的設計。大陸社會主義體制下的社
會運作,政府規範了所有的遊戲規則。每個人在單位內過日子,社

會行動簡化為政治性的行動,因而,個人的行為只要遵守著政府所制定的規則來做,生活即有一定的保障。在此,生活中的主要遊戲規則是由政府訂定,社會中不存在著政府之外訂定規則的機制。因此,改革的第一步是,改變訂定規則的機制。在此的關鍵點,乃是社會主義內涵的根本要素「去私有化」必需找到轉折點,市場化並不意味著私有化,而是意味著一個包含著公有化及私有化的制度化開展。制度的轉變有了實際的意義,也呼應了諾斯的制度變遷理論(North, 1996, 1995a, 1995b; Schultz, 1995; Ruttan, 1995)。市場意識的發展,以及市場做為政府行政部門、行政部門掛靠單位及中介組織重要的行動場域,說明了尋找一個新的社會規範及社會價值的重要性。政府扮演著訂定規則、演繹規範及價值的角色,若是帶來了全民的貶值而不是升值(陳介玄,1995),則尋找新的規範和價值,便是體制改革必要的出路了。因此,大陸在沒有打破政治體制及政府行政權威的前提下,發展市場以啟動制度的變革。

隨著大陸市場組建而來之交易制度的變革,以我們在廣東佛山市,有關勞動體制及房地產體制的的田野調查資料為例說明。佛山勞動制度的改革,乃是透過市場化形成新的交易體制,對於既有國營及鄉鎮企業勞動力的使用,從固定工改成合同工,形成從非交易體制走向交易體制的轉換。受訪者指出:

> 勞動制度改革,包括勞動、工資、保險三大改革。佛山、茂名是廣東省三項制度改革的試點。我們1992年初開始搞。第一批1992年初至10月完成。5個試點企業,主要進行了全員勞動合同制、崗位技能工資制度試點和社會保險的改革,試點結果是經濟效益都有提高。第二批是從1992年底開始,擴大試點,搞了45個企業,1993年8月基本完成。1993年8月22日全市全面鋪開勞動三項制度改革,

1994年底要求全部完成。1994年4月20日召開了三項勞動
制度改革動員大會,要求今年底完成。現在,80多家企業
已完成,還有200多家企業正在完成。估計今年底可以完
成80%的企業,預計明年上半年全部完成。

通過勞動制度改革,企業的反映是好的。工人好管理了,
工人工作積極性和自覺性調動起來。把過去的固定工改成
了合同工,合同工簽定合同,最長5-10年,一般都是3-5
年。工作不好的不再簽合同,這樣以往固定工出工不出力
的現象改變了。過去工人都想到二線工作,像看大門等,
但實行了崗位技能工資以後,這種狀況改變了。比如,一
個化工廠,生產油漆化工,工人不願到一線去,因為有
毒,實行崗位工資制以後,一線和二線的工資相差200多
元,工人都要求調回一線去。對勞動制度改革,企業領導
和工人反映都很好(訪問記錄G020P19)。

　　除了勞動體制因市場的發展所產生的這個改變之外,房地產的
體制也有了重大的改變。房產交易所的受訪者指出:

文革前,也有房地產交易,但文革後就取消了。改革開放
後,1988年5月,市政府批准重新成立房產交易所,而其
中的"地"被吃掉了。當時交易所沒有那麼大的規模,主
要是向企業服務,向社會提供行情、諮詢服務。我們的宗
旨是:加強管理,搞活市場。我們的工作量、業務範圍比
當時翻了好幾翻。從整個市場看,業務多了很多。6年多
的發展,房產交易所的職能增加了,隨職能的增多,機構
也增加了。現在我們房產交易所分為三個部分:

1.房地產評估所,92年成立,是交易所下屬的一個事業單
位。但現在已作為獨立的法人了,有執照。收經營服務

費,並交納營業稅它主要是調查、核價、提供諮詢服務、房地產產權轉讓、企業的抵押貸款、電視宣傳等。評估所對全市房地產評估進行業務指導,不論是機構還是個人。並以企業身份參與評估。因為地位不同,也要對他們進行培訓,業務指導,牽引組織同行業的交流。評估所已經從組織上與交易所分開了,但所長仍由我們交易所的人擔任。2.諮詢服務中心,與交易所合在一起,但已經企業化了。他負責為交易所介紹買賣、為進場交易者代辦一切服務、代理房地產的買賣、接受當事人的委託買賣房產、為雙方搭橋、業務管理、代理管理港澳同胞的祖業、代理港澳人士辦理房地產等。3.房產交易所,是吃財政飯的,事業性收費,收費標準是物價局定的。交易所是房地產管理局的直屬機構,局裡給的註冊資金,經由交易所撥出的。賺了錢是局的錢,虧了錢也是局的錢。我們是局的下屬機構,很多幹部是以房地產管理局幹部的身份出現的,很多文件也是以局的名義發出的。交易所只是代表政府對房地產市場進行管理。如果說這三者之間是什麼關系,與局是什麼關係,那就是:局是政府直接管理房地產的行政部門。但隨市場的出現,政府不可能直接參與市場的經營和直接管理,因而成立了房產交易所這個中介機構——局直屬的事業型單位,由交易所代表政府來全面負責房地產市場的建設和管理。而在工作中房產交易所的職能又不斷擴大,不斷分化,於是又從其中分化出經營型的房產評估所和房產諮詢服務中心,作為由交易所直接管理的兩個企業化了的經營機構。交易所內部不設科室,不僅辦房產交易,還辦房屋產權登記。現在房屋產權登記組、估價組都

分出去了，交易所只有一個人兼職管理。因為房產交易後
開辦房產證是由交易所代表局出具的。交易所有工作人員
26人，但還不夠，我們交易所還包含了房產檔案館的人，
從事房屋交易的有10來人。按編制我們是26人，實際加上
我們從外單位借來的人，一共有100多人。不如此，根本
就不夠用。我們是自收自支單位，但現在收支兩條線，
事業收費全額上交市政府，然後再上報所需經費，由市政
府將所需經費返還。

主要職能按照房地產法，我們管房產的抵押、租賃和轉
讓。我們是代表政府來管理，主要管轉讓，特別是樓花的
銷售，還有評估核價。92年底開始實行預售樓花的合同登
記，只有進行了合同登記的才能有效。不登記的不予辦
證。另外，房地產拍賣也要來交易所，現在已經市場化
了。我們工作的立足點是管理，沒有競爭性。市區只有一
個交易所，那就是我們。房產管理交易的辦法：買商品房
沒限制，但買老房要有本地戶口。其實現在也沒有堅持這
一條。賣房子的程序很嚴，要經縣級政府批准。我們堅持
主管部門同意就可轉讓房產（訪問記錄G025P19）。

以勞動體制及房地產為例說明，主要著眼於這兩種體制的不同
可說是社會主義與資本主義之間關鍵性的區別。1991年個人在廣東
南海市做調查時，看到當時社會中對於採用「勞動力市場」這樣的
詞彙還頗有禁忌。可見勞動及房產作為社會生產重要的要素，是體
制轉換的關鍵指標。從勞動體制的變化及房產交易所的成立及分
化，可以看得出來，都是因為市場這個交易工具的出現，而進一步
形成的制度變革。市場的發展，使得制度變革為可能。社會主義的
設計原本是為了消除人的勞動力淪為商品的異化困境，到頭來卻連

韋伯所說的,勞動者的勞動力形式上為自己所有的可能性也不見了。勞動市場及勞動交易體制之發展,透過市場再度找回勞動者的主體,也就是「自己有支配自己勞動力的權利」。大陸勞動體制的轉換,說明了交易制度的發展,使得市場有更大的發展空間,也就是使得交易工具更能為社會靈活運用。房產交易所的成立,說明了財產權在在公有制大框框之下幽微的轉變。這個轉變的意義是,「社會中開始容許了權利劃分的制度出現」。這時的重點不在於是公有制或是私有制,而是社會要容許對經濟生活及社會生活的各種不同權利,有重新予以劃分的可能。房產交易所的出現,指出了大陸社會隨著市場的發展,權利劃分的制度跟著發展,社會中的交易制度與法律取得新的關係,也就說明了社會變遷有了實質的意義。到此,我們可以對於引言所提到的問題略為回應。

　　從經濟學的角度來看,市場的發展做為降低交易成本的工具對大陸具有特別的意義。相對於既存體制社會,交易的成本不是無限大就是無限小,這種充滿不確定性的環境,無法提供社會交易的可能性或者是確定性。因為,政治體制所創生的意識形態及制度規範,使得社會中的交換變得不具合法性及正當性,因此交換的成本無可估算,只有少數不怕風險或者能承擔風險的人才能進行交易。這是為何大陸改革初期,只有膽大的人才能成功,因為他不怕風險,因為此時的交易成本無可計算。社會中,要使得眾人計算交易成本為可能的時候,換言之,要使得交換有一定的合法性及正當性,才能減低交易的不確性,才能夠使社會中更多的人勇於投入交易場域。所以,在大陸如果一直只有膽大的人才敢投資,表示社會中交易還是不具備社會的正當性和合法性。因此,在大陸投資除了經濟成本,尚需負擔政治成本及社會成本。市場的出現,是降低政治成本及社會成本的一個重要機制,讓社會中的交易回歸到經濟成

本的可計算環境，而不受政治成本及社會成本的干擾。

　　沒有市場不只意味著降低交易成本不可能，也意味著無法根本解決政治成本、意識形態的成本及社會成本。換言之，交易的社會合法性及正當性無從確立。所以，市場在大陸的發展，不只作為促進交易的工具，它也是做為促進交易制度的工具，因為透過市場確立的交易合法性及正當性，不是純粹一個工具問題而是制度層面及價值層面上的問題。市場能成熟及壯大，表示社會已逐漸確立了交易的正當性及合法性，化解掉政治上、意識型態上及社會上對於交易橫加的風險和不當干預，也就是使交易者不再需要考慮到當下的這些非經濟性的風險和成本。所以，交易制度的發展提供了社會中使用交易工具的正當性及合法性。這也是為什麼我們前面提到，破解原先的意識形態，是大陸發展市場經濟第一筆先要付出的成本。沒有這筆成本的支付，社會中的交易制度建立不起來，就無法提供使用交易工具的正當性。所以，大陸市場發展的意義，是在極短時間內統整著交易工具及交易制度的發展，強迫社會各部門快速進行移轉，特別是在經濟及法律這兩個部門。這也是為何產權經濟學或者是法律經濟學對大陸經改之研究極有參考價值的重要理由（Alchian, 1995; Alchian & Demsetz; 1995; Furubotn & Pejovich, 1995; Demsetz, 1995a, 1995b; Landes & Posner, 1987）。

　　寇斯透過美國聯邦電訊委員會對於廣播頻率分配的研究指出，權利的界定是市場交易的前提，而其最後結果（產值的極大化）獨立於此法律決定。因此，確立法律系統的目的之一，是要建立清楚的權利界定，使得權利的轉讓及重組能透過市場進行（Coase, 1959）。這就說明了市場的發展與一定社會制度（法律制度）的發展，是不可切分之一體兩面。換言之，市場的發展必然會帶動著交易制度的發展。因為交易制度的發展，社會需要更多的法律配套，

社會的互動關係因而形成了新的規則和規範。從此而看大陸的市場
發展有其深意。透過市場或是透過廠商以轉換社會主義體制,在一
開始有著重要的分野。以市場爲主帶動市場交易,意味著整個社會
性的發展要融入其中,那就是對於以權利界定爲核心的交易制度要
與市場配套。因此,對大陸的經濟改革而言,市場交易的重要性乃
在於,透過市場交易制度的建構,降低或者根本的去除了政治成
本、社會成本及意識型態成本對於交易者的負擔。

三、廠商與市場的內在接軌:內化市場爲廠商及外化廠商爲市場

　　前面說過,大陸改革初期,政府才有能力組建市場,換言之,
政府才有辦法負擔建構市場的成本。因此,政府在組建市場的過
程,值得我們觀察的是,這個過程本身怎樣改變了政府本身的行政
組織,以及如何調整原來的職能。整個而言,在政府組建市場的過
程,最重要一個發展是市場與廠商的內在接軌。從大陸改革的過程
來看,國家握有所有的重要資源,黨員及政府官員是這些資源實際
的使用者及支配者。這也是爲什麼改革初期,唯有政府才有能力組
建市場的原因。市場一旦是由政府官員及各級黨部幹員所組建,既
有黨政資源市場化的利得,這些政治領導人當然看得最清楚。因
此,組建市場的同時,也就可以組建廠商,將原來所掌管的經濟性
行政部門予以組織轉化,或派生出新的組織,以符應市場的要求。
所以,在改革初期,隨著市場發展而來的廠商之發展,重要的尙不
在於個體戶的發展,而是在於鄉鎮企業(林青松、威廉伯德編,
1994)及政府單位轉換形成及派生的各類企業組織(王穎、折曉
葉、孫炳耀,1993)。作爲掌握資源者,以赤裸裸的政治手段,或

者透過市場的轉折運用資源，還是有著本質上的不同，這也是為什麼韋伯要確立，形式理性的開展對西方文明發展有著重大意義（Weber, 1978）。

將行政組織或行政系統派生出來的任何掛靠組織，內化市場為廠商，也就是將某一些原本可以開放給市場的交易，經由組織來統籌進行。因此，政府在組建市場的過程，也就先馳得點，一併創建了廠商。從我們田野調查，可以得到最好的說明是原物資局組織形態的改變。物資局在實際上變成了「物資集團總公司」，受訪者指出：

> 1987年，辦起了物資總公司。是兩塊招牌：一個是集團總公司，共628人，下屬有31家公司，機構是董事會，日常工作由總經理主持。另一個是物資局，管理下面很多縣市，以前的職能是物資的計劃調撥中轉站，局機關內部設部、室，由局長和書記領導。

> 成立物資總公司以後，計劃部分越來越少，87年公司成立之時，計劃調撥部分就只占30-40%，而現在則已經是很少很少了。現在計劃內部分一般都是帶帽子下來的，價格是倒掛的，比市場價還高，而且是過時的東西，所以等於沒有。現在都是按市場規律運作，層級單位之間只是伙伴關係。今年，在西樵山開物資系統會議，是最後一次，單位將不存在了，大家沒大沒小。行政長官變成了直接的經營者。總公司形式上好像沒有變化，但工作運作上卻完全不一樣了。過去，科室沒什麼工作好做，但現在要去協調與工商、海關、銀行的關係。協助合作光靠下屬各公司不行，還要靠總公司出面。下屬公司的財務經由總公司直接對財政。

集團公司分核心層和緊密層,核心層是由集團控股公司構
成,而緊密層,則由與集團公司有經濟協作的公司組成。
集團公司對下面的管理,由集中統籌到完全放下去。集團
公司只管下屬分公司經理的提名和任命;副經理由經理提
名,局任命;經理以下的中層幹部由經理任命,上報局備
案即可,但要符合學歷要求。經營權決策權各公司自己掌
握,但要上報總公司備案。分配不封頂,不干預。
有時集團公司也搞一點集約經營。去年,一次組織了15.8
萬噸鋼材,集中資金和銷售渠道,3個月內就從進貨到銷
售全部完成。我們的經營方針是:以物資經營為主,市場
調節為主。這是1987、1988年提出來的。今後準備向實
業、進出口、運輸、倉儲發展(訪問記錄G020P19)。

作為物資調撥中轉站的物資局,將這個分配資源的優勢,隨著
市場的發展,形成廠商以繼續使用這個優勢,是大陸行政組織內化
市場為廠商的一個典型代表例子。物資局和物資集團總公司這兩塊
招牌,說明的是計劃體制向市場體制的過渡;官僚組織向廠商組織
的轉型。這種過渡一旦完成,就有形式制度的意義,換言之,市場
的競爭機能就會起作用,而不能再用政治上的特權保護其資源配置
的優越性。因此,儘管組建市場及形成廠商受惠於官僚位階的政治
利得,只要市場能繼續發展,市場的主體慢慢多元化,市場的交易
工具逐漸創生,市場的交易制度日趨完備,政治所保障的超額利潤
終將消失。受訪者指出這個競爭的局勢及因應之道:

1993年,經營上了一個規模,國內銷售額達17.5億元,列
全國500強大企業的第45位。但從另一個方面講,物資集
團總公司與物資局時相比,權力是沒有了,市場占有率、
零售額也是下降的。根據國內貿易部的資料分析,全國物

資系統市場占有率由32.9%下降到16.4%。生產企業直接銷售的增長了68%，由過去的23.1%上升到63%。市場競爭越來越激烈。現在主渠道能否保得住，都很難說。現在是，個體、私營、集體都滲透到物資領域來了，除了資金規模需求大的，如汽車，他們經營還不多外，其他都滲透進來了。像樂叢鋼材市場、大濫有色金屬市場，他們都占很大份額。現在與我們競爭的不只是個體、私營和集體，還有機關有權的各部門。像汽車交易市場，工商部門搞汽車，交通、公安部門也都搞汽車。我們物資公司想申請搞汽車的執照，工商說，到我們的市場來吧，你要辦了，我們的市場怎麼辦。因此，我們只能掛工商辦的汽車交易市場的第二交易所。

現在做汽車的交易稅收都增加了，做了還虧，不做還不虧，那就不如不做了。現在很多汽車交易都到下面縣裡去做。因為，到縣裡，汽車交差額稅，在市裡交全額稅，所以人們都到縣裡去做了。有的交點好處費就行了。

我們掛了一個金屬市場，但基本沒做。樂叢有一個鋼材市場，規格全，形式靈活，用戶都到那去。但我們也有自己的優勢。我們靠與武鋼、上鋼等一些大鋼鐵廠的老關係進貨，貨源能保證，雖然品種不齊全，但量大，具有批發性質。像鋁錠、薄板、鋁型材、需求量都很大，我們就與包頭、湖南、湖北、東北等一些老企業、老關係戶成立聯營公司，我們投資設點，銷售後按帳分利。去年我們的銷售額達17.5億元，可是我們的自有資金才1000萬。我們的資金有兩個渠道：一是向非銀行系統如信托投資公司貸款；一是向銀行貸款。如果按比例分，向銀行貸款的數額還是

多一些。

因為是老關係，我們與生產單位有一個結帳期，一般是一個月或銷售後再結帳。鋼材市場30萬噸，我們的一些公司大戶都有自己的鐵路線直通倉庫。去年實行的是利潤包幹，今年已改稅了（訪問記錄G020P19）。

物資集團總公司與物資局比，權力是沒有了，全國物資系統的市場佔有率下降一半，個體、私營、集體及有權的各機關都組建了市場或是進入了市場。廠商與市場的內在接軌，發展到後期，個體和私營企業的興起，廠商與市場可以進行外在接軌，行政組織內化市場為廠商，也就不一定有特別的優勢。因為，當市場成熟，生產成本及交易成本開始在市場及廠商之間起著槓桿作用，企業組織經營能力越發重要，生產網絡及貨幣網絡的運作，也就變成是經濟事務而非政治事務了。

將市場內化為廠商，以進行廠商與市場的內在接軌，意指這個動作是在政治保障的經濟世界進行，而不是在開放社會中進行。這種情形並不代表沒有其它類型，譬如某些國營企業為求市場競爭下的生存之道，走的是跟行政組織及掛靠單位相反的方向，意即將廠商外化為市場。譬如北京市所屬的一家國營「文化用品公司」，由於政企不分，空有全國四通八達的經營網絡，和數萬平方米的設施，卻難以產生好的效益。1992年一改常規，銷、調、存的老路子，而將企業現有設施變成一座全國國營、集體、鄉鎮、個體企業能自由進入的交易市場。新建的這個批發交易市場，以自由交易為主，即由進入市場的工商企業掛牌辦店或展銷。交易市場向企業提供代購、代理、代儲、代運、代作宣傳廣告服務。經營範圍包括百貨、文化用品、服裝、鞋帽、針織、紡織、五金、交電、化工以及相關商品（倪小林，1992）。然而，無論是「內化市場為廠商」或

者是「外化廠商為市場」，都是一種廠商與市場的內在接軌形式。
換言之，在大陸改革初期，市場形成與發展，相對於整個社會而
言，是政治體制的內在接軌形式。這種形式使我們看到經濟的團體
化及社會的團體化，跟台灣有很不一樣的發展方式，它並不是一開
始即從世俗社會自為的開展（陳介玄，1995）。而是在政治資源可
移轉的部門、單位或派生的組織，才得以進行團體化或是「再團體
化」。

在改革初期，內化市場為廠商，或者是外化廠商為市場，只有
在政治資源可移轉的部門、單位及派生的組織才可能進行，即意味
著大陸形成了完全不同於台灣經濟的發展形態。亦即世俗經濟的發
展完全受政治的制約和控制。這再度說明了大陸經濟改革初期，為
什麼要從市場出發，而不能從廠商著手。大陸若是一開始即以培植
民間私營企業的發展為策略，來帶動經濟的發展，事實上有其困
難。因為，不存在相對於國家的世俗社會，也就不存在相對於公領
域的私領域，私營企業將無所著力。因此，不管廠商或是市場，都
要在政治資源可移轉的範圍內才能進行。在這個前提下，市場的社
會性遠高於「私營廠商」的社會性。市場的組建有助於行政組織
「內化市場為廠商」，以及國營企業「外化廠商為市場」，亦即有
助於整個大陸政治資源的外部化。如此，我們可以瞭解，大陸的工
商世俗社會的發展要比台灣更曲折，它的發展必須透過廠商與市場
的內在接軌，以達成廠商與市場的外在接軌。換言之，即達成「社
會資源」的可移轉性，而不僅僅只是政治資源的可移轉性。一但社
會資源形成，且具備可移轉性，即說明了政治力量獨大的局面終將
改觀。透過這個轉折，我們可以明白，市場化的社會化意義即在
於，經由政治資源的移轉達到社會資源的移轉。若能達成此一目
的，廠商與市場的內在接軌即不只是消極性的權利壟斷，而是有著

積極性的社會發展意涵。

四、小結

　　大陸取消了市場的存在，其結果並沒有如原先制度設計預期的，解放了勞動者，恰恰相反，是使得社會過度剝削勞動者。歷史及時代的弔詭莫此為甚。有了市場，原先社會發展及國營企業發展的模式都有了檢驗的可能性，一位受訪的業者提出他對國營企業的看法：

> 集體是一個企業一個包袱。以前南海市一個領導，一個副市長，問我，順德、南海比較，你以為怎麼樣。我說順德家用電器搞得很有規模，我認為順德政府一天天加大自己的包袱。南海的包袱小點。南海五個輪子一起轉。集體投1000萬，又是一個包袱。如汽車廠，棉紡廠。南海棉紡廠花了幾個億，一年利息就是幾千萬。現在工人的工資都發不了。如果是私營企業，那樣就會破產（訪問記錄S014P19）。

　　有了市場，集體企業的限制就變成庶民可以批判反省的主題，社會不再是一灘死水。在大陸市場發展過程，從政府組建市場過渡到社會組建市場，如果說政府的進場只是為了退場，市場真正脫離了政治的控制，私營企業作為社會的主流才能成真。這時市場與廠商的關係，將變成「寇斯定理」中的關係（Stigler, 1994），完全由交易成本來決定其消長，如此才真正是社會的福氣。而這個過程的達成，正是大陸市場形成與發展之內部性意義的完成。

　　探討大陸市場形成的社會意義，乃在於重新面對市場的本質，也就是市場在人類社會存有的意義。社會主義的取消市場，說明了

直到20世紀的人類社會，是可以在沒有市場的環境下生存。然而，這種生存是以均貧為代價的。所以，大陸、東歐的經濟改革，說明了人類的生存要脫離均貧的窘境，市場這個經濟工具的發展有其必要性。Lane在其《市場經驗》一書，深切反省了馬克思以來對市場不當的定位。指出市場存在能完成人類追求快樂及自我發展的目的。很可惜的是，晚近市場社會學的發展，並沒有注意到這個主點。因此，探討大陸的市場形成，也就等於對人類社會發展之可能性，予以重新反省。

市場的本質在調動文明的積極性格。具體而言，在於創造各種交易工具，和各種的交易制度與規範。沒有市場的存在，各種交易工具和交易制度的創造也就不需要，市場制度即無存在的價值。市場的存在使得價值的創造和分配有一個社會性的基礎。透過市場對於價值創造和分配的刺激，社會便要不斷面對創造市場制度和市場規範的壓力，並藉著合理制度的創造，啟動人的積極性。大陸經改的實例，說明了市場做為一種創造各種交易工具和交易制度的本質。透過市場的組建，使得「內化市場為廠商」及「外化廠商為市場」得以可能，以此啟動了政治資源移轉性到社會資源移轉性的過渡。市場，可以說是使大陸得以從公有社會轉向世俗社會的核心機制，這部分的研究牽涉到大陸市場形成的外部性問題，我們會在本書第11章繼續討論。

第十一章

市場管制、市場意識與市場關係——大陸市場形成對台灣產業及社會發展的意義[*]

中國大陸市場的發展，從政府行為過渡到社會行為，開啓了社會中交易工具及交易制度的發展，使得政府行政組織能內化市場爲廠商，進行了廠商與市場的內在接軌工作。本書〈市場在政治與社會之間的移轉性作用〉一文，我們釐清了大陸市場發展的本質問題。這是大陸市場發展的內部性討論。本文則從大陸市場的內部性討論，轉到大陸市場形成的外部性討論。對於大陸市場組建過程中，極爲重要的市場管制、市場意識及價值意識，以及市場關係及非市場關係進行探討。有了華北白溝市場調查的田野資料，使我們原先對於廣東佛山、南海一帶調查所得的材料，有更豐富的比較視野，使我們瞭解到，大陸市場發展上最重要的解釋類型應是「增長

* 本文初稿為國科會研究計畫「轉型中的中國：中國大陸市場形成與發展之社會意義」第二年結案報告。在此感謝國科會的支持，及評審員的寶貴意見。

型市場」及「發展型市場」的區別。透過這兩個市場類型的瞭解，我們當能對大陸市場的形成與發展，有個初步的概觀。

一、市場管制的市場化

在大陸各市場發展中普遍存在的市場管理和市場服務，我們統合起來稱之為「市場管制」。不管是早期由政府部門所組建的市場，或者是後期由社會所組建的市場（意即民間的資金參與投資興建的市場），市場管制是組建市場不可或缺的一環。因此，我們有必要對這樣的現象進行探討。研究的策略，我們以選擇的兩個調查點，廣東省佛山市及華北白溝市場，為個案材料進行分析。佛山市拜東南沿海地利之便和及早開發的優勢，因應市場發展所形成的各種市場管制工具，發展的相當周密。與本文討論重點直接相關的市場管制部門和組織，計有：（1）工商局與個協、私協、（2）科協及科委、（3）技術監督局及計量所、質量檢驗所、（4）社會保險事業局。底下我們分別討論之。

（一）佛山市之市場管制

1.工商局與個協私協

工商局是與市場發展直接相關的一個政府部門。從工商局職能的轉變及角色的重新定位，我們可以大致瞭解佛山市市場發展及政府管制的基本原則。受訪的工商局官員指出：

> 佛山市工商局有200人，現職人員170人。其中公務員70
> 人，事業編制100人。而佛山工商系統（指大市區，包括
> 下級縣市）則有1000多人。其中小市區市場管理系統臨時
> 工有200人，大市區市場管理系統臨時工有600人（包括公

安、保潔員等）。市場在一天天擴大，人也不夠。現在的
辦法是：各市場都改建市場管理辦公室，設主任，副主
任，大的有十幾個人，小的有五、六個人，不夠用的用臨
時工。對於綜合批發市場建立工商所。比如農批市場，有
協管員、保潔員、消防員（臨工），還有派出所的2位同
志（1男1女）也請進去，共有80多人。綜合批發市場也是
這樣。市場管理：準備成立佛山市市場服務管理總站，主
管市場登記，佈局。現在，開辦商場要先向我們聯繫，上
報有多少面積，要填表格，寫申請。各工商所協助搞好各
項申報，然後向佛山市工商局市場管理科上報。現已基本
上走入正軌，建成市場已登記完畢，並建立了市場檔案。
市場管理屬於"特殊工種，統一管理"。市場管理上第
一，進場經營首先要有工商部門的認證。第二，各市場都
有市場管理所，是工商所派去的。如牛市場管理所，就不
准牛在場外進行交易，牛的屠宰也是集體的，因為關係到
人民的生命安全。與市場有關係的政府部門還有：計量
（在產品出廠時把關），物價等（訪問記錄G022P19）。

市場的管制，如何在一定的規範作用下，兼顧服務的職能，這
或許是市場管制最重要的課題。我們以工商局下的「西南耕牛市場
管理所」為例說明。受訪者指出：

西南耕牛市場管理所：這所耕牛市場是1982年6月1號搬來
這裏的。領導很重視，撥了50畝地，投資200多萬元。人
們稱這個市場為牛賓館。

市場服務：把市場流通搞好，提供服務，解決經濟問題，
引進、包銷、解決住宿、提供保管、服務、備有招待所，
對販牛者提供住房優惠（優惠10元）。遇到車壞了幫助解

決問題，幫助解決資金問題（一年解決資金200萬元），有時銀行一下子取不出那麼多錢，就幫助他們解決（反正他們也跑不了，有牛在這裏）。幫助解決牛的安全問題，不會走失；解決牛的草料，一年達60多萬斤稻草。以前是農民送來草料，最近幾年農民不送了，我們就組織出去20多公里，千方百計把草料組織回來。解決包銷問題。解決通訊問題，電話、電報、回電、回話，通報價格。賣不出去的，幫助老闆去聯繫，爭取1－2天內賣出去，讓牛來的快，去得快。

市場管理：為了做到買賣公平，我們公佈牛價，不能拼命壓價，不能搞場外交易。凡是在場外交易的，有一個抓一個，不能讓他們在場外搞強買強賣。另外，在市場門口有兩個來自獸醫站和防疫站的同志，專門檢查進入市場牛的健康狀況。牛進入市場大門，都要登記，打號，白號為已賣出的，黃號為未賣出的。

去年，市場超過了2億的交易額。一天要300－400頭牛。如果一天沒有300多頭牛，市場就緊張了。現在牛的來源是全國各地，珠海、深圳、汕頭、廣州、南海、中山、佛山等地，都到這來買牛。我們這裏牛的品種齊全，有小牛、耕牛、菜牛。現在本地牛是越來越少了，而買來的牛是越來越多了，牛的總量是越來越多了（訪問記錄G030P19）。

政治性的管理工具無法完全符應市場發展的要求，所以，完備市場管制的各種中介組織，是各個相關市場管理部門，追求市場有效管制必要的派生組織。個協私協作為掛靠於工商局的中介組織，對於市場發展所扮演的職能，是強化市場的有序發展。受訪者指

出：

> 我們力爭搞得規範化。以前亂擺亂賣很嚴重，現在基本上
> 得到一定程度的解決。開了5個街的沿街市場，都是與有
> 關部門聯繫辦起來的。比如百花市場，原來是房管局放空
> 的地方，我們發現後，與他們聯繫，市政府支持，房管局
> 也高興，當時他們有96個工人沒工作，現在搞了300多攤
> 點，96個職工就業解決了，我們300多個個體攤位也解決
> 了。佛山大學兩邊放空，我們發現後，告訴他們，搞了一
> 些小房間。後來大學每年有10幾萬元的收入，現在已不止
> 這個數了。校長說：我們學校培養人才、教材、汽車、煤
> 氣補助等經費問題都解決了。而且還解決了1萬多戶個體
> 戶的擺放問題。多頭收費是中國比較頑固的問題。對個體
> 戶，哪個部門都可以收他們的費。個體戶去找政府，政府
> 見都不見，我們去了就不敢了（訪問記錄G022P19）。

2. 科協及科委

科學技術在大陸的發展有所謂的技術市場，很明顯的，其層次
高於一般小商品市場，市場管理工作由科協及科委負責。技術市場
的管制，牽涉到更多的專利、智慧財產及契約合同的法律要素，這
部分的瞭解可藉助於法律經濟學的分析（Cooter, 1996；張乃根，
1995；張五常，1969a，1969b）。受訪者指出科技市場的管理重點
在於：

> 86年2月，成立了全國技術市場協調管理小組，制定了技
> 術市場管理暫行辦法，通告全國，科技必須面向經濟建
> 設，經濟建設必須以科技為基礎。技術市場要求科學技術
> 管理部門、經濟管理部門、工商、財政、金融、稅收部門
> 及各級業務主管部門對技術市場實行扶持政策。業務範圍

是技術轉讓，諮詢、承包、入股、出口、培訓。出現了買賣甲、乙、中介方的需要，出現了科研與工廠的聯合體。省市都成立了技術管理辦公室。提出技術市場管理是一項科學管理，必須遵守國家的法律和有關規定。中介方、甲乙方要接受技術市場的認定。只有經科委認證了的合同才有效，稅務部門才認可，銀行才供貸，才受國家法律的保護和制約。如對合同有爭議，甲乙雙方協商解決，如協商不成，技術中介方有義務出來調節，如果甲乙雙方拒絕調節，可向技術合同仲裁委員會提出，經過仲裁委員會還不可調解，則可向法院提出起訴。以後，省市又制定了幾個規定：廣東省技術市場管理規定、技術經營機構的規定、廣東省技術合同簽訂辦法、廣東省職工技協組織有償技術轉讓暫行辦法等。目的是扶持技術市場的發展（訪問記錄G012P19）。

3. 技術監督局及計量所、質量檢驗所

技術監督局本質上是一個監督單位，在組建市場過程中，它卻不能單單只扮演著對於廠商所提供的技術產品，進行控管工作。監督中蘊含著大量服務的職能是其特色。受訪者指出：

技術監督局與工商部門不同，主要是從量化上對企業和市場進行監督。因此，比較有科學性和公正性。目的是維護國家的量質基準，推行標準化、量化管理，緊緊抓住國家頒布的標準法、計量法和質量法，進行強化執法。因此，技術監督局是一個具有行政與執法雙重職能的部門。54年成立計量所，主要是從度量衡出發。70年代開始，變成政府行為，專管工業標準化和計量兩個條例。80年代才轉入法治軌道。83年正式成立標準計量局，91年改為技術監督

局。現在可以進行443種商品的檢測和九大類計量校正。技術監督局內設4個科、1個辦公室，20個編制，屬國家行政與執法部門。局下屬有兩個事業單位，一個質量檢驗所，46個編制；一個標準計量所，71個編制。1994年，技術監督局又新成立了一個稽查隊，10個編制，專門負責查處市場上的假冒偽劣產品。市場放開後，法律跟不上，就會引起社會的混亂。因此，技術監督工作顯得比任何時候都重要。技術監督主要以質量為中心，以標準計量為基礎，參與企業的驗收，參加企業評定計量員（每個企業都有）。一般法律法規的宣傳、培訓、交流等工作，通過協會舉辦；而行政性工作則通過各級政府進行。由於市場經濟發育不成熟，任何純粹的行政或法律管理都不行。一定要與服務等結合起來，才真正是促進經濟的發展。因此，技術監督局的工作一方面是進行行政、法律的管理；另一方面則是提供服務。服務內容包括：法律法規的宣傳，以提高企業廠長經理的意識。如標準法、計量法的宣傳等。做一些企業的基礎工作，幫助企業打好基礎，為企業產品打入國際市場作準備。培訓、辦班人次超過10000人。僅佛山市區各工廠的計量工作人員被培訓上崗的就達700人。發現問題，幫助企業查找原因。如果是簡單執法，可以採用封查，但我們採用幫助整改的方式。諮詢服務、校正服務、新產品的鑑定、抽樣、檢查和初檢服務等。在行政、法律管理與服務結合的過程中，產品的計量、質量管理工作有了很大改進。鄉鎮企業這幾年也好了。有90%的企業消滅了無標生產，500家大企業都達到了標準。85年政府頒布了200多項產品要達到的質檢標準，今年又有160

多種要檢定。政府通過公告、命令的形式推動質檢工作，由於這幾年抓了質檢，產品合格率提高很快，由過去的60－70％，上升到91年的93－94％（訪問記錄G019P19）。

技術監督局底下掛靠著幾個中介組織：標準計量協會、質量管理協會、計量協會。以及下屬事業單位：計量所及質檢所。計量所的職能是：

> 我們的工作是區別對待：對第一部份，主要是啓蒙教育和法律的宣傳。市經委有10個法，我們有3個法要宣傳，至少要通過宣傳，使企業產品有個標準。對第二部份，讓他連續保持質量穩定，使企業獲得好位置。通過質檢所，定期到企業抽樣，讓他符合標準要求。對第三部份企業，注意讓他們上檔次，定向培養，最終目標是取得ＶＤＥ德國的認證，讓產品打入歐洲市場。我們做初級的基礎工作，扶企業一把，使他在現有產品中，能按ＩＥＣ標準生產。提出四個條件，找政府的幾個部門合作，檢查（訪問記錄G019P19）。

而質量檢驗所則是：

> 質檢所人員47個，其中，高工9人，工程師18人，助工9人，技術員4人，有職稱的人占87％。十幾年的積累使人員素質比較高，這幾年平均幾個月完成檢驗報告500多份。自成立所以來，共完成報告7萬多份提供檢測數據200萬個。大量質量信息數據，為政府經濟技術部門的宏觀經濟調控提供了依據，促進了市場產品質量上等級上水平，保證了用戶的合法權益，發揮了十分重要的作用（訪問記錄G019P19）。

從上面的引用實例可以看得出來，一定的行政部門若在市場組

建過程中，無法扶助乃至促進市場的發展，便會透過改變本身的職能，或者延伸出事業單位及中介組織，以達成服務的軟性功能，促成市場的發展。這樣的情況，我們從社會保險事業局職能上的轉變，更可以清楚看得出來。

4. 社會保險事業局：

受訪的社會保險事業局官員指出：

> 佛山市從1992年開始實行一體化。不分所有制、用工形式、職工身分，不分險種，統一搞一個工資基數，一個比率，提出綜合保險費，統一按一個標準計算各種保險待遇，甚至做到同工同酬。以前講同工同酬，只是工資，但福利不同。如臨時女工，生育沒有勞保，養老待遇也低，住院自己出錢。搞一體化後統一標準。收，按一個基數一個標準；發，按一個政策一個標準。這樣有幾點好處：有利於平衡企業負擔。有利於企業多用合同工，多用臨時工，少用固定工。過去固定工上交71元，臨時、合同工上交21元。而大中型老企業固定工多，造成這些企業負擔過重。而新企業、集體企業臨時工多，負擔少。造成企業負擔不平衡，和導致的競爭不平等。從另一個方面講，保障了廣大合同制職工、臨時工的切身利益。以前是不同的工人不同的養老制度，影響職工的團結，導致鬧矛盾。有利於市場經濟、多種經濟成分的發展，有利於流動。社會保險的一體化，使個體戶和私營企業、合同工和臨時工都有了與大企業和國家幹部一樣的社會保險，消除了因身份不同而帶來社會保險的不同。這樣有利於人才在不同所在制企業間的流動，有利於各種經濟成分的發展，有利於推行全員合同制管理和人才流動。不同所有制之間人員社會保

險的統籌，解決了退休費用來源。過去，在職固定新工人
交納的統籌金，要養活全部退休職工，這就成問題，離退
休現有35000多人，固定工10萬人（加上機關才10萬
人），怎麼養？但以後固定工是越來越少，而臨時工（2
萬）合同工（2萬）以前都是交20－30元，都是準備自己
養自己的。隨勞動用工制度的改革，以後沒有固定工了，
固定工的統籌養老不就走入死胡同了嗎？以後還要靠新職
工養老職工，不能像新加坡一樣，工人自己養活自己。因
為我們搞的晚，如果自己養自己，老工人誰養？我們過去
沒有積累，還得走新工人養老工人的道路，只是要把不同
所有制、不同性質單位的人都納入進來（訪問記錄
G028P19）。

社會保險事業局雖不是管制市場的單位，然而，其職能的轉變
卻是希望能與市場經濟運作的需要接軌。也可以說，從更寬廣的社
會保險體制，爲市場的發展提供了一個穩固的基礎。等於爲市場邏
輯的運作提供了必要的保障。市場發展的意義便有了更大的外部效
益。

（二）白溝市場之市場管制

白溝市場的考察，爲我們帶來了不同於佛山市的景緻。主要是
白溝市場本身即是一個具有歷史背景，帶有自發性格的市場。所
以，白溝市場的管制，更能看清楚管制的作用及意義。受訪者指
出：

原來有一個工商所，後來因為市場發展，就成立了分局。
白溝工商分局分5個所，4個專業所，1個個體所。人數從
30多人發展到了100多人。去年年底各專業所分開了，直

接對分局。白溝市場從弱到強是不容易的，保持下來也是不容易的。工商在原有自然形成的市場中，是輕稅薄賦，重服務的。白溝市場從1984年從農貿市場轉向專業市場，現有四大類專業市場，再加上集市貿易。自1991年以來，攤位達到14000個，座商1075個，日成交額達120萬至140萬，日流動人口最高時達15萬人。

改革以來，是採取了"重扶植、重服務、先放開、後輔導"的方針，這樣走過來的。整個四大類市場，以箱包業為龍頭。攤位有8000多個。現在已接近10000了。箱包業輻射到了五個縣，38個鄉鎮，一萬餘戶，達25公里。影響面是比較大的。特別是資訊靈，更新快，薄利多銷，以批發為主，從農民發展到工商戶，產品跟國有企業相比低30%到50%，咱們的批發市場主要是以多取勝，工商則是在服務、扶植上下功夫。工商的攤位費低，個協出面吸取外地商人的意見，對假冒偽劣產品抓得比較及時。去年保定地區在這裏召開了打假會議。我們工商是定位在服務上下功夫，要讓商人掙到錢。根據白溝的特點，起照時有身份證、有村委會證明、有一個就給他們辦了。這從89年起就是這樣，手續上簡化了，受到了廣大工商戶的好評。對於長期營業執照，還請市局每週六來這裏現場辦工，這裏拒絕了多頭攤派，隨著市場大了，各執法部門就都盯住了，每天參與管理，過去是多頭徵稅。一是稅務，這是該收的，但治安、衛生、法律諮詢費等等，都是不該收的。但這些人誰也惹不起，給工商戶造成了壓力。我們在93年前反覆請示，到93年下了檔案，除工商稅務外，誰也不能收，只能是這兩家收（訪問記錄G033P19）。

　　市場的管制很容易從對市場的扶植及促進市場的發展，變成對
於市場的宰制以及對市場的剝削。像白溝這樣帶點草根性的市場來
講，由於位在幾個鄉鎮的交接點，更是複雜。受訪者指出：

> 管理機構。一是工商，二是稅務，此外衛生防疫和公安也
> 有。80年代初撤公社改鎮，以前還有管理區，比公社小。
> 58年設大琭縣時，有個習慣叫分片。這裏也叫白溝片，由
> 幾個鄉組成，但沒有這個建制。車馬營、仁和莊、白溝，
> 兩鄉一鎮為一片。原來白溝有法庭、派出所、稅務、工商
> 按片劃，郵電也是如此，都設在白溝了，是三個鄉鎮的中
> 心。市場發展得這麼大，就不夠了。去年設了工商、稅務
> 分局、郵電分局，金融設了辦事處。過去卻與旁的鄉一
> 樣。現在有了市場管委會，準備充實它。鄉鎮企業由經委
> 管。管市場的是工商、稅務、公安、衛生、檢疫等部門。
> 市場管委會是針對大發展而出現的，出現得較晚。市場規
> 劃則由工商管，鎮裏協調村子。村委會不管市場。工商專
> 有一批集市交易員，在趕集時來，一般是大隊幹部，大隊
> 會計，補助幾十塊錢，來這裏收管理費。稅務也從農村裡
> 抽了協稅員，在村裡，但人已列入稅務所編製，是編外人
> 員，但工作是有經常性的。工商管理收費，是取之於市
> 場、用之於市場。省裏有提的，但鎮上不抽。現在稅務不
> 同了，大票一開，就入了國庫了。零散稅收開小票，小票
> 也入國庫，但有伸縮性，有分成的部分，約有10分之3的
> 提成。比如有突然來此的“閃商”，抓住了就罰款。現在
> 的“閃商”特多，鑽稅務的空子。所以中央稅務，將市場
> 稅算國稅，不是地方稅。因為有“以大化小”的情況，所
> 以國家要管。公安罰款屬治安處罰，工商有工商的罰款，

以後將只允許工商、稅務收罰款。如治安稅今年春節取消
了，老百姓很憎恨這個稅。再如衛生費，誰去收拾廢物垃
圾？是工商雇人打掃，就應由工商代收。衛生檢疫費，是
一年一次檢查身體，這是飲食業從業的要求，但實際上他
們沒做，大家反應很大，市委書記明查暗訪發現的。總
之，是設置的部門，都想從"百花市場"上拉一塊肉，還
不辦事（訪問記錄G033P19）。

從白溝市場的深入調查，我們切身體會到與佛山不同的市場及
市場管制模式。這個不同，我們不應從現象的表面著手分析，而應
從現象內含的理論性本質進行探索。因此，我們先不直接面對市場
管制的問題，而就牽涉這個問題的核心焦點，略加說明。這個分析
焦點也就是有關市場的分類問題。透過廣東佛山及華北白溝的比
較，我們暫時可以區分出兩種市場類型，即「增長型市場」和「發
展型市場」。

市場的增長是指市場可以擴大其交易規模、增加其交易商品類
別、提升其商品的檔次；所謂市場的發展是指市場可以創新其交易
工具和提升其交易層次。歷史中大部分的市場都是增長型的市場而
非發展型的市場。從當下的社會來看，大部分的市場也都是增長型
的市場而非發展型的市場。增長型的市場不需要廠商的加入，發展
型的市場則需要廠商的加入。所以，社會中可以存在著沒有廠商的
市場，這正是大陸改革開放初期市場發展的特色。華北白溝市場在
研究上的重要意義，正是典型的表現出大陸經改初期市場的特色，
亦即沒有廠商存在的市場。相反的，在廣東佛山所看到的市場發展
型態，即有所不同。固然一大部分的集貿市場、小商品市場、農畜
及農產品市場也與白溝市場類似。然而，某些市場卻是需要眾多廠
商投入才能經營得起來。在大陸改革開放初期，這些廠商當然是以

各種類型的集體企業和鄉鎮企業爲最重要。行政部門及中介組織所創辦的企業，可以因政治權力、經濟壟斷與資源配置的特權形成廠商進入市場，而非如寇斯所說的，廠商因降低交易成本而取代市場的部分職能（Coase, 1988; Williamson, 1994）。不管如何，市場一旦形成，是增長或發展，便要看進入市場的主體爲何？以交易個體參與市場的交易，能持續著市場的增長；以交易組織參與市場的交易，即有可能帶來市場的發展。然而，無論市場是增長也好，發展也好，都需要一定的市場管制。

從廣東佛山到華北白溝市場的實地考察，使我們意識到大陸市場發展過程，市場管制是保障市場長期增長及發展的必要機制。市場的組建不管是作爲政府的行爲或是社會的行爲，市場的運作秩序及績效都是組建者所關懷的問題。因此，從大陸市場形成的經驗來看，整合著良好監督、管理及服務職能的管制，是確保市場增長的前提。在此的增長如前述，是指市場的交易規模擴大、交易商品類別增加、檔次的提升，而不必要交易工具的不斷創新和交易層次的提高。所以，市場的管制具有累積性及破壞性。不好的管制，佔住市場上的位置資源，魚肉市場，便可能阻礙了市場的增長。好的管制，使得市場早上軌道，降低在市場中的交易成本，不需要廠商，市場能增長，這就是市場管制具有累積性的意涵。白溝市場的例子使我們看到，不需要廠商市場也可以持續增長。當然，這樣形態的市場增長，儘管可以擴大交易規模及交易商品類別，提升商品檔次，但要在交易工具本身及交易層次升級卻有所困難。相反的，從廣東佛山的例子看到，行政部門及中介組織佔著資源使用及配置的優勢，將市場內化爲廠商，造成並非因爲市場交易成本太高，以致出現了廠商；而是由於握有豐富的交易資源而出現了廠商。因此，雖然是由行政部門及中介組織內化市場爲廠商，但企業進入了市

場，會帶來市場快速發展和專業化。這是我們看到廣東佛山、南海一帶眾多鄉鎮企業、集體企業、民營企業、及私營企業不斷以組織形式進入市場，造成了和華北白溝市場很不一樣的發展水平和特質。

白溝市場是典型的不需要廠商也能持續增長的市場，意味著市場交易成本不是很高，交易者容易以簡單的商品進行市場的交易。這時候的商品大都是日常生活的簡易商品，如小百貨、針織品、人革製品等。那麼白溝可不可從市場的「增長」走向「發展」呢？這關鍵點便是要有廠商的加入，市場才有可能由增長走向發展。佛山市地區便出現了不少因廠商加入，而推動「發展」的市場，如汽車市場、高科技技術市場。所以，佛山的市場形態，基本上有增長也有發展。然而，無論是白溝市場的增長，或是佛山市場的發展，市場管制都是必要的環節。不管是因市場交易成本的相對低廉而能以個體進入市場，或者是握有豐富的交易資源而能以廠商進入市場，市場的管制都是降低進入市場障礙，並進而保障市場交易有序進行的必要機制。大陸的市場組建，若是發生在一些尚未能發展出廠商的經濟領域，則藉由市場以帶動經濟發展，便是經濟政策最關鍵的一步。因此，不論是增長型的市場或是發展型的市場，都需要透過市場管制，用心呵護市場的成長。市場管制自此便取得了我們探討大陸市場形成與發展的重要意義。

政府對於產業的管制，在施蒂格勒對於政府管制這個議題的討論之下，使我們認識到，經濟系統中的管制，可以是一個內生變項，擴展了我們對於管制的經濟學認識（Stigler, 1983）。市場的管制，在大陸的發展過程，一直是各級政府在組建市場的重要工作。如同我們在調查中所看到的，山水市的牛市場絕不容許市場外的交易，華北白溝市場也不允許黃色錄影帶的販賣。所以，市場的管制

既然在大陸組建市場中如此的普遍，我們要探討的重點也就不是全面性的，而是就政府的市場管制，對於市場深化有重要影響的面向深入考察。在此，市場的深化我們指的是市場交易規則和規範的法制化發展。從研究中我們可以看出，大陸市場的管制，與大陸市場經濟的發展息息相關。因爲從重要的市場管制，我們已看到了管制作爲一種經濟行爲而不是政治行爲。這重要的涵意是，大陸市場的管制形成了「市場管制的市場化」。其意義是政府各部門透過派生的事業單位或者中介組織落實管制的機能，並以服務作爲管制的核心。因此，事業單位及中介組織以營利組織形態實踐了管制職能，在各個地方政府的競爭下，並使服務變成有價值的商品。市場管制的市場化，意味著管制使得市場慢慢形成明文的規則和無形的規範，降低了市場中的交易成本，擴大地方政府組建市場的經濟利得和政治、社會效益。

表面上來看，作爲使用資源及分配資源的政府部門及政治領導人，直接組建市場或形成廠商，乃是一種典型的官僚資本主義的表現。從實際運作的現實來考察，官僚資本主義這個概念，並不能有效的解釋政府部門及掛靠單位，組建市場及形成廠商的深沉意義。沒有錯，在組建市場及形成廠商的初期階段，使用資源及分配資源者可以透過市場達成資源的最優配置。政治特權保障了組建市場或者進入市場的優勢，並不代表隨後在市場競爭上的優勢。各級政府，所有的單位，林林總總的掛靠單位，無不在組建市場，形成廠商。市場的管制本身即是一種市場的競爭行爲。若是單位或部門擁有的市場管制不良，使組建的市場不具競爭力，市場也就無法成爲帶動地方發展與繁榮的動力，這是市場管制要以市場本身發展爲依歸的最終原因。大陸市場的形成到了市場管制的成熟，也即是以市場的發展再生產了市場規則及規範的發展，市場的發展便有了真正

的保障。所以，社會主義市場經濟的意義或許可以看成，社會透過政府不斷進行著市場管制市場化的職能，以帶動市場及廠商的進一步發展。

市場管制的市場化，意味著大陸的市場發展有可能開展出市場的階層結構。從社會學來看，市場經濟的重心是市場深化以後，形成一個垂直的市場階層結構，給予社會不同創造價值的層次，容許了不同品質的人存在。市場管制的市場化，使得國家及社會不只注意到廠商的發展，也注意到形成廠商之市場的發展，並讓市場的發展透過管制水平的高低在市場上進行競爭。因此，在全國組建市場的運動中，也就是在進行著一場發展市場的競爭。從某個意義而言，這是人類歷史上難得一見的景觀，整個國家把建構市場當成一件熱熱鬧鬧的正事來辦，透過不同市場管制策略，彼此爭取著市場的生存空間。市場概念也史無前例的被當成生活的概念，全面的在大陸鋪展開來，這就牽涉到我們下一節要討論的市場意識問題。組建市場的競爭，使得大陸市場的形成迭有起伏。因發展市場的計畫和管制的不同，使得有些市場形成卻又蕭條下去，有些可以繼續「增長」，部份的市場則能不斷「發展」。大陸的市場若能形成一個完整的市場階層結構，也意味大陸市場的形成趨於成熟。

二、市場意識與價值意識

市場管制的社會意義是，加強了市場意識的發展。這是台灣沒有的發展經驗。因為台灣不曾經過透過各級政府大力組建各類市場的過程。大陸組建市場的政府行為，是透過政府賦予了市場社會的正當性。等到組建市場從政府行為走向社會行為，市場的正當性已形成了一定的市場意識。市場的管制幫助任何參與市場交易的民眾

瞭解，什麼是市場行為，或者什麼應當是市場行為，什麼是不當的市場行為[1]。從經濟來講，市場的管制，降低了市場的交易成本。這種微觀面的市場認知之形成，與政府由上而下，宏觀推動全國市場之形成，互相符應，形塑了各生活領域中的市場邏輯。受訪的一家律師事務所，提到他們出來創業的心情是：

> 事務所的組建過程我們認為，合夥制是方向。我們不是單幹，也不是個體戶，是國家的法律工作者。在開始進行律師合夥制之前，佛山司法局首先進行宣傳，轉變思想。我有20年工齡了，有個轉變的過程。司法局的改革方案出台後，到今年五月一號給出一段時間考慮，建立事務所。改革不是強迫的，是自願組建自願組合。我們原屬於局下屬的經貿律師事務所，今年4月1日，我與其他四位志同道合的律師商議，一起辦了辭職報告，組成了最初的創譽律師事務所。在省司法廳的配合下，執照很快就拿到了（訪問記錄S013P19）。

對所有民眾而言，無法一下子在價值上肯定私營企業的社會角色和社會意義。所以，還需要有面具，那就是集體與國家的象徵符號。譬如，某些擁有高科技技術的知識分子，出來創業不稱呼自己為私營企業家，而名之為民營企業家。明顯的在價值感及心態上，私營概念遠遠不如民營概念，在社會上來得風光。可是，環繞著市場形成應有的市場意識，在大陸轉換體制的過程中，無法短時間內就被民眾所感知，及在生活中接受。市場之所以在改革開放後，能

---

1 在白溝市場的田野考察，我們親眼目睹白溝鎮官員斥責一個販賣帽子之商戶，對待購買客戶不禮貌的行為。據這位官員的解釋，不懂買賣的農戶，一旦轉變為商戶，很多不合乎市場交易習慣的行為，若不加以管制、糾正，會影響白溝市場的發展。

如燎原之火，席捲全國，並不是意識形態問題，而是實際的生存與生活問題。這個道理可以從華北白溝市場的歷史看得到，就在改革之前，為著生存，白溝對於市場發展的嘗試，不絕如縷。受訪者指出：

> 白溝人地很少，有做買賣的、扛長活的，我們是賣燒餅的。還有打零工的。土改時，是周圍村里有土改，不涉及鎮裏。58年以後才給地種，成立了人民公社。公私合營到61年底，沒有市場了，困難時期剛過，就有做買賣的。四清到文化革命即79年底，市場是關閉的，只是一、六有集，有必需品、糧食等。在那個階段上大約涉及周圍十幾里地。白溝以前涉及十幾個縣。困難時也沒有網開一面。我是1957年到1958年由做買賣，轉到了供銷社，那時我掙33元錢。母親、家裏的都得幹活去了。要是炸點果子，居委會就把果子給踩了。
>
> 文化革命時期提出“割資本主義尾巴”，對市場有衝擊，但不如58年的衝擊狠，集市偷偷摸摸的不斷。那時抑制市場，是上有政策，商戶們下有對策，領導也想不通。那時都是次地，沒法養人，砂地是不養人的。但這裏靠公路邊上，一開放就發大財了。那時間基層幹部體卹下人，有些務實幹部，總得要農民有飯吃。
>
> 那時這裏的集是3、5、8、10，泗莊鎮離此10華里，1、4、6、9為集。做買賣的是來回趕集，那個集市也不小。1958年以後的大集有牲口集、柴葦集、木材集、菜市（那時農民不讓種菜）、肉市、魚市，都是白洋澱、大清河的魚，還有乾鮮果品市。那時推算，每個集也不下20000人，如過年過節的“砲市”，那時老街筒子5華里長，兩

邊都是炮竹。那時的商人也有外地的，也有批發市場，自己去蘆，蘆來什麼賣什麼，農民各有門路，魚走魚路，水走水路，都是外來的東西到本地來銷，自產的連三分之一都沒有，本地能外銷的主要是糧食。那時，如一個農民帶了3、50斤豆子、玉米來，到路邊上就被本地的婦女截住，收走，收了後再到市場上去賣，在稱上扣點斤兩。白溝附近無林場，無其它產品，只有糧食。糧食市場很大，有小麥、麩子、豆餅等，還有飼料。文革時期，當時有些幹部長期在這裏，上級抓得緊時就抓一抓，也得學大寨，但本鄉本土，知道情況，總得讓人活，讓人有錢可掙，所以實際上是允許市場存在的，既然允許集市存在，就要允許集上的人存在，允許為集市服務的人存在。婦女在那時起了作用，比如在集上存車，開個茶水攤，等等（訪問記錄G033P19）。

這個被迫於生存而不得不鑽體制的空隙，政黨幹部也是瞭解的：

在文革時，公社黨委書記如信秉林，很懂事。保護了地方。如那時不讓賣雞，把老太太的雞收了。老太太哭哭啼啼地來了，到他那就放了，實際上是保護了市場。還有老縣長白克進，85年對保護市場起了作用。朗玉芳，原大隊老業務員，後來搞人造革，縣長讓貸款進貨，把人造革市場拉了過來（訪問記錄G033P19）。

市場概念得到普遍的接受，而不像私營企業有意識形態的限制，也說明了一旦市場開始發展，市場意識就慢慢滲透到民眾的日常生活意識中。這從民眾對於市場的維護可以看得出來。白溝市場的受訪者指出：

現在白溝街裏，服務業佔40％，小百貨40％，其餘的是運輸、廠子等等。市場裏的百姓什麼都不幹了，就出租貨架，免費存貨。如果有買包的就靠這人從庫房裏取。外地人來此的約佔三分之一，廣義的外地是指本市內鎮外，市外省內，現在除此之外還有外地人。浙江大軍北上佔據市場，河南人也有。本地人對維持市場很重視，知道要搞好關係。他們知道，不怕同行，靠本地人不能維持市場。同行是越多越好，土話叫作"貨賣山堆"，也就是要有規模（訪問記錄G033P19）。

隨著市場的發展，不但引進了外地人，僱傭勞動者也開始出現，對外地人及僱傭勞動者的看法，不再從地緣的角度，而是從市場的角度，可以看到真正市場意識的札根。受訪者指出：

僱傭關係的出現，標誌著規模的擴大，將來的目標是集團化，將小作坊聯絡為一個集團。現在農民見到僱傭有了效益，由個體發展到僱人，是規模的擴大，效益的吸引。而且隨著市場價格的變動，以往加工的毛利是10％到20％，後來降到了10％到0.5％，這就促使農民走規模效益的路子，但以薄利多銷的方式擴大了市場，市場的規模擴大了。這種現象還得作為專題來研究。我去年10月份搞"百花市場"調查時觸及的。對勞力市場不能橫加指責。現在人來了，是靠感情來維繫的，感情好，就跟一家子一樣，回家時給買車票、衣服，再加上100元錢等等。有的是提前走，過了正月十五回來，主人家也等。但是也有強迫結婚的、治安不好管理、挨欺負的、挨坑的。我就發現有的說好的工錢沒給足。這是由於勞動市場的不健全、未簽約所造成的。咱們保護外地人的利益，保護了他們的利益也

就是保護了咱們的市場。他們來市場也是一種發展（訪問記錄G033P19）。

隨著市場管制市場化的發展，大陸市場形成具有深層社會意涵的是，市場意識的發展帶動了價值意識的發展。當我們看到各級政府忙著發展市場，市場的組建逐漸由政府行爲變成一個社會行爲，市場作爲經濟行動單位，在各地方的成交額及稅收上開始顯現其效果，市場意識即變成一個有意義的探討主題。以台灣而言，原本即順著市場邏輯發展的社會，市場已在日常生活中被我們視爲當然的接受。市場可以變成是一個生活經驗上的預設或前提，我們不會去反思市場的存在及發展對我們的意義。然而，大陸體制的改革，恰恰從這個預設及生活的前提，給了我們思考的空間。社會中是可以沒有市場的，這不是遠古社會爲然。社會主義體制的發展使我們對於市場的發展，有著比資本主義體制社會更深入的反思。要把市場當成一個行動單位，要全力搞好市場的發展，就不能沒有市場意識。什麼是市場意識？我們泛指對於價格機能所開展的競爭本質及規則有明確的認識。而之所以要探討大陸市場意識形成的意義，是因爲當市場建構不只是作爲政治建構的工具，而是社會建構的核心，必然牽涉到整個社會價值體系的重塑問題，那就是隨著市場意識開展而來的價值意識之發展。

市場意識的發展帶動的價值意識的發展，或許是大陸體制轉換最重要的社會議題之一。社會主義體制遵循馬克思的理念發展，取消了私有制之後的公有制社會，也即是完全泯滅了價值意識的社會。價值概念從亞當斯密斯的《國富論》（1989）以來、經李嘉圖（Ricardo, 1981）、薩依（Say, 1968）、西斯蒙第（1977）、密爾（Mill, 1968）到馬克思（1975），可說是隨著市場概念的開展不斷發展，爲近代西方社會經濟發展，確立了重要的理論基礎和社會基

礎。弔詭的是，馬克思集古典經濟學大成的勞動價值說，在大陸解放後十幾年的社會實踐，卻反而使社會藉由取消市場及市場意識，整個拔除了價值意識。沒有市場意義下的價值意識之開展，肇致人民的努力與奮鬥，完全失去了安身立命的基礎，從而造成了人的普遍貶值而不是普遍的升值（陳介玄，1995）。所以，大陸市場經濟的發展，透過市場及市場意識的發展，重新獲致了社會的價值意識。隨著市場意識而來的價值意識之開展，才能帶動人及組織的積極性。這個轉型最顯著的例子是許多政府部門的掛靠單位或中介組織，慢慢意識到服務及資產的有價化。受訪的稅務諮詢所人員指出：

> 最初辦稅務諮詢所的目的是輔導、幫助解決問題、提供服務、增加稅收。1986年，開始搞無償服務，沒有積極性，也不負責任。都是離退休的稅務幹部，文件也是從單位中轉過來的，看到時也都過時了，對新規定不知道。這樣怎麼能提供準確的諮詢服務呢？1990、91年開始搞有償服務，發宣傳資料，納稅人可以委託納稅，收取諮詢費。諮詢所為企業提供稅務諮詢，有的擔任企業常年稅務顧問，主要是離退休老幹部，利用他們有經驗，發揮餘熱。社會對諮詢所也有要求，前幾年稅收實行優惠政策，很具體，企業不知道，需要顧問。諮詢所還為企業鑑定合同、進行政策法規宣傳、與稅務局有關科室一起舉辦培訓班、提供日常諮詢等。
> 下一步我們試想搞稅務代理、納稅申報、稅務稽查。利用中介機構搞好納稅人與稅務局的關係。稅務局辦稅務代理，省裡說不是中介。但瀋陽就是這麼搞的，他們說這叫以稅務局為龍頭。他們已經辦起來了，而且辦得很好。我

們正在等稅務代理辦法的文件。以後還要擴展稅務諮詢所
的工作（訪問記錄G026P19）。

從無償服務到有償服務，意味著市場中的價值理念已在起作
用。人的勞動價值，以及組織的集體行動效益，透過市場重新予以
肯定，也就說明了社會有了塑造價值的機制。要擔憂的是，如張五
常指出的（張五常，1993），具有價值資產的職位，若長期為某些
人所霸佔，則會造成長期的貪污。然而，若從整體社會的角度來
看，若不能先透過市場意識與價值意識的開展，使得每一個人得以
如同皮古（Pigou, 1952）指出的，透過勞動分配尋找自己的準地租
所得，則國民紅利的發展不可能極大化。換言之，整體社會財富的
創造與累積，必先使得個人勞動的配置具有優勢性，以帶動勞動及
組織的外部經濟。如此一來，市場的存在及發展，除了提供實質的
結構場域之外，更重要的是在於塑造，作為勞動基礎的價值意識。
大陸的市場發展，恰恰在我們已視為當然的市場價值意識下，再度
賦予思考市場意識及價值意識的機會和能力。

三、市場關係與非市場關係

市場管制的市場化，市場意識及價值意識的開展，在大陸的發
展，意味著從體制中消失的市場關係，重新進入生活的舞臺。一個
社會中市場關係的形成意味著社會連帶及社會關係的轉化。從西方
社會經濟發展歷史的背景作一考察（Braudel, 1981, 1982, 1984,
1993; Sombart, 1991a, 1991b; Weber, 1978, 1982, 1988; Wallerstein,
1974, 1980, 1989; North, 1966, 1973），市場及市場關係的真正成
熟，歷經了長時段發展的過程。社會學古典三大家，馬克思、韋伯
及涂爾幹，處理的社會學核心問題就是，西方社會由非市場關係到

市場關係的轉換。馬克思所談的人之商品化，意味著人透過抽象勞動的發展，在市場上取得了新的社會關係。勞動價值的開展，是以一定市場關係的開展為基礎的。中世紀以來非市場關係的人際連帶，徹底轉成資本主義的市場關係人際連帶。韋伯所談的西方文明的合理化過程，乃是從非市場性的氏族血緣連帶走向市場性的結社關係。對涂爾幹而言，西方的社會從機械連帶轉變成有機連帶，意味著同質性高、集體意識強的非市場關係社會連帶，走向以分工為基礎形成的市場關係之有機連帶（Durkheim, 1984）。寇斯在其〈廠商的本質〉一文藉由市場制度與廠商交易成本大小的比較，確立了在市場關係的世界裡，交易成本的重要性（Coase, 1988, 1994）。從社會學到經濟學，市場關係的研究，或者作為研究的主題、或者當成研究上的預設，都說明了這是一個探討社會經濟發展的重要問題。

從韋伯觀點來看，廠商的出現，也就是合理勞動組織在西方歷史舞臺的形成，先要有合理市場制度開展為基礎。所以，市場及市場關係的出現，是必須先處理的一個問題。韋伯先前所提出的這個論點，使得我們注意到寇斯交易成本概念，有其預設上的限制。因為，只有在說明了人類歷史舞臺，市場關係如何變成了社會連帶的基本類型，經濟學上交易成本的討論才有意義。同時也才能看出交易成本理論觀點，對既有市場關係解釋上典範轉移的重大意義（Cheung, 1974, 1983; Barzel, 1982, 1997; Klein, 1995; North, 1981, 1984; Williamson, 1975, 1985），以及其對於全面社會關係詮釋上的不足。因為直到現在，也並不是所有的社會關係都涵蓋在市場關係之下。這就如同古代及中世紀，也不可能是一個完全沒有市場關係的社會。大陸市場的發展，作為一個歷史及社會現象，提供我們一個機會重新省思市場關係的本質，及其與非市場關係的關係。大

陸及台灣社會連帶研究的重點應在於，其市場關係的特質爲何？非市場關係的特質又爲何？更重要的是，市場關係與非市場關係之間是怎樣的一種關係？兩者之間有沒有資源可移轉上的機制？

奧肯在其重要著作《平等與效率》一書指出，市場是必不可少的，但它必須被控制在恰當的範圍之內（Okun, 1988）。確實，如同上述，我們無法完全接受經濟學的觀點，乃在於社會中仍然存在著廣大的非市場領域，許多的非市場關係。可是，經濟學作出的貢獻，我們也於樂於參考，如同貝克指出的，市場活動時間（工作）與非市場活動時間（閒暇）的最佳組合，可以使消費者獲得最大效用（Becker, 1976）。從大陸市場研究，我們要說明的是，市場關係與非市場關係最佳搭配，有助於經濟及社會得到較好的發展。這一點，從台灣中小企業的研究也可以看得到。台灣中小企業賴以發展的「協力網絡」，是台灣非市場關係與市場關係資源移轉很重要的介面卡（陳介玄，1994）。大陸是否已發展出來了這樣的介面卡，是我們針對市場研究要再深入的重點。不可否認的是，大陸既存的非市場關係，對早期的市場經濟活動起了很重要的作用。白溝市場的受訪者指出：

> 我在白溝小有名氣，個體户對我大力支援，上邊領導也挺重視。說土話就是這個人緣挺重要，跟各部門關係、跟私人關係、跟鄰里關係、跟哥們弟兄關係，基本上我都搞得挺好。例如對個體户，咱既不偏向個體户，也不偏向職能部門，起個橋樑、紐帶作用。過去生產隊的領導、現在的領導對我印象都不錯，我是你不讓搞的就不搞，你讓搞的咱按時按質搞好。我覺得人緣還是最重要的，資訊是人告訴我的，我人緣不好，你可以告訴我假資訊。在石家莊時，一般別人沒有的貨我打頭的時候多，發現一種新的玩

意兒，多少錢我也進，我教他們做買賣都是這樣，例如原
來賣茶杯、暖壺，我發現盆了，就先進10個盆看看怎麼
樣，一賣行，第二次就進50個，又賣了，下次就可進
1000，就把錢掙回來了。進10個只賣一個不行，8個人
要，證明這個東西快，適銷。人緣還是最重要，處得不錯
的告訴你點資訊，要是不好他不行了才告訴你呢。好人緣
建立靠感情，你不能冤人家，否則從良心上對不起人。我
這些年沒被人騙過，我幹什麼事都是小心謹慎。按現在來
說我還跟不上趟，做不了大買賣，我心眼比較實，我有
100塊錢頂多弄110塊錢的買賣。處關係有一個良心帳，你
吞1塊錢，其中有我5毛，還有你5毛呢，我頂多不掙錢完
了，下回就沒人沾你了（訪問記錄G036P19）。

做生意要有好人緣，好人緣靠感情建立，大陸市場經濟發展的
基礎，仍然依賴著先天的血緣連帶和後天的朋友連帶，也就是仍然
依靠著「家族團體連帶」與「擬似家族團體連帶」。這種非市場關
係對市場關係的支援，在佛山市的經濟活動也是極為常見。受訪的
律師事務所業者談到其創業歷程說道：

今年從5月開始成立，到8月18號正式剪彩，2個多月的時
間，我們一邊堅持辦案，一邊組織籌建。我們剛出來的四
個人，是兩袖清風。所有開支、投入、裝修、車輛、通訊
等都是負債。主要靠各界有關單位貸款來的。籌建過程
中，人員是自願組合的，沒有問題，當時的主要問題首先
是場地，第二是資金。我們沒有資金來源，沒有先例，只
能靠自己摸索，靠在原單位工作時結下的社會關係的支
持。他們都表示，只要我們需要，就可以幫忙。我們不靠
貸款是不行的，因為我們從公辦所出來的前提就是國家不

撥經費。我們的資金主要是靠朋友，我們沒有財產可抵
押，單位也不可能為我們擔保。我們貸款主要是基於朋友
對我們還款能力和我們本人的信任，我們不管是什麼形式
的貸款，都敢於借。貸款給我們的人有親戚，有朋友，但
主要是朋友。而這些朋友又通過他們的單位貸款給我們，
貸款中真正屬於私人貸款有，但不多。我們在各界朋友的
支持下，資金在很短的時間內就得到了解決，並在2個多
月時間裡辦成有場地和如此規模的事務所，是很不容易
的。現已完成了150萬的負債投入，辦公場所已全部改建
裝修一新（訪問記錄S013P19）。

　　無論是在華北白溝，或是在廣東佛山，非市場關係在改革開放
經濟發展初期，對於市場關係的形成有著重要的支援效果。然而，
非市場關係建構，對於經濟的發展有其限制。從白溝市場發展及廣
東佛山一帶企業組織的發展，我們可以看到這樣的瓶頸。白溝市場
受訪者指出：

我們這邊的勞力，沒有什麼技術的，耪地蓋房一天還掙十
多元呢，大秋收麥子、耪地等，都有雇工的，以往幫忙的
形式沒了，蓋房都得請建築隊，砸地基是請人幫忙。老人
閒著，年青人沒技術的，就出來當短工。這種情況90年就
出現了。承包以後，隊辦副業就散了，技術員等等就採取
了互助組的形式，開辦起企業來。各家各戶的地是互相幫
助種，這在分地初期出現過，是自覺的。在做買賣、做箱
包的發展中，自己做不出來，或者是資金少，就以親戚宗
族關係為紐帶，現在如果關係好，還能維持下來。一有了
爭執就維持不住了。但是當初畢竟有這種形式。現在合作
形式少了，因為沒有組織。一般的合作就短一些。實在不

行了，就租賃經營（訪問記錄G033P19）。

大陸經過十幾年市場組建的發展，在市場的競爭下，沒有一定非市場關係網絡支援的個體或組織，未能在技術及研發上提升，可能就無法競爭了。等而下之的是，利用非市場關係圖謀市場關係的利益，造成資源的不平等分配。也就是用身份連帶取代專業連帶，只著重於社會關係的投資，用業者的話說是搞感情投資（訪問記錄SO14P19）。

搞感情競爭及感情投資，可以說是非市場關係轉化為市場關係一個惡質性的現象。在這個過程中，蒙蔽或模糊了市場關係應有的真義。什麼是市場關係的真義？從業者的觀點來看是：按市場規律，能夠讓有能力的人擔重任。透過市場使人才出線，並結合起來，是市場關係應走的方向（訪問記錄S014P19）。

市場關係作為一個重要的社會關係意涵，就是讓人力資源作有效的配置（Becker, 1993）。非市場的關係的作用是，不讓非市場關係阻礙了這個配置系統，而是促進了這個系統（Arrow, 1989）。台灣中小企業協力網絡的重要社會意義，就在於有效的讓人力資源，透過一張張的網絡在社會各部門、各領域進行自發性的分配。對大陸現階段而言，市場關係作為一個新的社會結構仍未成熟，所以，人才的配置也就未臻理想。可是，不可否認的，市場關係是在發展，也在不斷調動非市場關係中具有積極意義的文化質素，充分的支援企業組織及市場關係的發展。這種具備了結構意涵的轉變，使得大陸社會充滿生機。這是台灣十幾年前曾經有過的風光。兩岸在這一點上已逐漸取得了類似性。這個發展趨勢相當有助於雙方的互相瞭解。

四、小結：大陸市場形成對台灣企業及社會發展之意義

　　一介布衣，卻可以語驚四座，這是在大陸田野調查常有的感覺。這或許不應歸之於政治場域殘酷磨練的結果，而是說明了文化的根底仍在，生活有著豐厚的土壤。所以，改革步伐一開，便能昂首前進。市場管制、市場意識及市場關係的開展，都說明了大陸的改革可說是一日千里。鄧小平的讓一些人先富起來的觀點，說明了他洞察到社會與經濟的發展不能沒有層次。也就是我們講的要有一定的市場階層結構和社會階層結構，社會才能發展。市場管制、市場意識及市場關係的發展，都是在促成這個階層的形成。在這個市場階層及社會階層形成的過程中，率先會以貧富不均、社會不平等的現象，觸目驚心的出現在衛道人士及保守派的眼前。改革是否能繼續？這就在考驗著執政者及全民的智慧了。沒有市場階層結構及社會階層結構，社會中也就不需要存在著有才能的人。教育的養成及對於人本的投資都變得沒有意義。因爲，主觀上既不需要奮鬥，客觀上也沒有這個環境。這是大陸社會主義體制未改革前的狀況。環繞著市場的組建，大陸從上到下，步調參差不齊的在進行著社會關係大轉換的工程，這是令人爲之動容的歷史時刻。台灣的研究者若關懷自己未來的命運，便不能放過這個令舉世震驚的社會大轉型。因爲，這個轉型的成敗，與每個中國人的未來都息息相關。不管願不願意，台灣社會的發展方向，已因大陸市場的興起，有了新的可能與挑戰。無論是現實志業和學術研究，都要正面地迎向這個挑戰，才能尋找到更好的出路。

　　從第10章及本章的討論，我們希望勾畫出台灣產業未來發展的舞臺和背景。台灣產業未來發展的真正舞臺，從我們觀點來看，不在於台灣本身，而是大陸、香港及台灣兩岸三地所形成的經濟世界。因此，台灣產業及社會的發展空間，取決於我們如何認知這個經濟世界，並採取有利的行動。對於這個經濟世界的瞭解，大陸市

場的發展，是其中的關鍵。透過大陸市場發展的瞭解，我們可以研
判其政治體制變革的幅度，可以分析其經濟改革的可能深度，可以
預測其社會結構變遷的方向。而這些思考對於台灣產業及社會未來
的發展，都是重要的參考指標。大陸市場社會的發展，雖比不上台
灣，更遜於香港。但是，不可否認的，其發展的型態，卻對台灣及
香港的未來，有絕大的影響力。因此，唯有將大陸市場社會目前發
展所呈顯的弱點，以及香港市場社會發展上的優點，加以比較，我
們才能知道，台灣該如何吸收優點，改進缺點，使其社會發展層次
臻於華人世界的新境界，並給中國大陸的發展帶來新的示範作用。
本文及第十章對大陸市場形成的討論，可說是這個實踐關懷下的初
步理論工作。其意義在於建構台灣產業發展與大陸市場形成的內部
關係，而非外部關係。這點從大量台商到大陸投資即可略知一二。
當然，這個內部關係的細節，需要進一步討論才會明確，這個工作
有待來日爲之。然而，從大陸及香港市場社會發展的對照，以足以
將台灣經驗昇華，提出一個有意義的經濟社會學解釋架構。那就是
本書最後一章要討論的「社會資源可移轉性」。

第四篇

結論：社會資源可移轉性

第十二章

市場、廠商及網絡——社會資源的可移轉性[*]

從台灣、大陸及香港的社會經濟研究，使我們碰觸到幾個根本的社會經濟問題，那就是市場、廠商及網絡的本質問題。從寇斯（R. Coase）到威廉姆森（O. G. Williamson）以來的交易成本經濟學（Coase, 1988, 1994; Williamson, 1975, 1985, 1988, 1994; Williamson & Winter, 1993; Stigler, 1983; Demsetz, 1988; 阿爾欽、登姆塞茲，1995；阿爾欽，1995），已經對於市場及廠商的本質有深入的反省。社會學傳統從普蘭尼（Polanyi, 1957; Dalton, 1971），到80年代之後再復甦的經濟社會學，也對於市場、廠商組織及網絡提出了不少的研究（Anderson & Latharn eds., 1986; Dworkin, Bermant and Brown eds., 1977; Brus & Laski, 1991; Cantor, Henry and Rayner, 1992; Swedberg, 1993, 1994; Smelser & Swedberg,

* 本文初稿發表於東海大學東亞社會經濟研究中心，於1997年3月21、22日所舉辦之「東亞經濟組織及網絡變遷研討會」。感謝兩位評論人對本文所提供的寶貴修改意見，僅此誌謝。

1994; Wellman & Berkowitz, 1988; Hamilton & Feenstra, 1997; Hamilton & Biggart, 1977; Nohria & Eccles, 1992; Best, 1990）。可是，這些反省及研究是立基於西方社會經濟發展的歷史經驗所做的工作，相對於華人世界的經驗，這些研究所提出的觀點便不一定是適用的。從台灣及大陸的經驗來看，因社會結構及歷史脈絡的不同，使我們對於市場、廠商及網絡，在華人世界發展的本質，有重新發問的空間。因此，本文嘗試在田野經驗材料的基礎上，對於台灣及大陸市場、廠商及網絡發展的本質，進行理論性的探討。

從台灣及大陸的經濟發展來看，台灣在1980年開始逐漸碰到產業轉型問題，大陸在這個時候改革開放剛成氣候，於全國各地大幅度的組建市場。將兩岸的發展合併在一起觀照，一邊碰觸到的是廠商發展上的問題，另一邊面對的是市場形成的問題。廠商及市場在海峽兩岸的華人社會，以新的形式、新的內涵出現於歷史舞臺，提供了我們再度省思這兩個古老課題的空間。使我們有機會不把廠商及市場當成分析上的預設，而是作爲研究上的核心問題，重新逼問廠商及市場的本質問題。也因爲對於市場及廠商的再思考，使我有機會就台灣協力網絡、貨幣網絡及貿易網絡三階段的網絡研究（陳介玄，1994，1995），做一個反省，嘗試在理論的架構上將三者加以定位。在大陸及台灣田野經驗研究過程中，之所以想對於市場、廠商及網絡的本質作進一步的思考，最主要是意識到「社會資源可移轉性」這個問題的重要。因而，社會資源可移轉性可說是本文的一個核心概念。透過這個概念的建構，希望對於未來華人世界社會經濟的研究，提出一個可以繼續深化研究的方向。

一、市場：創造社會資源可移轉性結構

對於市場的研究，慢慢變成是社會學及經濟學交會的場域（Weber, 1978, 1982, 1988; Berkowitz, 1988; White, 1988, 1993; Friedland & Robertson, 1990; Thompson, Frances, Levacic and Mitchell, 1991; Swedberg, 1994; Cantor, Henyy and Rayner, 1992; Ensminger, 1992; Zelizer, 1983; Burk, 1992），理論知識上的發展，固然提供了我們對於市場許多新的思考空間。然而，對我個人而言，重新思考市場對於社會及文明發展的意義，卻是來自於中國大陸社會變遷的研究。在對於大陸社會變遷的考察過程，我們逐漸發現，市場在大陸的發展有許多新意，值得我們分析與研究（吳國光編，1994；宋養琰，1994；馬洪編，1993；樊綱、李揚、周振華編，1994）。我在國科會專案研究的兩篇報告：〈市場在政治與社會之間的移轉性作用：大陸市場形成的內部性意義〉及〈市場管制、市場意識與市場關係：大陸市場形成的外部性意義〉，對此問題已有初步的探討。底下我們以這兩篇文章的研究爲起點，略爲說明大陸市場發展幾個值得進一步觀察的重點。

　　大陸組建市場的第一個值得重視的要點是，組建市場由政府行爲過渡到社會行爲。換言之，大陸市場的發展先由政府主導，民間再慢慢跟上。這個現象使我們看到，一個沒有市場的社會要過渡到市場社會，首先便要有形成市場的成本和規範市場運作的制度。市場發展的初期之所以是政府行爲，乃在於這個階段唯有政府才能負擔得起組建市場的成本，才有權力對市場發展進行管制。這個現象的背後清楚的說明，共產黨專政下，重要的資源（包括土地、人力、物質財貨及權利的使用）都爲黨及政府所掌握。在公有制的體系之下，表面上，這些資源內於社會，爲全民所有，實際上是完全爲掌權者所壟斷。然而，儘管掌權者握有這些資源，由於受到既存社會主義生產及分配體制的支配，資源無法充分流動及移轉，資

源也就失去了社會意義，政治壟斷社會資源的現象無從彰顯。可是，有了市場就不一樣了。市場以不同於公有制的體系進入社會，第一個對社會產生的撞擊是，原本沉滯的資源開始流動，握有資源的人開始可以將資源移轉。這就是我們在大陸田野研究的第一個發現，「在大陸改革初期，政治資源可移轉的範圍才能形成市場和廠商」[1]。

　　大陸市場形成第二個值得注意的重點是，資源在私部門的累積。前面我們說過，在改革初期，雖然是政治資源可移轉的範圍才能形成市場。重點在於，儘管是政府行為，市場畢竟是形成了。有了市場，市場中的各類主體也就有發展空間，這對於個體戶及私營企業或民營企業的發展尤其重要。當然，在改革初期，隨著市場組建而形成的私營企業，其創業的情境，仍然要受在「政治資源可移轉範圍」這個條件的制約。所以，不論從事何種行業，都要與政府單位或部門掛靠。市場中的私營企業和個體戶有了發展的空間，資本開始在私部門形成，也就打破了政府部門完全壟斷資源的局面。組建市場在後來之所以是一種社會行為，乃在於私營企業及個體戶有資本參加興建市場的投資。資源開始在這些市場中的交易主體累積，說明了大陸初期以政治資源移轉來組建市場的社會效果。市場形成除了促成市場中交易主體的發展，進一步更促成了市場本身的擴大和繁殖。交易者本身不但可以形成廠商，更可以擴大市場。透過市場發展的資源可移轉性，慢慢突破政治對資源流動的箝制和寡佔，而使社會本身有了這個空間。

　　因此，大陸市場形成的第三個觀察重點在於，資源可移轉的社

---

　　1 關於政治資源移轉的問題，可參考本書（市場在政治與社會之間的可移轉作）一文的討論。

會隨著市場而出現。在改革初期，以私部門為主幹的社會不能組建市場及廠商，意味著社會沒有資源可移轉，這個資源包括物質財貨及權利。市場的形成，從更寬廣的結構來講，是使大陸在政治及社會之間的資源具有移轉性作用。在此，我們也就更能明瞭大陸經濟改革的迫切性。一個社會中，如果連政治掌權者手中所握有的諸多資源，都沒有其它出路，而只能不斷用來鞏固其自身的政治權位，社會的停滯將會可怕的持續下去。當掌權者透過資源以鞏固其政治權位的策略，與老百姓的生活改善完全不相關時，統治正當性的危機即可能出現。資源移轉的意義是，使得原本無用或不知使用的各種社會要素，因轉移而得到新的效用和價值。社會資源的可移轉性是，一方面行動者知道了資源的訊息及意義，並做出了資源移轉成效；另一方面則是社會發展出了資源可移轉的各種相應制度（如硬體的交通、電訊，軟體上的各種法律、規章）。1992年開始進行大陸調查時，到了廣州、上海及北京這三大城市，深為其市容之陳舊及老化而震驚，社會的沉滯已是觸目可及的現象，而不必靠理論的想像。大陸有人、有土地、有一定的物質資源，這些要素都被整個公有體制所綑綁，動彈不得。社會的各種資源是分散的、割裂的、原子化的存有。資源沒有流通，社會沒有資源可移轉的制度設計和機制，從而任何行動主體也就無法進行資源訊息的搜尋，並做成資源的有效移轉以創造價值。

　　在大陸親眼目睹市場於華南、華中及華北各地形成的實況，並一日千里的在改變著大陸的日常生活結構，使古典經濟學及社會學以來各種市場論述的觀點，一下子鮮活起來。當我們已生活在市場社會中，市場已經像空氣一般無所不在，要我們重新意識市場與社會的關係有其困難。可是，在大陸這個快速進行體制轉換和社會變遷的階段，市場投入社會的速度一直在主導著社會變遷的速度，我

們可以清楚的意識到市場對於社會發展的功能和作用。不管是由政府將市場投入社會,或是民間自己將市場投入社會,這個功能和作用都是一樣的:不斷在創造各種資源的流動和移轉。因為這些資源的流動和移轉,許多創造價值的機會和空間開始湧現,社會中因市場意識的發展而帶動著價值意識的發展[2],個人發展的誘因及激勵行動的機制慢慢成熟。市場或許有很多的實質問題值得研究,有不同的觀點可以加以詮釋。就大陸的經驗而言,我認為市場的意義及價值乃在於它創造了社會資源可移轉的環境。相對於這個重點,市場其它的功能和角色都變成是次要的。

二、廠商:體現社會資源可移轉性

1980年代之後,台灣的產業開始面對轉型問題。這個問題對於眾多的中小企業來講,特別嚴苛。企業的轉型是一個大問題,牽連的層面甚廣,我們在此無法一一探究[3],而只就其問題的核心提出討論。從1995到1997兩年的中小企業轉型調查過程,我個人開始意識到台灣企業轉型中的社會資源及全球資源可移轉性的問題。如果我們將1985到1995,十年時間,粗略看成是台灣中小企業轉型的一個關鍵時段,從田野資料可以發現,到了1995年還能存在及發展的企業,大半在十年前也就是1985年已在進行轉型的動作。這十年時間,有的受訪廠商因經營不善,跳票而倒閉;有的無法在台灣生存,關廠而轉到大陸及東南亞投資;有的則升級和轉型成功,繼續

---

2 有關價值意識在大陸的發展,請參考本書〈市場管制、市場意識與市場關係〉一文的討論。

3 請參考東海大學東亞社會經濟研究中心有關〈台灣中小企業未來之發展與轉型〉第一年、第二年的研究報告。

絮根於台灣，並向海外擴展。在這諸多不同企業發展的類型裡，我們是否有可能找到一個一般性的分析要素，以做為啓發的工具？我想這或許可以從廠商在台灣發展的本質進行一些考察。

在大陸與台灣的對照下，社會體制不同，對於經濟發展系統的影響即鮮明可見。台灣於光復之後，繼續著私有制的市場經濟邏輯發展，因而，我們也就看不到類似大陸透過全國組建市場以轉換體制的過程。市場是跟台灣的經濟成長一起發展，因而市場對於台灣社會的意義可看成是隱而不顯的舞臺。耀眼的是在這個舞臺演出的廠商。由於台灣市場在戰前及戰後並沒有本質的改變，社會資源移轉的空間始終存在。所以，發展的重點乃在於，廠商如何體現這個資源可移轉的空間？在《協力網絡與生活結構》一書，我說明了台灣社會經由社會人情網絡與生產協力網絡之間的資源移轉，使廠商形成與發展。同時，廠商又反過來，進一步促進了兩者之間資源的移轉。從紡織、石化加工、機械及電子資訊等產業的幾個不同發展階段，台灣社會資源可移轉的形態和內容也有了不同的發展。因而，廠商的發展也逐漸有了變化，形成了四個不同等級規模的廠商。以製造業來講，那即是家庭工廠、小型廠、中小型廠及中大型廠（陳介玄，1994）。廠商規模多大，取決於資源可移轉的幅度有多大。一般而言，類屬於家計經營資本的家庭工廠及小型廠，資源可移轉的幅度有限；相反的，企業經營資本的中小型廠及中大型廠，資源可移轉的幅度即較大。

從台灣的經驗來看，形成廠商，不像大陸，一開始要在政治資源可移轉的範圍內才得以可能。台灣廠商的形成，以中小企業來講，是要在協力網絡支持下才得以可能[4]。因此，協力網絡對於台灣

---

4 當然，這裡我們討論的是政府遷台之後的發展。之前，台灣形成廠

廠商的形成與發展極爲重要，廠商組織與組織之間的資源，即是透過一張張的協力網絡來加以移轉。因此，台灣廠商社會資源的可轉性是透過協力網絡達成的。然而，隨著新的國際合作（Gerlach, 1991）及新的國際競爭的形成（Katzenstein, 1989; Castells, 1996; Best, 1990; Pyke & Dengenberger, 1992; Fankel & Kahler eds., 1993; Locks, 1994），和全球商品鏈的發展（Krugman, 1991; Gereffi & Korzeniewicz eds., 1994），台灣內部協力網絡作爲社會資源移轉的功能，顯然不足。協力網絡外部的政府資源、社會制度資源（如各地區大學）及國際上的資源，對於廠商的發展都必須予以重新考慮。因此，支持台灣早期中小企業發展的協力網絡，已從「自發型的網絡」過渡到「建構型的網絡」；從國內的協力網絡走向國際的協力網絡[5]。由於台灣中小企業長期扮演著出口的主力，對於全球經濟結構的變遷異常敏感，爲求取生存之道，必須不斷建構國際化的觀念和實踐策略。因而，也就有一個基準點重新省視國內的投資環境和企業發展的社會條件。所以，對社會資源及社會部門可移轉性的實踐，變成生存的挑戰，同時也是對社會革興發出要求的動力所在。是否能夠體現社會資源的可移轉性，也變成企業發展與否的前提要件。

　　台灣中小企業的利基點不在於規模經濟，而是少量多樣的彈性生產能力（陳介玄，1994）。加上高度競爭，所以體現社會資源可

商的機制，就不能不討論日據時代，因日本對台灣一些基礎工業的創辦，以及大陸本身產業的發展。否則我們就無法正確掌握台灣第一批廠商形成的實況。

5 以上這些相關議題的細緻討論，請參考本書第一篇相關文章。並參考Orru對於台灣與義大利小型企業之比較研究（Orru, 1997）。

移轉性的行動，特別徹底。這可以從人人想當頭家的現象看出來。任何人能夠出來獨當一面，成功的組織、經營一個企業，他必然要對於自己所握有的各種資源作最好的發揮，也就是達成最好的資源移轉成效。由於廠商不會自動形成，必須要有人去組成，因此廠商的形成是在一定社會資源的集結下才為可能。所以，企業主要形成企業組織便需要以自己的時間、精力和金錢，負擔移轉各種資源的成本。不管是尋找有用的投資訊息、或是籌措資金、將原有的農舍闢建為工廠或買一塊工業區的土地、透過人脈得到工廠登記證。企業主在尚未付出組織運作成本（包括機器設備、原物料及薪資的付出等生產成本和接單及詢價的交易成本），已必須先進行移轉資源的成本付出。創業者以其本身的時間、精力及已有的儲蓄，負擔了資源移轉的成本。因此，在必須將成本轉成效益的壓力下，社會資源的可移轉性，才會體現在其組織形成及組織運作的一連串過程。透過創業者組建廠商的過程，帶動社會資源的移轉，社會才真正需要企業主及企業組織的存在。要分辨的是，創業者所帶動的資源移轉若不能成功，也可能形成社會資源的浪費，這也說明了社會需要有能力的企業家之重要。不過就台灣整體經濟的發展而言，中小企業所帶動的社會資源之移轉，已成功的將農業世俗社會轉成工商世俗社會（陳介玄，1995）。

　　台灣的發展經驗，與前述大陸發展市場的過程當然不同。但卻在這個不同中，使我們對於以廠商發展為主的台灣經濟體制有了更深入的瞭解空間。一個個零散的中小企業，整合起來造就了台灣的經濟奇蹟。這樣的廠商組織發展，不能看成是組織本身的獨特效能。而是潛在的市場體制使得台灣戰後即能卯足全力發展廠商，並透過這些數以萬計的企業組織帶動了社會資源的流動和有效使用。從這個角度看，台灣社會透過廠商進行了史無前例的社會資源總動

員，才是它立足國際經濟舞臺的真正原因。因而，從臺灣的經驗來
看，廠商的發展恰恰從其轉化資源形成商品的過程說明了，廠商的
存在乃在於體現市場所創造的社會資源可移轉性。有了市場創造的
社會資源可移轉性環境，沒有廠商將這個可移轉性加以實踐，這個
環境也是名存而實亡。因此，大陸鄉鎮企業以及私營企業乃至個體
戶的發展，才會蔚為風潮。台灣中小企業與台灣社會發展的關係，
充分說明了廠商體現社會資源可移轉性的重要。從中國歷史的經驗
來看，社會可以有市場而沒有廠商，所以，廠商與市場相互依存的
關係不能視為當然。韋伯提出「合理勞動組織」作為西方合理資本
主義發展之關鍵要素，絕非偶然（陳介玄，1989）。合理勞動組織
表彰為現代意義下的廠商，說明了歷史上市場中的交易成本再高，
廠商也不一定出現。因此，市場及廠商的出現各有其一定的歷史脈
絡和社會條件。台灣的經濟以中小企業為出口主力，彰顯了其在世
界經濟中的獨特性，也就說明了廠商所能體現市場資源可移轉性的
成就，足以作為一個特點加以深論。這或許是我們熟悉於台灣中小
企業，但是並不真正瞭解它們的奧秘所在。

三、網絡：在技術上使社會資源移轉為可能

當我們對於市場及廠商在中國大陸及台灣社會發展的本質，做
一個簡單定位之後，網絡的問題就有一個相當清楚的分析架構。廠
商存在於市場中，無論是從大陸政治資源可移轉性的角度，或者台
灣社會資源可移轉性的角度來看，廠商的發展在海峽兩地，依賴於
一定的網絡連結，是現實的發展結構。從大陸私營企業發展的角度
來看，企業主無論是從國營企業、鄉鎮企業，或者其它政府部門、
機構的中介組織出來創業，多少都要與政府各相關部門維持某種掛

靠關係，說明了政治網絡中的人際關係，對其移轉資源形成組織的重要性[6]。從臺灣的經驗來看，中小企業在創業初期，以一定的人際關係，形成創業資訊、技術、資金及市場取得的管道，也說明了經濟網絡中的人情關係，是移轉資源形成組織的關鍵要素（陳介玄，1994）。因此，網絡對於台灣及中國大陸經濟發展的重要意義，主要在於技術上使資源的移轉成為可能。所以市場的發展，不但帶動了社會上經濟關係的發展，同時也帶動了社會關係的發展。社會關係伴隨著經濟關係而發展；或者說，社會關係促進了經濟關係的發展，都可以在大陸及台灣找到相符應的社會事實。網絡對於兩者關係的建構，扮演著樞紐的角色。

從經驗來看，相對於市場及廠商，網絡在大陸及台灣經濟活動中的存在，其本質何在？就消極面而言，大陸市場及台灣廠商的發展經驗，使我們看到制度發展不夠健全，無法形成諾斯所講的遊戲規則之社會作用（North, 1981, 1996），加上因少量多樣商品屬性的發展，使廠商的規模始終有中小企業存在的空間。人與人之間的網絡和廠商組織與廠商組織之間的網絡，不管是為了彌補制度無以形成遊戲規則的障礙，或是中小企業組織資源上的不足，網絡皆有其存在的價值（Hamilton ed., 1996; Orru, Biggart & Hamilton, 1997; Biggart, 1997）。就積極面而言，市場創造了資源可移轉性的環境，廠商要體現這樣的環境並創造價值，在現實上存在著許多的困難。譬如說，很重要的「資源訊息」的取得即非易事。從台灣廠商繁殖的現況來看，無論是黑手變頭家或是白手變頭家（謝國雄，1992；柯志明，1993），創業訊息及投資訊息的取得，經濟網絡及

---

6 有關大陸私營企業創業的資料，可參考東海大學東亞社會經濟研究
　中心，整合型研究計畫所收集到的田野資料，收於《轉型中的中國
　社會結構》第一年及第二年研究報告。

人際網絡都是重要的管道。所以,市場固然創造了社會資源可移轉的環境,廠商要體現社會資源移轉的可能性,經濟網絡及人際網絡在技術上使得此種體現成為可能,或者加速了此種體現的過程。要注意的是,人際網絡及經濟網絡在技術層面上,對廠商的企業經營有相當不同的意涵。

不管是中國大陸或者台灣,對於經濟發展的解釋,儘管網絡有其重要性,卻不宜將網絡的作用放的太大。這主要在於網絡內含的社會關係(人際網絡)及經濟關係(經濟網絡)有其本質上的不同,雖然兩者在經濟發展過程有相當緊密的關係。在此社會關係指涉的是依人情慣例而交易的規則;經濟關係則指涉的是依商業慣例而交易的規則。從台灣中小企業某些個案的長期追蹤,我們發現,社會關係及經濟關係之間的聯繫,就長時段來看,有些潛在的重要現實關係可以被挖掘出來。換言之,有些關鍵的經驗規則可以加以歸納。從社會關係及經濟關係的角度來看,廠商的生存及發展,短期是由社會關係決定;長期則由經濟關係決定。以經濟行動本身的邏輯來看,社會關係是短期效益;經濟關係則是長期效益。這也是為什麼我在《貨幣網絡與生活結構》一書,要區分「炫耀性信用」與「資本信用」的道理(陳介玄,1995)。對企業而言,炫耀性信用是短期效益,資本信用則是長期效益。如果從廠商本身動態的發展過程來看,廠商每一個生存及發展的階段,都在面臨著短期效益及長期效益的整合與平衡問題。當廠商把短期效益的社會關係,看成是長期效益的經濟關係,企業的經營便容易顯現為危機,因為社會關係的建構成本和運作屬性,會侵蝕企業主對於企業的能力和成效。從受訪企業T14、T15、T17三家綿紡織廠之經營失敗都是很好

的說明例子[7]。

所以，內含著社會關係及經濟關係的網絡，既然是在技術上使得廠商體現社會資源可移轉性為可能，企業主在面對網絡的經營，便是一個動態的建構過程。他必須隨企業發展的不同階段不同情境，將作為短期效益的社會關係與作為長期效益的經濟關係搭配到恰到好處。這個拿捏的重要原則即是「在社會資源可移轉的範圍內建構網絡」。從資源可移轉性看網絡的建構，才知道建構網絡的邊界在那裡？網絡建構的邊際效益與邊際成本的平衡點何在？因為如同組織廠商需要成本，建構網絡也是需要成本，特別是直接對於創業、投資及接單有關的網絡之建構。從田野調查的資料加以分析，我們發現，企業主在建構網絡有一定的經濟邏輯和軌跡。一個廠商，隨其經營商品、規模、設廠地的不同，建構的網絡即會不同。但是，不管網絡的建構隨現實環境的需要如何不同，若不能謹守著「在社會資源可移轉性的範圍內建構網絡」，以達到網絡建構邊際效用與邊際成本的平衡，企業主便可能為網絡建構所付出的過巨成本，以及因網絡建構形成的負面效應侵蝕了網絡建構的正面效應，而流於失敗。

從市場、廠商到網絡我們看到在訊息與技術的革命性變遷下，形成了一個整體。這主要在於網絡以前所未有的活動方式，在技術上創造了市場與廠商的新互動方式（Arrow, 1984; Burt, 1982, 1983, 1992; Saxenian, 1994; Mueller, 1986; Castells, 1996; Ebers, 1997）。在不完美的市場（如同大陸市場受政治資源支配的發展）與不完美的廠商（如同台灣零散的中小企業），網絡將這兩者的不完美結合

---

7 這三家廠商東亞社會經濟研究中心分別於民國80年1月25日、5月3日及10日做過訪問，於民國85年因跳票而倒閉關廠。

起來，形成可以運作的經濟體系。所以，大陸、台灣市場、廠商及
網絡的整合發展，已遠遠超出了馬克思、韋伯、宋巴特的資本主義
概念，而開始走向「網絡資本主義」的概念。亦即在訊息及資源不
對稱下，廠商之間的競爭，事實上已是以網絡爲行動單位的區域經
濟（Pyke & Sengenberger, 1992; Hollingsworth & Boyer eds.,
1997），或者國家經濟，在國際舞臺上競爭（Porter, 1990）。從台
灣的經驗看得很清楚，經濟行動單位，從傳統的廠商移到了現在的
網絡（我稱之爲協力網絡）。網絡作爲經濟行動單位，甚至可以用
整個區域經濟作爲一整體來表達。Saxenian對於矽谷的研究，已說
明了這樣的可能性（Saxenian, 1994）。台灣及大陸的社會經濟發展
實況，說明了市場、廠商及網絡的結合方式，有了文明的積極意
義。因爲這個結合，創造也體現了社會資源可移轉性，使得經濟得
以快速成長。市場、廠商及網絡在華人社會發展的本質，更具體指
出了百年來的中國社會，已具備了社會資源的可移轉性。有了這個
基礎，政治、經濟、社會及文化的轉化才爲可能。因此，底下我們
深入探討社會資源可移轉性的理論問題。

四、「社會資源可移轉性」的理論意涵

上面對於市場、廠商及網絡的本質，就社會資源可移轉性的觀
點，以大陸及台灣田野調查上的經驗材料作說明。可是，對於市
場、廠商及網絡的本質重界定，不是本文最主要的目的。本文最
主要的目的是要闡明「社會資源可移轉性」，這個概念對於解釋社
會及經濟活動，乃至於社會發展及歷史發展上的重要性。馬克思在
《資本論》第三卷針對生產部門間的可移轉性有所討論（馬克思，
1975）。透過這個討論馬克思指出，從價值到價格的轉變，從剩餘

價值率到利潤率乃至於平均利潤的轉變，只是掩蓋了資本主義的剝削事實。這個規範性的論述方向，使其忽略了「可移轉性」這個概念對於社會及歷史解釋上的潛力。後來者，從龐巴衛克到薩謬爾遜把這個問題變成是馬克思內部思想是否有矛盾的「轉化問題」（龐巴衛克，1975；朱鐘棣，1991）。所以馬克思經濟理論中內含的這個「可移轉性」問題，他本人及後來學者都沒有好好的加以開展。劍橋學派經濟大師皮古，在福利經濟學第四篇「國民紅利的分配」，雖然也提及財富生產及分配上的移轉問題（皮古，1952），仍然沒有意識到移轉性問題在理論上的重要性。年鑑學派史學大師布勞岱，雖然意識到部門觀點對於說明15到18世紀經濟活動的重要，也指出了因為某個部門的阻礙，整個經濟活動常常無法順利運行（Braudel, 1981, 1982, 1984）。也並沒有意識到如何從部門間的可移轉性，建構出具有深層意涵的歷史解釋觀點。

從台灣及大陸的經驗研究，特別是在面對臺灣產業和社會轉型，以及中國大陸社會結構的變遷問題，使我深切體認到社會資源可移轉性的重要。經濟及社會的發展，如同理論知識的發展，所謂「發展」，意味著某種組織零散資源的能力，意味著將散漫、零碎、分割的片片段段知識及訊息，加以組合使之成為系統的能力。台灣及中國大陸，不管是社會本身或者是知識的發展，都同時面對著這樣的問題。從個人及組織的發展角度來看，社會中分散的零碎資源是否有助於個人及組織的發展，就牽涉到既存於社會中的硬體基礎建設及軟體基礎建構，能不能將這些零散資源加以整合。所以，社會各種軟硬體制度決定了社會資源是否可以移轉，以及可移轉的幅度。而這些軟硬體制度的建立、修改又受市場及廠商發展的影響及推動。因而，社會資源可移轉性觀點的提出，使我們有一個很具體的策略點，來討論所謂社會整體性的問題。研究這個整體性

社會觀對於後來社會發展的重要性。

從這個觀點來看，市場若是作爲一種社會結構（Swedberg, 1994），乃在於市場能創造社會資源可移轉性。所以「可移轉性」觀點不同於帕累托資源最優配置的市場觀點，乃在於可移轉性不只是一個客觀的結構概念，它也是一個主觀的行動概念。譬如，某些台灣中小企業之所以轉型成功，乃在於民國75年企業面對瓶頸時，積極搜尋、移轉了外部資源（政府的輔導資源）以支持其開發新產品、提升組織管理及產品製程的改善[8]。所以，資源可移轉性變成是企業主可以認知到，並形成行動的一個重要概念，而不僅僅是只能描述靜態結構的概念。透過市場可以達到資源最優配置，固然說明了市場的積極意義，然而，在這個市場結構的認知之下，廠商的位置不容易突顯。所以，寇斯才要透過對於市場本質的反省，重新反省廠商的本質（Coase, 1937）。市場作爲創造社會資源可移轉性的環境，這個觀點的重要性是，藉此，可以完全掌握廠商在社會存在的重要性。從市場這個職能來看，廠商之所以存在，是要透過「商品」來體現社會資源的可移轉性。爲了要進一步說明社會資源可移轉性的理論內涵，我們不能不從商品談起。

從經濟行動來看，交易構成了基本的經濟活動（Commmons, 1971），只要有市場存在，儘管沒有廠商的出現，交易也可以進行。如同寇斯所分析的，由於市場慢慢的發展，有些交易透過市場進行成本太高，因此廠商就出現了。可是，我們要問的是，爲什麼要進行交易？什麼東西提供了作爲交易的對象？有利可圖，才要進行市場的交易。那些東西是可以在市場交易且是有利可圖？當然是

---

8 這方面轉型成功的廠商很多，典型的代表可參考訪問記錄T033P23、A035P23、A037P23、T034P23。

商品。唯有是市場接受的商品，才有利可圖，不管這個商品是具體商品，還是抽象商品[9]。亞當斯密斯所說的分工大小受限於市場的大小（Smith, 1989; Stigler, 1983），其實主要說明的是，分工的大小受限於商品的種類和數量。因此，我們可以看到，不管是具體商品或者是抽象商品，構成了交易的對象物，沒有這些商品的存在也就沒有交易，也就沒有市場存在的必要。所以，商品發展的知識比交易的知識更根本、更複雜。換言之，當我們談到交易，我們便要先問，進行交易的對象物為何？當商品不能為市場所接受，交易也就不可能形成。

　　市場的存在當然是使得商品交易得以存在的前提。所以市場的發展是帶動商品發展的最重要機制。有了市場及商品的發展，才有了各種交易行為。如果說商品是帶動市場及市場交易發展的核心，我們便要進一步追問，商品是如何形成的？其存在的社會意義為何？從我們的觀點來看，商品是各種資源移轉的結晶體。把樹上成熟的水果帶到市場販賣，將石化原料ABS轉成各種電腦零件，用鈦合金製成一部自行車架，設計師將其理念變成一個完美的車型，以人的親切與微笑形成服務商品，使教育投資變成高所得的企業幹部。這一切形形色色的具體商品及抽象商品，都是各種資源移轉的結晶體。因此，商品意味著在自然與自然之間、人與自然之間及人與人之間資源的移轉。沒有這些物質要素及人力要素的移轉即不可能成為商品。從此角度來看，馬克思將商品當成資本主義的細胞體

---

9 具體商品及抽象商品的區分，在我個人來看是很重要的分野，尤其是對於商品經濟的社會學討論。馬克思在《資本論》中只區分了具體勞動和抽象勞動，而沒有注意到商品並不能只從細胞體這個均質的角度予以討論，形成了整個資本論的最大盲點。從具體商品到抽象商品的區分，我們才能充分討論社會及文明的複雜性。

加以研究是對的。然而,馬克思將商品看成均質而齊一的東西,其價值可以由抽象勞動畫一的加以衡量卻又是錯誤的。因爲商品不同,其所牽連的資源移轉的型態也就不同,生產商品的組織也就不同,無法一概而論。商品化全面的在社會開展,或者產品商業化的真正落實,說明了透過商品的社會資源可移轉性必須完成,相對於共同體意識的社會意識必須形成[10]。

作爲市場及市場交易對象物的商品,既然在經濟活動的程序上,先市場及交易而存在(儘管是行銷導向的商品,也是先要經過市場調查以定出所要生產及佔有的市場商品爲何)。商品在經濟活動及社會活動上便不能預設其存在,逕自討論市場及交易的作用。恰恰相反,我們先要明白商品的經濟屬性及社會屬性之後,才能探究市場及交易的本質。從上面的分析,我們可以看到,商品的經濟屬性乃在於完成市場的交易,達到利潤的獲取;商品的社會屬性則在於帶動社會資源的可移轉性,形成社會意識以達成社會財富的創造和共享。以此看來,市場存在的最終目的促成商品的發展,創造社會資源可移轉性的環境,在這個過程裡,交易自然能蓬勃發展。正是因爲每一個商品在一定社會脈絡的生產,都會牽涉到該社會資源可移轉性的問題,所以每一種商品的生產都有其社會意義,都可以是測試社會發展的指示劑。因而,在整個商品經濟所帶動的市場經濟,從社會學角度加以考察,市場及交易都不是真正的核心,真正的核心在於由商品生產及交易所帶動的社會資源可移轉性及社會部門可移轉性。

10社會意識是指行動者體認到,在社會資源可移轉性下,社會各部門之間的緊密關係,因而能超越個體意識而形成總體性的社會意識。行動者真正認知到,社會利益及個體利益,在資源可移轉性的前提下,是相互依存的。

由交易及交易成本所開啓的新視野，當然有其意義，它說明了商品形成過程中，人與人之間的關係和互動，可以透過廠商及法律減少交易成本的支付。可是，商品形成過程，並不僅僅是牽涉到人與人之間資源的可移轉性問題，它還牽涉到自然與自然之間，人與自然之間資源的可移轉性問題，這就不是人與人之間資源移轉的問題，從而也就不是交易成本所可以解釋的範疇。自然與自然之間和人與自然之間的轉移，牽涉的是諾斯指出的轉移成本的問題（North, 1996）。在此，我們就看到了廠商存在不同於寇斯論述的意義。廠商存在並不僅僅只是爲了降低市場中的交易成本，廠商存在的重要意義在於創造各種商品，體現社會資源可移轉性。商品的生產固然是爲了交易，取得市場利潤，可是，不管是具體商品還是抽象商品，商品的生產還是必須經過社會資源移轉的過程，因此，廠商規模的大小，取決其所生產的商品屬性，及移轉社會資源的幅度和層次。可移轉的社會資源幅度大者，廠商規模大（「企業經營資本」下的中大型廠）；可移轉社會資源幅度小者，廠商規模小（「家計經營資本」下的小型廠及家庭工廠）。所以，市場所創造的資源可移轉性環境，若沒有廠商將「社會資源的可移轉性」真正體現出來，市場存在的社會意義便極爲有限。

從台灣發展的經驗來看，日據時代的糖、戰後的紡織、石化加工（包括橡膠、塑膠、製鞋、玩具）、工作母機及產業機械、電子資訊及IC產品，每一個帶動台灣外銷發展的「王牌商品」（陳介玄，1995），也都是帶動台灣社會發展的王牌商品。因爲，每一個能主導社會發展的商品都牽連著整套技術、組織、關聯產業、網絡、法律制度、行政系統、教育佈局、工作紀律、價值意識、生活結構及國際化觀念的發展。社會資源的可移轉性要以社會各部門的可移轉性爲前提，換言之，要以社會各部門間系統的整合爲基礎。

所以，製鞋的OEM跟半導體的OEM，表面上同樣是代工，實質上
兩者的發展有很不同的社會意義。前在廉價勞力的優勢下，需要進
行社會資源移轉的幅度極爲有限。只要大量的農業剩餘人口能轉移
到工廠，國外買主的品質要求能達到，就能接單生產。可是整個半
導體產業就不一樣了。以台積電的代工而言，台灣要有技職教育提
供高品質的操作員和幹部、政府部門的投資與輔導、高等教育設計
及研發人才的培育、資金籌措的系統、專利法及智慧財產法的配
合、新時間及空間觀對於工作紀律和品質上的要求，都要有別於製
鞋代工的社會系統發展。某一種商品之所以在某個國家或會發展不
起來，或者不具有國際競爭優勢，可以看成是，形成這個商品生產
的社會資源及社會部門不具有可移轉性，或者可移轉性有障礙以至
於成本太高。

　　如同前面提到網絡建構的原則，必須在社會資源可移轉的範圍
來建構網絡。從整個社會及國家的角度來看，經濟無法盲目的發
展，經濟發展要切合於該國的優勢與限制，因此，任何具有國際競
爭力的王牌商品之生產與推動，也必須在社會資源及社會部門可移
轉的範圍來發展。以半導體製程設備之光學儀器部分，美國的發展
即落後於日本，因爲日本有長期佔有照像機國際市場的這個技術優
勢，來移轉給半導體上的光學儀器機器設備的生產[11]。台灣半導體
工業的發展，在人才上除了得力於歸國學人的支援，早期高雄楠梓
加工區外商投資之電子廠訓練的優良線上操作員，更是提供了人力
資源上的移轉作用。從反面來看，台灣產業政策目標要爭取成爲亞
太營運中心，可是教育部門的規畫，卻沒有從資源移轉的角度來考
慮如何與這個目標搭配。直到最近我們才看到台北市開始從國小三

11請參考訪問記錄E053P23b。

年級學生試教英文。想做為亞太營運中心，全民卻沒有國際語言的基本素養，這個目標如何能達成？在1996年一次香港田野調查中，受訪者指出，香港之所以能做為亞太金融中心，主要在於任何外國人來香港工作及生活，完全沒有不方便的地方[12]。這個例子說明了從宏觀面向來看，社會資源可移轉性的觀點，也提供了我們判斷一個國家產業可以如何發展，以及應該發展的方向。

　　從最微視層面的個人行動來看，古典經濟學以來所提出的，經由市場及競爭機制達成帕累托最優（有效）資源配置，似乎對於生產及消費的個體行為提出了適切的解釋（田國強，1996）。然而，如果從大陸解放後的社會發展經驗來看，個人連移轉資源的可能性都沒有，也就談不上資源最優配置的問題。國家獨斷的安排了個人資源的使用方式，以及強制的決定了個人所擁有資源的價值。譬如擁有高超開腦醫術的專業資源，與理髮師的理髮技藝同樣接受享四百塊人民幣的待遇。在此環境下，將上一代工作所得移轉作教育投資即沒有意義。所以，從社會來看，個人資源可移轉性，要作為個人資源最優配置的前提而存在。社會中不存在著個人資源的「可移轉性」，也就不可能有個人資源最優配置的可能。因而，以個體而言，社會提供每個人資源移轉的可預測環境，是使得每一個人可以落實資源移轉，達成財富生產與分配的重要前提。前面所言之市場的本質乃在於「創造社會資源可移轉的環境」，其社會意義即是在於提供個人對於資源移轉的可預測結構。大陸經改從市場開始有其深遠的道理，因為從市場推動個人資源的可移轉性，也就是將生產及消費的誘因擺回生活脈絡，調動每人的積極性格，社會也就有了發展的激勵機制。所以，社會資源可移轉性的理論潛力，乃在於無

12請參考1996年香港田野訪問記錄A023P24。

論是對於微視的個人、廠商之經營與發展,還是鉅視的國家產業之經營與發展,都提供了我們深度分析的可能性。

五、小結

追問台灣爲何在短短數十年能發展到今天的階段,大陸的經改爲何能取得了一定的成就?由市場、廠商及網絡所帶動的社會資源之移轉,是一個重要的機制。社會資源不具備可移轉性,意味著社會各部分的資源是零散的、孤立的,不具社會效益的,換言之,社會的各種資源無法透過可移轉性加以組織起來,社會中各部門的資源無法產生外部經濟效益,社會也沒有支援發展的結構。所以,古代社會與現代社會,未開發國家與已發展國家的重要差別,或許也在於前者社會資源不具備可移轉性,後者社會資源已具備可移轉性。市場創造社會資源可移轉性環境;廠商體現社會資源可移轉性。不同的市場、不同的產業或廠商所能創及體現的社會資源可移轉性是極爲不同的。因此,社會階層結構發展的重要性不下於水平結構。有了一個社會階層結構,讓不同層次的市場、不同類別的廠商,透過網絡的連帶,進行各種不同質量的價值創造,並分配不同的價值所得。如此,價值的創造藉由資源移轉達成,價值的分配也可以藉由可移轉性達成。不管這個移轉是皮古所說的強制性移轉還是自願性移轉(Pigou, 1952)。所以,透過市場、廠商及網絡達成社會資源可移轉性,任何資源的外部性效益即能透過團體和組織發揮出來。

社會資源可移轉性若是一個社會發展的重要機制,那麼市場、廠商及網絡,就是達成這個機制的具體行動主體。把市場、廠商及網絡不只看成是文明發展中的制度設計,也當成行動單位來把握,

不是理論上的演繹，而是從中國大陸市場組建的實情，以及廠商和網絡在海峽兩岸社會運作的現況，觀察到的啓發。當市場、廠商及網絡都是社會中積極的行動單位，三者即以集體的效能在推動著社會資源的可移轉性。以行動的角度來看，市場就不只是廠商互動的場域（Berkowitz, 1988），也不是網絡沉澱的結構（White, 1988），更不是抽象的社會結構（Swedberg, 1994），市場可以和廠商及網絡互相合作，互相競爭。在資源的移轉過程，市場可以內化爲廠商，而廠商也可以外化爲市場，廠商更可以消失在網絡中使無形的網絡變成一個實存的競爭單位。考慮到資源的不足及有效使用，市場、廠商及網絡會以不同型式與地方社會、國家或者國際社會連結，以進行資源的移轉。在此由於市場、廠商及網絡都是集體性的行動單位，因而，規範這些集體行動運作的各種制度之建立，就相對的更爲重要（Coleman, 1990）。所以，無論是台灣或中國大陸，都看得到社會法制化的發展趨勢[13]。

---

[13]社會資源可移轉性如何達成？這是另外一個和本文相關的重要課題。在本文的角度來看，政府所要扮演的角色和功能，就不是自由市場或管制市場這兩端的爭論（Wade, 1994），而是針對市場、組織及網絡要達成資源可移轉性的重點，進行制度的製定和障礙的消除。因爲，就資源可移轉性的觀點來看，市場的重要性不只在形成交易，更重要的是形成資源的可移轉性。沒有市場我不需要把我的勞動轉成產品，把產品轉成商品，把綿紗轉成綿布，把貨幣轉成資本，把美感轉成工業設計，把教育轉成人力資源。交易只是這個移轉的一個後段技術形式而已。所以，一個社會要發展，重要的不在於交易成本，而是可移轉性成本的考量。把綿紗轉成綿布的成本很高，把貨幣轉成資本的成本很高，把美感轉成工業設計的成本很高，把教育轉成人力資源的成本很高，社會要發展便極爲困難。社會沒有市場，意味著只有握有權力的人才能進行資源（包括物質財貨及權利）的移轉。因此，社會進行民主化之所以重要，乃在於使得全民都有同等資源移轉的機會。社會中每個人握有的資源若無法平等，起碼「可移轉性」對每個人是平等的。所以，政府制度的設計和障礙的

本文最後，對於「社會資源可移轉性」這個觀點的理論可能性，作一點討論。從社會資源可移轉性的角度來看，馬克思以來對於商品的論述，無論是從產品轉成商品，或從簡單商品生產過渡到資本主義商品生產，不能當成預設而是必須深入研究的課題（Appadurai ed., 1988）。商品化似乎一直被當成社會學負面的概念，可是，就沒有社會學家好好研究商品化的學問。社會學所談的任何類型的「化」，如理性化、都市化、現代化、資本化等等都牽涉到「可移轉性」問題，而值得予以重新探討。而這些問題更牽涉到中國近代文明的轉化問題。舉例而言，布勞岱處理中國的命題在「可移轉性」這個觀點下，便有很大進一步討論的空間。在布勞岱看來中國有市場經濟卻沒有資本主義，換言之，有市場這個低層次的交換工具而不具備高層次的交換工具，如證券交易所（Braudel, 1982）。中國既有市場經濟為何不能發展出資本主義？這可以有千百種不同的答案。從本文的觀點來看，或許問題在於中國有市場而沒有足夠的廠商，以進行資源的可移轉性。換言之，或許中國近代經濟相對於西方的不發達，其中一個可能的理由是，沒有體現社會資源可移轉性的廠商類型。所以，不是在於交換或生產模式的問題，而是在於可移轉性的問題。物質財貨及權利可移轉性工具不夠，經濟的發展也就很難突破。

同樣的，韋伯對於中國的研究也在此觀點下有可以深究的地方。在宗教論文集導論韋伯提出合理勞動組織對西方現代資本主義發展的重要性。可是，在對中國研究時，卻又過度注意到儒教及道

消除，即是用來降低可移轉性的成本。這個問題牽連甚廣，本文在此無法細談，只能另文討論。

教的倫理問題，而忽略了中國當時無法開展出合理勞動組織的重要
性（Weber, 1968）。中國經濟發展的問題正是在於，沒有足夠的廠
商進行社會資源的可移轉性。「可移轉性」觀點可整合生產及交換
模式，或是生產及交易模式來看中國的問題。或許朝這個方向思考
兩位大師都處理過的，中國社會經濟結構課題，會有另一個天地出
現。布勞岱及韋伯對於中國研究的成果都堪稱典範。本文這一點理
論反省，只是提出問題的意義，而非對中國傳統社會經濟的發展提
出論斷。從當代中國及台灣的發展經驗來看，市場、廠商及網絡的
發展，在帶動社會資源可移轉性的過程，確實逐漸在轉化傳統以來
的經濟發展格局（黃宗智，1994a，1994b），所以大陸市場的形
成，也開始從「增長型的市場」走向「發展型的市場」。台灣更開
始出現國際水準的廠商，如台塑、宏碁、台積電等公司。布勞岱講
的一點沒錯，文明是一種借鑑與學習的過程。華人世界出現的市
場、廠商及網絡結構，整體來看，可視為近百年來，中國向西方經濟
文明學習之後的一種創造性轉化，既超越於傳統的結構特質又保有傳
統文化的韌性。所以，只要有胸襟和眼界，任何學習都是可能的。

附錄
訪問名錄

台灣地區

訪問對象	訪問日期
雷虎模型股份有限公司	05.04.90
雷虎模型股份有限公司	12.19.91
雷虎模型股份有限公司	01.01.95
聖岱公司股份有限公司	04.09.92
義成工廠股份有限公司	04.09.92
幸記工業股份有限公司	04.09.02
正揚電機股份有限公司	04.09.92
武進工業股份有限公司	04.09.92
台灣福興股份有限公司	04.09.92
英發企業股份有限公司	04.09.92
特力公司股份有限公司	04.09.92
豈洋貿易股份有限公司	02.26.93
午陽實業股份有限公司	05.06.93

諾恩實業股份有限公司	05.21.93
高雄進出口同業工會	11.09.93
振宏藥廠股份有限公司	04.10.94
鉅瑋實業股份有限公司	04.10.94
鉅瑋國際貿易股份有限公司	06.04.94
德璨國際貿易股份有限公司	04.13.94
貿易公司	04.11.94
金匯貿易股份有限公司	04.08.94
MACKEMCO.Ltd.股份有限公司	04.08.94
震旦行股份有限公司	04.09.94
寶弘股份有限公司	04.29.94
協晟實業股份有限公司	04.29.94
艾德林企業股份有限公司	07.19.94
BJ國際法律事務所	07.20.94
靖鑫實業股份有限公司	07.21.94
柏迪股份有限公司	07.21.94
林大（柏貴、信佳)股份有限公司	07.27.94
榮豪實業	07.27.94
連藤實業股份有限公司	07.28.94
雙料關係企業: 禾根實業	07.29.94
台中精機股份有限公司	12.16.95
友嘉機械股份有限公司	11.18.95
普鍍機械股份有限公司	12.08.95
煜麒機械股份有限公司	12.15.95
金城瓶蓋公司	12.16.95
東洋製罐股份有限公司	12.23.95

金豐機械股份有限公司	12.22.95
林德勝製罐機械股份有限公司	12.23.95
榮富工業股份有限公司	12.23.95
凱美塑膠機械股份有限公司	12.23.95
友龍機械股份有限公司公司	12.29.95
天崗塑膠機械股份有限公司	12.29.95
三興機械股份有限公司	01.03.96
邁鑫機械股份有限公司	01.05.96
益全機械股份有限公司	01.06.96
全鋒實業股份有限公司	01.06.96
勝傑工業股份有限公司	01.06.96
長風工業股份有限公司	01.26.96
慶鴻機電工業股份有限公司	02.01.96
永進機械工業股份有限公司	02.01.96
揚鐵機械工業股份有限公司	02.02.96
天源義記機械股份有限公司	03.01.96
台灣威樂丹股份有限公司	03.08.96
新衛電腦機械股份有限公司	03.15.96
高峰機械工業股份有限公司	03.15.96
高明精機工業股份有限公司	03.16.96
成合鐵工廠股份有限公司	03.16.96
台灣麗偉電腦機械股份有限公司	04.13.96
恆安製藥股份有限公司	12.15.95
工研院電子所	02.09.96
世界先進積體電路股份有限公司	02.09.96
台灣積體電路股份有限公司	03.22.96

台灣積體電路股份有限公司	05.10.96
得群科技電子股份有限公司	03.22.96
佳茂精工股份有限公司	04.19.96
憶中企業有限公司	04.26.96
旺宏精密電子機械股份有限公司	05.03.96
台灣恩益禧股份有限公司	05.11.96
清華大學半導體研究中心	04.12.96
大同股份有限公司	11.22.96
宏碁電腦股份有限公司	09.10.96
聯華電子股份有限公司	08.26.96
華邦電子股份有限公司	08.28.96
德碁半導體公司	08.22.96
華特電子股份有限公司	11.17.96
邁特電子股份有限公司	09.14.96
日月光電子股份有限公司	11.15.96
大眾電腦股份有限公司	09.10.96
大城工業股份有限公司	12.04.96
大城工業股份有限公司	12.04.96
宜進紡織廠	12.07.96
飛利浦股份有限公司	12.04.96
邢幼田教授	12.17.96
雷虎模型股份有限公司	10.05.96
野寶企業股份有限公司	01.10.97
中信導線架唐文源副總	01.10.97
協祥機械股份有限公司	02.18.97
寶一股份有限公司	02.19.97

璟豐企業股份有限公司	02.19.97
大億交通工業製造股份有限公司	02.21.97
台灣光罩股份有限公司	01.22.97
經緯電腦股份有限公司	01.27.97
台南企業股份有限公司	02.21.97
台灣應用材料處長謝瑞海	02.03.97
和駿工業股份有限公司	02.18.97
大立機械股份有限公司	01.10.97
台灣應用材料處長謝瑞海	01.13.97
侑能工業股份有限公司	05.06.97
立達冷藏保溫袋有限公司	05.09.97
久津實業股份有限公司	05.15.97
盟立自動化股份有限公司	02.20.97
通利精密工業股份有限公	05.06.97
正鑫鋼鐵股份有限公司	05.06.97
金門金屬股份有限公司	05.12.97
永光壓鑄工業股份有限公司	05.07.97
啓欣工業股份有限公司	04.30.97
台茂化工股份有限公司	05.13.97
喬福泡棉股份有限公司	05.14.97
半導體研究中心主任鄭晃忠	01.13.97
聯測半導體測試廠黃俊達	01.22.97
訊康科技股份有限公司	02.20.97
國聖電腦有限公司	04.2897
新隆染整股份有限公司	05.02.97
鋸欣染整股份有限公司	05.02.97

希華晶體科技股份有限公司	05.05.97
鬍鬚張股份有限公司	05.06.97
樺彩企業股份有限公司	05.15.97
鼎新電腦股份有限公司	05.21.97
環隆科技股份有限公司	05.12.97

香港地區

訪問對象	訪問日期
寶源基業股份有限公司	01.20.92
恆光眼鏡股份有限公司	01.21.92
寶法德玩具股份有限公司	01.23.92
星光印刷股份有限公司	01.22.92
香港樂家集團	09.19.96
七海化工股份有限公司	1992
星光傳訊股份有限公司	1992
香港花旗銀行	02.01.93
香港外匯局	1993
工業署王英偉	07.01.91
王奕鳴	02.09.93
劉慧卿	01.25.92
香港商業總會張耀成	11.27.96
金耀基、鄧龍威	07.05.91
金耀基	09.19.96
金思愷	07.06.91
金思愷	07.29.91

金思愷	05.03.92
呂大樂	07.01.91
呂大樂	09.13.93
呂大樂	09.17.96
香港經濟日報副社長	09.18.96
香港大學建築系龍炳頤教授	09.18.96
司徒華、張文光、黃紹倫	1992
快報記者陳毓祥	1992
香港工業總會廖國邦	01.28.92
亞洲電渡器材股份有限公司	07.05.91
中華造船廠股份有限公司	1991
實用電器金屬股份有限公司	07.01.91
利民電器股份有限公司	07.01.91
精美電渡股份有限公司	07.10.91
華成國產錶行股份有限公司	07.11.91
聯合拉鍊廠股份有限公司	07.16.91
聯合拉鍊股份有限公司	09.15.93
廣達實業股份有限公司	07.09.91
馬達電器股份有限公司	01.22.92
華成鐘錶股份有限公司	09.15.93
大成洋行股份有限公司	07.10.91
韋家祥	07.01.91
郭錦焜	
伍淑晴	01.22.92
香港恆基兆業地產有限公司	09.19.96

大陸地區

訪問對象

人民銀行、農業銀行、中國銀行

三水市工商局、牛市場

下柏鋁材廠

工商局

工商聯

白溝鎮個協主席

白溝鎮稅務分局

全記五金輔料店

吉鴻（集團）實業有限公司

回貴慈

吳先生

技術監督局

協合永小商品經營部經理

房產交易所

治安聯防工作

物資集團總公司(原物資局)

社會保險事業局

芙蓉昌皮革製品有限公司

南方耐火保溫材料廠

南海二建三分公司

南莊鋁型材廠

恆威實業發展公司

恆星實業公司

科委

計委

財政局

高碑店市委研究室

第二建築公司十八隊

創譽律師事務所

勞動局

稅務局

華南電器廠

經委

億美風雨衣有限公司

審計事務所

鄧先生

冀雄皮革製品有限公司

儲先生

禪興織造制衣廠

鎮綜合治理辦公室

羅南鋁材廠

大陸地區

科委

技術監督局

勞動局

物資集團總公司(原物資局)

工商局

治安聯防工作

審計事務所

房產交易所

稅務局

財政局

社會保險事業局

創譽律師事務所

南海二建三分公司

羅南鋁材廠

禪興織造制衣廠

南莊鋁型材廠

華南電器廠

億美風雨衣有限公司

下柏鋁材廠

恆威實業發展公司

吉鴻（集團）實業有限公司

恆星實業公司

計委

三水市工商局、牛市場

人民銀行、農業銀行、中國銀行

工商聯

吳先生

鄧先生

儲先生

經委

第二建築公司十八隊

南方耐火保溫材料廠

回貴慈

全記五金輔料店
協合永小商品經營部經理
高碑店市委研究室
芙蓉昌皮革製品有限公司
鎮綜合治理辦公室
冀雄皮革製品有限公司
白溝鎮稅務分局
白溝鎮個協主席

參 考 書 目

一、中文部份

Alchian, A.
1995 〈產權：一個經典注釋〉，引自《財產權利與制度變遷──產權學派與新制度學派譯文集》，上海三聯書店。pp.166-177。

Alchian, A. and H. Demsetz (阿爾欽、登姆塞茨)
1995 〈生產、信息費用與經濟組織〉，引自《財產權利與制度變遷──產權學派與新制度學派譯文集》，上海三聯書店。pp.59-95。

Arrow, Kenneth J.
1989 〈經濟學裡之實質的量與名目的量〉收於貝爾·克利斯朵 編，張瑞猛、張佩珍、洪惠專 譯《現代經濟理論危機》。台北：遠流文化出版社。

Bell, Daniel
1989 〈經濟論壇上的模型與實體〉收於貝爾·克利斯朵 編，張瑞猛、張佩珍、洪惠專 譯《現代經濟理論危機》。台北：遠流文化出版社。

Braudel, Fernand 著，劉北成 譯
1988 論歷史。台北：五南圖書出版公司。

Bromly, Daniel W.(布羅姆利)，陳郁、郭宇峰、汪春 譯
1996 經濟利益與經濟制度：公共政策的理論基礎。上海：人民出版社。

Coase, Ronald H. (羅納德·哈里·寇斯) 著
1990 〈社會成本問題〉，引自《財產權利與制度變遷──產權學派與

新制度學派譯文集》，上海三聯書店。pp.3-58。
　　　1994　論生產的契約結構。盛洪、陳郁 譯。上海：人民出版社。
Commons, J. R. 著，趙秋巖 譯
　　　1971　制度經濟學（上、下冊），台北：臺灣銀行經濟研究室。
Cooter, Robert and Thomas Ulen (羅伯特・考特、托瑪斯・尤倫) 著，張軍 譯
　　　1996　法和經濟學。 上海：人民出版社。
Davidson, Paul
　　　1989　〈繼凱因斯經濟學如何解決經濟理論的危機〉收於貝爾・克利斯
　　　　　　朵 編，張瑞猛、張佩珍、洪惠專 譯《現代經濟理論危機》。台
　　　　　　北：遠流文化出版社。
Davis, E. and D. C. North (戴維思、諾斯)
　　　1995　〈制度創新的理論：描述、類推與說明〉，引自《財產權利與制
　　　　　　度變遷──產權學派與新制度學派譯文集》，上海三聯書店。
　　　　　　pp.295-326。
　　　1995　〈制度變遷的理論：概念與原因〉，引自《財產權利與制度變遷─
　　　　　　─產權學派與新制度學派譯文集》，上海三聯書店。pp.266-294。
Dean, James W.
　　　1989　〈凱因斯學派共識的分裂〉收於貝爾・克利斯朵 編，張瑞猛、張佩
　　　　　　珍、洪惠專 譯《現代經濟理論危機》。台北：遠流文化出版社。
Demsetz, H. (登姆塞茨)
　　　1995a　〈關於產權的理論〉，引自《財產權利與制度變遷──產權學派
　　　　　　與新制度學派譯文集》pp.96-113，上海三聯書店。
　　　1995b　〈一個研究所有制的框架〉，引自《財產權利與制度變遷──產
　　　　　　權學派與新制度學派譯文集》pp.179-200，上海三聯書店。
Donald, J. Black 著，唐越、蘇力 譯
　　　1994　法律的運作行為。北京：中國政法大學出版社。
Drucker, Peter F.
　　　1989　〈未來經濟學趨勢〉收於貝爾・克利斯朵 編，張瑞猛、張佩珍、
　　　　　　洪惠專 譯《現代經濟理論危機》。台北：遠流文化出版社。
　　　1994　非營利機構的經營之道，余佩珊 譯。台北：遠流出版社。
Eggertsson, Thrainn (思拉恩・埃格特森) 著，吳經邦 等譯
　　　1996　新制度經濟學。北京：商務印書館。
Enright, Michael J., Edith E. Scott and David Dodwell eds.曾憲冠譯
　　　1997　香港優勢。香港：牛津出版社。
Furubotn, G. and S. Pejovich (菲呂博騰、配杰威齊)
　　　1995　〈產權與經濟理論：近期文獻的一個綜述〉，引自《財產權利與

制度變遷──產權學派與新制度學派譯文集》pp.201-248，上海三聯書店。

Hahn, Frank
　　1989　〈一般均衡理論〉收於貝爾・克利斯朵 編，張瑞猛、張佩珍、洪惠專 譯《現代經濟理論危機》。台北：遠流文化出版社。

Hammer & Champy 著，楊幼蘭 譯
　　1993　企業再造。台北：牛頓出版社。

Hart, Oliver and John Moore (奧利弗・哈特、約翰・穆爾)
　　1995　〈產權與企業的性質〉收於陳郁 主編《企業制度與市場組織：交易費用經濟學文選》。上海：人民出版社。

Jacobs, Bruce J 著，黃國光 編
　　1988　〈中國政治聯盟特殊關係的初步模式：台灣鄉鎮中的人情和關係〉，收於黃光國 編《中國人的權力遊戲》，台北：巨流圖書公司。pp.85-140。

Kirzner, Israel M.
　　1989　〈"奧地利學派"對當代經濟學危機的觀點〉收於貝爾・克利斯朵 編，張瑞猛、張佩珍、洪惠專 譯《現代經濟理論危機》。台北：遠流文化出版社。

Klein, Benjamin (本杰明・克萊因)
　　1995　〈"不公平"契約安排的交易費用決定〉收於陳郁 主編《企業制度與市場組織：交易費用經濟學文選》。上海：人民出版社。

Klein, Benjamin and Kein Keffler (本杰明・克萊因、基思・萊弗勒)
　　1995　〈市場力量在確保契約績效中的作用〉收於陳郁 主編《企業制度與市場組織：交易費用經濟學文選》。上海：人民出版社。

Klein, Benjamin., Robert Crawford and Armen Alchian (本杰明・克萊因、羅伯特・克勞福德、阿爾曼・阿爾奇安)
　　1995　〈縱向一體化、可占用性租金與競爭性締約過程〉收於陳郁 主編《企業制度與市場組織：交易費用經濟學文選》。上海：人民出版社。

Kristol, Irving
　　1989　〈經濟學的理性主義〉收於貝爾・克利斯朵 編，張瑞猛、張佩珍、洪惠專 譯《現代經濟理論危機》。台北：遠流文化出版社。

Leibenstein, Harvey
　　1989　〈個體經濟學與效率理論：該是危機的時候了〉收於貝爾・克利斯朵 編，張瑞猛、張佩珍、洪惠專 譯《現代經濟理論危機》。台北：遠流文化出版社。

Lindblom, C. E. (查爾斯‧林德布洛姆) 著，王逸舟 譯
    1996   政治與市場：世界的政治──經濟制度。上海：人民出版社。
Malthus, R. 著，魯傳鼎 譯
    1988   經濟學原理，台北：臺灣銀行經濟研究室。
Marshell, Alfred 著，王作榮 譯
    1981   經濟學原理（上、下冊），台北：臺灣銀行經濟研究室。
Meltzer, Allan H.
    1989   〈貨幣主義與經濟理論危機〉收於貝爾‧克利斯朵 編，張瑞猛、張
            佩珍、洪惠專 譯《現代經濟理論危機》。台北：遠流文化出版社。
Mill 著，周憲文 譯
    1968   經濟學綱要。台北：臺灣銀行經濟研究室。
Nell, Edward J.
    1989   〈馬克思經濟學裡的價值與資本〉收於貝爾‧克利斯朵 編，張瑞
            猛、張佩珍、洪惠專 譯《現代經濟理論危機》。台北：遠流文化
            出版社。
Ostrom, Vincent 編，王誠 譯
    1992   制度分析與發展的反思。北京：商務印書局。
Okun（奧肯）著、王忠民、黃清 譯
    1988   平等與效率。四川：人民出版社。
Pigou, A.C (皮古) 著，陸民仁 譯
    1952   福利經濟學（上、下冊）。台北：臺灣銀行經濟研究室。
Posner, R. A.（理查德‧A.‧波斯納 著、蔣兆康 譯）
    1997   法律的經濟學分析(上)(下)。北京：中國大百科全書出版社。
Ricardo, David 著，潘志奇 譯
    1981   經濟學及賦稅原理。台北：臺灣銀行經濟研究室。
Robert, M. Unger (昂格爾) 著，吳玉章、周漢準 譯
    1994   現代社會中的法律。北京：中國政法大學出版社。
Ruttan（拉坦）
    1995   〈誘致性制度變遷理論〉，引自《財產權利與制度變遷──產權
            學派與新制度學派譯文集》pp.327-370，上海三聯書店。
Say, B. 著，錢公博 譯
    1968   經濟學汎論。台北：臺灣銀行經濟研究室。
Schultz, T. W. (舒爾茨)
    1995   〈制度與人的經濟價值的不斷提高〉，引自《財產權利與制度變
            遷──產權學派與新制度學派譯文集》，上海三聯書店。
            pp.249-265。

Simon, Herbert (赫伯特‧西蒙) 著，郗小林 譯
　　1991　〈經濟發展中的組織和市場〉見於《中國經濟改革：分析、反
　　　　　省、前瞻》。徐滇慶、雷鼎鳴、張欣 合編。香港：中文大學。
Smith, A. 著，張漢裕 譯
　　1989　國富論（上、下冊）。台北：臺灣銀行經濟研究室。
Smith, P. W. (史密斯，彼得‧威斯萊) 著，馬清文 譯
　　1990　香港法律制度。香港：三聯書店。
Sombart, Werner（宋巴特）著，季子 譯
　　1991a　現代資本主義（第一卷）。台北：商務印書局。
　　1991b　現代資本主義（第二卷）。台北：商務印書局。
Stigler, J.
　　1983　產業組織和政府管制，潘振民譯。上海：三聯書店。
　　1994　史蒂格勒自傳，藍科正 譯。台北：遠流出版社。
Weber, Max（韋伯）著，張漢裕 譯
　　1983　基督新教的倫理與資本主義的精神。台北：協志工業出版公司。
Willes, Mark H.
　　1989　〈反革命的"理性預期"學派〉收於貝爾‧克利斯朵 編，張瑞猛、
　　　　　張佩珍、洪惠專 譯《現代經濟理論危機》。台北：遠流文化出版
　　　　　社。
Williamson, Oliver（奧利弗‧威廉姆森）
　　1995　〈生產縱向一體化：市場失靈的考察〉，〈交易費用經濟學：契
　　　　　約關係的規則〉，〈經濟組織的邏輯〉收於陳郁編《企業制度與
　　　　　市場組織：交易費用經濟學文選》。上海：人民出版社。
Winckler, A. & S.Greenjalgh（eds.）著，張苙燕 譯
　　1994　《台灣政治經濟學諸論辯析》，台北：人間出版社。
中華人民共和國國家計劃委員會
　　1996　國民經濟和社會發展"九五"計劃和2010年遠景目標綱要講話，北
　　　　　京：中國經濟出版社。
井上清 著，宿久高 譯
　　1986　日本帝國主義的形成。台北：華世出版社。
天下編輯
　　1997　輕鬆與大師對話：杜拉克解讀杜拉克。台北：天下雜誌。
文思成
　　1994　香港政府與政治架構（增訂版）。香港：三聯書店。
文崇一、蕭新煌 編
　　1990　《中國人：觀念與行為》，台北：巨流圖書公司。

日本商工經濟研究所 編，曾慧玲 譯
    1995　日本跨業交流成功案例。台北：經濟部中小企業處。
王又鵬
    1993　〈台灣中小企業分工合作網路類型及其影響因素之探討〉，見
          《第二屆產業管理研討會論文集》。
王于漸
    1989　〈香港經濟現代化的啓示〉，《人文研究集刊創刊號》。
王文秀
    1990　〈不同形式的團體〉，《諮商與輔導》，51：30-33。
王如鈺
    1992　〈從網路的關點看製造業中的依賴關係-以運動鞋業及放電加工機
          業的個案爲例〉，中原大學：企研所碩士論文。
王俊森
    1992　〈組織網路結構分析-以台灣紡織業爲例〉，中山大學：企研所碩
          士論文。
王建民
    1983　〈民間互助會的形成、問題與對策〉，《台北市銀月刊》，
          14(1)：80-89。
王彥田、宋學春
    1992　〈市場效應〉，人民日報 4.10 第二版。
王家英 著
    1991　在轉捩點上：台灣企業轉型列車。台北：中國生產力中心
王振寰
    1993　〈台灣新政商關係的形成與政治轉型〉，《台灣社會研究季
          刊》，第14期，頁138。
王泰允
    1986　〈世界ＯＥＭ產銷大爭戰〉，《工商雜誌》，34(11)：30-40。
王健全
    1991　〈論加速技術擴散以促進產業升級〉,產業金融季刊，71:30-39。
王培
    1992　〈僅有商品還不夠〉，經濟參考報 4.26。
王寅城 著
    1996　香港的回歸。香港:新華出版社。
王崧興
    1991　〈中國人的"家"（Jia）制度與現代化〉。見於《中國家庭及其變
          遷》，香港：香港中文大學。pp.9-14。

王堯 編
　　1994　美食。台北：業強出版社。

王漢生
　　1997　〈作為制度運作和制度變遷方式的變通〉。發表於「東海經濟組
　　　　　織及網絡變遷」研討會，台灣東海大學東亞社會經濟研究中心主
　　　　　辦。

王穎
　　1996　新集體主義：鄉村社會的再組織。北京：經濟管理出版社。

王穎、折曉葉、孫炳耀
　　1993　社會中間層：改革與中國的社團組織。北京：中國發展出版社。

布來克 著，唐越、蘇力 譯
　　1994　法律的運作行為，北京：中國法政大學出版社。

布勞岱
　　1992　十五世紀至十八世紀的物質文明、經濟與資本主義（第一卷）：日
　　　　　常生活的結構，施康強譯。北京：三聯書局。
　　1993a　十五世紀至十八世紀的物質文明、經濟與資本主義（第二卷）：
　　　　　形形色色的交換，施康強譯。北京：三聯書局。
　　1993b　十五世紀至十八世紀的物質文明、經濟與資本主義（第三卷）：
　　　　　世界的時間，施康強譯。北京：三聯書局。

甘長求
　　1992　香港房地產的發展與管理。香港：中華書局。

矢內原忠雄
　　1985　日本帝國主義下的台灣。台北：帕米爾書店。

刑慕寰、金耀基 合編
　　1985　香港之發展經驗。香港：中文大學出版社

江丙坤
　　1993　〈工業團體在經濟發展中所扮演的角色〉，《今日經濟》，
　　　　　312：6-8。

江康戀
　　1991　世界經濟格局下的亞太、中國和香港。香港：三聯書店。

西斯蒙第 著，何欽 譯
　　1977　政治經濟學新原理或論財富同人口的關係。北京商務印書館。

何道明、陳寶明
　　1989　香港金融與外貿。香港：商務印書館。

何肇青
　　1992　〈台灣自行車業轉型經營策略研究〉。中興大學：企研所碩士

論文。

吳天青

　1990　香港經濟與經濟政策。香港：中華書局。

吳以體

　1983　〈民間互助會的行爲與利率〉，《基層金融》，6：159-184。

吳志

　1992　〈搞活大流通、建設大市場〉，人民日報 4.13 第二版。

吳思華

　1993　〈產業合作利益之管理——產業經理機制再探〉，《第二屆產業
　　　　管理研討會》，台北：輔仁大學管理學院。

　1994　〈產業合作網絡體系的建構與維持〉，《第三屆產業管理研討
　　　　會》，台北：輔仁大學管理學院。

　1995　〈產業與國際競爭力〉，《第四屆產業管理研討會》，高雄：中
　　　　山大學。

吳國光 編

　1994　國家、市場與社會：中國改革的考察研究199至今。香港：牛津大
　　　　學出版社。

吳惠林 等

　1994　中小企業轉型策略。經濟部中小企業處

吳敬璉

　1992　計劃經濟還是市場經濟。北京：中國經濟出版社。

吳毓蘭

　1994　台灣出口續優產業競爭優勢變動之研究。台北：國立台灣大學國
　　　　際企業研究所碩士論文。

吳德榮

　1993　〈國家，市場，還是經濟管治？〉，見《香港社會科學學報》，
　　　　創刊號，頁176-200。

呂大樂、趙永佳

　1997　〈制度與經濟組織：香港個案報告及其理論反省〉發表於「東海
　　　　經濟組織及網絡變遷」研討會，台灣東海大學東亞社會經濟研究
　　　　中心主辦。

　1997　〈既非國家，亦非市場：探討香港工業轉型之制度性因素〉，
　　　　《社會與經濟叢刊1——地方社會》，台北：聯經出版公司。頁
　　　　103-138。

宋光宇 編

　1993　台灣經驗（一）——歷史經濟篇。台北：東大圖書公司。

宋欽增
　　1985　〈製造業產銷對策意願調查之研究與分析〉，《中國統計學
　　　　　　報》，23(5)：19-20。
宋養琰 編
　　1994　社會主義市場經濟學。北京：北京出版社。
李向南
　　1992　〈無形的市場〉。經濟日報 5.27。
李佳諭
　　1994　〈地下經濟：政府稅收永遠的痛〉。刊於經濟日報，1994.9.26，
　　　　　　第五版。
李怡
　　1996　香港一九九七。台北：時報。
李昌道、龔曉航
　　1990　基本法透視。香港：中華書局。
李爲仁
　　1980　〈電子業轉型之環境、策略與關鍵性成功要素研究〉，工業技術
　　　　　　學院：工技所碩士論文。
沈西達
　　1983　〈台灣中小企業的產銷問題〉，《台灣銀行季刊》，34(3):57-82。
沈樂平
　　1994　香港未來與基本法。香港：香港出版集團有限公司。
汪丁丁
　　1995　〈有恆產者有恆心──評張維迎〉，《企業的企業家──契約理
　　　　　　論》原載1996《中國書評》第10期。
汪康懋
　　1991　世界新經濟格局下的亞太、中國和香港。香港：三聯書店。
狄英
　　1988　〈轉折點上的香港〉，見《轉折點上的香港：天下編輯集體越洋
　　　　　　採訪專集三》。台北：天下出版社。
谷蒲孝雄
　　1992　國際加工基地的形成：台灣的工業化。台北：人間出版社。
卓越編輯小組 編著
　　1993　勁在經營：台灣企業家的勇與謀。台北：卓越文化出版社。
周八駿、陳爲、曲韋
　　1992　香港：伴隨政治過渡的經濟過渡。香港：三聯書店。
周八駿

　　　1992　香港經濟：歷史轉折點。香港：三聯書店。

周誠德
　　　1982　〈如何發揮團體的力量？〉，《實業世界》，194：43-49。

周憲文
　　　1980　台灣經濟史。台北：台灣開明書店。

東亞社會經濟研究中心
　　　1993　社會與經濟，第66期、第67期、第68期、第69期。台中：東海大學。
　　　1994　社會與經濟，第71期、第73期、第75期、第76期。台中：東海大學。

東郭先生
　　　1985　閒話金瓶梅。台北：石室出版社。

東嘉生
　　　1985　台灣經濟史概說，周憲文譯。台北：帕米爾書店。

林志康
　　　1992　〈中小企業之網路結構對產業外移之影響──以水產養殖業為
　　　　　　例〉，中原大學：企研所碩士論文。

林劭杰
　　　1994　〈我國個人電腦行銷通路出口演變之研究〉。台北：國立台灣大
　　　　　　學商研所碩士論文。

林明杰、林金銘 編
　　　1997　薪火傳承(七)：傑出華人企業家奮鬥歷程。台北：中華民國管理
　　　　　　科學學會。

林東辰
　　　1957〈台灣貿易史〉，見於《台灣經濟史上》，台灣銀行經濟研究室
　　　　　　編。

林金銘 編
　　　1993　薪火傳承（三）：傑出華人企業家奮鬥歷程。台北：中華民國管
　　　　　　理科學學會。
　　　1995　薪火傳承（四）：傑出華人企業家奮鬥歷程。台北：中華民國管
　　　　　　理科學學會。
　　　1996　薪火傳承（五）：傑出華人企業家奮鬥歷程。台北：中華民國管
　　　　　　理科學學會。

林金銘、吳寶秀
　　　1992　薪火傳承：第二屆《傑出華人企業家志業薪傳研討會》研討實
　　　　　　錄。台北：中華民國管理科學學會。

林建山
　　　1992　〈深化國際化層次策略抉擇──我國企業國際行銷策略擬定之重

要議題〉。台灣企業國際化研討會。台北：財團法人兩傳文教基金會。

林貴貞

　　1992　〈我國民營企業技術引進與普及管道之探討〉，《台灣經濟金融月刊》，28(9)：65-78。

林滿紅

　　1977　〈晚清台灣茶、糖、樟腦業的產銷組織 1860-1895〉，《台灣銀行季刊》，28(3): 200-220。

　　1993　〈台灣資本與兩岸經貿關係（1895-1945）──台商拓展外貿經驗之一重要篇章〉，見宋光宇編《台灣經驗（一）──歷史經濟編》，台北：東大圖書公司。pp.67-139。

林毅夫 著

　　1989　關於制度變遷的經濟學理論：誘致性變遷與強制性變遷，引自《財產權利與制度變遷──產權學派與新制度學派譯文集》，上海三聯書店。pp.371-440。

金耀基

　　1985　〈行政吸納政治：香港的政治模式〉，見刑慕寰、金耀基合編之《香港之發展經驗》，香港：中文大學。pp.3-20。

　　1992　中國社會與文化。香港：牛津大學出版社。

金觀濤、劉青峰

　　1993　開放中的變遷-再論中國社會超穩定結構。香港：中文大學。

阿城

　　1994　閒話閒說：中國世俗與中國小說。台北：時報文化出版公司。

阿瑟・奧肯 著，王忠民等 譯

　　1988　平等與效率。四川人民出版社。

阿瑟・劉易斯 著，梁小民 譯

　　1995　經濟增長理論。上海：三聯書店。

侯山林

　　1990　〈技術合作與技術升級〉，《台灣經濟研究月刊》，13（11）:47-51。

侯家駒

　　1984　〈工商團體如何參與經濟決策探討〉，《中國地方自治》，36（12）：15-16。

威廉・劉易斯 著，何寶玉 譯

　　1989　發展計劃，北京：北京經濟學院出版社。

威廉・伯德、林青松 合編

1994　中國鄉鎮企業的歷史性崛起。香港: 牛津大學出版社。

封小雲 主編

1997　香港工業2000。香港：三聯書店。

柯勝揮

1990〈規劃最適產銷體系──從紡織業上、中、下游之產業關聯談起〉，
《台灣經濟研究月刊》，13(4)：20-23。

段云程 著

1995　中國企業跨國經營與戰略，北京：中國發展出版社。

段承璞 編

1992　台灣戰後經濟，韓清海等著。台北：人間出版社。

約倫‧巴澤爾

1995　〈考核費用與市場組織〉收於陳郁 主編《企業制度與市場組織：
交易費用經濟學文選》。上海：人民出版社。

胡乃武、楊瑞龐 主編

1994中國經濟非均衡發展問題研究。山西：山西高校聯合出版社。

胡平 著

1994　經濟市場化與流通新秩序。北京：人民出版社。

胡爾湖、謝志強 編

1994　中國工商局、鄉鎮企業局局長談建立統一大市場與規範市場行
為。北京：東方出版社

苗凡卒

1992　〈找回失去的市場〉，《經濟參考報》 5. 19.

倪小林

1992　〈論“大包袱”變大市場〉，《經濟參考報》 5.11。

夏林清、鄭村棋

1989　〈一個小外包廠的案例調查──家族關係與雇傭關係的交互作
用〉，《台灣社會研究季刊》，2(3.4):189-214。

孫尚清 編

1996　中國市場發展報告。北京：中國發展出版社。

孫炳耀

1997　〈層級、市場與網絡：中國大陸企業經濟關係的重構〉。發表於
「東亞經濟組織及網絡變遷」研討會，台灣東海大學東亞社會經
濟研究中心主辦。

孫盈哲

1996　〈我國中小企業產業網路之現況與展望〉，發表於經濟部中小企
業處85年度專案計畫執行成果報告。台北：經濟部中小企業處。

徐瑞希
　　1991　政商關係解讀。台北：遠流出版公司。
根岸勉治
　　1979　日據時代台灣之商業資本型殖民地企業形態。台灣銀行經濟研究
　　　　　室編。
桑福德・格羅斯曼、奧利弗・哈特
　　1995　〈所有權的成本與收益：縱向一體化與橫向一體化的理論〉收於
　　　　　陳郁　主編《企業制度與市場組織：交易費用經濟學文選》。上
　　　　　海：人民出版社。
柴松林
　　1986　〈民間團體的構成功能與發展趨勢〉，《社會福利》，40：3-10。
袁培樹
　　1992　大趨勢：港澳經濟一體化。香港：三聯書店。
郝溪明
　　1980　〈小團體的互動研究〉，《社會研究》，19：5-28。
馬克思
　　1975　資本論第一、二、三卷，北京：人民出版社。
馬克思・韋伯　著，康樂編　譯
　　1985　韋伯選集：支配的類型。台北：允晨出版社。
馬洪　編
　　1993　什麼是社會主義市場經濟。北京：中國發展出版社。
馬夏爾　著，朱富春　譯
　　1977　產業經濟學，台北：協志工業叢書出版。
馬凱、陳志生
　　1992　台灣大中小企業合作產銷之研究。台北：中華經濟研究院。
馬義、夏隱
　　1992　〈「西柳」──紡織品的海洋〉，《經濟參考報》5.18。
高凡　編
　　1995　行政權力與市場經濟─政府對市場運行的法律調控。北京：中國
　　　　　法制出版社。
高承恕
　　1990　台灣中小企業之社會制度分析年度報告（第一年）。台中：東海
　　　　　大學社會學研究所。
　　1991　台灣中小企業之社會制度分析年度報告（第二年）。台中：東海
　　　　　大學社會學研究所。
　　1994　〈台灣中小企業的社會生活基礎〉，《社會與經濟》，第七十三

期，台中：東海大學東亞社會經濟研究中心。pp.95-114。

1997 〈曾經滄海難為水：香港的世界網絡與俗民社會〉，收於《香港：文明的延續與斷裂？》。台北：聯經出版社。

高承恕、陳介玄 編

1997 香港：文明的延序續與斷裂？台北：聯經出版社。

高棣民

1994 〈殖民地時期台灣資本主義的根源〉，張苾燕譯，見E. A. Winckler & S. Greenjalgh eds.《台灣政治經濟學諸論辯析》。台北：人間出版社。 pp.139-163。

高陽

1992 古今食事，台北：皇冠文學出版有限公司。

涂一卿

1994 〈台灣地方派系的社會基礎：以嘉義縣地方派系為例〉。台中：東海大學社會學研究所博士論文。

涂照彥

1992 日本帝國主義下的台灣。台北：人間出版社。

涂爾幹 著、王了一 譯

1966 社會分工論。台北：台灣商務印書館。

康元非、李蕭東 著

1994 走向大市場──國有大中型企業的困境與出路。北京：中共中央黨校出版社。

張乃根

1995 經濟學分析法學。上海：三聯書店。

張五常

1969a 〈私有產權與分成租佃〉，引自《財產權利與制度變遷──產權學派與新制度學派譯文集》。上海三聯書店。pp114-136。

1969b 〈交易費用、風險規避與合約安排的選擇〉，引自《財產權利與制度變遷──產權學派與新制度學派譯文集》。上海三聯書店。pp.137-165。

1989a 三案情懷。台北：遠流有限公司。

1989b 存亡之秋。台北：遠流有限公司。

1989c 再論中國。台北：遠流有限公司。

1989d 中國的前途。台北：遠流有限公司。

1993 中國經濟革命。香港：壹出版有限公司。

1995 〈企業的契約性質〉收於陳郁主編《企業制度與市場組織：交易費用經濟學文選》。上海：人民出版社。

張宇燕
　　1993　經濟發展與經濟選擇：對制度的經濟分析。北京：中國人民大學
　　　　　出版社。

張其仔
　　1997　社會資本論：社會資本與經濟增長。北京：社會科學文獻出版社。

張宗漢
　　1985　光復前台灣之工業化，台北：聯經出版事業公司。

張明龍 著
　　1993　經濟運行與調控──計劃與市場結合模式研究，浙江人民出版社。

張炳良
　　1988　香港公共行政與政策。香港：廣角鏡出版社。

張皓、徐錠基、康世芳
　　1997　〈工業區鈉管工廠廢水前處理之排放管制限值〉，見交通大學環
　　　　　境工程研究所及成功大學環境研究中心合辦之《「工業區水污染
　　　　　管制研討會」論文集》。

張漢裕
　　1957　〈日據時代台灣經濟之演變〉見於《台灣經濟史上》，台灣銀行
　　　　　經濟研究室編。

張維安、蘇淑芬
　　1995　〈全球機會與在地條件：台灣半導體工業的發展〉，台灣中小企
　　　　　業的趨勢與轉型討論會，台中：東海大學

張馭中
　　1997　〈「市場經濟」的批判與「共同體經濟」的建構：博蘭尼（K.‧
　　　　　Polanyi）理論的研究與深化〉，清華大學：社會人類所碩士論
　　　　　文。

張維迎 著
　　1994　企業的企業家──契約理論，上海：三聯書店。

張豪
　　1992　〈中國第一集市〉，人民日報 6.10 第二版。

梁振英
　　1989　〈香港的房地產業權制度〉，見鄭宇碩編之《過渡期的香港》，
　　　　　香港：三聯書店。pp.168-179。

梁榮輝
　　1984　〈我國NC工具機之產銷現況與展望〉，《台灣經濟研究月刊》，
　　　　　7(4)：23-32。

梁滿潮

1982 〈工商團體如何具體積極參與經濟事務〉，今日財經，246：9-10。

梁漱溟
1982 中國文化要義。台北：里仁書局。

許士軍 等著
1995 天蠶21變。中小企業破繭而出的成功實例。台北：中華民國管理科學學會。

許方中、廬敏超
1995 〈普通法在香港的局限：從殖民地到特別行政區〉，見《香港社會科學學報》，第6期，pp.59-71。

許佑淵
1989 〈台灣地區直接外人投資之技術轉移效果〉，《企銀季刊》，12(3):43-51。

郭崑謨
1987 〈論台灣地區企業產銷分工與外梢績效：電子、電器產業之實證分析〉，《台灣銀行季刊》，38(1)：1-17。

郭曉
1992 〈技術市場前途無量〉，經濟日報 5.27。

陳郁 編
1996 企業制度與市場組織：交易費用經濟學文選。上海：人民出版社。

陳乃醒 編
1993 中國勞務市場的組織與管理。北京：經濟管理出版社。

陳介玄
1989 〈合理的勞動組織與近代資本主義精神：對韋伯新教理論題的再思考〉，《中國社會科學學刊》第13期，pp.221-240。

1990 〈關係與法令：台灣企業運作的一個傳統面向〉，《思與言》，28(4):47-64。

1993 〈從臺灣中小企業經濟網絡與社會網絡的同構性論其結構特質〉，82年國科會代表作獎助文章，收於即將出版《人情與利益》一書，台北：聯經。

1994 《協力網絡與生活結構：台灣中小企業的社會經濟分析》。台北：聯經出版公司。

1994a 〈關係、「關係空間結構」與「關係社會」〉，《社會與經濟》，第73期，台中：東海大學東亞社會經濟研究中心。pp.80-88。

1995 貨幣網絡與生活結構：地方金融、中小企業與台灣世俗社會之轉化。台北：聯經出版社。

1996 貿易網絡與生活結構。未刊稿。

1997 〈自發型網絡到建構型網絡：台灣網絡資本主義之發展〉，未刊稿。

陳介玄、高承恕

1991 〈台灣企業運作的社會秩序：人情關係與法律〉，《東海學報》，台中：東海大學。32:219-232。

陳介英

1992 〈台灣中小企業零細化資本結構的社會基礎〉，思與言，30(3)：59-86。

1993 〈台灣中小企業資金運作的特色及其社會性形構條件〉，民族學研究所集刊，台北：中央研究院民族學研究所。75：47-68。

1994 〈台灣中小企業的技術特質及其社會內涵〉。台中：東海大學社會學研究所博士論文。

1996 〈工業化中的傳統化：和美紡織業之研究〉，見於《社會與經濟叢刊1：地方社會》，台北：聯經出版公司。

陳玉璽

1992 台灣的依附型發展。台北：人間出版社。

陳東升、周素卿

1996 〈資本與技術密集產業組織間關係的型式：以積體電路產業為例〉見《東亞經濟管理與彈性生產關係學術研討會》，清華大學。

陳明通

1992 〈台灣地區政商關係之演變〉，見國家政策資料研究中心編《企業社會倫理與合理政商關係之建立研討會論文集》，pp.2-6。

陳明璋

1994 臺灣中小企業發展論文集。台北：聯經出版社。

陳武雄

1989 〈人民團體的角色與功能〉，《社會建設》，72：48-52。

1980 〈人民團體基本概念〉，《社會建設》，40：61-67。

陳淑津

1990 〈紡織業產銷體系整合之必要性〉，《台灣經濟研究月刊》，13(4)：24-30。

陳朝平

1983 〈利益團體之類型與活動途徑〉，《中國論壇》，16(2)：8-10。

陳逸文
    1986   〈從日本紡織工業的發展經驗談開發中國家之技術發展〉，《台
            灣經濟金融月刊》，22(1):35-44。
陳楚俊 編著
    1994   標準化與質量、市場、效益。北京：冶金工業出版社。
陳榮盛
    1981   〈如何健全社會團體組織〉，《社會建設》，45：128-146。
喬 健
    1988   〈關係芻議〉，收於楊國樞主編《中國人的心理》，頁 105-122。
            台北：桂冠圖書公司。
彭懷真
    1990   〈台灣企業業主的關係及其轉化〉。台中：東海大學社會學研究
            所博士論文。
曾淑婉
    1992   〈從網路的觀點看台灣製造業互賴關係對技術升級的影響〉，中
            原大學：企研所碩士論文。
湯敏、茅于軾主編
    1996a   現代經濟學前沿專題（第一集）。北京：商務印書館。
    1996b   現代經濟學前沿專題（第二集）。北京：商務印書館。
費孝通
    1991   鄉土中國。香港：三聯書店。
辜振甫
    1983   〈工商團體如何參與政府經濟事務〉，《社會建設》，49：
            155-159。
隅谷三喜男 等
    1993   台灣的經濟。台北：人間出版社。
雄獅中國工藝美術辭典編輯委員會 編
    1991   中國工藝美術辭典。台北：雄獅圖書股分有限公司。
項懷誠
    1992   〈流通領域的璀璨明珠〉，經濟日報 6.7。
馮玉蓮
    1990   走向九七－政壇菁英訪談錄。香港：天地圖書有限公司。
馮浩偉
    1984   〈目前臺灣地區重要的工商團體有多少?〉，《工商雜誌》，
            32(2)：55。
黃仁宇

1993　中國大歷史。台北：聯經出版事業公司。

黃光國
1988　〈人情與面子：中國人的權力遊戲〉，收於黃光國編《中國人的權力遊戲》，台北：巨流圖書公司。pp.7-55。

黃宗智
1994a　長江三角洲小農家庭與鄉村發展。牛津大學出版社。
1994b　華北的小農經濟與社會變遷。牛津大學出版社。

黃昭虎
1992　品牌策略與國家經濟發展。台灣企業國際化研討會。台北：財團法人兩傳文教基會。

黃華南
1982　〈論技術生根與工業生級之做法〉，《財政經濟月刊》，32(5):5-8。

奧斯特羅姆・D・菲尼、H・皮希特
1996　制度分析與發展的反思：問題與抉擇。北京：商務印書館。

楊再平　著
1994　中國經濟運行中的政府行為分析。北京：經濟科學出版社。

楊泰順
1992　〈利益團體的理論〉，〈中山社會科學〉，7(4)：1-14。

葉匡時
1994　〈臺灣產業網絡研究待解決的議題〉，發表於第三屆產業管理研討會。台北：輔仁大學。

葉律言、遲秀玲
1993　〈我國企業產銷合作案例之啓示〉，《台灣經濟研究月刊》，16(8)：61-64。

董立坤、劉筱林、曾虹文、李威
1992　香港法律與司法制度。香港：中華書局。

詹姆斯・科爾曼　著
1990　社會理論的基礎(上、中、下)。北京：社會科學文獻出版社。

廖光生　著
1995　兩岸經貿互動的隱憂與生機。香港：中文大學出版社。

廖原
1992　〈購銷大軍遍布蘇州城縣〉，經濟參考報 5.25 第二版。

漢米爾頓・佛利民
1991　佛利民在中國。香港：中文大學出版社。

維多・坦奇　編，何建雄　譯

1994 向市場經濟過渡：財政改革論文集。北京：中國金融出版社。
趙義隆
　1993 〈台灣行銷通路演變之網路類型與趨勢分析〉，見《第二屆產業管理研討會論文集》。
趙蕙鈴
　1993a 《台灣中小型工廠協力生產網絡之關係內容分析：彰化縣和美地區紡織工業之個案研究》。台中：東海大學社會學研究所碩士論文。
　1993b 〈協力生產網絡資源交換結構之特質──經濟資源交換的「社會網絡化」〉，發表於中央研究院民族學研究所小型研討會系列之11──《近期組織變遷理論之發展：與本土經驗研究的對話》。台北：南港中央研究院民族學研究所。
劉兆佳
　1988 香港的政治改革與政治發展。香港：廣角鏡出版社。
劉進慶
　1992 台灣戰後經濟分析。台北：人間出版社。
劉維明
　1992 〈加快流通體制改革步伐〉，人民日報 4.15 第五版。
劉賓雁
　1979 〈人妖之間〉，《70年代》，119(9): 22-28。
樊綱、李揚、周振華
　1994 走向市場：1978-1993。上海：人民出版社。
潘岳 編
　1997 中國經濟改革的主線。北京：經濟科學出版社。
蔡詩萍
　1983 〈民主政治和壓力政治：解析金牛、民意代表和利益團體的三角關係〉，《聯合月刊》，26：20-23。
鄭宇碩 編著
　1987 香港政制及政治。香港：天地圖書有限公司。
鄭家亨 著
　1993 中國社會主義市場經濟與統計。北京：中國統計出版社。
黎恪義
　1991 〈香港與亞太華人銀行業綜論〉，見饒美蛟、鄭赤琰主編《香港與亞太區華人銀行業》。香港：香港中文大學。
蕭峰雄
　1980 〈我國技術移轉之研究〉，《台灣經濟月刊》，38:4-11。

蕭新煌
  1992 〈解讀台灣中小企業家與大企業家的創業過程〉，中國社會學
        刊，第16期，pp.139-167。
蕭新煌、賀德芬、黃武雄
  1985 〈多元化社會中民間團體扮演什麼角色?〉，《中國論壇》，
        21(4)：22-32。
賴士葆 等著
  1997 橫掃千軍：21家成功展現策略雄心的頂尖企業。台北：中華民國
        管理科學學會。
賴士葆、張德輝
  1992 進入國際市場的產銷策略——以自行車業爲例。台灣企業國際化
        研討會。台北：財團法人兩傳文教基金會。
錢鍾書
  1994 〈吃飯〉見於王堯編《美食》。
薄一波 著
  1993 若干重大決策與事件的回顧，北京：中共中央黨校出版社。
薛鳳旋
  1989 香港工業：政策、企業特點及前景。香港大學出版社。
  1986 香港大陸縱橫談。香港：大道文化有限公司。
謝百三 編
  1997 投資中國。美國：八方文化企業公司。
謝國雄
  1989 〈黑手變頭家——台灣製造業中的階級流動〉，《台灣社會研究
        季刊》，第2卷第2期，pp.11-54。
  1991 〈網絡式生產組織：台灣外銷工業中的外包制度〉，《中央研究
        院民族學研究所集刊》，台北：南港。71:161-182。
  1992a 〈隱形工廠：台灣的外包點與家庭代工〉，《台灣社會研究季
        刊》，12:71-94。
  1992b 〈立業基及其活化：台灣小企業創業及立業過程之研究〉，「企
        業組織、社會關係與文化慣行：華人社會的比較研究」學術研討
        會，中央研究院民族學研究所，台北：南港。
謝國興
  1994 台南幫的個案研究。台北：中央研究院近代史研究所。
謝耀柱
  1977 〈現階段外銷事業之產銷問題〉，《產與銷》，9(7)：26-29。
鍾財 編

1995　《中共中央關於制定國民經濟和社會發展"九五"計劃和2010年遠景目標的建議》名詞與解釋，北京：人民出版社。

簡錦川
1981　〈新興工業國家與多國籍企業-中`日之間的技術移轉問題〉，《產業金融季刊》，33:76-84。

聶振光
1991　香港公務員制度。香港：中華書局。

聶振光、呂銳鋒、曾映明
1990　香港廉政。香港：中華書局。

薩孟武
1988　紅樓夢與中國舊家庭。台北：東大圖書公司。

蘇淑芬
1997　〈全球化與在地化：臺灣半導體產業之全球商品鏈研究〉，國立清華大學社會人類學研究所碩士論文。新竹：國立清華大學社會人類學研究所。

魏啓林
1994　〈台灣中小企業之行銷策略特質分析〉，見經濟部中小企業處編《第一屆中小企業發展學術研討會》，。台北：經濟部中小企業處。

羅伯特・弗德 著，呂行建 譯
1994　駕馭市場，北京：企業管理出版社。

饒餘慶
1992　金融與經濟論叢。香港：天地圖書公司。

二、英文部份

Abbott, A.
1982　*The Emergence of American Psychiatry.* Ph. D. Diss. University of Chicago.

Abe, Takeshi
1992　"The Development of the Producing-Center Cotton Textile Industry in Japan between the two World Wars" *Japanese Yearbook on Business History*, 9,3-27.

Aberbach, Joel D., David Dollar, and Kenneth L. Sokoloff (eds.)

1994　*The Role of The State in Taiwan's Development.* New York: M.E. Sharpe.

Abo, Tetsuo
1982　"ITT's International Business Activities, 1920-40", *Annals of the Institute of Social Science, 24,* pp. 104-28.

Akerlof, George A.
1984　*An Economic Theorist's Book of Tales.* New York : Cambridge University Press.

Albert, Michel
1993　*Capitalism Vs. Capitalism : How American's Obsession With Individual Achievement and Short-term Profit Has Led to the Brink of Collapse.* New York: Four Wall Eight Windows.

Alston, Lee J., Thrainn Eggersson, and Douglass C. North
1996　*Empirical Studies in Institutional Change.* Cambridge University Press.

Alt, James E. and Kenneth Shepsle (eds.)
1997　*Perspectives on Positive Political Economy.* Cambridge University Press.

Alter, C., and Hage, J.
1993　*Organizations Working Together.* Newbury Park, Calif.: Sage.

Althusser, Louis and Etienne Balibar
1983　*Reading Capital.* Tr. Ben Brewster. London: Verso.

Amatori, France
1997　"Italy: The Tormented Rise of Organizational Capabilities Between Government and Families". Edited by Alfred D. Chandler, Jr., Franco Amatori, and Takashi Hikino, *Big Business and The Wealth of Nations.* Cambridge University Press.

Amsden, Alice H.
1997　"South Korea: Enterprising Groups and Entrepreneurial Government". Edited by Alfred D. Chandler, Jr., Franco Amatori, and Takashi Hikino, *Big Business and The Wealth of Nations.* Cambridge University Press.

Anderson ,B. L., and A. J. H. Latharn (eds.)
1986　*The Market in History.* London :Croom Helm.

Appadurai, Arjun (ed.)
1988　*The Social Life of Things: Commodities in Cultural Perspective.* New York: Cambridge University Press.

Appelbaum, Richard P., and Jeffrey Henderson (eds.)

  1992   *States and Development in the Asian Pacific Rim.* Newbury Park: Sage Publications.

Arrow, Kenneth J.

  1974   *The Limits of Organization.* New York: W. W. Norton & Company.

  1984   *The Economics of Information.* The Belknap Press of Harvard University Press.

Badaracco, Jr., Joseph L

  1991   *The Knowledge Link: How Firms Compete Through Strategic Alliances.* Boston: Harvard Business School Press.

Balassa, B.

  1988   "The Lessons of East Asian Development: An Overview," *Economic Development* and Cultural Change 36: 273-296.

  1991   *Economic Policies in the Pacific Area Developing Countries,* London: Macmillan.

Banks, Jeffrey S. and Eric A. Hanushek

  1995   *Modern Political Economy: Old Topics, New Directions.* Cambridge University Press.

Barbero, Maria Ines

  1997   "Argentina: Industrial Growth and Enterprise Organization, 1880s-1980s". Edited by Alfred D. Chandler, Jr., Franco Amatori, and Takashi Hikino, *Big Business and The Wealth of Nations.* Cambridge University Press.

Bartlett, Christopher A. and Summantra Ghoshal

  1989   *Managing Across Borders: The Transitional Solution.* Boston: Harvard Business School Press.

Barzel, Yoram

  1982   "Measurement Cost and the Organization of Markets", *Journal of Law and Economics,* 25:27-48.

  1997   *Economics Analysis of Property Rights.* Cambridge: Cambridge University Press.

Becker, Gary S.

  1976   *The Economic Approach to Human Behavior.* The University of Chicago Press.

  1993   *Human Capital: A Theoretical and Empirical Analysis, with Special Reference to Education.* Chicago: The University of Chicago Press.

Berger, Suzanne and Richard K. Lester
    1997   *Made By Hong Kong.* Hong Kong: Oxford University Press.

Berkwitz, S. D.
    1988   "Markets and Market-areas: Some Preliminary Formulations." in Barry Wellman and S. D. Berkowitz edit, *Social Structure.* Cambridge University Press.

Berlanstein, L. R.
    1975   *The Barristers of Toulouse in the Eighteenth Century.* Baltimore: Johns Hopkins University Press.

Berle, Adolf A., Gardiner C. Means
    1991   *The Modern Corporation and Private Property.* New Brunswick, N. J.: Transaction Publishers.

Best, Michael
    1990   *The New Competition.* Cambridge MA: Harvard University Press.

Biggart, Nicole Woolsey and Gary G. Hamilton
    1997   "On the Limits of a Firm-Based Theory to Explain Business Networks: The Western Bias of Neoclassical Economics", in *The Economic Organization of East Asian Capitalism,* New Delhi: Sage Publications. By Marco Orru, Nicole Woolsey Biggart and Gary G. Hamilton.

Biggart, Nicole Woolsey
    1997   "Explaining Asian Economic Organization: Toward a Weberian Institutional Perspective", in *The Economic Organization of East Asian Capitalism,* New Delhi: Sage Publications. By Marco Orru, Nicole Woolsey Biggart and Gary G. Hamilton.

Blackford, Mansel G.
    1988   *The Rise of Modern Business in Great Britain, the United States, and Japan.* Chapel Hill: University of North Carolina Press.

Bledstein, B. J.
    1976   *The Culture of Professionalism.* New York: Norton.

Block, Fred
    1990   *Postindustrial Possibilities: A Critique of Economic Discourse.* Los Angeles: University California Press.

Boltho, Andrea
    1982   *The European Economy: Growth & Crisis.* Oxford University Press.

Bourdieu, Pierre

1976   "Marriage Strategies as Strategies of Social Reproduction", in Annales ed., *Family and Society*, pp.117-144.

1984   *Distinction :A Social Critique of the Judgment of Taste*. Cambridge: Harvard University Press.

1986   "The Forms of Capital" (tr., R, Nice), in J. G. Richardson (ed.), *Handbook of Theory and Research for the Sociology of Education* , New York: Greenwood Press, pp.241-258.

1990   *The Logic of Practice* .California: Stanford University Press.

1991   *Outline Of A Theory Of Practice*. Cambridge: Cambridge University Press.

1993   *The Field of Cultural Production : Essays on Art and Literature*. Cambridge: Polity Press.

Bower, Joseph L.

1986   *When Markets Quake: The Management Challenge of Restructuring Industry*. Boston: Harvard Business School Press.

Boyer, Robert and J. Rogers Hollingsworth

1997   "From National Embeddedness to Spatial and Institutional Nestedness", in *Contemporary Capitalism : The Embeddedness of Institutions*, New York: Cambridge University Press. Edit by J. Rogers Hollingsworth and Robert Boyer.

Boyer, Robert

1997   "The Variety and Unequal Performance of Really Existing Markets: Farewell to Doctor Pangloss?", in *Contemporary Capitalism: The Embeddedness of Institutions*, New York: Cambridge University Press. Eds. By J. Rogers Hollingsworth and Robert Boyer.

Braudel, Fernand

1981   *Civilization & Capitalism 15th-18th Century vol.1: Th Structures of everyday life*. Trans. Sian Reynolds. New York: Harper & Row.

1982   *Civilization & Capitalism 15th-18th Century vol.2: TheWheelsof Commerce*. Trans. Sian Reynolds. New York: Harper & Row.

1984   *Civilization & Capitalism 15th-18th Century vol.3: ThePerspective of the World*. Trans. Sian Reynolds. New York: Harper & Row.

1993   *A History of Civilizations*. Tr. Richard Mayne (Allen Lane The Penguin Press.)

Brus, Wlodzimierz and Kazimierz Laski

1991   *From Marx to The Market: Socialism in Search of An Economic*

System. Oxford: Clarendon Press.

Brusco, Sebastiano
1982   "The Emilian Model: Productive Decentralisation and Social Integration", *Cambridge Journal of Economics*, 6(2),June ,167-84.

Buchanan, James M.
1978   *Cost and Choice*. The University of Chicago Press.

Burk, James
1992   *Values in the Marketplace: The American Stock Market Under Federal Securities Law*. New York: Aldine de Gruyter.

Burt, Ronald S.
1982   *Toward a structural Theory of Action: Network Models of Social Structure, Perception, and Action*. New York: Academic Press.

1983   *Corporate Profits and Cooperation: Networks of Market Constraints and Directorate Ties in the American Economy*. New York: Academic Press.

1992   *Structural Holes: The Social Structure of Competition*. Cambridge: Harvard University Press.

Campbell. John L., J. Rogers Hollingsworth, and Leon N. Lindberg (eds.)
1991   *Governance of the American Economy*. Cambridge and New York: Cambridge University Press.

Cantor, Robin, Stuart Henry, and Steve Rayner
1992   *Making Markets: An Interdisciplinary Perspective on Economic Exchange*. Westport, Connecticut: Greenwood Press.

Caplow, T.
1954   *The Sociology of Work*. Minneapolis: University of Minnesota.

Cardoso, Fernando Henrique and Enzo Faletto
1979   *Dependency and Development in Latin America*. Berkeley: University of California Press.

Carlos, Ann M. and Stephen Nicholas
1988   "'Giants of an Earlier Capitalism': The Chartered Trading Companies as Modern Multinationals", *Business History Review*,62, pp.398-419.

Carreras, Albert and Xavier Tafunell
1997   "Spain: Big Manufacturing Firms Between State and Market, 1917-1990". Edited by Alfred D. Chandler, Jr., Franco Amatori, and Takashi Hikino, *Big Business and The Wealth of Nations*. Cambridge University Press.

Carr-Saunders, A. P., and P. A. Wilson
  1933   *The Professions*. Oxford: Oxford University Press.
Carstensen, Fred V.
  1984   *American Enterprise in Foreign Markets: Studies of Singer and International Harvester in Imperial Russia*. Chapel Hill: University of North Carolina Press.
Carter, E. Eugene
  1981   "Resource Allocation", in Nystrom and Starbuck (eds.) *Handbook of Organizational Design Volume 2: Remodeling Organizations and Their Environments*. Oxford University Press.
Casson, Mark and Howard Cox
  1997   "An Economic Model of Inter-Firm Networks", in *The Formation of Inter-Organization Networks*, New York: Oxford University Press. Edit by Mark Ebers.
Casson, Mark
  1986   "General Theories of the Multinational Enterprise: Their Relevance to Business History", in Peter Hertner and Geoffrey Jones (eds.) *Multinationals: Theory and History*, Aldershot Gower, pp. 42-63.
Castells, Manuel
  1996   *The Information Age: Economy, Society and Culture — The Rise of Network Society, Vol. 1*, Oxford: Blackwells.
Caves, Richard E.
  1996   *Multinational Enterprise and Economic Analysis*. Cambridge: Cambridge University Press.
Chalmin, P.
  1957   *Lofficier francais de 1815 a 1870*. Paris: M. Riviere.
Chandler, Alfred D.
  1977   *The Visible Hand: The Managerial Revolution in American Business*. Cambridge, Mass.: Harvard University Press.
  1980   "The Growth of the Transnational Industrial Firm in the United States and the United Kingdom: A Comparative Analysis", *Economic History Review*, 2nd Series, 33, pp. 396-410.
  1990   *Scale and Scop: The Dynamics of Industrial Capitalism*. Cambridge: The Belknap Press of Harvard University Press.
  1992   "Managerial Enterprise and Competitive Capabilities", *Business History*, 34(1), January, 11-41.

1995   *Strategy and Structure: Chapters in the History of the American Industrial Enterprise*. Cambridge: The MIT Press.

1997   "The United States: Engines of Economic Growth in the Capital-Intensive and Knowledge-Intensive Industrie". Edited by Alfred D. Chandler, Jr., Franco Amatori, and Takashi Hikino, *Big Business and The Wealth of Nations*. Cambridge University Press.

Chandler, Jr., Alfred D. Franco Amatori, and Takashi Hikino (eds.)

1997   *Big Business and the Wealth of Nations*. New York: Cambridge University Press.

Chandler, Jr., Alfred D., Franco Amatori, and Takashi Hikino

1997   "Historical and Comparative Contours of Big Business". Edited by Alfred D. Chandler, Jr., Franco Amatori, and Takashi Hikino, *Big Business and The Wealth of Nations*. Cambridge University Press.

Chandler, Jr., Alfred D., and Takashi Hikino

1997   "The Large Industrial Enterprise and The Dynamics of Modern Economic Growth". Edited by Alfred D. Chandler, Jr., Franco Amatori, and Takashi Hikino, *Big Business and The Wealth of Nations*. Cambridge University Press.

Chapman, Stanley

1985   "British-based Investment Groups Before 1914", *Economic History Review,* 2nd series, 38, pp.230-51.

Cheng, Joseph Y.S. and Sonny S.H. Lo

1995   *From Colony to Star*. H.K.: The Chinese University Press.

Cheung, Steven N. S.

1969   "Transaction Costs, Risk Aversion, and the Choice of Contractual Arrangements", *Journal of Law Economics,* 12.

1969a   *The Theory of Share Tenancy*, Chicago: University of Chicago Press.

1970   "The Structure of a Contract and the Theory of a Non-Exclusive Resource", *Journal of Law Economics*, 13.

1974   "A Theory of Price Control", *Journal of Law and Economics*, 12:23-45.

1983   "The Contractual Natural of the Firm", *Journal of Law and Economics*, 17:53-71.

Chisholm, Donald

1989   *Coordination Without Hierarchy: Informal Structure in Multiorganizational Systems*. Berkeley: University of California

Press.

Church, Roy, Albert Fishlow, Neil Fligstein, Thomas Hughes, Jurgen Kocka, Hidemasa Morikawa and Frederic M. Scherer

    1990   "Scale and Scope : a Review Colloquium", *Business History Review*, 64(3), Autumn, 690-735.

Cipolla, C.

    1973   "The Professionsthe Long View", *Journal of European Economic History* 2: 37-51.

Clifford, Geertz.

    1992   "The Bazaar Economy: Information and Search in Peasant Marketing", In Mark Granovetter and Richard Swedberg (eds.). *The Sociology of Economic Life*. Westview Press.

Coase, R. H.

    1937   "The Nature of the Firm", *Economics*, n.s. 4, pp.386-405.

    1959   "The Federal Communications Commission", *Journal of Law and Economics, 1.*

    1961   "The British Post Office and the Messenger Companies", *Journal of Law and Economics, 12.*

    1977   "Advertising and Free Speech", in *Advertising and Free Speech*, Allen Hyman & M. Bruce Johnson eds.

    1979   "Payola in Radio and Television Broadcasting", *Journal of Law and Economics, 22.*

    1988   *The Firm, The Market, and the Law*, The University of Chicago Press.

    1994   *Essays on Economics and Economists*, Chicago: University of Chicago Press.

Coats, A. W. Bob

    1993   *The Sociology and Professionalization of Economics*. New York: Routledge.

Colclough, Christopher and James Manor

    1993   *States or Markets?: Neo-liberalism and the Development Policy Debate*. Oxford: Clarendon Press.

Cole, Robert E.

    1991   *Strategies for Learning: Small-Group Activities in American, Japanese, and Swedish Industry*. Berkeley: University of California Press.

Coleman, James S.

1990　*Foundations of Social Theory.* Cambridge: The Belknap Press of Harvard University Press.

Coleman, William D.
1997　"Associational Governance in a Golbalizing Era: Weathering the Storm", *in Contemporary Capitalism: The Embeddedness of Institutions.* New York: Cambridge University Press. Edit by J. Rogers Hollingsworth and Robert Boyer.

Collins, R.
1979　*The Credential Society.* New York: Academic Press.

Commons, John R.
1990　*Institutional Economics: Its Place in Political Economy Vol.I.* Transaction Publishers.
1990　*Institutional Economics: Its Place in Political Economy Vol. II.* Transaction Publishers.

Contractor, F. J., and Lorange, P. （eds.）
1988　*Cooperative Strategies in International Business.* Lexington, Mass.: Lexington Books.

Coriat, Benjamin
1997　"Globalization, Variety, and Mass Production: The Metamorphosis of Mass Production in the New Competitive Age", in *Contemporary Capitalism : The Embeddedness of Institutions,* New York : Cambridge University Press. Edit by J. Rogers Hollingsworth and Robert Boyer.

Cowhey, Peter F., and Mathew D. McCubbins
1995　*Structure and Policy in Japan and the United States.* Cambridge University Press.

Dalton , George
1971　*Primitive, Archaic and Modern Economies: Essays of Karl Polanyi.* Boston Beacon press.

Dasgupta, P. S., and G. M. Heal
1981　*Economic Theory and Exhaustible Resources.* Cambridge University Press.

David, Ben
1963　"Professions in the Class System of Present Day Societies". *Current Sociology.* 12 : 247-98.

Demsetz, Harold

1988   *Ownership, Control, and the Firm, Vol.I,* Oxford: Blackwell .
1997   *The Economics of the Business Firm.* New York: Cambridge University Press.

Dertouzos, Michael L., Richard K. Lester and Robert M. Solow
1989   "Imperatives for a More Productive American", *Chapter 10 of Made in American: Regaining the Productive Edge,* Cambridge and London: MIT Press, 129-46.

Dewald, J.
1980   *The Formation of a Provincial Nobility.* Princeton: Princeton University Press.

Deyo, Frederic C.(ed.)
1987   *The Political Economy of the New Asian Industrialism,* Ithaca and London: Cornell University Press.
1990   *Stephan Haggard, Pathways from the Periphery: The Politics of Growth in the Newly Industrializing Countries,* Ithaca and London: Cornell University Press.

Dingwall, R., and P. Lewis. (eds.)
1983   *The Sociology of the Professions.* London : St. Martins.

Dore, Ronald
1988   *Flexible Rigidities : Industrial Policy and Structural Adjustment in the Japanese Economy.* Stanford, California : Stanford University Press.
1992   "Goodwill and the Spirit of Marker Capitalism." in Mark Granovetter and Richard Swedberg edit. *The Sociology of Economic Life.* Westview Press.

Dosi, Giovanni
1997   "Organizational: Competences, Firm Size, and the Wealth of Nations: Some Comments From a Comparative Perspective". Edited by Alfred D. Chandler, Jr., Franco Amatori, and Takashi Hikino, *Big Business and The Wealth of Nations.* Cambridge University Press.

Douglass, C. North
1981   *Structure and Change in Economic History,* W. W. Norton and Company, Inc.
1990   *Institutions, Institutional Change and Economic Performance,* Cambridge University Press.

Drucker, Peter F.

1990   *The New Realities.* Harper Business: A Division of Harper Collins Publishers.

1992   *Managing the Non-Profit Organization.* USA: Harper Business.

1993   *Post-Capitalist Society.* USA: Harper Business.

Dubois, Anna and Hakan Hakansson

1997   "Relationships as Activity Links", in *The Formation of Inter-Organization Networks,* New York: Oxford University Press. Ed. by Mark Ebers.

Dumam, D.

1980   "Pathway to Professionalism: The English Bar in the 18th and 19th Centuries". *Journal of Social History 13 : 615-28.*

1983   *The English and Colonial Bars in the Nineteenth Century.* London: Croon Helm.

Dunning, John

1983   "Changes in the Level and Structure of International Production: The Last One Hundred Years", in Mark Casson (ed.), *The Growth International Business,* London: George Allen & Unwin, pp.84-139.

1992   *Multinational Enterprise and the Global Economy.* Wokingham: Addison-Wesley.

Durkheim, E.

1965   *Elementary Forms of The Religious Life,* New York: The Free Press

1984   *The Division of Labour in Society,* Macmillan Publishers LTD.

Durkheim, E. and M. Mauss

1963   *Primitive Classification.* Tr. Rodney Needhan. Chicago: The University of Chicago.

Dworkin, Gerald., Gordon Bermant and Peter G. Brown.

1977   *Market and Models.* Washington, D.C: Hemisphere Publishing Corporation.

Dyson, Kenneth and Stephen Wilks

1983   *Industrial Crisis: A Comparative Study of the State and Industry.* New York: St. Martin's Press.

Easton, Geoff and Luis Araujo

1997   "Inter-Firm Responses to Heterogeneity of Demand over Time", in *The Formation of Inter-Organization Networks,* New York: Oxford University Press. Edit by Mark Ebers.

Ebers, Mark and Anna Grandori

1997　"The Forms, Costs, and Development Dynamics of Inter-Organizational Networking", in *The Formation of Inter-Organization Networks,* New York: Oxford University Press. Edit by Mark Ebers.

Ebers, Mark

1997　*The Formation of Inter-Organizational Network.* Oxford: Oxford University Press.

1997　"Explaining Inter-Organizational Network Formation", in *The Formation of Inter-Organization Networks,* New York: Oxford University Press. Edit by Mark Ebers.

Eden, Lorraine and Fen Osler Hampson

1997　"Clubs are Trump: The Formation of International Regimes in the Absence of a Hegemony", in *Contemporary Capitalism: The Embeddedness of Institutions,* New York: Cambridge University Press. Ed. by J. Rogers Hollingsworth and Robert Boyer.

Eggertsson, Thrainn

1990　*Economic Behavior and Institutions.* USA: Cambridge University Press.

Elias, Nobert

1978　*Civilizing Process: Sociogenetic and Psychogenetic Investigations,* New York: Pantheon Books.

1982　*History of Menners,* New York: Pantheon Books.

1991　*Society of individuals,* Oxford: Basil Blackwell.

1991　*The Symbol Theory.* London: Sage Publications.

Engel, A. J.

1983　*From Clergyman to Don.* Oxford: Oxford University Press.

England ,P. Farkas .G, Lang Kevin

1990　Sociology and Economics: Controversy and Integration. New York: Aldine De Grupter.

Ensminger, Jean

1992　*Marking a Market.* Cambridge University Press.

Etaioni, Amitai

1988　*The Moral Dimension: Toward a New Economics: Toward A New Economics.* The Free Press.

Evans, Peter B., Dietrich Rueschemeyer, and Theda Skocpol

1994　*Bringing the State Back In.* USA: Cambridge University Press.

Evans, Peter

1979 *Dependent Development: The Alliance of Multinational, State, and Local Capital in Brazil.* New Jersey: Princeton University Press.

1995 *Embedded Autonomy: States and Industrial Transformation.* New Jersey: Princeton University Press.

Farkas, George and England Paula

1988 *Industries, Firm, and Jobs: Sociological and Economic Approaches.* New York: Plenum Press.

Farkas, Geroge and England Paula(eds.)

1988 *Industries, Firms, and Jobs.* Plenum Press.

Faulkner, Robert R.

1983 *Music on Demand: Composers and Careers in the Hollywood Film Industry.* Transaction Books.

Fear, Jeffrey R.

1997 "Constructing Big Business: The Cultural Concept of the Firm". Edited by Alfred D. Chandler, Jr., Franco Amatori, and Takashi Hikino, *Big Business and The Wealth of Nations.* Cambridge University Press.

Ferleger, Louis and William Lazonick

1993 "The managerial Revolution and the Developmental State: The Case of U.S. Agriculture", *Business and economic History*, 22(2), winter, 67-98.

Fisher, Anthory C.

1981 *Resource and Environmental Economics.* Cambridge University Press.

Fligstein, Neil

1990 *The Transformation of Corporate Control.* Cambridge: Harvard University Press.

Florida, Richard and Martin Kenney

1991 "Transplanted Organizations: The Transfer of Japanese Industrial Organization to the U.S.", *American Sociological Review,* 56(3), June, 381-98.

Forester, Tom

1993 *Silicon Samurai : How Japan Conquered the World's IT Industry.* Cambridge: Blackwell Published.

Frank, Robert H.

1988 *Passions Within Reason: The Strategic Role of The Emotions.* New York: W. W. Norton & Company.

Frankel, Jeffrey and Miles Kahler, (eds.)

　　1993　*Regionalism and Rivalry: Japan and the United in Pacific Asia.*
　　　　　　Chicago: University of Chicago Press.

Franko, Lawrence

　　1974　"The Origin of Multinational Manufacturing by Continental European
　　　　　　Firms", *Business History Review, 48,* pp.277-302.

Freeze, G. L.

　　1983　*The Parish Clergy in Nineteenth Century Russia.* Princeton:
　　　　　　Princeton University Press.

Freidson, E.

　　1970a　*Profession of Medicine. New* York: Dodd Mead.

　　1970b　*Professional Dominance.* Chicago: Aldine.

Fridenson, Patrick

　　1997　"France: The Relatively Slow Development of Big Business in the
　　　　　　Twentieth Century". Edited by Alfred D. Chandler, Jr., Franco
　　　　　　Amatori, and Takashi Hikino, *Big Business and The Wealth of
　　　　　　Nations.* Cambridge University Press.

Frieden, N. M.

　　1981　*Russian Physicians in an Era of Reform and Revolution.* Princeton:
　　　　　　Princeton University Press.

Friedland, Roger and Robertson, A. F.

　　1990　*Beyond the Marketplace.* New York: Aldine de Cruyter.

Friedman, David

　　1988　*The Misunderstood Miracle: Industrial Development and Political
　　　　　　Change in Japan. Ithaca.* New York: Cornell University Press.

Friedman, M. and Friedman, R.

　　1980　*Free to Choose.* Harmondsworth: Penguin Books.

Galambos, Louis

　　1983　"Technology, Political Economy, and Professionalization: Central
　　　　　　Themes of the Organizational Synthesis", *Business History
　　　　　　Review ,*57(4) , Winter , 471-93.

Gelfand, T.

　　1980　*Professionalizing Modern Medicine.* Westport, CN: Greenwood.

Gereffi,Gary and Miguel Korzeniewicz

　　1990　"Commodity Chains and Footwear Exports in the Semiperipheral
　　　　　　States in the World-economy", ed. by William Martin. Westport, CT:

Greenwood Press。

Gereffi, Gary and Miguel Korzeniewicz(eds.)

1994　*Commodity Chains and Global Capitalism*. London: Westport, Connecticut.

Gereffi, Gary and Gary G. Hamilton

1992　*The Social Economy of Global Capitalism: Modes of Incorporation in an Industrial World*, Unpublished Paper.

Gerlach, Michael L.

1991　*Alliance Capitalism: The Social Organization of Japanese Business*. Berkeley: University of California Press.

Gilder, George

1989　*Microcosm: The Quantum Revolution in Economics and Technology*. New York: Simon and Schuster.

Glinow, Mary Ann Von, and Susan Albers Mohrman (eds.)

1990　*Managing Complexity in High Technology Organizations*. New York: Oxford University Press.

Gordon, White (ed.)

1988　*Developmental States in East Asia*, London: Macmillan Press.

Gourevitch, Peter

1986　*Politics in Hard Times: Comparative Responses to International Economic Crises*. Ithaca and London: Cornell University Press.

Grabher, G. (ed.)

1993　*The Embedded Firm: The Social-Economics of Industrial Networks*. London: Routledge.

Grahame, Thompson, Jannifer Frances, Rosalind Levacic, and Jeremy Mitchell

1993　*Markets, Hierarchies and Networks: The Coordination of Social Life*. Sage Publications Ltd.

Granovetter Mark and Richard Swedberg(eds.)

1992　*The Sociology of Economic Life*. Westview Press.

Granovetter, Mark

1988　"The Sociology and Economic Approaches to Labor Market Analysis: A Social Structural View." in Geroge Farkas and Paula England(eds.), *Industries ,Firms, and Jobs*. Plenum Press.

1990　"The Old and the New Economic Sociology: A History and an Agenda". in Roger Friedland and A. F. Roberts on(eds.), *Beyond the Marketplace: Rethinking Economy and Society*. New York: Aldine de

Gruyter.

1991 "The Social Construction of Economic Institutions", in Etzioni, Amitai and Paul R. Lawrencl(eds.), *Socio-Economics Toward a New Synthesis.* New York: Armonk.

1992 "Economic Action and Social Structure: The Problem of Enbeddedness." in Mark Granovetter and Richard Swedberg edit. *The Sociology of Economic*

1993 "The Nature of Economic Relationships". In Richard Swedberg ed., *Explorations in Economic Sociology.* New York: Russell Sage Foundation.

1995 *Getting A Job: A Study of Contacts and Careers.* Chicago: The University of Chicago Press.

Grant, Wyn

1997 "Perspectives on Globalization and Economic Coordination", in *Contemporary Capitalism: The Embeddedness of Institutions,* New York: Cambridge University Press. Edit by J. Rogers Hollingsworth and Robert Boyer.

Greenfield, Sidney, Arnold Strockon, and Robert T. Aubey(eds.)

1979 *Entrepreneurs in Cultural Context,* Albuquerque: University of New Mexico Press.

Guillen, Mauro F.

1994 Models of Management: Work, Authority and Organization in a Comparative Perspective. Chicago: University of Chicago Press.

Gungwu, Wang and Wong Siu-Lun

1997 *Dynamic Hong Kong : Its Business & Culture.* Hong Kong: Centre of Asian Studies in The University of Hong Kong.

Hage, Jerald and Catherine Alter

1997 "A Typology of Interorganizational Relationships and Networks", in *Contemporary Capitalism: The Embeddedness of Institutions,* New York: Cambridge University Press. Edit by J. Rogers Hollingsworth and Robert Boyer.

Haggard, Septhan

1990 *Pathways From The Periphery: The Politics of Growth in the Newly Industrializing Countries.* Ithaca and London: Cornell University Press.

Haggard, St ephan and Robert R. Kaufman

1992 *The Politics Economic Adjustment: International Constraints, Distributive Conflicts, And the State.* New Jersey: Princeton University Press.

Hall, Jane Vise (ed.)
1997 *Advances in The Economics of Environmental Resources vol. 2.* Greenwich: Jai Press Inc.

Hall, Peter
1986 *Governing the Economy:The Politics of State Intervention in Britain and France.* Oxford: Oxford University Press.

Hamilton, Gary G. and Nicole Woolsey Biggart
1997 "Market, Culture, and Authority: A Comparative Analysis of Management and Organization in the Far East", in *The Economic Organization of East Asian Capitalism,* New Delhi: Sage Publications. By Marco Orru, Nicole Woolsey Biggart and Gary G. Hamilton.

Hamilton, Gary G. and Robert C. Feenstra
1997 "Varieties of Hierarchies and Markets: An Introduction", in *The Economic Organization of East Asian Capitalism,* New Delhi: Sage Publications. By Marco Orru, Nicole Woolsey Biggart and Gary G. Hamilton.

Hamilton, Gary G.
1979 "Organization and Market Processes in Taiwan's Capitalist Economy", in *The Economic Organization of East Asian Capitalism,* New Delhi: Sage Publications. By Marco Orru, Nicole Woolsey Biggart and Gary G. Hamilton.

Harris, Emma
1989 "J. & P. Coats Ltd. in Poland" in Alice Teichova, Maurice Levy-Leboyer and Helga Nussbaum (eds.), *Historical Studies in International Corporate Business,* Cambridge: Cambridge University Press, pp.135-42.

Hart, M., and Garone, S. J. (eds.)
1994 *Making International Strategic Alliances Work.* New York: The Conference Board.

Haskell, T. L.(ed.)
1984 *The Authority of Experts.* Bloomington: Indiana University Press.

Hechter, Michael

1988　*Principles of Group Solidarity.* Los Angeles: University of California Press.

Hechter, Michael, Karl-Dieter Opp, and Reinhard Wippler (eds.)
1990　*Social Institutions: Their Emergence, Maintenance and Effects,* New York : Aldine de Gruyter.

Hechter, Michael, Lynn Nadel, and Richard E. Michod (eds.)
1993　*The Origin of Values.* New York: Aldine de Gruyter.

Hellman, Stephen
1988　*Italian Communism in Transition: The Rise and Fall of The Historic Compromise in Turin, 1975-1980.* New York Oxford: Oxford University Press.

Henderson, Jeffrey
1989　*The Globalization of High Technology Production,* London and New York: Routledge.

Herrigel, Gary
1996　*Industrial Constructions: The Sources of German Industrial Power.* Cambridge University Press.

Hikino, Takashi
1997　"Managerial Control, Capital Markets, and the Wealth of Nations". Edited by Alfred D. Chandler, Jr., Franco Amatori, and Takashi Hikino, *Big Business and The Wealth of Nations.* Cambridge University Press.

Hildebrand, George
1965　*Growth and Strcture in the Economy of Modern Italy.* Cambridge: Harvard.

Hirschman, Albert O.
1970　*Exit, Voice, and Loyalty: Responses to Decline in Firms,* Organizations, and States. Cambridge: Harvard University Press.

Hirst, Paul and Grahame Thompson
1997　"Globalization in Question: International Economic Relations and Forms of Public Governance", in *Contemporary Capitalism: The Embeddedness of Institutions,* New York: Cambridge University Press. Edit by J. Rogers Hollingsworth and Robert Boyer.

Hirst, Paul and Jonathan Zeitlin
1997　"Flexible Specialization: Theory and Evidence in the Analysis of Industrial Change", in *Contemporary Capitalism: The Embeddedness*

of Institutions, New York: Cambridge University Press. Edit by J. Rogers Hollingsworth and Robert Boyer.

Holland, Christopher P., and Geoff Lockett
  1997   "Mixed Mode Operation of Electronic Markets and Hierarchies", in *The Formation of Inter-Organization Networks,* New York: Oxford University Press. Edit by Mark Ebers.

Hollingsworth, J. Rogers and Robert Boyer (eds.)
  1997   *Contemporary Capitalism: The Embeddedness of Institutions.* Cambridge University Press.

Hollingsworth, J. Rogers and Robert Boyer
  1997   "Coordination of Economic Actors and Social System of Production", in *Contemporary Capitalism: The Embeddedness of Institutions,* New York: Cambridge University Press. Edit by J. Rogers Hollingsworth and Robert Boyer.

Hollingsworth, J. Rogers
  1997   "Continuities and Changes in Social Systems of Production: The Cases of Japan, Germany, and the United States", in *Contemporary Capitalism: The Embeddedness of Institutions,* New York: Cambridge University Press. Edit by J. Rogers Hollingsworth and Robert Boyer.

Hollingsworth, J. Rogers, Philippe Schmitter, and Wolfgang Streeck
  1994   *Governing Capitalist Economies: Performance and Control of Economic Sectors.* New York: Oxford University Press.

Holmes, G.
  1982   *Augustan England: Professions, State and Society 1680-1730.* London: Allen and Unwin.

Holmstrom, Bengt R., and Jean Tirole (ed.)
  1989   "The Theory of the Firm" in *Handbook of Industrial Organization vol. 1.* Edit by Richard Schmalensee, and Robert Willig. New York: North-Holland.

Holton, Robert J.
  1992   *Economy And Society.* New York: Routledge.

Horn, Murray
  1995   *The Political Economy of Public Administration: Institutional Choice in the Public Sector.* Cambridge University Press.

Hounshell, David A.

1992   "Continuity and Change in the Management of Industrial Research: The Du Pont Company, 1902-1980" Chapter 8 in Giovanni Dosi , Renato Giannetti and Pier Angelo Toninelli (eds.),*Technology and enterprise in a Historical Perspective,* Oxford: Clarendon Press , 231-60.

Huberman, Michael

1996   *Escape From the Market.* New York: Cambridge University Press.

James, John A., and Mark Thomas

1994   *Capitalism in Context: Essays on Economic Development and Cultural Change.* Chicago: University of Chicago Press.

Jao, Y. C., Leung Chi-Keung, Peter Wwsley-Smith, and Wong Siu-Lun(eds.)

1987   *Hong Kong and 1997: Strategies for the Future.* Hong Kong: Center of Asian Studies University of Hong Kong.

Jarillo, J. C.

1993   *Strategic Networks: Creating the Borderless Organization.* Oxford: Butterworth-Heinemann.

Johnson, Chalmers

1982   *MITI and the Japanese Miracle : The Growth of Industrial Policy, 1925-1975.* Stanford: Stanford University Press.

Johnson, T. J.

1967   *Professions and Power.* London: Macmillan.

Jones, Geoffrey

1984a   "The Growth and Performance of British Multinational Firm before 1939: The Case of Dunlop", *Economic History Review, 2nd series, 37,* pp.35-53.

1984b   "Multinational Chocolate: Cadbury Overseas, 1918-39", *Business History Review, 26,* pp.59-76.

1986   "Origins, Management and Performance", in Geoffrey Jones (ed.). *British Multinationals: Origins, Management and Performance,* Aldershot: Gower, pp.1-23.

1988   "Foreign Multinationals and British Industry before 1945", *Economic History Review, 2nd series, 41,* pp.429-53.

1997   "Great Britain: Big Business, Management, and Competitiveness in Twentieth-Century Britain". Edited by Alfred D. Chandler, Jr., Franco Amatori, and Takashi Hikino, *Big Business and The Wealth of Nations.* Cambridge University Press.

Joseph, Ward Swain
    1965   *The Elementary Forms of the Religious Life.* New York: The Free Press.

Kanter, Rosabeth Moss
    1984   *The Change Masters: Innovation & Enterpreneurship in the American Corporation.* Published by Simon & Schuster, Inc..

Katzenstein, Peter J.
    1984   *Corporatism and Change:Austria, Switzerlamd, and the Politics of Industry.* Ithaca: Cornell University Press.
    1985   S*mall States in World Markets: Industrial Poicy in Europe.* Ithaca: Cornell University Press.
    1989   *Industry and Politics in West Germany: Toward a Third Republic. Ithaca.* New York: Cornell University Press.

Kenney, Martin
    1986   *Biotechnology: The University-Industrial Complex.* New Haven: Yale University Press.

Klegon, D.
    1978   "The Sociology of Professions". *Sociology of Work and Occupations 5: 259-83*

Klein, Benjamin and Keith Leffler
    1981   "The Role of Market Forces in Assuring Contractual Performance." *Journal of Political Economy*, 89:615-41.

Knight, Frank H.
    1967   *The Economic Organization.* New York: Reprints of Economic Classics.
    1985   *Risk, Uncertainty and Profit.* Chicago: University of Chicago Press.

Knoke, David
    1990   *Political Networks: The Structural Perspective.* New York: Cambridge University Press.

Kraft, P.
    1977   *Programmers and Managers.* New York: Springer.

Krugman, Paul
    1991   *Geography and Trade.* Leuven: Leucen University Press.

Kunda, Gideon
    1992   *Engineering Culture: Control and Commitment in a High-Tech Corporation.* Temple University Press.

Kuwahara, Tetsuya

1989 "The Japanese Cotton Spinners' Direct Investments into China before the Second World War", in Alice Teichova, Maurice Levy-Leboyer and Helga Nussbaum (eds.), *Historical Studies in International Corporate Business,* Cambridge: Cambridge University Press.

Laat, Paul De

1997 "Research and Development Alliances: Ensuring Trust by Mutual Commitments", in *The Formation of Inter-Organization Networks,* New York: Oxford University Press. Edit by Mark Ebers.

Landa, Janet Tai

1994 *Trust, Ethnicity and Identity: Beyond the New Institutional Economics of Ethnic Trading Networks, Contract Law, and Gift-Exchange.* The University of Michigam Press.

Landes, William M. and Posner, Richard A.

1987 *The Economic Structure of Tort Law.* Harvard University Press.

Lane, Robert E.

1995 *The Market Experience.* USA: Cambridge University Press.

Lange, Peter, and Marino Regini (ed.)

1989 *State, Market, and Social Regulation: New Perspectives in Italy.* Cambridge University Press.

Langlois, N. Richard

1992 "External Economies and Economic Progress: The Case of the Microcomputer Industry", *Business History review ,*66(1), Spring, 1-50.

Larson, M. S.

1977 *The Rise of Professionalism.* Berkeley: University of California Press.

Lawrence, Paul R., and Jay W. Lorsch

1986 *Organization and Environment: Managing Differentiation and Integration.* Boston: Harvard Business School Press.

Lazonick, William

1990 "Organizational Capabilities in American Industry: The Rise and Decline of Managerial Capitalism", *Business and Economic History,* second series, 19,35-54.

1991 *Business Organization and the Myth of the Market Economy.* Cambridge: Cambridge University Press.

1993 "Industry Clusters versus Global Webs: Organizational Capabilities in the American Economy", *Industrial and Corporate Change*, 2(1),1-24.

Lazonick, William, and Mary O'Sullivan
> 1997 "Big Business and Skill Formation in the Wealthiest Nations: The Organizational Revolution in the Twentieth Century". Edited by Alfred D. Chandler, Jr., Franco Amatori, and Takashi Hikino, *Big Business and The Wealth of Nations*. Cambridge University Press.

Lazonick, William and William Mass (eds.)
> 1995 *Organizational Capability and Competitive Advantage*. Edward Elgar Publish Company.

Leonard-Barton, Dorothy
> 1992 "Core Capabilities and Core Rigidities: A Paradox in Managing New Product Development", *Strategic Management Journal,* 13,111-25.

Lethbridge, J.
> 1985 *Hard Craft in Hong Kong*, Oxford University Press.

Lewis, J. R.
> 1982 *The Victorian Bar.* London: Robert Hale.

Lewis, M.
> 1965 *The Navy in Transition, 1814-1864.* London: Hodder and Stoughton.

Libecap, Gary D.
> 1993 *Contracting for Property Rights.* USA: Cambridge University Press.

Lipparini, Andrea and Maurizio Sobrero
> 1997 "Co-ordinating Multi-Firm Innovative Processes: Entrepreneur as Catalyst in Small-Firm Networks", in *The Formation of Inter-Organization Networks,* New York: Oxford University Press. Edit by Mark Ebers.

Litoff, J. B.
> 1978 *American Midwives.* Westport, CN: Greenwood.

Locke, Richard M.
> 1995 *Remaking the Italian Economy.* Cornell University Press.

Lomi, Alessandro and Alessandro Grandi
> 1997 "The Network Structure of Inter-Firm Relationships in the Southern Italian Mechanical Industry", in *The Formation of Inter-Organization Networks,* New York: Oxford University Press. Edit by Mark Ebers.

Lumann, N.
> 1979 *Trust and Power.* New York: John Weily.

Lutz, Susanne
  1997   "Learning through Intermediaries: The Case of Inter-Firm Research
          Collaborations", in *The Formation of Inter-Organization Networks,*
          New York: Oxford University Press. Edit by Mark Ebers.
MacIntyre, Andrew
  1994   *Business and Government in Industrialising Asia.* New York: Cornell
          University Press.
Mansbridge, Jane J. (ed.)
  1990   *Beyond Self-Interest.* Chicago: University of Chicago Press.
Marshall, Alfred
  1961   Chapters X and XI of *Principles of Economics,* London: Macmillan,
          267-90.
Martinelli, Alberto, and Neil J. Smelser
  1990   *Economy and Society: Overview in Economic Sociology.* New Delhi:
          Sage Publications.
Mason, Mark
  1992   *American Multinationals and Japan: The Political Economy of
          Japanese Capital Controls, 1899-1980.* Cambridge, Mass: Harvard
          University Press.
Mass, William
  1989   "Mechanical and Organizational Innovation: The Drapers and the
          Automatic Loom", *Business History Review ,*63(4), Winter,876-929.
McMraw, Thomas K.
  1997   "Government, Big Business, and the Wealth of Nations". Edited by
          Alfred D. Chandler, Jr., Franco Amatori, and Takashi Hikino, *Big
          Business and The Wealth of Nations.* Cambridge University Press.
Mendel, Marguerite and Daniel Sale (eds.)
  1991   *The Legacy of Karl Polanyi: Market, State and Society at the End of
          the Twentieth Century.* New York: St. Martins Press.
Meyers, P. V.
  1976   "Professions and Social Change: Rural Schoolteachers in Nineteenth
          Century France", *Journal of Social History* 9: 542-58.
Migdal, Joel S.
  1988   *Strong Societies and Weak States: Sate-Society Relations and State
          Capabilities in the Third World.* New Jersey: Princeton University
          Press.

Miller, Gary J.
  1992   *Managerial Dilemmas: The Political Economy of Hierarchy.*
          Cambridge University Press.
Millerson, G.
  1964   *The Qualifying Associations.* London: Routledge.
Mills, Ouinn
  1993   *The Rebirth of the Corporation.* New York: Wiley.
Miners, Norman
  1995   *The Government and Politics of Hong Kong.* Hong Kong: Oxford
          University Press.
Mizruchi , Mark S. and Michael Schwartz(eds.)
  1987   *Intercorporate Relations: The Structural Analysis of Business.* New
          York: Cambridge University Press.
Morikawa, Hidemasa
  1997   "Japan: Increasing Organizational Capabilities of Large Industrial
          Enterprises, 1880s-1980s". Edited by Alfred D. Chandler, Jr., Franco
          Amatori, and Takashi Hikino, *Big Business and The Wealth of
          Nations.* Cambridge University Press.
Morishima, Michio
  1986   *Why has Japan'Succeeded' ?* London: Cambridge University .Press.
Mueller, Robert K.
  1986   *Corporate Networking: Building Channels for Information and
          Influence.* New York: Free Press
Neil J. Smelser and Richard Swedberg(eds.)
  1994   *The Handbook of Economic Sociology.* Princeton University Press.
Nelson, Richard R.
  1991   "Why Do Firms Differ , and How Does it Matter?", *Strategic
          Management Journal,* 12,61-74.
  1993   *National Innovation Systems: A Comparative Analysis.* New York,
          Oxford: Oxford University Press.
Nohria, Nitin and Rober G. Eccles (eds.)
  1992   *Networks and Organizations: Structure, Form, and Action.* Boston:
          Harvard Business School Press.
North, Douglass C.
  1966   *The Economic Growth of the United States 1790-1860.* New York:
          W. W. Norton & Company.

1973   *The Rise of the Western World: A New Economic History.*
        Cambridge: Cambridge University.
1981   *Structure and Change in Economic History.* New York: W. W.
        Norton & Company.
1984   "Government and the Cost of Exchange." *Journal of Economic
        History,* 44:255-64.
1996   *Institutions, Institutional Change And Economic Performance,*
        Cambridge: Cambridge University.

Oakey, Ray
1984   *High Technology Small Firms: Regional Development in Britain and
        the United States.* New York: St. Martin's Press.

Orru, Marco
1997   "The Institutional Logic of Small-Firm Economies in Italy and
        Taiwan", in *The Economic Organization of East Asian Capitalism,*
        New Delhi: Sage Publications. By Marco Orru, Nicole Woolsey
        Biggart and Gary G. Hamilton.

Orru, Marco, Nicole Woolsey Biggart, and Gary G. Hamilton
1997   *The Economic Organization of East Asian Capitalism.* New Delhi:
        Sage Publications.

Ostrom, Elinom
1990   *Governing the Commons: The Evolution of Institutions for Collective
        Action.* USA: Cambridge University Press.

Ozaki, Robert S.
1992   *Human Capitalism: The Japanese Enterprise System as World Model.*
        Harmondsworth: Penguin Books.

Park, K.
1985   *Doctors and Medicine in Early Renaissance Florence.* Princeton:
        Princeton University Press.

Parry, J and M. Bloch
1991   *Money & The Morality of Exchange.* New York: Cambridge
        University Press.

Parsons, T.
1954   "The Professions and Social Structure". *Essays in Sociological
        Theory. pp.34-49.* New York: Free Press.
1964   *The Social System.* New York: Free Press.
1968   *Professions, International Encyclopedia of the Social Sciences*

Vol.12, pp.536-47. New York: Macmillan.

Penrose, T.

1952 "Biological Analogies in the Theory of the firm", *American Economic Review* , XLII(5) , December , 804-19.

1956 "Foreign Investment and the Growth of the Firm", *Economic Journal, 64,* pp.220-35.

1960 "The growth of the Firm-A Case study: The Hercules Powder Company", *Business History Review* ,34, Spring ,1-23.

Peterson, M. J.

1978 *The Medical Profession in Mid-Victorian London.* Berkeley: University of California Press.

Piore, Michael J. and Charles F. Sabel

1984 The Second Industrial Divide: Possibilities for Prosperity. USA: Basic Books.

Polanyi, Karl(ed.)

1957 *Trade and Market in the Early Empires: Economies in History and Theory.* Chicago: Henry Regency Co.

Polanyi, Karl

1957 *The Great Transformation.* Boston: Beacon Press.

1992 "The Economy as Institute Process." in Mark Granovetter and Richard Swedberg eds. *The Sociology of Economic Life.* Westview Press.

Popkin, Samuel L.

1979 T*he Rational Peasant: The Political Economy of Rural Society in Vietnam.* University of California Press.

Porter , Michael E.

1990 "The Competitive Advantage of Nations", *Harvard Business Review,*No.2, March-April ,73-93.

1990a *The Competitive Advantage of Nations.* New York: The Free Press.

Posner, Richard A. and Kenneth E. Scoot

1980 *Economics of Corporation Law and Securities Regulation.* Boston: Little, Brown and Company.

Posner, Richard A.

1986 *Economic Analysis of Law,* Boston: Little, Brown and Company.

1996 *The Economics of Justice,* Harvard University Press.

Prest, W. (eds.)

1981 Lawyers in Early Modern Europe and America. New York: Holmes and Meier.

Pyke, F., G. Becattini and W. Sengenberger

1990 *Industrial Districts and Inter-firm Co-operation In Italy.* Geneva: International Institute for Labour Studies.

Pyke, Frank., and Werner Sengenberger

1992 *Industrial Districts and Local Economic Regeneration.* Geneva: International Institute for Labour Studies.

Ramseyer, J. Mark

1996 *Odd Markets in Japanese History: Law and Economic Growth.* USA: Cambridge University Press.

Reader, W. J.

1966 *Professional Man.* New York: Basic.

Reich, Robert B.

1990 "Who is U.S.?", *Harvard Business Review* , No.1,January-February , 53-64.

Reid, D. M.

1974 "The Rise of Professions and Professional Organizations in Modern Egypt". *Comparative Studies in Society and History 14: 71-96.*

Ring, Peter Smith

1997 "Processes Facilitating Reliance on Trust in Inter-Organizational Networks", in *The Formation of Inter-Organization Networks,* New York: Oxford University Press. Edit by Mark Ebers.

Robson, R.

1959 *The Attorney in Eighteenth Century England.* Cambridge: Cambridge University Press.

Roe, Mark J.

1994 *Strong Managers, Weak Owners: The Political Roots of American Corporate Finance.* Princeton: Princeton University Press.

Rogers, Everett M.

1995 *Diffusion of Innovation.* New York: The Free Press.

Rosenberg, Nathan

1994 *Exploring the Black Box: Technology, Economics, and History.* Cambridge: Cambridge University Press.

Rosengberg, Nathan., Ralph Landau, and David C. Mowery

1992 *Technology and the Wealth of Nations.* California: Stanford University Press.

Rosenthal, Jean-Laurent

    1992   *The Fruits of Revolution: Property Rights, Litigation, and French Agriculture, 1700-1860*. New York: Cambridge University Press.

Rothblatt, S.

    1968   *The Revolution of the Dons*. New York: Basic.

Rutherford, Malcolm

    1996   *Institutions in Economics: The Old and the New Institutionalism*. Cambridge University Press.

Sabel, Charles F.

    1997   "Constitutional Orders: Trust Building and Response to Change", in *Contemporary Capitalism: The Embeddedness of Institutions,* New York: Cambridge University Press. Edit by J. Rogers Hollingsworth and Robert Boyer.

Samuels, Warren J.

    1993   *The Chicago School of Political Economy*. New Brunswick: Transaction Publishers.

Saxenian, Annalee

    1991   "Institutions and the Growth of Silicon Valley", *Berkeley Planning Journal*, 6, 36-57.

    1994   *Regional Advantage: Culture and Competition Ind. Silicon Valley and Route 128*. Cambridge: Harvard University Press.

Sayer, Andrew and Richard Walker

    1992   *The New Social Economy: Reworking the Division of Labor*. Cambridge MA.: Blackwell.

Schmalensee, Richard

    1989   "Inter-Industry Studies of Structure and Performance" in *Handbook of Industrial Organization, vol. 2*. Ed by Richard Schmalensee, and Robert Willig. New York: North-Holland.

Schmitter, Philippe C.

    1997   "Levels of Spatial Coordination and the Embeddendess of Institutions", in *Contemporary Capitalism: The Embeddedness of Institutions,* New York: Cambridge University Press. Edit by J. Rogers Hollingsworth and Robert Boyer.

    1997   "The Emerging Europolity and Its Impact upon National Systems of Production", in *Contemporary Capitalism: The Embeddedness of Institutions,* New York: Cambridge University Press. Edit by J.

Rogers Hollingsworth and Robert Boyer.

Schroter, Harm G.

1997　"Small European Nations: Cooperation Capitalism in the Twentieth Century". Edited by Alfred D. Chandler, Jr., Franco Amatori, and Takashi Hikino, *Big Business and The Wealth of Nations*. Cambridge University Press.

Schultz, Theodore W.

1982　*Investing in People: The Economics of Population Quality*. Los Angeles: University of California Press.

1994　*The Economics of Being Poor*. Cambridge: Basil Blackwell.

Schumacher, E. F.

1990　*Small Is Beautiful: A Study of Economics as If People Mattered*. Great Britain: Cox & Wyman Ltd., Reading, Berks.

Schumpeter, Joseph A.

1947　"The Creative Response in Economic History", *Journal of Economic History*, VII(2), November, 149-59.

1983　*The Theory of Economic Development*. New Brunswick: Transaction Publishers.

1989　*Business Cycles: A Theoretical, Historical and Statistical Analysis the Capitalist Process*. New York: Porcupine Press.

Scott, James C.

1976　*The Moral Economy of the Peasant: Rebellion and Subsistence in Southeast Asia*. New Haven and London, Yale University Press.

Scranton, Philip

1983　*Proprietary Capitalism: The Textile Manufacture at Philadelphia, 1800-1885*. New York: Cambridge University Press.

1989　*Figured Tapestry Production, Markets, and Power in Philadelphia Textiles, 1885-1941*. New York: Cambridge University Press.

Sen, Amartya

1987　*On Ethics and Economics*. Oxford: Basil Blackwell.

Siu-kai, Lau

1991　*Society and Politics in Hong Kong*. Hong Kong: The Chinese University Press.

Siu-Kai, Lau and Kuan Hsin-Chi

1988　*The Ethos of the Hong Kong Chinese*, Hong Kong: The Chinese university Press.

Smelser, Neil J. and Richard Swedberg
    1994   *The Handbook of Economic Sociology.* Princeton University Press.

Smith, Abel and R. Stevens
    1967   *Lawyers and the Courts.* Cambridge: Harvard University Press.

Smith, Vicki
    1990   *Managing in The Corporate Interest: Control and Resistance in an American Bank.* California: University of Californian Press.

Spence, A. Michael
    1974   *Market Signaling: Informational Transfer in Hiring and Related Screening Processes.* Cambridge: Harvard University Press.

Spiers, E. M.
    1980   *The Army and Society 1815-1914.* London: Longmans.

Stacey, N. A. H.
    1954   *English Accountancy.* London: Gee.

Stallings, Barbara (ed.)
    1995   *Global Change, Regional Response: The New International Context of Development.* Cambridge University Press.

Stephen, W. K. Chiu、K. C. Ho、Tai-lok Lui
    1997   *City-States in the Global Economy: Industrial Restructuring in Hong Kong and Singapore,* Westview Press.

Stigler, George J. (ed.)
    1988   *Chicago Studies in Political Economy.* Chicago: The University of Chicago Press.

Stigler, George J.
    1983   *The Organization of Industry.* Chicago: The University of Chicago Press.

Stiglitz, J.E., and G. Frank Mathewson (eds.)
    1986   *New Developments in the Analysis of Market Structure.* Cambridge Mass: The MIT Press.

Stinchcombe, Arthur L.
    1986   *Stratification and Organization.* New York: Cambridge University Press.

Stopford, John M.
    1974   "The Origins of British-Based Multinational Manufacturing Enterprises", *Business History Review, 48,* pp.303-35.

Streeck, Wolfang

1992　*Social Institutions and Economic Performance: Studies of Industrial Relations in Advanced Capitalist Economies.* New Delhi: Sage Publications.

1997　"Beneficial Constraints: On the Economic Limits of Rational Voluntarism", in *Contemporary Capitalism: The Embeddedness of Institutions,* New York: Cambridge University Press. Edit by J. Rogers Hollingsworth and Robert Boyer.

Swedberg, Richard

1990　*Economics and Sociology.* New Jersey: Princeton University Press.

1994　"Markets as Social Structures." in Neil J. Smelser and Richard Swedberg, Editors. *The Handbook of Economic Sociology.* Princeton University Press.

Swedberg, Richard (ed.)

1993　*Explorations in Economic Sociology.* New York: Russell Sage Foundation.

Swenson, Peter.

1989　*Fair Shares: Unions, Pay, and Politics in Sweden and West Germany.* Ithaca: Cornell University Press.

T. Wing Lo

1993　*Corruption and Politics in Hong Kong and China.* Open University Press.

Tackett, T.

1977　*Priest and Parish in Eighteenth Century France.* Princeton: Princeton University Press.

Teichova, Alice

1997　"Czechoslovakia: The Halting Pace to Scope and Scale". Edited by Alfred D. Chandler, Jr., Franco Amatori, and Takashi Hikino, *Big Business and The Wealth of Nations.* Cambridge University Press.

Teichova, Alice, Maurice Levy-Leboyer and Helga Nussbaum

1986　*Multinational Enterprise in Historical Perspective.* New York: Cambridge University Press.

Thompson, Grhame, Jennifer Frances, Rosalind Levacic, and Jeremy Mitchell

1991　*Markets, Hierarchies and Networks: The Coordination of Social Life.* Newbury Park: Sage Publications.

Tilly, Chris, and Charles Tilly

1998　*Work Under Capitalism.* Westview Press.

Tool, Marc R. and Warren J. Samuels (eds.)
    1989   *State Society and Corporate Power.* Transaction Publishers.
    1989a   *The Economy as a System of Power.* Transaction Publishers.
Tussie, Diana
    1983   *Latin America in the World Economy: New Perspectives.* New York: St. Martin's Press.
Tyson, Laura D'Andrea
    1991   "The Are Not Us: Why American Ownership Still Matters", and Robert B. Reich (1991) ,"Who Do We Think They Are ?", *The American Prospect* , No.4 , Winter, 37-53.
Udagawa, Masaru
    1985   "The Prewar Japanese Automobile Industry and American Manufacturers" *Japanese Yearbook in Business History: 1985.* 2, pp.81-99.
Veblen, Thorstein
    1988   *The Theory of Business Enterprise.* New Brunswick, NJ: Transaction Publishers.
    1990   *The Place of Science in Modern Civilization.* New Brunswick: Transaction Publishers.
    1993   *The Higher Learning in America.* New Brunswick: Transaction Publishers.
    1997   *Absentee Ownership: Business Enterprise in Recent Times: The Case of America.* Transaction Publishers
Vernon, Raymond (ed.)
    1974   *Big Business and the State: Changing Relations in Western Europe.* Harvard University Press. Cambridge Massachusetts.
Vollmer, H., and D. M. Mills
    1966   *Professionalization.* Englewood Cliffs, NJ: Prentice-Hall.
Wada, Kazuo
    1991   "The Development of tiered Inter-firm Relationships in the Automobile Industry: A case Study of Toyota Motor Corporation", *Japanese Yearbook on Business History,*8 ,23-47.
Wade, Robert
    1990   *Governing the Market: Economic Theory and the Role of Government in East Asian Industrialization,* Princeton: Princeton University Press.
Wallerstein, Immanuel

1974   *The Modern World-System I :Capitalist Agriculture and the Origins of the European World-Economy in the Sixteenth Century.* New York: Academic Press, INC.

1979   *The Capitalist World-Economy.* New York: Cambridge University Press.

1980   *The Modern World-System II: Mercantilism and the Consolidation of the European World-Economy, 1600-1750.* New York: Academic Press, INC.

1984   *The Politics of the World-Economy: The States, the Movements, and the Civilizations.* New York: Cambridge University Press.

1989   *The Modern World-System III: The Second Era of Great Expansion of the Capitalist World-Economy, 1730-1840s.* New York: Academic Press, INC.

1991   *Unthinking Social Science: The Limits of Nineteenth-Century Paradigms.* Basil Blackwell: Polity Press.

Weber, Max

1966   *Professionalization.* Englewood Cliffs, NJ: Prentice-Hall

1968   *The religion of china.* N.Y: The Free Press.

1975   *Roscher and Knies: The Logical Problems of Historical Economics.* New York: The Free Press.

1978   *Economic And Society.* University of California Press.

1982   *General Economic History.* New York: United States of America.

1988   *The Agrarian Sociology of Ancient Civilizations.* New York: Verso.

Weimer, David L. (eds.)

1997   *The Political Economy of Property Rights: Institutional Change and Credibility in the Reform of Centrally Planned Economies.* Cambridge University Press.

Weiss, J.

1982   *The Making of Technological Man.* Cambridge: MIT Press.

Wellman, Barry and S. D. Berkowitz (eds.)

1988   *Social Structures: A Network Approach.* New York: Cambridge University Press.

Wengenroth, Ulrich

1997   "Germany: Competition Abroad-Cooperation at Home, 1870-1900". Eds. by Alfred D. Chandler, Jr., Franco Amatori, and Takashi Hikino, *Big Business and The Wealth of Nations.* Cambridge University Press.

White, Harrison C.
    1988 "Varieties of Markets", in Barry Wellman and S. D. Berkowitz eds., Social Structure. Cambridge University press.
    1992 *Identity and Control: A Structural Theory of Social Action.* New Jersey: Princeton University Press.
    1993 "Markets in Production Networks", in Richard Swedberg Ed. *Explorations inf. Economics Sociology.* Russell Sage Foundation New York.

Whitley, R. D.
    1993 *European Business Systems: Firms and Markets in their National Contexts.* London: Sage.
    1994 *Business System in East Asia: Firms, Market and Societies,* London: Sage Publications.

Whittaker, D. H.
    1997 *Small Firms in the Japanese Economy.* Cambridge University Press.

Wilensky, H. L.
    1964 "The Professionalization of Everyone?", *American Journal of Sociology 70: 137-58.*

Wilkins, Mira
    1974 "The American Model", a selection from the Author's Epilogue to *The Maturing of Multinational Enterprise: American Business Abroad from 1914 to 1970,* Cambridge, Mass.: Harvard University Press, pp.414-22 and pp.565.
    1977 "Modern European Economic History and the Multinationals", *The Journal of European Economic History, 6,* pp.575-95.
    1982 "American-Japanese Direct Foreign Investment Relations , 1930-1952", *Business History Review,61,* pp.497-518.
    1986a "The History of European Multinationals: A New Look", *The Journal of European Economic History,15,* pp.483-510.
    1986b "Japanese Multinational Enterprise Before 1914", *Business History Review,60.* Pp.199-231.
    1988a "European and North American Multinationals, 1870-1914: Comparisons and Contrasts", *Business History, 30.* Pp.8-139.
    1988b "The Free-Standing Company, 1870-1914: An Important Type of British Foreign Direct Investment", *Economic History Review, 2* nd series,61, pp. 259-82.

Williamson, Oliver

　1975　*Markets and Hierarchies: Analysis and Antitrust Implications.* New York: The Free Press.

　1981　"The Modern Corporation: Origins, Evolution, Attributes", *Journal of Economic Literature, 19,* pp. 1539-68.

　1985　*The Economic Institutions of Capitalism: Firms, Markets, Relational Contracting.* New York: Free Press.

　1988　"The Economics and Sociology of Organization: Promoting a Dialogue", in George Farkas and Paula England eds., *Industries, Firms, and Jobs.* Plenum Press.

　1989　"Transaction Cost Economics", in *Handbook of Industrial Organization vol. 1.* Edit by Richard Schmalensee, and Robert Willig. New York: North-Holland.

　1994　"Transaction Cost Economics and Organization Theory", in Neil J. Smelser and Richard Swedberg, Editors. *The Handbook of Economic Sociology.* Princeton University Press

Williamson, Oliver E.and Winter Sidney G.

　1993　*The Nature of the Firm: Origins, Evolution, and Development,* New York: Oxford University Press.

Woodward, Joan

　1980　*Industrial Organization: Theory and Practice.* London: Oxford University Press.

Yahuda, Michael

　1996　*Hong Kong: China's Challenge,* New York: Routledge.

Yoshino, M. Y. and Thomas B. Lifson

　1988　*The Invisible Link: Japan's Sogo Shosha and the Organization of Trade.* The MIT Press.

Young, Allyn A.

　1928　"Increasing Returns and Economic Progress", *Economic Journal,* XXXVIII(152), December, 527-42.

Yudanov, Andrei Yu

　1997　"USSR: Large Enterprise in the USSR- the Functional Disorder". Edited by Alfred D. Chandler, Jr., Franco Amatori, and Takashi Hikino, *Big Business and The Wealth of Nations.* Cambridge University Press.

Zelizer, Viviana A. Rotman

1983　*Morals and Markets: The Development of Life Insurance in the United States*. New Brunswick: Transaction Book.

1992　"Human Values and the Market: The Case of Life Insurance and Death in 19th-Century America", in Mark Granovetter and Richard Swedberg eds. *The Sociology of Economic Life*. Westview Press.

臺灣研究叢刊

台灣產業的社會學研究：轉型中的中小企業

1998年6月初版　　　　　　　　　　　　　　定價：新臺幣550元
2002年9月初版第三刷
有著作權・翻印必究
Printed in Taiwan.

著　　　者　陳　介　玄
發　行　人　劉　國　瑞

出　版　者　聯　經　出　版　事　業　股　份　有　限　公　司　　責任編輯　方　清　河
台　北　市　忠　孝　東　路　四　段　5　5　5　號
台 北 發 行 所 地 址：台北縣汐止市大同路一段367號
　　　　　　電話：(0 2) 2 6 4 1 8 6 6 1
台 北 忠 孝 門 市 地 址：台北市忠孝東路四段561號1-2F
　　　　　　電話：(0 2) 2 7 6 8 3 7 0 8
台 北 新 生 門 市 地 址：台 北 市 新 生 南 路 三 段 9 4 號
　　　　　　電話：(0 2) 2 3 6 2 0 3 0 8
台 北 基 隆 路 門 市 地 址：台 北 市 基 隆 路 一 段 1 8 0 號
　　　　　　電話：(0 2) 2 7 6 2 7 4 2 9
台 中 門 市 地 址：台 中 市 健 行 路 3 2 1 號 B 1
台 中 分 公 司 電 話：(0 4) 2 2 3 1 2 0 2 3
高 雄 辦 事 處 地 址：高 雄 市 成 功 一 路 3 6 3 號 B 1
　　　　　　電話：(0 7) 2 4 1 2 8 0 2
郵 政 劃 撥 帳 戶 第 0 1 0 0 5 5 9 - 3 號
郵 　 撥 　 電 　 話：2 6 4 1 8 6 6 2
印 刷 者 世 和 印 製 企 業 有 限 公 司

行政院新聞局出版事業登記證局版臺業字第0130號

國家圖書館出版品預行編目資料

台灣產業的社會學研究：轉型中的中小
企業／陳介玄著．--初版．
--臺北市：聯經，1998年
540面；14.8×21公分．--(臺灣研究叢刊)
ISBN 957-08-1807-7(精裝)
〔2002年9月初版第三刷〕

I．中小企業-臺灣

553.712   87005601